Sebastian Werr (Hg.)

Eugène Scribe
und das europäische Musiktheater

Forum Musiktheater

herausgegeben von

Anselm Gerhard,
Manuela Jahrmärker
und Sebastian Werr

Band 6

LIT

Sebastian Werr (Hg.)

Eugène Scribe und das europäische Musiktheater

LIT

Umschlagbild: Finalszene von „La Muette de Portici“,
Il teatro illustrato, 1883

Gedruckt mit Unterstützung des Forschungsinstituts für Musiktheater der Universität Bayreuth

Bibliografische Information der Deutschen Nationalbibliothek
Die Deutsche Nationalbibliothek verzeichnet diese Publikation in der Deutschen Nationalbibliografie; detaillierte bibliografische Daten sind im Internet über http://dnb.d-nb.de abrufbar.

ISBN 978-3-8258-0967-6

Auslieferung/Verlagskontakt:
Fresnostr. 2 48159 Münster
Tel. +49 (0)251–62 03 20 Fax +49 (0)251–23 19 72
e-Mail: lit@lit-verlag.de http://www.lit-verlag.de

Vorwort der Reihenherausgeber

Die Reihe »Forum Musiktheater« will eine Diskussionsplattform für alle Formen des Musiktheaters sein: von der Oper bis zum Musical, vom Ballett bis zur Operette, dabei auch Gattungen wie das französische Vaudeville und die Schauspielmusik einschließend, bei denen der Musik eine eher akzidentielle Bedeutung zukommt. Dieses weite Verständnis von Musiktheater ergibt keineswegs eine beliebige Addition von Einzelstudien, vielmehr erhoffen sich die Herausgeber, gerade hierdurch auf grundlegende Phänomene von Bühnenwirklichkeit hinweisen zu können: auf die Einheit und – stetige gegenseitige – Beeinflussung aller Bühnenkünste im Gang ihrer geschichtlichen Entwicklung bei aller gattungsspezifischen Vielfalt. Der aus der Breite des Gegenstands resultierenden Vielfalt möglicher Fragestellungen soll mit der gebotenen Offenheit gegenüber den Theorie- und Methodenangeboten anderer Disziplinen begegnet werden. Die Herausgeber möchten hierbei insbesondere wissenschaftlichen Arbeiten einen Rahmen geben, die Grundlagenfragen mit Quellenuntersuchungen verbinden und die sich hierbei durch Problembewußtsein und Reflexionsniveau auszeichnen.

Bern und München, im September 2007

Anselm Gerhard
Manuela Jahrmärker
Sebastian Werr

Zu diesem Band

Der französische Dramatiker Eugène Scribe beherrschte nicht nur die Pariser Opernbühnen, sondern seine Wirkung erstreckte sich auf das Musiktheater in ganz Europa. Die in diesem Sammelband vereinten elf Beiträge beleuchten sein Œuvre gleichermaßen hinsichtlich Fragen der Konzeption wie der Rezeption. Impulse setzte er nicht nur mit seinen alle Pariser Musiktheatergattungen von Vaudeville bis Grand opéra prägenden Stücken, durch seine Zusammenarbeit mit den bedeutendsten Komponisten der Zeit sowie als Erfinder multimedialer Techniken und einer neuartigen Dramaturgie; modellhaft war auch seine in hohem Maße professionalisierte Arbeitsweise, von mißgünstigen Zeitgenossen als »Librettofabrik« abqualifiziert. Untersucht wird in diesem Band vor allem seine Rezeption außerhalb Frankreichs, wobei exemplarische Fallstudien die ganze Bandbreite von Eingriffen in seine Texte aufzeigen und nach den Gründen für die Umarbeitungen fragen. Eine bedeutende Rolle kam Scribe schließlich auch als Vermittler zu, denn seine Stücke, für die er selbst Romane oder historische Abhandlungen aus ganz Europa bearbeitet hatte, dienten in vielen Ländern als eine Art von »Steinbruch«, aus dem man sich bei Bedarf für eigene Libretti bediente, die dann von einheimischen Komponisten vertont wurden.

Dank für die Unterstützung bei der Drucklegung des Bandes gebührt Naoka Iki, Manuela Jahrmärker und Andreas Giger.

München, im September 2007 *Sebastian Werr*

Inhaltsverzeichnis

Manuela Jahrmärker

Scribe – Erfolgsautor und Reformator im Pariser Theaterleben

Eine Einführung zu Person und Werk

Erfolgsautor und Reformator – ein Doppelphänomen, das sich in der Moderne des 20. Jahrhunderts, wo Progressivität und Rezeption getrennte Wege gehen und das eine – der Erfolg – das andere – die wegweisende künstlerische Haltung – meist, wenn nicht gar in der Regel, ausschließt; das bei Eugène Scribe noch gültig war, aber doch schon nicht mehr ganz unangefochten blieb. Denn seine Zeitgenossen äußerten immer wieder ihre Kritik an Scribes ihrer Ansicht nach unzulässigem Umgang mit der Sprache und seiner Zusammenarbeit mit anderen Autoren, allerdings nicht zuletzt getrieben aus Mißgunst um seinen enormen kommerziellen Erfolg. In nahezu allen Prosaformen und theatralischen Gattungen war er nicht nur ungemein erfolgreich, sie alle hat er auch nachhaltig verändert und geprägt. Daher meinte der Literaturkritiker Charles-Augustin Sainte Beuve 1840, für die Ausländer seien Paris und Scribes ein und dasselbe,[1] und der Literat Gustave Planche resümierte bereits 1835: »Der Erfolg von Eugène Scribe hat in ganz Europa den Charakter einer wahren Epidemie angenommen. In Berlin, Wien, Petersburg, Mailand, Madrid und ebenso in London sind die sogenannten Komödien dieses berühmten Couplet-Autors das Objekt der allgemeinen Neugier.«[2] Zu diesem Zeitpunkt war Scribe nicht allein schon seit geraumer Zeit berühmt, er war eine Berühmtheit: »C'est que depuis 1819, depuis le succès de *la Somnambule*, rue de Chartres«, so Planche an anderer Stelle, »il est le plus grand homme de son temps.« Den vor allem die Menge bewunderte und dessen Tun und Lassen sie aufmerksamst verfolgte, wie Planche unmittelbar zuvor beschreibt:

> Pourquoi cette admiration complaisante, ou plutôt cet enthousiasme obstiné? Pourquoi pas une voix ne s'élève-t-elle contre l'envahissement de cette colossale renommé? Il y a donc un charme tout puissant dans le génie de cet homme; il a donc fasciné son siècle? Il parle, il est écouté; il chante, il est écouté; il danse, il est écouté encore; il se croise les bras, et la foule s'inquiète de son oisivité. Quand il a passé un mois sans se montrer, on s'interroge, on cherche à deviner ses projets, comme ceux de la diète germanique; on s'épuise en conjurer sur le silence de ce poète illustre.[3]

---

1 »Paris et Scribe, pour eux [die Russen, Skandinavier, bei denen Scribesche Stücke ebenfalls auf dem Programm stehen] c'est tout un.« Charles-Augustin Sainte-Beuve, »M. Eugène Scribe (1840)«, in: *Portraits contemporains*, Bd. 3, Paris 1876, S. 133.

2 Zitiert nach der italienischen Wiedergabe in dem Artikel »Scribe, Eugène« von Louis Allard in der *Enciclopedia dello spettacolo*, Band 8, Rom 1961, Sp. 1769; leider ist das Zitat ohne Nachweis geblieben und weder in Gustave Planches *Portraits littéraires*, Band 2, Paris 1836, noch in dessen *Nouveaux Portraits littéraires*, Band 2, Paris 1854 enthalten.

3 Planche, *Portraits littéraires* (wie Anm. 2), S. 58f.

Ein halbes Jahrhundert später, im Jahre 1880, suchte Emile Zola Rang und Wirkung Scribes in seiner Abhandlung *Le Naturalisme au théâtre*, wenn er sie denn schon nicht leugnen konnte, zumindest auf ein historisches Maß zu reduzieren und schrieb: »Scribe a été une date historique, dans notre littérature dramatique«. Gewiß, das war kaum ohne Eigennutz, sollte nämlich in Vergessenheit drängen, daß Zolas eigene, vom Kontrastprinzip lebende Romandramaturgie ganz entscheidend von der Scribeschen Dramaturgie bestimmt und das naturalistische Drama ohne Scribes Sprache und Thematik gar nicht denkbar war.

Gegenwärtig, so scheint es, sind es zumindest zwei Zeittendenzen, die mit Scribes Theater harmonieren, Parallelen dazu bilden und zum Vergleich herausfordern: Mit seinen Werken werden die Phänomene ›Multimedialität‹ und ›Theatralität‹ assoziiert, berechtigt insofern, als Scribes Erfindungsgeist ganz auf das theatralische, optisch wahrnehmbare Ereignis gerichtet war – was Richard Wagner aus Neid, den er in belehrenden Akademismus zu kehren wußte, mit dem unseligen Wort »Wirkung ohne Ursache« folgenreich geißelte. Theatralität, Ereignis, Multimedialität aber sind heute keineswegs unbedingt ans Theater gebunden, sind vielmehr allgegenwärtig in einer Gesellschaft, in der jeder Einzelne sich inszeniert und die sich selbst inszeniert und im Ereignis die authentische Aura des Einmaligen sucht. Entsprechend sind in Scribes Libretti auch die übrigen Medien, besonders die der Bühne bereits von der Werkkonzeption an berücksichtigt, sind Bühnenbild, Kleidung, schauspielerische Aktion als Elemente betrachtet, denen eigene Funktionen im Werkganzen zugedacht werden können und die somit selbst Werkcharakter beanspruchen.

Mit Scribe verbindet sich ein ›kairós‹ der Theatergeschichte, der zugleich von europäischer Dimension war: Sein Name steht ein für eine reiche Theaterlandschaft, die er entscheidend und wie kein anderer mitgestaltet und mitgeprägt hat. Seine Fähigkeiten sowohl in künstlerischer als auch in unternehmerischer Hinsicht, die allgemeine soziale Situation sowie die Situation der Theater im Paris seiner Zeit und schließlich die Komponisten dieser Jahrzehnte verbinden sich zu einer Einheit und bilden ein Beziehungsnetz, innerhalb dessen sich alle einzelnen Faktoren, einander begünstigend, zu einer fast einzigartigen Symbiose steigerten. Scribe war sicherlich der produktivste und bekannteste französische Librettist seines Jahrhunderts: In fast 50 Berufsjahren schrieb er über 400 Theaterstücke aller Gattungen: Keine war ihm zu gering, keine zu hoch, kein Publikum zu wenig gebildet, so daß er alle Bevölkerungsschichten erreichte. Das Popularstück ist ebenso vertreten wie die große Oper, die Opéra comique und die Ballet-pantomime: 28 Grands operás, acht Ballets-pantomimes, 95 Opéras-comiques, 47 Comédies und 244 Vaudevilles. Hinzu kommen noch eine Reihe von Prosawerken und mehrere umfangreiche Romane. Mit den gefeiertsten Komponisten der Zeit hat Scribe zusammengearbeitet – wenn es nicht im Wissen um den nicht zu überschätzenden Wert eines gelungenen Librettos richtiger zu formulieren gilt: Scribe hat den besten Komponisten seiner Zeit zu dem Ruhm verholfen, den sie genossen. So gab es zwischen 1825 und 1850 kaum ein Erfolgswerk, an dem nicht Scribe als Librettist beteiligt gewesen wäre. Und die Liste seiner Hauptwerke ist - fast - identisch mit der Geschichte und den Höhepunkten des Pariser Musiktheaters seiner Zeit. Théophile Gautier etwa formulierte in seiner Besprechung der erfolgreichen Uraufführung von Fromental Halévys *Guido et Ginevra* (1838) fast schon etwas verächtlich: »Le livret est naturellement de M. Scribe, le fournisseur breveté de tout espèce de denrée dramatique.«[4] Komponisten, mit denen Scribe für Grands opéras zusammenarbeitete, waren, in etwa chronologisch gereiht: Daniel François Esprit Auber für *La Muette de Portici* (1828), *Gustave* (1833), *Le Lac de fées* (1839); Gaetano Donizetti für *La Favorite* (1840), *Dom Sébastien* (1843); Fromental Halévy für *La Juive* (1835), *Guido et Ginevra ou La Peste de Florence* (1838), *Le Juif errant* (1852), Giacomo Meyerbeer für *Robert le diable* (1831), die erste Grand opéra im vollen Wortsinn, für *Les Huguenots* (1836), *Le Prophète* (1849) und *L'Africaine* (1865), die bereits der Nachgeschichte dieser Gattung angehört; Charles Gounod für *La Nonne sanglante* (1854). Von den weithin beliebten und ihrer leichteren Realisierbarkeit wegen international verbreiteten Opéras-comiques seien hier nur erwähnt: zusammen mit Auber entstanden *Le Maçon* (1825), *Fra diavolo* (1830), *Le Philtre* (1831), *Le Domino noir* (1837), *Les Diamants de la couronne* (1841), *La Sirène* (1844), mit François Adrien Boieldieu *La Dame blanche* (1825), mit Adolphe Adam, dem Komponisten von *Giselle* (1841), *Le Chalet* (1834), *Giralda* (1850), mit Halévy *La Fée aux roses* (1849), *La Dame de pique* (1850), mit Meyerbeer *L'Etoile du nord* (1854) und mit Jacques Offenbach *Barkouf* (1860). Ebenso sind es im Bereich der Ballet-pantomime, die in diesen Jahrzehnten selbstverständlich im Verein mit der Oper das Programm der Pariser Opéra bildete, die Führenden der Zeit, mit denen Scribe arbeitete: mit dem schon alten Jean Pierre Aumer, mit Jean Coralli und Joseph Mazilier, vermutlich sogar mit Filippo Taglioni. Auch die beiden Tänzer-Stars der Epoche sind zu nennen: Marie Taglioni und Fanny Elßler.

Wie also sah der Lebenslauf dieses so vielseitigen wie unternehmerisch geschickten Librettisten aus? 1791 in Paris geboren, ließen sich die Eltern 1794 scheiden; der Vater Jean-François, ein Seidenhändler, starb 1806, die Mutter Adélaïde (Nolleau) im darauffolgenden Jahr. Durch sie erhielt Scribe ein Stipendium für das renommierte Elite-Internat Collège Sainte-Barbe, das er bis 1811 besuchte. Dort lernte er Casimir und Germain Delavigne kennen, seine späteren lebenslangen Mitarbeiter; mit Germain schrieb er in der Schulzeit ein erstes Drama: *Le Prétendu par hasard*, das 1810 am Théâtre des Variétés gegeben wurde. Eigentlich sollte Scribe Jura studieren, und er arbeitete auch etwa zwei Jahre bei dem bekannten Pariser Juristen und seinem Vormund Louis Ferdinand Bonnet als Referendar. Doch rasch stand das Theater allein im Vordergrund. Bereits ab 1813 schrieb Scribe mehrere Stücke pro Jahr. Mit dem Vaudeville *Encore une Nuit de la garde nationale* für das Théâtre de la Porte St.

[4] Théophile Gautier, *Historie de l'art dramatique en France depuis vingt-cinq ans*, Leipzig 1858/59, Band 1, S. 113f.

Martin, eines der führenden Boulevardtheater, wurde er 1815, gerade 24jährig, bekannt. Sein erstes Opéra comique-Libretto war 1813 vertont und aufgeführt worden; zehn Jahre später, 1824, war er dank seiner für Auber verfaßten Libretti *La Neige* und *Le Maçon* auch in dieser Gattung ein berühmter Autor. 1828 trat er schließlich als Mitautor am Libretto von Aubers *La Muette de Portici* hervor, eines in mehrfacher Hinsicht bedeutenden Werkes für das erste Opernhaus in Paris, die Opéra. Scribe wurde *der* Librettist der Julimonarchie unter Louis Philippe von 1830 bis 1848, eine berühmte und weithin anerkannte Persönlichkeit, darum allerdings auch nicht wenig beneidet und angefeindet. Scribes Rolle in öffentlichen Institutionen ist nur eine Konsequenz dieses Erfolges: Im Jahre 1829 konstituierte sich - mit ihm als führendem Mitglied - die Société des Auteurs et Compositeurs Dramatiques (S.A.C.D.), eine Vorläuferorganisation der heutigen GEMA, VG-Wort u.a., die sich die Wahrung der Autorenrechte zum Ziel setzte. Scribe gehörte dieser Institution bis zu seinem Tod an, als das Autorenrecht bereits in mehreren europäischen Ländern Gültigkeit besaß. 1834 schon wurde er Mitglied der Académie Française, bei deren traditionsbewußten Mitgliedern sein so anderer Umgang mit der Sprache freilich nicht unkritisiert blieb.[5] Ab 1850 begann Scribes Ruhm allmählich zu verblassen; eine neue Librettistengeneration begann sich zu etablieren, unter ihnen vornehmlich Jules Barbier und Michel Carré, die in den 1860er, -70er und -80er Jahren tätig waren. Aktiv blieb Scribe aber bis an sein Lebensende, und er starb denn auch in seiner Kutsche während der Fahrt zu einer Probe.

Noch im 18. Jahrhundert geboren, war Scribe ganz ein Mensch des 19. Jahrhunderts, der seinen beruflichen Lebensweg von Anfang an gezielt plante und seinen Erfolg auch unter ökonomischen Gesichtspunkten, was sich in Geld messen ließ, einrichtete und verfolgte. Nun ist der Beruf des Librettisten generell nicht der eines seinen Gedanken nachhängenden Poeten, der fern der Welt auf Inspiration wartet. Dennoch wäre der Umkehrschluß, das Element der Inspiration sei dem Librettisten oder gerade Scribe abzusprechen, verfehlt. Allerdings nimmt die ›inventio‹ bei ihm eine deutlich andere Position im Entstehungsprozeß des einzelnen Werkes ein, indem sie vielfach in keinerlei zeitlichem Zusammenhang zu diesem steht steht. Denn Scribe hat seine dramatischen Ideen - noch fern von jedem Auftrag - in seinen sogenannten ›carnets‹ festgehalten, in Notizbüchern, von denen er wohl stets eines mit sich trug, um einen Einfall sofort und an jedem Ort festhalten zu können. Stets war er auf der Suche nach dramatisch wirkungsvollen Situationen, und die Skurrilitäten, das versteckt Komische, das Seltsame und Ungewöhnliche in der Welt um ihn herum, war ihm potentielles Theater, war das Reservoire, aus dem es nur zu schöpfen galt. Scribe selbst hat sein Ziel 1836, wenn auch mit

5 Der Essai von Planche in seinen *Portraits littéraires* (wie Anm. 2), kurz nach der Aufnahme Scribes in die Académie entstanden, befaßt sich vor allem auch mit dieser Tatsache.

etwas anderem Akzent, in seinem *Discours de réception à l'Académie Français* so dargestellt: »Vous retracer ce que vous avez chaque jour sous les yeux n'est pas le moyen de vous plaire ; mais ce qui ne se présente point à vous dans la vie habituelle, l'extraordinaire, le romanesque, voilà ce qui vous charme, et c'est là qu'on s'empresse de vous offrir.«[6] Louis-Désiré Véron, der Direktor der Opéra, dagegen hat vor allem Scribes Verhalten der ständigen Beobachtung seiner Umwelt gegenüber betont, wie es seine carnets widerspiegeln: »Dans ses relations de plaisirs ou d'affaires, il cherche des personnages et des situations nouvelles de comédie et de drame, il prend des mots de caractère, des sujets de pièces. Il écoute et il observe plus qu'il ne parle.«[7] 25 solcher Heftchen hat Scribe gefüllt, mancher Einfall umfaßt nur drei, vier Zeilen; andere Ideen beanspruchen mehrere Seiten. Manche stellen nicht mehr als eine dramatisch-motivische Idee dar, einige schon einen ausgeführten »Plan«; und immer wieder zeigen Zusätze, daß Scribe seine einzelnen Ideen auch kombinierte. Das früheste dieser Hefte beginnt im Jahre 1812, eines der letzten enthält die Datierung 1860/61.[8] Um eines zu füllen, bedurfte es oft mehrerer Jahre; als Quelle für seine Libretti dienten ihm manche dann mehr als 20 Jahre lang. Mit anderen Worten: Die Distanz zwischen Ideen- oder Situationsfindung und deren Verwendung konnte viele Jahre betragen. Das wiederum bedeutet: Von seinem frühesten Auftreten als Librettist an ging Scribe offenbar nicht erst daran, sich eine dramatische Idee zu überlegen, wenn er einen Auftrag zu einem Stück erhielt. Vielmehr konnte er wohl vom Anbeginn seiner Karriere an auf eigene Ideen zurückgreifen, wobei er, so darf man sich das zumindest vorstellen, dem Auftraggeber womöglich auch mehrere Möglichkeiten angeboten haben dürfte. Dieser Arbeitsmethode kommt entgegen, daß mit dem Einfall die Gattung noch keineswegs unbedingt feststand.

Die Idee des genialen Autors, der seine Idee ›empfängt‹ und niederschreibt, geht an Scribes Werk also vorbei. Sehr wohl aber trifft sie für die dramatische Einzelkonstellation zu. Wenn mit seinem Werk auch die idealtypische Vorstellung verlorengeht, ein dramatischer Einfall sei einer Gattung und nur dieser kongenial, liegt gerade in der Negierung dieser Annahme der Grundansatz für Scribes Rolle als Mittler. Unbekümmert um eine Ästhetik, die stets die Grenzen der Gattungen, in erster Linie der Tragödie, gewahrt wissen wollte und deren Vertreter bis etwa 1830 aktiv waren und publizierten – also bis zu den entscheidenden Manifesten im Zusammenhang mit *Cromwell* (1827) und

---

6 Der *Discours* ist 1836 selbständig erschienen; wieder in: Eugène Scribe, *Œuvres complètes*, Band 1, Paris 1874, S. XXIVf.

7 Louis-Désiré Véron, *Memoires d'un bourgeois de Paris comprenant la fin de l'Empire, la Restauration, la Monarchie de Julliet, et la République jusqu'au rétablissement de l'Empire*, 6 Bände, Paris 1853-1855, Band 3, S. 66.

8 N.a.fr. 22 584, Heft 8 bis Heft 32. Die Hefte sind in eine ungefähre chronologische Ordnung gebracht; in Heft 8 heißt es »commencé en 1812«, und in Heft 30 findet sich die genannte Datierung 1860/61.

Ernani (1830) von Victor Hugo –, hat Scribe die Grand opéra wie die Opéra comique um Motive und Situationen gerade aus dem ästhetisch niederen Gattungsreservoir von Vaudeville und Mélodrame bereichert. Vor allem aber hat er das im Mélodrame regierende Kontrastprinzip zusammen mit dem Coup de théâtre und der Steigerung der dramatischen Spannung hin zu besonderen Effekten an den Aktschlüssen in alle Gattungen übernommen. Zudem scheute er nicht davor zurück, Sujets der Trivialliteratur zu verwenden: So bezog Scribe die Motive für *La Dame blanche* (1825) aus verschiedenen Moderomanen Walter Scotts; und das Sujet von *Robert le diable* (1831) geht auf die Legende *Robert le diable* aus der zeitgenössischen Schauerliteratur zurück, wie sie in der *Bibliothèque bleue* erhalten war und im 17. und 18. Jahrhundert von fahrenden Händlern feilgeboten wurde. Gattungsgrenzen ließen sich für Scribe allerdings noch in anderer Weise überschreiten: Etwa wenn er das Szenario seiner eigenen Ballet-pantomime *Manon Lescaut* (1830) ein Vierteljahrhundert später für eine Opéra comique umgearbeitet oder auch das Sujet seines Vaudeville *La Chatte métamorphosée en femme* von 1827 im Jahre 1858 nochmals für Jacques Offenbach als Opéra comique aufgegriffen hat. So unbekümmert Scribe um die Ästhetik der Gattungsgrenzen war, so ungemein sicher aber hat er im Blick auf die jeweiligen Gattungsspezifika die fremden Motive und Situationen umgesetzt, je nachdem, ob allein das gesungene Wort, zusätzlich gesprochener Dialog oder gar kein Worttext zur Verfügung stand. Diese Fähigkeit war den Zeitgenossen schon früh aufgefallen, weshalb Castil Blaze Scribe bereits 1827 aus Anlaß der Uraufführung der Ballet-pantomime *La Somnambule*, der Scribes eigenes Vaudeville gleichen Titels zugrundeliegt, rühmte:

> Un riche capitaliste, un financier opulent et libéral [...], ouvre son coffre-fort, son écrin, et sur-le-champ le ballet, cette silencieuse contre-épreuve des pièces les plus connues, et souvent les plus triviales, devient un drame spirituel, palpitant d'intérêt, d'une originalité précieuse et piquante. *La Somnambule*, – peut-être allez-vous croire qu'un vaudeville charmant devenu ballet – Point du tout; M. Scribe sait faire le thème en deux, en dix façons; *la Somnambule*, vaudeville, n'a de commun que le nom de famille avec sa sœur de l'Opéra.[9]

Scribes Methode der ›Verfertigung eines Librettos‹ beziehungsweise allgemeiner ›der Verfertigung eines Textes‹, bei der er seine Dramendramaturgie auf die Prosagattungen wie die Novelle und den noch jungen Feuilleton-Roman übertrug,[10] stieß allerdings auch auf Kritik, und seine Werke fielen damit unter jene große Masse der Literatur nach 1830, die Charles-Augustin Sainte-Beuve 1839 in der *Révue de deux Mondes* mit dem Unwort der »littérature industrielle« geißelte, eine Literatur, die zugleich – das war nicht zuletzt auch auf Scribe

9 Castil-Blaze, *L'Académie royale de musique*, Paris 1855, Band 2, S. 205f.

10 Naoka Iki, *Eugène Scribes roman-feuilleton bien fait. Studien zu seinem Feuilletonwerk*, Wilhelmsfeld 2001.

gemünzt – »le démon de la propreté littéraire« heraufbeschworen hatte.[11] Solche Kritik hat die bekannte Karikatur hervorgebracht, die Scribe umgeben von Stößen an Werken vor dem Hintergrund eines Schrankes zeigt, dessen nicht wenige Schubladen allerlei Aufgaben und Verfertigungsmittel enthalten: eine mit sogenannten starken, eine andere mit komischen Situationen, eine mit besonderen Effekten, eine mit Dénouements, mit Bonmots, auch mit zurückgestellten Stücken, aber auch Schubladen mit Stücken, die er lesen will, und solchen, die offenbar seine Mitarbeiter verfaßt hatten und unter die er, freilich in bewußter Übertreibung der wirklichen Verhältnisse, nur seinen Namen zu setzen braucht. Und zuvorderst im Bild, vor seinem Tisch, Geldsäcke, angehäuft dank des von ihm eingeführten und hartnäckig durchgesetzten Autorenrechts. Über seine finanziellen Ziele und Erfolge hat Scribe in seinen sorgsam geführten Rechnungsbüchern genau Auskunft gegeben.[12] Und die Zahlen, die sich da finden, sind höchst eindrucksvoll: Für einen Akt einer drei- oder vieraktigen Opéra comique- oder auch eines Grand opéra-Libretto erhielt er seit Beginn der 1830er Jahre 1000 Francs, abgesehen von den Einnahmen aus den Tantiemen, die bei jeder einzelnen Aufführung fällig wurden. Sollte ein Libretto nicht akzeptiert werden, erhielt er zwar nichts, konnte aber frei über den Text verfügen und ihn einem anderen Theater anbieten.[13] Am Ende jeden Jahres verzeichnet Scribe Einnahmen und Ausgaben und beschließt eine solche Summierung nicht selten mit einer Angabe darüber, wieviel er im nächsten Jahr einzunehmen gedenke. Jahreseinnahmen von 100.000 Francs sind bei ihm die Norm, oft aber liegen sie auch weit höher bei bis zu 180.000 Francs, und in manchen Jahren verdiente er sogar über 200.000 Francs; erst ab der zweiten Hälfte der 1850er Jahre beginnen sie parallel zu Scribes allmählich sinkender Popularität zurückzugehen. Wieviel das ist, läßt sich allenfalls erahnen, wenn man das Monatsgehalt eines Professors am Conservatoire dagegenhält, das noch in den 1840er, 50er und 60er Jahren zwischen 1000 bis höchstens 2000, in seltenen Fällen bis 2500 Francs bemessen betrug.[14] Zweifellos war Scribe eine Ausnahmeerscheinung, und das spiegelt sich auch in diesen Zahlen wider; unabhängig davon aber geht aus verschiedenen Quellen hervor, daß ein guter Librettist teuer war.

---

11 Charles-Augustin Sainte-Beuve, »De la littérature industrielle«, in: Revue de deux Mondes Nr. 19, 1. Sept. 1839, S. 549-562 ; wieder in: *Portraits contemporains*, Band II, Paris 1870, S. 444-471, nochmals in : *Pour la Critique*, hrsg. von Annie Prassaloff und José-Luis Diaz, Paris 1992, S. 197-222, bes. S. 198f, 201.

12 Siehe dazu die Unterlagen seiner Einnahmen und Ausgaben, gesammelt in: N.a.fr. 22 572-22 578; und Jean-Claude Yon, *Eugène Scribe. La Fortune et la liberté*, Saint-Genouph 2000, S. 102-112.

13 Siehe beispielsweise einen Vertrag mit Scribe, erhalten in den Archives nationales, Paris, unter der Signatur: AJ 13/ 1047; siehe auch Yon (wie Anm. 12), S. 117-119.

14 Pierre, *Le Conservatoire national de musique et de déclamation. Documents historiques et administratives,* Paris 1900, vgl. die Gehaltslisten von 1795-1900, S. 407-435.

15 Gautier (wie Anm. 4), S. 82f.

Den Einnahmen stehen – wie in einem Unternehmen – aber auch große Ausgaben entgegen. Denn Scribe hat das Pensum der Arbeit und der Ausarbeitung seiner Texte nicht immer alleine bewältigt. Dies eint ihn mit Alexandre Dumas, trennt ihn aber scharf von Théophile Gautier, der jegliche Gemeinschaftsarbeit für unmöglich hielt, weil das Genie immer allein für sich stehe und folglich keine Mitarbeit dulde. Über die Situation der Theater schrieb er daher zu Beginn des Jahres 1838:

> C'est une décadence complète; la manufacture envahit tout; une pièce se fabrique absolument comme un habit: l'un des collaborateurs prend la mesure, l'autre coupe l'étoffe, et le troisième assemble les morceaux; l'étude du cœur humain, le style, la langue, tout cela est regardé comme rien. La collaboration, pour une œuvre de l'intelligence, est quelque chose d'incompréhensible, et dont il ne peut résulter que des produits hybrides et monstrueux, en admettant même que les collaborateurs accouplés soient des gens d'esprit, ce qui est rare. Avec un pareil mode de travail, toute inspiration est impossible; le génie est essentiellement solitaire.[15]

Unter Scribes Arbeitsplatz muß man sich in der Tat ein Büro mit einer Reihe von Mitarbeitern mit je spezifischen Aufgaben vorstellen, im Prinzip nicht anders, als es für die berühmten Maler und Bildhauer des 16. und 17. Jahrhunderts gilt. Ernest Legouvé nannte 1856 71 Mitarbeiter, ein weiterer, Philippe-Auguste-Alfred Pittaud de Forges, gab im Jahr 1876 an, im Laufe seines Lebens habe Scribe 130 Mitarbeiter gehabt, von denen 75 für den literarischen und 55 für den musikalischen Werkanteil, also die Texte der Nummern, tätig waren. In seinen gedruckten Werken finden sich die Namen von insgesamt 70 verschiedenen Koautoren, deren Mitarbeit man daher wohl als bedeutsamer einstufen muß.[16] Sie waren also nicht bloß Kopisten, die es in nicht allzu großer Zahl auch gegeben hat. Zudem muß man zwischen dem normalen Kopisten, der die zur Weitergabe bestimmten Texte in Reinschrift brachte, und einem Kopisten unterscheiden, der Ideen ins Reine schrieb. Hier bestand ganz offenbar die Gefahr, daß ein erfolgsträchtiges Sujet in falsche Hände gelangen könnte. Mit solchen Aufgaben war vermutlich »mon sécretaire intime« betraut, wie sich ein Hinweis Scribes deuten läßt.[17]

---

16 Ernest Legouvé, *Discours prononcé à l'Académie Française le jour de sa réception, le 28 fevrier 1856*, Paris 1874, S. 21; zitiert nach Yon (wie Anm. 11), S. 92. Zu den Mitarbeitern Scribes siehe Yon, ebd., S. 92-95, allerdings ohne Hinweise auf die Arbeitsmethode. A. de Forges [= eigentlich Philipp Auguste Pittaud Deforges], *Scribe – son répertoire et ses collaborateurs*, in: *Le Ménestrel* (42) 1876, S. 68. Die Zahl der in den Drucken genannten Mitautoren nach Herbert Schneider, Artikel »Scribe, Eugène«, in: *Musik in Geschichte und Gegenwart*, Band 15, Kassel 2006, Sp. 479. – Die Bezeichnung seiner Mitarbeiter als »ouvriers« in einem Brief an Duponchel ist sicher nicht in abwertendem Sinne gemeint, sondern taktisch eingesetzt, da es um die Frage von deren Bezahlung geht; der Brief in: N.a. fr. 22 553, fol. 217.

17 N.a. fr. 22 584, Buch 15, fol. 89v.

Wie die Arbeit der Mitarbeiter sich im einzelnen gestaltete, ist bislang noch nicht näher untersucht worden; die Quellenlage scheint allerdings auch kaum Aufschlüsse darüber zuzulassen. Angesichts der häufigen Zusammenarbeit Scribes mit anderen Autoren ist es jedoch nicht erstaunlich, wenn er Meyerbeer als einen Mitdenker und Mitautor seiner Libretti akzeptierte, der bisweilen einzelne Sätze und Verse, bisweilen auch gesamte dramaturgische Konzeptionen vorschlug oder entwarf.[18] Das mindert nicht die Leistung Scribes, sondern zeigt seine Klugheit, Änderungswünsche nicht als Kritik an seinen Fähigkeiten empfunden zu haben, sondern als Verbesserungsvorschläge im Dienste der Sache anzuerkennen. Im Falle Meyerbeers war dies auch darum möglich, weil Geldfragen großzügig gelöst werden konnten und daher keine wesentliche Rolle spielten.

Unbestritten stand also fest: der Name Scribe war schon fast Garant für den Erfolg eines Werkes. So erhoffte sich - natürlich - auch Richard Wagner ein Libretto von Scribe, als er sich von 1839 bis 1842 in Paris aufhielt.[19] Dabei zeigen allein seine Berichte über, die Schwierigkeiten, sich dem berühmten Autor zu nähern, welche bedeutende Persönlichkeit Scribe war: Den 1837 entstandenen Plan zu der fünfaktigen Oper *Die hohe Braut*, Wagners erste Auseinandersetzung mit der französischen Oper, sandte er ergebnislos an Scribe. Daraufhin versuchte er, sich mit der Partitur seines *Liebesverbotes* bei Scribe einzuführen, damit dieser sich mit Hilfe von Meyerbeer und Auber ein Bild von ihm als Opernkomponisten machen könne. 1840 schickte Wagner dann Léon Pillet, dem Direktor der Opéra, einen französischen Entwurf seines späteren *Fliegenden Holländer*, und mit Unterstützung Meyerbeers gelang es ihm schließlich sogar, einige Nummern, die er inzwischen vertont hatte, Scribe und anderen Mitarbeitern der Opéra zu Gehör zu bringen. Scribe sagte die Ausarbeitung des Plans zu, stellte als Bedingung aber einen Auftrag seitens der Opéra. Dieser Kompositionsauftrag jedoch blieb aus, ebenso für einen einaktigen Plan, der zur Ergänzung für einen Ballett-Abend hätte dienen können. Kaum vorstellbar, hätte Wagner - wie Meyerbeer - in Paris Fuß gefaßt und ebenfalls in Scribe seinen Librettisten gefunden.

Wagner suchte, was Meyerbeer gelungen war und was Giuseppe Verdi nur wenige Jahre später ebenso anstrebte: Erfolg in Paris. Anders als in Italien, wo Mailand, Venedig und Neapel und in geringerem Ausmaß Florenz als Opernzentren fungierten, das Schauspiel aber erst Ende des Jahrhunderts in Orientierung an Frankreich auflebte, war Paris für Frankreich Zentrum und Vorbild

---

18 Siehe z.B. die Edition der Kommentare Meyerbeers und von Scribes Entwurf zu *Les Huguenots*: Jean Mongrédien, »Aux Sources du livret des Huguenots. La collaboration entre Scribe et Meyerbeer«, in: *Giacomo Meyerbeer - Musik als Welterfahrung. Heinz Becker zum 70. Geburtstag*, hg. von Sieghart Döhring und Jürgen Schläder, München 1995, S. 155-172.

19 Siehe dazu die Dokumente Nr. 3, 13, 15, 51 in dem Band: *Meyerbeer Wagner. Eine Begegnung*, hg. von Gunhild Oberzaucher-Schüller u.a., Wien u.a. 1998.

in allen theatralischen Gattungen. Zwischen 1800 und 1817 wuchs die Stadt um 200.000 Einwohner, das heißt von etwa 500.000 auf ungefähr 700.000; um 1850 war die Millionengrenze erreicht. Zwischen 1819 und 1830 baute man 65 Straßen, errichtete zahlreiche Brücken und legte Plätze an[20] - keineswegs eine Nebensache gerade für das Theater. Denn Theatergeschichte ist - insbesondere bis zum Beginn der modernen Stadt - immer auch Stadtgeschichte, ebenso wie Theatergeschichte immer zur Sozialgeschichte gehört. Solange es nämlich keine für den Fußgänger gangbaren Straßen gab, war Theater sozusagen Stadtteiltheater, setzte sich das Publikum aus den in der Umgebung des jeweiligen Theaters Ansässigen zusammen. Erst die gepflasterte Straße und dann vor allem die Pferdebahn ermöglichen einen leichteren Verkehr zwischen den Stadtteilen. Insofern ist verständlich, daß es in Scribes Paris verschiedene Theater-Zentren gab. Die kaiserlich-königlichen Theater Opéra comique und Opéra befinden sich naturgemäß im Zentrum nahe dem Louvre; das zweite Zentrum ist der Boulevard du Temple, nordöstlich von diesem Zentrum gelegen; und südlich vom Zentrum entlang des Friedhofs Montparnasse reihte sich ein kleines Theater an das andere. Napoléon hatte die Zahl der Theater 1806 auf acht reduziert und deren Rechte streng festgelegt. Die vier ersten kaiserlichen Theater waren: die Opéra, das Théâtre français, die Opéra comique, und das Théâtre de l'Impératrice (später: Italien); dazu kamen die vier führenden Boulevardtheater: das Théâtre de Vaudeville, Théâtre des Variétés, Théâtre de Gaité, und das Théâtre de l'Ambigu-Comique. 1810 öffnete das für seine Pantomimen berühmte Théâtre de la Porte St. Martin nach dreijähriger Schließung; das Gymnase dramatique war eine Neugründung aus dem Jahr 1820. Viele von Scribes frühen Vaudevilles wurden am Théâtre de Vaudeville (Rue de Chartres) gegeben, ab 1816 mehr und mehr am Théâtre des Variétés (Boulevard Montmartre). Im geographischen Wechsel zum Zentrum hin ist auch Scribes Aufstieg erkennbar: Das Théâtre des Variétes liegt näher bei den königlichen Theatern, hat also eine andere Konkurrenz und ein anderes Publikum als das Théâtre de Vaudeville, und nicht zuletzt befindet es sich in unmittelbarer Nähe der Passage des Panoramas, der vornehmsten Pariser Passage zu Beginn des 19. Jahrhunderts. Ähnliches gilt für das Théâtre de Gymnase, etwa zehn Fußminuten vom Théâtre des Variétes entfernt (Boulevard de Bonne nouvelle), dessen Direktor den jungen Scribe, als dieser schon einen gewissen Namen hatte, als ständigen Librettisten für sein Haus engagieren konnte. Der Erfolg der Scribeschen Vaudevilles wiederum gewann dieser Bühne 1824 die Protektion der Duchesse de Berry, die so gleichfalls zum Treffpunkt der höheren Gesellschaft wurde. Zu diesen Theatern kamen noch zahlreiche andere hinzu, darunter das Théâtre de Nouveautés, das Théâtre de l'Odéon und das Théâtre de la Renaissance; Ende der 1840er Jahre wurde 1847 am Boulevard du Temple das Théâtre National gegründet, das unter dem

---

20 Nach Gretel Wagner, »Nachwort«, zu: Jean Henri Marlet, *Pariser Volksleben. Nach den kolorierten Lithographien der »Tableaux de Paris«*, Dortmund 1980, S. 144f.

neuen Namen Théâtre Lyrique in den 1850er und 1860er Jahren die modernsten Opern zur Uraufführung brachte, darunter Gounods *Faust*; und ab 1855 gab es Offenbachs Unternehmen der Bouffes-Parisiens, an dem 1858 sein *Orphée aux enfers*, das Gründungswerk der Gattung Opéra-bouffe bzw. Operette uraufgeführt wurde. Diese reiche Theaterlandschaft, in der sich die Schaulust als eine ganz neue Dimension in der Historie dokumentiert, schlägt sich auch in den Zeitungen nieder. Bereits in den 1820er Jahren gab es in Paris mehrere, die allein dem Theater und der Musik gewidmet waren, darunter der *Courrier des théâtres*. Er erschien jeden Tag, auch samstags und sonntags, und brachte auf jeweils vier Seiten im DIN-A-3-Format in winziger Schriftgröße – also in größter Fülle – nichts als Theaternachrichten.

Aus der Größe der Stadt, der Zahl ihrer Einwohner und der Vielzahl der Theater geht nicht zuletzt auch hervor, daß das, was Erfolg genannt wird, nicht weniger stadtspezifisch ist wie die Theatergeschichte insgesamt. Ein Erfolg in Paris unterscheidet sich, in Zahlen ausgedrückt, grundsätzlich von einem Erfolg etwa in der kleinen Residenzstadt München. Zwei Beispiele mögen das illustrieren. In München können sechs Wiederholungen im Premierenjahr bereits als Erfolg gewertet werden: Dazu gehört etwa Boieldieus *Die weiße Dame*, die in München zu den beliebten französischen Werken gehörte und in 14 Monaten nach der dortigen Erstaufführung im Jahre 1826 fünfmal gegeben wurde, in Paris innerhalb der ersten sechs Monate dagegen 100mal und bis 1862 – also im Laufe von Scribes Leben – 1000 Mal, in München etwa 50mal.[21] *Fra Diavolo* erreichte im Jahr der Erstaufführung in München 1831 und im folgenden Jahr je sechs Aufführungen, bis 1848 insgesamt 43 Aufführungen; in Paris, wohlgemerkt immer am gleichen Opernhaus, seit der Uraufführung 1830 bis 1848 280 Aufführungen. Dieses Verhältnis gilt noch bis ans Ende des Jahrhunderts: Bis 1903 wurde diese Opéra comique in Paris über 900mal gespielt, in Berlin in dem – zugegeben – nicht ganz identischen Zeitraum bis 1890 177mal: Zahlen, die deutlich machen, daß Erfolg, gemessen allein an Aufführungszahlen, nicht vergleichbar ist.

Zahlen, die die Frage nach der besonderen Qualität dieser Libretti um so dringender aufwerfen. Daß der erste Schritt zu einer erfolgreichen Oper in der Wahl des sozusagen ›richtigen‹ Librettos bestand, war dem 19. Jahrhundert nur zu bewußt, wie etwa der Musiktheoretiker Johann Christian Lobe in seinem Nachruf auf Meyerbeer dokumentiert, wenn er schreibt: »In Italien ist das

---

21 *Die weiße Dame* wurde in München im November 1826 einmal, 1827 viermal, 1828 fünfmal gegeben, in den 1850er Jahren jeweils ein- bis dreimal (dies nach den Theaterzetteln, erhalten in der Bayerischen Staatsbibliothek und im Hauptstaatsarchiv, München). In Paris begann sich das Interesse an *La Dame blanche* erst nach 90 Aufführungen im Premierenjahr etwas zu beruhigen; so nach *Le Globe. Journal philosophique et littéraire*, vol. III (1825-1826), S. 454.

Libretto nichts, in Frankreich ist es die Hauptsache.«[22] Dies im Unterschied (auch) zur heute geläufigen Vorstellung, nach der das Libretto einen nachrangigen Parameter innerhalb des vielgliedrigen Gebäudes ›Oper‹ darstellt; und daß Opern vielfach unverständlich gesungen werden und der heutige Zuhörer daher meist auch nicht auf den Text achtet, ist nur eine der Folgen dieser Auffassung. Das Libretto gibt jedoch die Grundgestalt der Oper, ihre Strukturen, ihre formalen Neuerungen in entscheidendem Maße vor – oder verhindert sie. Weshalb der Romanist Hans Ulrich Gumbrecht vom Libretto als einer »Ermöglichungsstruktur« sprach.[23] Genau das, was das Libretto ermöglichen kann, hat Scribe mit seiner Dramaturgie um 1825 revolutioniert hin zu der neuen Struktur, die man bereits in der zweiten Jahrhunderthälfte mit dem Begriff ›Pièce bien faite‹ umschrieb und der man heute die Begriffe Multimedialität und Theatralität hinzufügen muß. Scribe stand damit im Mittelpunkt einer etwa 40 Jahre dauernden Erfolgsära des Theaters. Er hat den Erfolg der auf dieser Grundlage entstandenen Werke wesentlich ermöglicht und mitgetragen und Paris zum Zentrum der Theaterwelt der ersten Hälfte des 19. Jahrhunderts gemacht.

22 Johann Christian Lobe, »Giacomo Meyerbeer«, in: ders., *Consonanzen und Dissonanzen*, Leipzig 1869, S. 90.

23 Hans Ulrich Gumbrecht, »Musikpragmatik – Gestrichelte Linie zur Konstitution eines Objektbereichs«, in: *Oper als Text. Romanistische Beiträge zur Librettoforschung*, hg. von Albert Gier, Heidelberg 1986, S. 17-23, hier S. 18.

ANDREAS MÜNZMAY

Amours, Mariages und andere Experimente

Die Musikdramaturgie von Scribes Vaudevilles im Kontext seiner Librettistik

> *Vaudeville.* Les Français aiment beaucoup ces petits airs. Nos premiers opéras-comiques [...] n'étaient composés que de *vaudevilles,* et l'on fabrique encore, à leur imitation, une sorte de petite comédie, mêlée de chansons, que l'on appelle *vaudeville.*[1]

In seinem *Dictionnaire de musique moderne* nennt Castil-Blaze 1821 die beiden Hauptbedeutungen des Terminus' »Vaudeville«: Die ältere weist auf das mit der Entstehung der französischen Gattung Opéra comique im späten 17. Jahrhundert verbundene Verfahren, auf bekannte Liedmelodien, die Vaudevilles, neue Texte singen zu lassen. Das mit Hilfe dieses Zitierverfahrens generierbare intertextuelle stück- und gattungsübergreifende Referenzsystem, das den Kern der Poetik dieser frühen Opéra comique bildete, ist – vor allem aufgrund seiner operngeschichtlichen Relevanz – wiederholt Gegenstand musikwissenschaftlicher Forschungen gewesen,[2] ebenso wie die von Castil-Blaze implizit benannte Abspaltung einer ›richtigen‹, d. h. mit je neu komponierter Musik versehenen, Opéra comique, die sich ab etwa 1760 vollzog.[3] Die Teilung der

1 François Henri Joseph Blaze [Castil-Blaze], *Dictionnaire de musique moderne,* 2 Bände, Paris 1821, Band 2, S. 364.

2 Vgl. Herbert Schneider, Art. »Vaudeville«, in: *MGG2,* Sachteil Band 9, Kassel u. a. 1998, Sp. 1305-1332; sowie dessen Beiträge in: *Das Vaudeville: Funktionen eines multimedialen Phänomens,* hg. von Herbert Schneider, Hildesheim u. a. 1996; *Chanson und Vaudeville. Gesellschaftliches Singen und unterhaltende Kommunikation im 18. und 19. Jahrhundert,* hg. von dems., St. Ingbert 1999; *Timbre und Vaudeville. Zur Geschichte und Problematik einer populären Gattung im 17. und 18. Jahrhundert,* hg. von dems., Hildesheim u. a. 1999. Zu den Querverbindungen zwischen Vaudeville- und Operngeschichte vgl. u. a. *L'opéra-comique en France au XVIIIe siècle,* hg. von Philippe Vendrix, Lüttich 1992, S. 283-344; Thomas Betzwieser, *Exotismus und ›Türkenoper‹ in der französischen Musik des Ancien Régime,* Laaber 1993; Dörte Schmidt, Armide *hinter den Spiegeln. Lully, Gluck und die Möglichkeiten der dramatischen Parodie,* Stuttgart und Weimar 2001.

3 Vgl. zum Wandel »der Opéra comique um 1760 [...], der im wesentlichen mit dem gänzlichen Verzicht von älteren Vaudevilles (Airs anciens) zugunsten von originalen Neukompositionen (Airs nouveaux) beschrieben werden kann« und den musikhistoriographischen Konsequenzen einer werkästhetischen Betrachtungsweise der Gattung Thomas Betzwieser, *Sprechen und Singen. Ästhetik und Erscheinungsformen der Dialogoper,* Stuttgart und Weimar 2002, S. 31-37 (das Zitat S. 31); vgl. zur Vaudeville-basierten Opéra comique vor 1760 insbesondere ders., »Funktion und Poetik des Vaudevilles im Théâtre de la foire«, in: *Chanson und Vaudeville* (wie Anm. 2), S. 157-184 sowie ders., »Text und ›Subtext‹ in der frühen Opéra comique: Zur Semantik des

Musiktheatergattung Opéra comique in eine kompositions- und eine zitatbasierte Spielart brachte die Notwendigkeit mit sich, zitatbasierte Stücke zur Unterscheidung von der ›richtigen‹ Opéra comique als »Comédie«[4], (»Féerie«, »Tableau« etc.) zu bezeichnen und, zur Unterscheidung vom ›richtigen‹ Sprechtheater, den präzisierenden Zusatz »...en vaudevilles« (»mêlée de vaudevilles«, »-vaudeville«, »à couplets« etc.) anzufügen.

Im Gefolge der in die Eröffnung eines eigens der Gattung gewidmeten Théâtre du Vaudeville (1792) mündenden Wiederbelebung der zitatbasierten Musiktheatergattung durch Barré und de Piis ab 1780[5] bürgerte sich im 19. Jahrhundert die neuere der beiden in Castil-Blazes Lexikoneintrag aufgeführten Verwendungen ein: der metonymische Gebrauch von »Vaudeville« zur Bezeichnung eines Vaudeville-Melodien enthaltenden Theaterstückes.[6] Castil-Blaze schätzt, wie im weiteren Verlauf des zitierten Artikels deutlich wird, von der Warte des an kompositorischem Eigenwert und Originalität von Musiktheater interessierten Musikschriftstellers diese zeitgenössische Theatergattung außerordentlich gering und verweist sie sowohl aus dem Blickfeld des Literatur- als auch des Musikinteresses:

> Ce genre est aussi irrégulier sous le rapport littéraire que sous celui de la musique: répétitions, réminiscences, plagiats, défaut de plan, d'intrigue, d'intérêt, tout est pardonné aux auteurs de *vaudevilles*. Ces bluettes ne sont pas assez importantes pour les soumettre à un examen approfondi.[7]

Diese Sicht scheint bis heute als eine Art ›Verbannung‹ in ein zwischen Sprech- und Musiktheater gelegenes ›Niemandsland‹ nachzuwirken,[8] gerade für die Musikwissenschaft ist aber in der Tat nicht von der Hand zu weisen,

---

Vaudevilles«, in: *Musik als Text*, hg. von Hermann Danuser und Tobias Plebuch, Kassel u. a. 1998, Band 2, S. 431-436.

4 Die semantische Distanz von »Opéra comique« zu »Comédie« ist dabei kleiner, als es vielleicht auf den ersten Blick scheint: Vgl. zur noch im 19. Jh. gebräuchlichen neutralen Bedeutung des Adjektivs »comique« den Eintrag im *Trésor de la langue française* (auch im Internet frei zugänglich: http://atilf.atilf.fr/tlf.htm): »Qui appartient au théâtre et plus spécialement à la comédie« bzw. »Qui met en scène des comédiens«; vgl. ebenso »Comédie«: »Pièce de théâtre, quel que soit le genre auquel elle appartient«. In der im späten 17 Jh. auftretenden Fügung »Opéra comique« betont »comique« somit nicht nur den inhaltlich-stilistischen, sondern auch das Vorhandensein gesprochener Partien als strukturellen Gegensatz zur »Tragédie lyrique«.

5 Vgl. dazu Herbert Schneider, »Die Revitalisierung des Vaudeville in der vorrevolutionären Opéra comique durch Barré und Piis (1780-1789)«, in: *Das Vaudeville* (wie Anm. 2), S. 75-164.

6 Vgl. Markus Bandur, Art. »Vaudeville«, in *HmT*, 18. Auslief., Stuttgart 1990, S. 11.

7 Blaze (wie Anm. 1), Band 2, S. 365.

8 Vgl. zu diesem Desiderat Marion Linhardt, »Singen und Sprechen im Unterhaltungstheater des 19. und frühen 20. Jahrhunderts. Aufriß eines Arbeitsfeldes«, in: *Stimmen – Klänge – Töne, Synergien im szenischen Spiel*, hg. von Hans-Peter Bayerdörfer, Tübingen 2002, S. 241-251, insbes. S. 241f.

daß die Gattung ein methodisches Problem - von Castil-Blaze in Form des Hinweises, die Gattung sei »irrégulier«, benannt - aufwirft: Ein musikologisch-librettologischer Zugang, der nach den textlichen Voraussetzungen kompositorischer Problemstellungen und -lösungen fragt, scheint auszuscheiden, da die musikalische Gestaltung eines solchen Vaudeville eines Komponisten gar nicht bedarf: Vielmehr ist sie in Form der Benennung der Timbres[9] schon im Text ›fertig vorhanden‹ und braucht lediglich von einem Arrangeur für die konkrete Praxis des aufführenden Theaters im Klartext, d. h. als Stimmenmaterial ausgeschrieben werden. Als ›Partitur‹ fungiert gewissermaßen der Text selbst. Aus einem ähnlichen, direkt in der Musikdramaturgie des Vaudeville wurzelnden Grund, zielt zum anderen aber auch das Methoden- und Begriffsrepertoire der Schauspielmusikforschung am Vaudeville vorbei. Denn die Dramaturgie des Vaudeville ist gerade nicht eine sprechtheatrale, zu der begleitende, rahmende oder drameninhärente Musik[10] einen bestimmten, nur mit Musik realisierbaren Mehrwert (Illusions- bzw. Emotionssteigerung in Schlaf-, Traum-, Sturmszenen usw.; atmosphärische oder erklärende Hin-, Über-, Ausleitung in Ouvertüren, Entr'actes, Schlußmusiken; realistische Repräsentation von Tänzen, Festen, Gute-Nacht-Liedern, Gebeten, Militär usw.) hinzufügt, sondern folgt einem viel eher opernhaft zu nennenden Nummern-Prinzip: Der gesprochene Dialog dient in erster Linie dazu, regelmäßig Stationen anzusteuern, an denen die Handlung innehält, um (kommentierenden, witzigen, emotionalen, eine erreichte Figurenkonstellation auskostenden usw.) geschlossenen Musiknummern Raum zu geben. Die aus dem 18. ins 19. Jahrhundert vererbte großstrukturelle Anlehnung des Vaudeville an die Opéra comique, insbesondere in ihrer kleinen, einaktigen Form,[11] ist zudem daran

---

9 Vgl. einführend zur Bedeutung und Geschichte des 1776 erstmals lexikalisch belegten Begriffs Monique Rollin, »A propos des recherches sur les timbres avant le XIIIe siècle«, in: *Das Vaudeville* (wie Anm. 2), S. 3-12, S. 3; sowie Schneider, Art. »vaudeville«, Sp. 1309-1311.

10 Zur Typologie der Schauspielmusik vgl. Detlef Altenburg, Art. »Schauspielmusik«, Abschnitt I.1-II.2, in: *MGG2,* Sachteil Band 8, Kassel u. a. 1998, Sp. 1035-1040, insbes. Sp. 1035; ders., »Das Phantom des Theaters. Zur Schauspielmusik im späten 18. und frühen 19. Jahrhundert«, in: *Stimmen – Klänge – Töne* (wie Anm. 8), S. 183-208, S. 192 f. Der Begriffsvorschlag »drameninhärente Musik« (statt der umständlichen Fügung »Bühnenmusik als Realitätszitat« und als Übertragung von Carolyn Abbates »phenomenal music« ins Deutsche) stammt von Betzwieser, *Sprechen und Singen* (wie Anm. 3), S. 24-26.

11 Vgl. zur nachrevolutionären Unterscheidung einer kleinen, leichteren, Vaudeville-artigen einaktigen Opéra comique und einer musikalisch aufwendigeren meist dreiaktigen Form Karin Pendle, *Eugène Scribe and French Opera of the Nineteenth Century,* Ann Arbor 1979, S. 53 und insbes. Manuela Jahrmärker, »Eröffnungsstrategien in der Opéra comique der 1850er Jahre: Scribe, Meyerbeer und die Zeitgenossen«, in: *Meyerbeer und die Opéra comique,* hg. von Arnold Jacobshagen und Milan Pospíšil, Laaber 2004, S. 98-122, hier S. 99.

sichtbar, daß in beiden Genres Akte mit ausgedehnteren und personell aufwendigeren Musiknummern zu beschließen sind (Finalensembles bzw. -vaudevilles).[12] Und auch insofern, als es seinen hauptsächlichen Reiz aus der Weiternutzung erfolgreicher Opernmelodien und den damit möglichen inhaltlichen und/oder szenischen Anspielungen bezog, erscheint das Vaudeville als eine der Oper nachgelagerte, rezeptive Theatergattung, über die August Wilhelm Schlegel 1809 schrieb, sie sei »nur eine Abart der komischen Oper«, von der es sich vor allem dadurch unterscheide, »daß es den Aufwand von Komposition, wodurch diese ein musikalisches Ganzes bilden soll, zu entbehren weiß«.[13]

Musikologische Vaudeville- und Scribe-Forschung

Das Schaffen Eugène Scribes betreffend geht man allerdings bislang üblicherweise umgekehrt davon aus, daß »das Vaudeville [...] insbesondere für die Oper und das Ballett eine bisher wenig gewürdigte Bedeutung«[14] hatte, und der »*Librettist* Scribe ohne die Erfahrungen des *Dramatikers* Scribe aus dem Bereich des Boulevardtheaters nicht denkbar« sei.[15] Gestützt wird diese Annahme dadurch, daß Scribe, der sich sonst poetologisch programmatischer Aussagen völlig enthielt, in den 1830er Jahren - also noch nach dem Beginn einer beispiellosen Erfolgsgeschichte sowohl als Sprechtheaterautor wie als Librettist - wiederholt, und vor allem bei einer so prominenten Gelegenheit wie seiner Aufnahmerede in die Académie française, betonte, er sei eigentlich

---

12 Umgekehrt wies Thomas Betzwieser auf vaudevillesk-metatheatrale Elemente auch in der Opéra comique des frühen 19. Jahrhunderts hin: »›Si tu veux faire un opéra comique...‹ - Stil- und Gattungsreflexion in der Opéra comique zwischen 1800 und 1820«, in: *Die Opéra comique und ihr Einfluß auf das europäische Musiktheater im 19. Jahrhundert,* hg. von Herbert Schneider und Nicole Wild, Hildesheim u. a. 1997, S. 121-150.

13 August Wilhelm Schlegel, »Vierundzwanzigste Vorlesung« [1809], in: ders., *Kritische Schriften und Briefe,* Bd. VI: *Vorlesungen über dramatische Kunst und Literatur,* hg. von Edgar Lohner, Stuttgart 1967, S. 96-107, S. 98.

14 Schneider, Art. »Vaudeville« (wie Anm. 2), Sp. 1326.

15 Naoka Iki, »›J'en suis persuadé: je n'ai été qu'un auteur de Vaudevilles.‹ Scribes ›livret bien fait‹ exemplifiziert an ausgewählten Opéras comiques aus der Mitte des 19. Jahrhunderts«, in: *Meyerbeer und die Opéra comique* (wie Anm. 11), S. 82. Karin Pendle kategorisiert Vaudevilles durchgängig als »spoken theatre« oder »spoken drama«; die Opéra comique sei als »intermediate stage between Scribe's spoken dramas and his opera libretti« aufzufassen; *Eugène Scribe and French Opera* (wie Anm. 11), S. 85; vgl. auch dies., »The Boulevard Theaters and Continuity in French Opera of the 19th Century«, in: *Music in Paris in the Eighteen-Thirties / La Musique à Paris dans les années mil huit cent trente,* hg. von Peter Bloom, Stuyvesant 1987, S. 509-535, S. 510: »Among the most successful of the popular theaters was the Gymnase, for which Eugène Scribe [...] wrote dozens of *comédies-vaudevilles.* In these small-scale pieces he perfected the technique of the ›well-made play‹ that he was to adopt so successfully to the writing of both opera and opera-comique librettos.«

»qu'un auteur de vaudevilles«.[16] Dies motiviert in der Scribe-Forschung ein musikwissenschaftliches Interesse auch an der Gattung Vaudeville, da sie aus der Opernperspektive als eine nicht zu vernachlässigende ›Geber-Gattung‹ erscheint. Ergebnisse dieser Forschungen liegen vor allem auf textdramaturgischer Ebene vor und laufen in der für die Scribesche Opéra comique und Opéra überaus gewinnbringenden Erkenntnis zusammen, daß Scribe gattungsübergreifend die Technik der Pièce bien faite zur Anwendung brachte, daß also auch Scribes Opern einer handlungsreichen Dramaturgie folgen, in der Informationsfluß und Szenenfolge so gesteuert werden, daß Spannung und Tempo stetig aufrecht erhalten bleiben.[17] Ferner interessierten auf der Inhaltsebene die – ziemlich seltenen – Fälle, in denen die ›Schreibwerkstatt Scribe‹ eigene Vaudevilles für größere Musiktheatergattungen neubearbeitete.[18] Bislang unberücksichtigt blieb aber, daß es sich beim Vaudeville des

16 So Scribe in *Fortune / D'un homme de lettres / ou / Registre de ce que j'ai gagné par ma plume et par mon travail depuis le 25 août 1810 jour de ma sortie du college* [!] *Sainte barbe jusqu'au … 18 … jour de ma mort. / Paris / Octobre 1830,* Paris, BnF, Dép. des Manuscrits, n.a.fr.22573, f. 77v. und in seinem [»Discours de réception à l'Acacémie Française«], in: *Discours prononcés dans la séance publique tenue par l'académie française, pour la réception de M. Scribe, le 28 janvier 1836,* Paris 1836, S. 1-19, S. 2 (Nachdruck unter dem in [ ] angegeben Titel in: Eugène Scribe, *Œuvres complètes,* 76 Bde., Paris 1874-1885 [im folgenden abgekürzt als *SŒC*], Abt. I, Band 1, S. IX-XXXII).

17 Vgl. Pendle (wie Anm. 11); dies. (wie Anm. 15); Anselm Gerhard, *Die Verstädterung der Oper. Paris und das Musiktheater des 19. Jahrhunderts,* Stuttgart 1992, S. 122-125 (*La muette de Portici* als pièce bien faite); Jahrmärker (wie Anm. 11); dies., »Die ›pièce bien faite‹ und die Beredsamkeit des Körpers. Überblick und Grundzüge der Ballettlibretti von Eugène Scribe«, in: *Meyerbeer und der Tanz,* hg. von Gunhild Oberzaucher-Schüller, Feldkirchen 1998, S. 65-106; Herbert Schneider, »Wie komponierten Scribe und Auber eine Opéra comique oder Was lehrt uns die Entstehungsgeschichte des *Fra Diavolo?*«, in: *Die Opéra comique und ihr Einfluß auf das europäische Musiktheater* (wie Anm. 12), S. 235-269; Iki (wie Anm. 15). – Alle genannten Autoren beziehen sich auf die aus der musikfreien Comédie *Bertrand et Raton* (1833) abgeleitete Beschreibung der Pièce-bien-faite-Mechanik durch Stephen S. Stanton, *English drama and the French well-made play 1815-1915,* Diss. masch. Columbia Univ. New York 1955, S. 1-42.

18 Vgl. zur Bearbeitung des Vaudeville *Le Comte Ory. Anecdote du XIe siècle* (1816) zum Libretto für Rossinis zweiaktige Opéra *Le Comte Ory* (1828) Norbert Miller, Art. »Rossini: Le Comte Ory (1828)«, in: *Pipers Enzyklopädie des Musiktheaters,* Band 5, München 1994, S. 449-453; zur dreiaktigen Opéra comique *La barcarolle* (1845) nach Scribes, Ymberts und Varners einaktiger Comédie-vaudeville *L'intérieur d'un bureau* (1823) Pendle (wie Anm. 11), S. 173-196; zur einaktigen Opéra comique *L'ours et le pacha* (Scribe und Xavier Boniface [Saintine], Marseille 1862, Musik: François Bazin) nach dem gleichnamigen Vaudeville von 1820 vgl. Iki (wie Anm. 15), S. 86f. Handlungsbezüge zwischen dem Vaudeville *La somnambule* (1819) und dem Ballet-pantomime *La Somnambule ou L'Arrivée d'un nouveau seigneur* (1827) sind hingegen kaum erkennbar. Vgl. zur Folie-vaudeville *La Chatte métamorphosée en femme* (1827) und der gleichnamigen Opéra comique (1858, Musik: Jacques Offenbach) Manuela Jahrmär-

frühen 19. Jahrhunderts – in das Scribe sich am Beginn seines Theaterschaffens in den 1810er Jahren so bruchlos ›einklinkte‹, daß seine frühen Stücke Zeitgenossen wie Castil-Blaze oder später Sainte-Beuve keineswegs als irgendwie herauszuhebende Sonderform erschienen – aber gerade nicht um eine im Kern sprechtheatrale Gattung handelte, sondern um ein Theater, bei dem der Sprechtext nicht primär eine durchkonstruierte Komödienhandlung war, sondern vielmehr eine Art witzige Moderation des im Zentrum des Theaterereignisses stehenden Couplet-Singens. Castil-Blaze hatte diesen musiktheatral-librettistischen Bau deutlich benannt, indem er festhielt, die »Vaudevilles« des frühen 19. Jahrhunderts würden »à l'imitation« der frühen französischen Opéra comique verfertigt. Sainte-Beuve hält knapp 20 Jahre später fest, am Beginn des Scribeschen Schaffens habe »le vaudeville français pur, simplement chantant et amusant« gestanden.[19]

Schon die Chronologie läßt es mithin kaum zu, die Scribesche Entwicklungsleistung Pièce bien faite als ›eigentlich sprechtheatrales‹ und ›später‹ auf Musiktheater ›übertragenes‹ Konzept zu betrachten. Vielmehr müssen in Scribes Gesamtwerk die musikärmeren (die Comédie-vaudeville, in der vor allem ab den 1830er und -40er Jahren die Zahl der Couplets pro Akt deutlich abnimmt[20]) oder die ganz musikfreien (Comédies und Drames[21]) Ausprägungen der Pièce bien faite als von einer vorausgehenden Musiktheatererfahrung abgeleitet bewertet werden; eine Akzentverschiebung, die es geboten erscheinen lassen dürfte, in die Analyse der Scribeschen Pièce bien faite mediale Aspekte des Musiktheaters, d. h. die unterschiedlichen kommunikativen Möglichkeiten so unterschiedlicher Medien wie Sprechen, Singen, Pantomime, Bühne usw. und ihre Nutzung für die Informationsvergabe im theatralen Kommunikati-

---

ker, »Katzen-Spielereien – Katzen-Feerien«, in: *Bühnenklänge,* Festschrift Sieghart Döhring, hg. von Thomas Betzwieser u. a., München 2005, S. 189-204.

19 Charles A. Sainte-Beuve, »Poëtes et romanciers modernes de la France: M. Eugène Scribe. (Le verre d'eau.)«, in: *La Revue des Deux Mondes,* tome 24, série 4, Paris 1840, S. 714-730, das Zitat S. 717.

20 Als einziger hat auf die ›Entmusikalisierung‹ der Scribeschen Comédie-vaudeville bislang Schneider hingewiesen (Art. »Vaudeville«, wie Anm. 2, Sp. 1326): »Scribe blieb auch als Erfolgsautor der Opéra dem Vaudeville treu, verzichtete aber wie viele seiner Nachfolger um die Jahrhundertmitte zunehmend auf die musikalische Komponente des Vaudeville.«

21 Keinem einzigen der an der Comédie-Française aufgeführten Scribe-Texte sind irgendwelche Hinweise auf musikalische Bestandteile zu entnehmen; dies ergab die Prüfung sämtlicher Regieanweisungen. Die Bibliothèque-Musée de la Comédie-Française (F-Pcf) verwahrt zahlreiche Theatermusikalien aus dem 19. Jahrhundert, aber keine mit Scribe-Stücken verbundenen; für entsprechende Nachforschungen danke ich Jacqueline Razgonnikoff.

onssystem, von vornherein einzubeziehen.[22] Notwendig erscheint es daher, die Relevanz der Scribeschen Vaudeville-Erfahrung für seine Librettistik nicht nur unter inhaltlich-textlichem, sondern auch unter musikdramaturgischem (wenn man so will: librettistischem) Blickwinkel auf den Prüfstand zu stellen. Auf der Basis eines Blicks auf Vaudeville und Opéra comique im Frühwerk Scribes müssen hierfür insbesondere die 1820er Jahre ins Zentrum gestellt werden, da dies der Zeitraum ist, in dem Scribe grundlegende dramaturgische Strategien für die von ihm nicht nur bedienten, sondern modernisierend geprägten Operngattungen Opéra comique und Grand opéra entwickelt hat. Ein bislang unbekannter Pariser Quellenbestand zu Scribe-Vaudevilles aus diesem Zeitraum erlaubt es erstmals, Scribes Strategien des Musikeinbaus in Vaudeville und Oper auf unmittelbar musikalischer Ebene einander gegenüberzustellen. Dies ist umso mehr von Interesse, als in den aufgefundenen Vaudevillemusiken geradezu experimentelle Umgehensweisen mit den Gattungsmöglichkeiten erkennbar werden, die anhand beispielhafter Analysen daraufhin zu prüfen sein werden, ob und in welcher Weise sie prägend auf Scribes Opernlibrettistik wirkten bzw. von dieser abhängig waren.

Musikdramaturgische Kontinuitäten im Gattungsraum von Opéra comique und Vaudeville

In Scribes frühen Stücken läßt sich die enge strukturelle Verwandschaft von Vaudeville und Opéra comique allenthalben beobachten, und daß den ersten Erfolgshöhepunkt von Scribes Autorenkarriere nicht etwa ein Vaudeville, sondern die einaktige Opéra comique *La Chambre à coucher* (1813) markiert,[23] ist kein früher ›Ausreißer‹ in eine erst später ›wirklich‹ in Angriff genommene Gattung, sondern belegt im Gegenteil die Verwandtschaft der Gattungen:

> Scribe's first libretto, *La Chambre à coucher ou une demi-heure de Richelieu* [...], is a rather amusing but not at all outstanding example of the old style of light comedy cultivated in opéra comique for some time. [It] is a fast-moving, often witty comedy of manners in which, incidentally, the characters sing an occasional song or duo. [...] Most of the musical numbers in *La Chambre à coucher* are loosely connected to the action but make no contribution to it other than to provide a pleasant interlude, and the work closes with an old-fashioned vaudeville in which the moral of the story is stated and the characters request that the critics not judge their efforts too harshly.[24]

Beispielsweise *Une Nuit de la garde nationale* (1815) – jenes Vaudeville, das Scribe selbst aufgrund der thematischen Neuerung, das Stück in der vertrau-

---

22 Beispielhaft analysiert Thomas Betzwieser, allerdings ohne mit dem Begriff Pièce bien faite zu operieren, die Nutzung der verschiedenen Medien in Scribes Opéra comique *Le Domino noir:* Betzwieser, *Sprechen und Singen* (wie Anm. 3), S. 277-289.

23 Vgl. dazu Iki (wie Anm. 15), S. 85f.

24 Pendle (wie Anm. 11), S. 86f. Vgl. auch Jean-Claude Yon, *Eugène Scribe. La fortune et la liberté,* Saint Genouph 2000, S. 195f.

ten Umgebung des zeitgenössischen Paris spielen zu lassen, sowie aufgrund der gesteigerten Komplexität der rahmenden Komödienhandlung als Durchbruch zu einem neuen, moderneren Vaudeville erschien[25] - folgt musikdramaturgisch gesehen genau jener Struktur, die Pendle für *La Chambre à coucher* beschrieb: Die Handlung wird ausschließlich im Sprechtext verhandelt, in den 27 Musiknummern illustrativ oder kommentierend eingelegt sind.

Im Vorfeld der von Scribe mitgetragenen Gründung des Théâtre du Gymnase-Dramatique Ende 1820 finden sich aber auch eine Reihe vergleichsweise aufwendig musikalisierter Vaudevilles wie *Le Comte Ory, anecdote du XIe siècle* (Théâtre du Vaudeville 1816), *La Somnambule* (Théâtre du Vaudeville 1819) oder *L'Ours et le pacha* (Théâtre des Variétés 1820), die sich dadurch auszeichnen, daß jeweils die zentralen Szenen von drameninhärenter Musik geprägt sind: In *Le Comte Ory* verraten sich die als Nonnen verkleideten Ritter durch das Trinklied, das sie anstimmen; in *La Somnambule* tanzt die Titelfigur im Schlaf mit Gustave eine Contredanse und legt so den Grundstein für eine Aussöhnung der Liebenden; in *L'Ours et le pacha* führen zwei Intriganten in Bärenverkleidung einen Tanz auf und verraten sich dabei. Hier ist die Musik mehr als bloße Reihung der Couplets; alles spricht dafür, diese aus der Zeit vor der Gymnase-Eröffnung stammenden Stücke als besonders wichtige Entwicklungsschritte auf Scribes Weg hin zu einem Theater, das genuine Musiktheatralität (im Sinne von notwendiger, aus der Handlung heraus motivierter Musik) mit interessanten, der Pièce-bien-faite-Mechanik folgenden Komödienhandlungen verbindet. Die genannten Stücke zeigen, daß dabei der Kategorie drameninhärenter Musik eine zentrale Rolle zukam. Denn zu einer musikalischen Komödie wurde eine Komödie dadurch, daß Scribe in ihrem Zentrum eine Situation ansiedelte, in der ›wirklich‹ gesungen, getanzt, musiziert wird; mithin durch eben jenes ›schauspielmusikalische‹ Feature, das Thomas Betzwieser als ein Kernelement der Gattungspoetik der Opéra comique beschrieb.[26] Im Rückblick scheint daher Scribes Arbeit vor 1820 zielgerichtet auf die Opéra comique-Librettistik zuzulaufen, der Scribe sich unmittelbar nach der Gymnase-Eröffung nach einer fünfjährigen Pause wieder zuwandte. Je eine ein- und eine dreiaktige dieser frühen Opéras comiques Scribes entstanden direkt für das Gymnase-Dramatique (G-D), ab 1823 kamen Scribes Werke dieser Gattung ausnahmslos an der Opéra comique (O-C) heraus:

---

25 Vgl. ebd., S. 43-56 (Kap. »Vers une nouvelle conception du vaudeville«); sowie Naoka Iki, *Eugène Scribes roman feuilleton bien fait*, Wilhelmsfeld 2001, S. 59: »Scribe inaugurierte mit seinem bahnbrechenden Vaudeville *Une nuit de la garde nationale* [...] nicht nur die neue Subgattung der comédie-vaudeville mit der [...] sich herausbildenden dramaturgischen Konzeption der *pièce bien faite*, sondern begeisterte das Publikum mit der thematischen Novität des Einakters«.

26 Betzwieser, *Sprechen und Singen* (wie Anm. 3), besonders das Kapitel »Zwischen Schauspiel und Oper: das Problem der Motivation von Musik« (S. 194-255).

La Meunière, Opéra comique en 1 acte, Scribe u. Mélesville[27], Musik: Manuel de Pópulo Vicente Garcia, G-D 16. Mai 1821
Le Paradis de Mahomet ou La Pluralité des femmes, o. c. 3, Scribe u. Mélesville, M: Rodolphe Kreutzer u. Charles-Frédéric Kreubé, O-C 23. März 1822
La petite lampe merveilleuse, o. c. 3, Scribe u. Mélesville, M: Alexandre Piccinni, G-D 29. Juli 1822
Leicester ou Le Château de Kenilworth, o. c. 3, Scribe u. Mélesville, M: Daniel-François-Esprit Auber, O-C 25. Januar 1823
Le Valet de chambre, o. c. 1, Scribe u. Mélesville, M: Michele Carafa de Colombrano, O-C 16. September 1823
La Neige ou Le nouvel Eginard, o. c. 4, Scribe u. Germain Delavigne, M: Auber, O-C 9. Oktober 1823
Le Concert à la cour ou La Débutante, o. c. 1, Scribe u. Mélesville, M: Auber, O-C 5. Mai 1824
Léocadie, drame lyrique en 3 actes, Scribe u. Mélesville, M: Auber, O-C 4. November 1824
Le Maçon, o. c. 3, Scribe u. Delavigne, M: Auber, O-C 4. Novembre 1825
La Dame blanche, o. c. 3, Scribe, M: Boieldieu, O-C 10. Dezember 1825

La Meunière illustriert dabei als ideales Beispiel die noch am Beginn der 1820er Jahre unverändert breite Kontaktfläche zwischen Vaudeville und Opéra comique: Eine textreiche Komödienhandlung ist so konstruiert, daß sich in lockerer Folge drei Soli, ein Duett und vier Ensembles, davon zwei mit Chor, einlegen lassen; die Chöre, eher illustrativ als notwendig mit der Handlung verbunden, fungieren dabei als drameninhärente Musik. (Auch in Scribes kurz zuvor entstandenem Vaudeville *L'Ours et le pacha* findet sich ein solcher illustrativer Festchor, was bis dahin in Scribes Vaudeville-Schaffen selten war.) Das Finalensemble von *La Meunière* belegt stellvertretend die auch für das Vaudeville grundlegende Funktionsaufteilung zwischen Dialog und Musik: Es wird von einer Dialogpassage unterbrochen, worin die Auflösung erklärt wird. Die gesungenen Partien (im Beispiel eingerückt gesetzt) sind, das Dénouement kommentierend und auf emotionaler Ebene vermittelnd, auf die praktisch ausschließlich im Sprechdialog verhandelte Komödie ›aufgesetzt‹:

(In letzter Sekunde hat sich herausgestellt, daß der reiche Alfred de Cernay und die schöne Müllerin Thérèse sich lieben; die hochnäsigen und eifersüchtigen Pariser Demoiselles Juliette et Adeline gehen daher leer aus, ebenso wie Thérèses Diener Pierre.)

Ensemble.[28]

ALFRED, *aux villageois.* Oui, mes amis, d'un sort prospère
Nous goûterons tous la douceur.
(*A Thérèse.*) Désormais, t'aimer et te plaire
Sera pour moi le vrai bonheur. [...]
LES VILLAGEOIS. Quelle aventure singulière!
Et pour Thérèse quel honneur!

27 Pseudonym für Joseph Anne Honoré Duveyrier.
28 Scribe u. Mélesville, *La Meunière,* Sz. 17; zit. nach *SŒC* IV,1, S. 80-82.

Chacun de nous d'un cœur sincère
Se réjouit de son bonheur.

JULIETTE et ADELINE. Comment! monsieur de Cernay...

ALFRED, *gaiement*. Ma foi, mesdames... j'en suis confus comme vous... et j'en aurai presque des remords, si vous ne m'aviez donné l'exemple des trahisons... ne trouvez donc pas mauvais que je porte ailleurs... l'offre de ma main... (*Montrant Thérèse.*) J'ai l'honneur de vous présenter madame de Cernay.

PIERRE, *stupéfait*. Eh bien!... et moi donc... moi qui avais attendu jusqu'à présent...

ADELINE, *avec dépit*. Cette chère petite Thérèse mérite son bonheur... (*A part, regardant Juliette.*) Ça m'est égal... j'aime mieux que ce soit elle!

JULIETTE, *de même*. Alphonse en sera enchanté, et moi aussi... (*A part.*) Ce n'est pas ma cousine qui l'épouse.

THÉRÈSE, *émue*. Ah! mesdames...

PIERRE, *le cœur gonflé*. C'est donc pour tout de bon, madame Thérèse... c'est donc vous qui vous mariez ... et qui allez devenir grande dame.

THÉRÈSE, *lui tendant la main*. Oui... mon pauvre Pierre.

PIERRE, *sanglotant*. Ah! ah! j'en suis bien content.

LES VILLAGEOIS. Amis, rassemblons le village,
Ce jour est celui d' not' bonheur,
Célébrons tous le mariage
De Thérèse et de monseigneur.

La dame blanche - am Ende obiger Liste - kann sodann als Werk gelten, in dem in paradigmatischer Weise die beiden entscheidenden musikdramaturgischen Errungenschaften verwirklicht und miteinander verbunden sind, auf die Scribes Opéra comique-Librettistik in der Folge aufbaute: seine Schreibtechnik für durchgesungene Ensembles[29], als deren Idealtypus die Versteigerungsszene des Finale II von *La dame blanche* mit ihrem bis in die allerletzten Chorverse hinein stringent realistisch vorwärtsschreitenden Handlungsverlauf angesehen werden kann, und die Einbindung drameninhärenter Musik in eine durchkonstruierte Komödienhandlung, idealtypisch umgesetzt im Harfenspiel der weißen Dame, welches vom Volk für eine überirdische Musik gehalten wird, was sich die weiße Dame wiederum geschickt zunutze macht.

29 »Yet it is not until *Léocadie* [...] that he breaks with the practice of interrupting the musical finale for a spoken resolution of the dramatic loose ends, a development concurrent with Auber's assimilation of well-developed ensemble technique. Thereafter, Scribe only rarely returns to the earlier practice. Thus Scribe has taken over ten years to overcome the remnants of traditional libretto writing and to replace them with his own techniques derived from the well-made-play. *Le Maçon* [...] is among the first examples of Scribe's mature style in opéra comique, and represents the final stage in a long development and the beginning of a seldom-varied pattern of libretto writing.« Pendle (wie Anm. 11), S. 87f.

Pariser Musikalien zu Scribeschen Comédies-vaudevilles der 1820er Jahre: Ausbau der Vaudeville-Musik durch Integration von Opernensembles

Das Département de la Musique der Bibliothèque nationale de France in Paris verwahrt einen unkatalogisierten Bestand mit Musikalien aus Pariser Boulevardtheatern,[30] in dem sich auch einige wenige Materialien zu Scribe-Stücken, sämtlich aus einem eng begrenzten Zeitraum um 1825, befinden:[31]

Musikalien (alle: F-Pn, ohne Signatur)	Titel, Gattung, Autoren, UA des Stücks
(1) Antoine-François Heudier ([Arr.]/Komp.)[32], *L'Héritière / Partie de Chant.* Unsignierte, undatierte Gesangsstimme mit Klavierbegleitung, Dialogstichworten und vollständigen Gesangstexten. 19 Nummern auf 24 Blatt. Nr. [19] lt. Textdruck »Air nouveau de M. Heudier«	*L'Héritière,* Com.-vaud. 1, Scribe u. G. Delavigne, G-D 20. Dezember 1823[33]
(2) [Heudier (Arr.)], *Les premières Amours / Chant.* Unsignierte, undatierte Violon-répétiteur-Stimme mit Dialogstichworten und unvollständigen Gesangstexten. 13 Nummern auf 13 Blatt	*Les premières Amours, ou Les souvenirs d'enfance,* Com.-vaud. 1, Scribe, G-D 12. November 1825
(3) Heudier ([Arr.]/Komp.) und Charles Plantade (Komp.), *Simple / Histoire / Chant.* Unsignierte, undatierte Violon-répétiteur-Stimme mit Dialogstichworten und unvollständigen Gesangstexten. 18 Nummern auf 13 Blatt. Nr. [13] lt. Textdruck »Air nouveau de M. Heudier«; Nr. [15] »Air nouveau de M. Charles Plantade«	*Simple Histoire,* Com.-vaud. 1, Scribe u. F. de Courcy, G-D 26. Mai 1826

---

30 Vgl. zu diesem Bestand Nicole Wild, »Le théâtre lyrique français du XIXe siècle dans les collections de la Bibliothèque de l'Opéra«, in: *Le Théâtre lyrique en France au XIXe siècle,* hg. von Paul Prévost, Metz 1995, S. 279-296, S. 288.

31 Für die Ermittlung und Zugänglichmachung dieser Materialien danke ich Pauline Girard. Außer den hier aufgelisteten Quellen verwahrt das Département de la Musique auch ein Stimmenmaterial zu *L'Ours et le pacha,* das von einer postumen Neuproduktion des Stücks am Thèatre de la Gaîté im Jahr 1867 stammt.

32 Es ist zu vermuten, daß die Arrangements von den jeweiligen Chefs d'orchestre angefertigt wurden. Heudier (1782-?) war etwa 1822 bis Sommer 1828 Chef d'orchestre des G-D (Nicole Wild, *Dictionnaire des théâtres parisiens au XIXe siècle. Les Théâtres et la musique, Paris 1989,* S. 182). In *SŒC* taucht Heudiers Name (»Air nouveau de M. Heudier«) letztmals bei *Yelva ou L'orpheline russe* (vaud. 2, G-D 18. März 1828) auf.

33 Die Tatsache, daß sämtliche der hier gelisteten Materialien mit der in den jeweiligen Texterstdrucken angegebenen Musikausstattung völlig deckungsgleich sind spricht dafür, daß die Quellen jeweils im unmittelbaren zeitlichen Umfeld der Uraufführung entstanden sind. Für (2)-(4), sowie (5) und (6) wurde jeweils dasselbe Papier verwendet. (2) und (3) sowie (4)-(6) lassen jeweils dieselbe saubere Kopistenschrift erkennen. Zu (1) vgl. u. die Ausführungen im Haupttext.

(4) [Heudier (Arr./Komp.)], *Le Mariage de Raison / Chant.*
Unsignierte, undatierte Violon-répétiteur-Stimme mit Dialogstichworten und unvollständigen Gesangstexten. 22 Nummern auf 22 Blatt

Le Mariage de raison, Com.-vaud. 2, Scribe u. A. F. Varner, G-D 10. Oktober 1826

(5) [Heudier (Arr.)], *La Marraine.* 4 Stimmen: *Rôle de Caroline. 1er Violon. 2e Violon. Basse.*
Unsignierte, undatierte Stimmen, u. a. Violon-répétiteur (*1er Violon*) mit Dialogstichworten, keine Gesangstexte. *Ouverture* und 16 Nummern auf 11 Blatt

La Marraine, Com.-vaud. 1, Scribe, J.-P. Lockroy u. J. Chabot de Bouin, G-D 27. November 1827

(6) Pierre-Louis Hus-Desforges (Arr./[Komp.])[34], *Malvina / Chant.* und *1ere Flûte.*
Unsignierte, undatierte Stimmen, u. a. Violon-répétiteur (Chant) mit Dialogstichworten, bis auf wenige Incipits kaum Gesangstexte. »Ouverture«, »Entr'acte« und 25 Gesangsnummern auf 40 Blatt. Nr. [10] lt. Textdruck »Air de *Mathilde de Sabran* (de Rossini), arrangé par M. Hus-Desforges.«

Malvina ou Un Mariage d'inclination, Com.-vaud. 2, Scribe, G-D 8. Dezember 1828

Daß vorzugsweise Violon-répétiteur-Stimmen (als »Chant« respektive »1er Violon« bezeichnet) erhalten sind, scheint kaum ein Überlieferungszufall zu sein. Denn diese Stimmen, aus denen der Chef d'orchestre vom Violinpult aus Proben und Aufführungen leiten konnte, sind die einzige Form musikalischer Vaudeville-Quellen, die die musikalische Gestaltung eines Stücks in ihrer Gesamtheit transportieren. Sie enthalten in rudimentärer Notation als Violinauszug neben den Gesangsmelodien (bisweilen samt angedeuteter Harmonisierung) meist ein ein- bis viertaktiges Vorspiel (häufig lediglich einen Tonika-Akkord mit Fermate) sowie einfache instrumentale Überleitungen oder Ritornelle. Die Texte, die die Schauspieler auswendig wußten, fehlen meist (oder es sind als Verständigungshilfe die ersten Textworte eingetragen), hingegen enthalten Répétiteurs systematisch vor jeder Nummer Dialogstichworte, die die Einsätze anzeigen. (Einen Eindruck vom Aufbau einer Répétiteur-Stimme geben als exakte Transkriptionen die Bsp. 2-4.)

Kaum mehr zu beantworten ist die Frage, ob es sich bei diesen Quellen um tatsächlich bei Gymnase-Dramatique-Aufführungen benutzte Materialien handelt. Vor allem bei den Materialien zu *Simple Histoire* (3) und *Le Mariage de*

34 Über den Cellisten und Komponisten Hus-Desforges (1773-1838) ist aus François-Joseph Fétis, *Biographie universelle des musiciens et bibliographie générale de la musique,* 2e éd., Band 4, Paris 1862, S. 391) unter anderem zu erfahren: »Enfin, il fut nommé chef d'orchestre du théâtre du Gymnase dramatique, dans l'été de 1828.« 1800-1810 war er Chef d'orchestre des französischen Theaters in St. Petersburg, 1817-1820 Cellist am Théâtre de la Porte-Saint-Martin gewesen. In *SŒC* taucht Hus-Desforges' Name erstmals auf bei *Le Baron de Trenck,* com.-vaud. 2, G-D 14. Oktober 1828 (»Air allemand, arrangé par M. Hus-Desforges«).

raison (4) scheint dies eher unwahrscheinlich, da sie keine aufführungspraktischen Bearbeitungsspuren (Striche, Korrekturen, Transpositionsvorschriften) enthalten und, wie auch bei *Les premières Amours,* keinerlei Stimmenmaterial vorhanden ist.[35] Nr. (1), in wesentlich schlechterer Handschrift und auf anderem Papier als die übrigen, fällt nicht nur zeitlich, sondern auch aufgrund der Tatsache, daß es sich um ein Klavier- statt ein Violinarrangement handelt und zudem um das einzige Material, in dem durchgängig Gesangstexte eingetragen sind, aus der Reihe; denkbar wäre, daß es sich hier um eine (spätere?) Abschrift für den Salontheatergebrauch handelt. Am ehesten auf eine theaterpraktische Verwendung zu deuten scheinen die Materialien (5) und (6), da hier neben den Répétiteurs zumindest vereinzelte Stimmen überliefert sind und beide auch mit Bleistift eingefügte Nachträge (unter anderem Transpositionsangaben) enthalten.

Auch wenn dennoch eine ›normale‹ theaterpraktische Bestimmung für keine der Quellen ausgeschlossen werden kann, ist ein anderer Zweck ebenfalls denkbar. Die Textdrucke sind systematisch mit dem Hinweis versehen, daß die Musik direkt beim Uraufführungstheater anzufordern sei (»S'adresser pour la musique de cette pièce et celle de tous les ouvrages représentés sur le Théâtre du Gymnase, à M. Théodore, Bibliothécaire et copiste, au Gymnase«[36]); durchaus vorstellbar wäre also auch, daß es sich bei den aufgefundenen einzelnen Répétiteur-Stimmen um so etwas wie zum Versand bestimmte Arrangement-Anleitungen handelt, die es auswärtigen Theatern ermöglichen sollten, in der Substanz originalgetreue, hinsichtlich Instrumentation, Tonlage usw. aber an die jeweils lokalen Gegebenheiten angepaßte Orchestermateria-

---

35 Vaudeville-Materialien dieser Zeit sind sonst überaus voll von Bearbeitungs- und Benutzungsspuren; in großer Zahl zu finden sind solche Materialien (meist vollständige Stimmensätze) in den katalogisierten und gut zugänglichen Theaternachlässen in Avignon (*Bibliothèque municipale Livrée Ceccano. Catalogue du fonds musical. Première partie,* hg. von Nathalie Castinel u. a., Aix-en-Provence 1989), Lille (Laurent Schmitt, *Musiques de vaudevilles et mélodrames conservées à la bibliothèque municipale de Lille,* Lille 2000, vgl. darin zur Überlieferungssituation von Vaudeville-Materialien in Frankreich das Vorwort von Schmitt, S. 13f.) und Montpellier (*Catalogue des fonds musicaux anciens conservés en Languedoc-Roussillon,* hg. von der Association régionale des activités musicales en Languedoc-Roussillon, Montpellier 1996).

36 Scribe und Germain Delavigne, *L'Héritière* [...], Paris 1823, S. 2; Scribe und de Courcy, *Simple Histoire* [...], Paris 1826, S. 2; Scribe, *Les premières Amours, ou Les Souvenirs d'enfance* [...], Paris ²1826, S. 2; Scribe und Varner, *Le Mariage de raison* [...] Paris, ²1826, S. 4; Scribe, Lockroy und Chabot, *La Marraine* [...], Paris, 1827, S. 4; Scribe, *Malvina, ou un Mariage d'inclination* [...], Paris, ²1829, S. 4. Diese sämtlich bei Pollet erschienen Drucke, stets in sehr kurzem zeitlichem Abstand zur Uraufführung erschienen, sind häufig als »seconde édition« gekennzeichnet, da ihnen eine Ausgabe ohne Verlagsangabe (im Selbstverlag des G-D?) vorausgeht. Das Alleinvertriebsrecht an Scribes Vaudevilles lag, wie in der Ausgabe von *Le mariage de raison* ausdrücklich betont wird, bei Pollet; dazu paßt auch die auf den Vertrieb bezogene zitierte Anmerkung, die in den verlegerlosen Erstdrucken nicht enthalten ist.

lien herzustellen.[37] Sinnvoll erscheinen solche Musterstimmen aber vor allem dann, wenn ein vollständiges Mitteilen der musikalischen Faktur durch die Timbre-Angaben im Text nicht mehr möglich ist; wenn die Musik also so aufwendig oder ›selbstständig‹ wird, daß sie einer gesonderten notenschriftlichen Fixierung bedarf. Daß ein solcher musikalischer Grund letztlich hinter dem Hinweis auf den Musikvertrieb (und ggf. den erhaltenen reinschriftlichen Répétiteur-Stimmen) steckt, dafür spricht insbesondere die Tatsache, daß die Mahnung, man solle auch in der Provinz auf die originalen Pariser Musikalien zurückgreifen, in Drucken zu Scribe-Vaudevilles erstmals bei *La Somnambule,* dann bei *L'Ours et le pacha* auftaucht, also gerade jenen Vaudevilles, die durch besonders aufwendige musikalische Gestaltung aus Scribes frühen Stücken herausragen.

In den frühen 1820er Jahren, parallel also zur neu in Angriff genommenen Gattung Opéra comique, ging Scribe im Vaudeville hinsichtlich der Musikaustattung zunächst einen Schritt hinter *La Somnambule* oder *L'Ours et le pacha* zurück. Nur in wenigen Vaudevilles wie *Michel et Christine* (1821), das neben drameninhärenter Militärmusik eine musikalisch begleitete Szene enthält, in der Michel im Schlaf zu sprechen beginnt, oder *L'Intérieur d'un bureau ou La chanson* (1823), wo eine vom Gelegenheitskomponisten Victor verfaßte politisch kompromittierende Chanson Karriere- und Liebesverwirrungen auslöst, spielen schauspielmusikalische Elemente eine Rolle; vorherrschend sind hingegen von der Handlungsebene aus gesehen musikfreie Komödien, in die nach dem herkömmlichen reihenden Vaudeville-Prinzip eine Folge von Couplets eingelegt ist. Unter den aufgefundenen Materialien repräsentieren *L'Héritière* und auch *La Marraine* diesen Typus: Die Musikalien verdoppeln im Grunde lediglich die im Text angegebene Timbre-Ausstattung, sie sind Notate, die zwar Sachkenntnis und Erfahrung, nicht aber eine eigentliche Kreativleistung des Arrangeurs, geschweige denn einen Komponisten erfordern.[38]

---

37 Das G-D selbst verfügte nach den Angaben bei Wild (wie Anm. 32, S. 182) im Jahre 1822 über 34 Orchesterspieler sowie 23 Chorsänger und -sängerinnen. Die meisten Provinztheater hatten gemischte, auch Opern umfassende Spielpläne und müssen über ein dementsprechend zahlreiches musikalisches Personal verfügt haben; einen groben Überblick erlaubt François Lesure, *Dictionnaire musical des villes de province,* Paris 1999.

38 Allerdings übermittelt das *La-Marraine*-Material zusätzlich zu den Vaudeville-Melodien eine mehrteilige Ouvertüre (And.te sost. 6/8 – Lento – [Allegro] 2/4 – All.tto 2/4 – 1° tempo [Allegro]), deren Charakter sowie die in ihr vollständig enthaltene Liedmelodie »Marlbrough s'en va-t-en guerre« (T. 29-48 »Lento«) darauf hindeuten, daß es sich um eine eigens für dieses Stück komponierte Ouvertüre handeln könnte (einer der Aspiranten auf die Hand Céciles, ein 19jähriges Landmädchen, das verheiratet werden soll, ist der verwaiste Sohn eines im Krieg Gefallenen; vielleicht ist die Ouvertüre als so etwas wie die musikalische Repräsentation der Vorgeschichte gedacht). Thematische oder motivische Querverbindungen zu den im Stück enthaltenen couplets weist diese Ouvertüre nicht auf; vorstellbar ist in jedem Falle auch eine Verwendung im Zusammenhang mit anderen Stücken.

In den übrigen erhaltenen Vaudeville-Musikalien fallen aber jeweils neben einfachen Couplets auch ausgedehntere Arrangements von Opernensembles aus fremden und eigenen Opéras comiques bzw. Opéras ins Auge, die im folgenden auf ihre dramaturgische Funktion hin untersucht werden sollen. Der Scribe-Gesamtausgabe ist zu entnehmen, daß solche Übernahmen komplexerer, nicht mehr nur rein strophischer Musikzitate in Scribes Vaudevilles in unmittelbarem zeitlichem Zusammenhang mit Scribes Etablierung als Opéra comique-Librettist auftreten; erstmals 1823[39], häufiger vor allem ab 1826, also nach dem Doppelerfolg mit *Le Maçon* und *La Dame blanche* Ende 1825, wobei Scribe aus diesen beiden Stücken auch besonders häufig zitiert.[40] Zitate aus eigenen und fremden durchgesungenen Opéras begegnen dann wiederum erst nach Scribes Auftritt in dieser Gattung mit *La Muette de Portici*. Offensichtlich kommen hier jeweils neuerliche Prozesse des gattungsübergreifenden Austauschs in Gang, und zwar nicht der gängigen Vorstellung entsprechend von der kleinen Gattung (dem Vaudeville als ›Experimentierraum‹) zur großen (der ›ausgereiften‹ Oper), sondern umgekehrt. Hält man sich dabei vor Augen, daß Scribe ökonomisch ungemein zielgerichtet agierte und das Vaudeville, nicht die Oper, noch auf längere Sicht seine Haupteinnahmequelle darstellte (Scribe wurde nicht müde dies zu betonen), gerät die Vorstellung von der ›Geber‹-Gattung Vaudeville zusätzlich ins Wanken: Es scheint, als mußte jetzt, im Verlauf der 1820er Jahre, die Tauglichkeit einer musiktheatralen Technik in einem Scribeschen Handlungskonzept bereits erwiesen (durch Erfolg beim Publikum) sein, *bevor* Scribe sie für im Vaudeville gewinnbringend einsetzbar hielt.

---

39 *Le Retour ou La Suite de Michel et Christine* (G-D 17. Oktober 1823), Szene 7: »*MORCEAU D'ENSEMBLE. AIR:* Finale du deuxième acte de *Leicester*.« Zitiert nach *SŒC* II,11, S. 247.

40 *Simple histoire* beispielsweise zitiert sowohl aus *La dame blanche* als auch aus *Le Maçon;* das *Dame-blanche*-Zitat (in der Pariser répétiteur-Stimme die Nr. [12] »Grand Dieu, quelle surprise«) ist im Texterstdruck (Paris 1826) als »Trio. *AIR:* Je n'y puis rien comprendre« spezifiziert, parodiert wird der fugierte Abschnitt aus dem Finale I (Nr. 7 Trio) der Oper; die in *SŒC* abgedruckte Textfassung enthält nur 15 statt 18 Musiknummern, unter anderem fehlt dieses Ensemble. Auch zahlreiche andere Vaudevilles enthalten den in *Simple histoire* den ersten Teil des Finales (Nr. [18]) bildenden Eröffnungschor »Quel bonheur! quelle ivresse!« von *Le maçon,* hier textlich nur leicht verändert zu »O moment plein d'ivresse!, daran schließt sich unmittelbar ein Schlussvaudeville auf das »*AIR:* Du vaudeville des *Frères de lait* [sc. F.-A. Duvert und E. Nicole, *Les Frères du lait,* com.-vaud. 1, G-D 1823] (musique de M. Heudier)« an; zitiert nach *SŒC* II,16, S. 54. – *Le-Maçon*-Zitate vor *Simple Histoire: Les manteaux* (G-D 20. Februar 1826) mit »*AIR:* Dépêchons, travaillons. (*Le Maçon*.)« und »*AIR:* Pardon, car je crois voir *(Le Maçon.)*« *La Belle-mère* (G-D 1. März 1826) ebenfalls mit »*AIR:* Travaillons, dépêchons [sic] *(Le Maçon)*«; *La lune de miel* (31. März 1826) eröffnet mit Arbeiterchor »*AIR:* Quel bonheur! quelle ivresse! (*Le Maçon.*)« und enthält Ensembles auf »*AIR:* Pauvre dame Marguerite. *(La Dame blanche.)*« sowie »*AIR:* Tout nous sourit *(Le Maçon.)*«; alle Zitate nach *SŒC.*

Les premières amours, oder: Emmeline und Rinville spielen Opéra comique

Eine typische Scribesche Comédie-vaudeville der 1820er Jahre ist *Les premières Amours*, ein Einakter mit einer elaborierten, an Verwicklungen und Dialogwitz reichen Komödienhandlung. Der komödienhaft-sprechtheatrale Gesamtgestus spiegelt sich dabei in der vergleichsweise geringen Zahl von insgesamt 13 gesungenen Nummern, aber auch in der Tatsache, daß die überwiegende Mehrzahl der Couplets dialogisch auf zwei oder mehr Personen aufgeteilt sind, eine herkömmliche Vaudeville-Technik, die Scribe im Zuge seiner Gymnase-Vaudevilles verstärkt anwendete, um Gesangseinlagen und Komödienhandlung möglichst eng zu verbinden. Neben so bekannten Timbres wie dem bonapartistischen Soldatenlied »T'en souviens-tu« (Szene 1) oder dem abschließenden »*AIR* du Vaudeville de la *Somnambule*« (Szene 18) schreibt der Text aber für die zentrale Scène à faire (Szene 7/8), eine vermeintliche Wiedererkennens-Szene der beiden Liebenden Emmeline und Rinville, zweimal »*AIR* de *Jeannot et Colin*« vor. Diese Angabe verweist auf die 1814 in Paris uraufgeführte dreiaktige Opéra comique *Jeannot et Colin*[41], die ihrerseits auf Voltaires gleichnamige Erzählung von 1764 zurückgeht. Letztere wiederum ist thematisch – über die Frage, ob ›natürliche‹ Kinderfreundschaften den ›künstlichen‹ sozialen Zwängen der Erwachsenenwelt Stand halten können – mit Bernardin de Saint-Pierres vielgelesenem Roman *Paul et Virginie* (1788) verbunden, als dessen eifrige Leserin Emmeline in *Les premières Amours* mehrfach bezeichnet wird. Die *Jeannot-et-Colin*-Timbres erweisen sich als Bausteine eines weitgespannten, sowohl an Theater- als auch Leseerfahrungen des Publikums appellierenden Netzes intertextueller Verweise, wobei die Verwendung gleich zweier Timbres aus *Jeannot et Colin,* noch dazu die Scène à faire gewissermaßen rahmend, dieses Bezugsstück in ungewöhnlich starker Weise ins Blickfeld rückt. Der Verlauf der Doppelszene im Überblick:

Szene 7:
Dialog (Emmeline bemerkt Rinville, der sich gegenüber dem Vater als Charles ausgibt; auch Emmeline ›erkennt‹ vermeintlich in Rinville Charles.)
Duo Emmeline/Rinville: *AIR* de *Jeannot et Colin.* [= Nr. 12 Finale »Plaisirs de notre enfance«]
Dialog (Emmeline und Rinville tauschen vermeintliche Kindheitserinnerungen aus, wobei Rinville sich geschickt verstellt. Der Vater bittet Rinville, er solle Emmeline verärgern, denn er hat für sie andere Heiratspläne.)
Sz. 8:
Dialog (Emmeline und Rinville tauschen weiter ›Kindheitserinnerungen‹ aus, u. a. hätten sie »Paul und Virginie« gespielt. Rinville bestätigt alles, auch daß er das Treueversprechen, das er Emmeline damals gab, gehalten habe.)
Duo Emmeline/Rinville: *AIR* de *Jeannot et Colin.*« [= Nr. 7 Duo »Tous mes plaisirs«]

---

41 Text: Charles-Guillaume Etienne, Musik: Nicolo Isouard. Daß das Livret 1822 neu aufgelegt wurde, deutet auf eine Bühnenpräsenz des Stückes in dieser Zeit hin.

Schon die Verwendung der Melodie des Finalduetts der Oper folgt hierbei nicht der herkömmlichen Timbre-Mechanik, denn der Text bleibt im Wortlaut fast unverändert (»Beaux jours de notre enfance / Vous voilà revenus«[42]). Für den Zuschauer entsteht fast der Eindruck, aus der Vaudeville-Aufführung (mit ihrem ›uneigentlichen‹, kommentierenden Singen) in eine Opéra comique-Aufführung (mit ihrem emotionsverstärkenden Singen in eigens dafür herbeigeführten Situationen) versetzt zu werden. Denn der Vaudeville-Witz besteht hier nicht in der Überlagerung einer externen Textschicht, sondern vielmehr darin, daß einzig Emmeline ›wirklich‹ sich über das Wiedersehen freut, während Rinville in die Rolle von Emmelines Jugendliebe Charles geschlüpft ist und nur so tut, als erinnere er sich mit ihr. Man sieht förmlich doppelt: Eine Emmeline in einer Opéra comique-Szene, einen Rinville, der spielt, daß er diese Szene spielt. Das zweite *Jeannot-et-Colin*-Zitat gehorcht exakt derselben theatralen Mechanik, die Situation ist nach wie vor gleich, die beiden Musikeinlagen sind aus Sicht der Handlung redundant. Verstärkt auf struktureller Ebene schon diese für eine Comédie-vaudeville äußerst ungewöhnliche musikalische Rahmung den Opéra comique-haften Gesamtcharakter der Doppelszene, so wird dieser zusätzlich dadurch betont, daß mit der musikalisch unverändert zitierten Nr. 7 aus *Jeannot et Colin* (Beispiel 1) eine insofern komplexe Opéra comique-Nummer ins Vaudeville hinein kommt, als in ihrem Verlauf die musiktheatralen ›Realitäts‹-Ebenen gewechselt werden. Denn die gesungene Figurenrede rahmt eine im Innern dieser Nummer eingebaute drameninhärente Gesangs- und Tanzpassage. Elegant und sozusagen durch die Hintertür vermittelt das Zitieren der Opéra comique-Nummer hier, elegant und sozusagen durch die Hintertür, auch dieses schauspielmusikalische Element ins Vaudeville:

Beispiel 1: aus Nicolo Isouard, *Jeannot et Colin. Opéra comique en trois actes. Avec accompagnement de piano,* Paris s. d., Nr. 7, T. 1-11 und 40-61.

42 Zitiert nach *SŒC* II,14, S. 301.

DUO.[43]

AIR de *Jeannot et Colin.*

EMMELINE. Ainsi que moi tu te souviens
De nos jeux, de nos entretiens?
RINVILLE. Je m'en souviens.
EMMELINE. Et de ces romans pleins de charmes
Qui nous faisaient verser des larmes?
RINVILLE. Je m'en souviens.
EMMELINE et RINVILLE. Ah! quel doux moment nous rassemble,
Que ce souvenir est touchant!
EMMELINE. Mais redis-moi cet air charmant
Qu'autrefois nous chantions ensemble.
RINVILLE, *embarrassé.* Cet air charmant…
EMMELINE. Tu le sais bien…
RINVILLE. Eh! oui, vraiment.
EMMELINE, *cherchant l'air.* J'entends la musette
Et ses sons joyeux,
Viens-t'en sur l'herbette
Danser tous les deux?
RINVILLE. Oui, cet air si tendre
Était gravé là!
(*A part.*)
Car j'ai cru l'entendre
Dans quelque opéra.
(*Haut et reprenant le motif de l'air.*)

---

43 Zitiert nach ebd., S. 306 f. Die Passagen, die in Bsp. 1 zu unterlegen wären, wurden vom Verfasser durch Unterstreichung hervorgehoben.

J'aime la musette
Et ses sons joyeux.
EMMELINE, *figurant quelques pas.* Ainsi sur l'herbette
Nous dansions tous deux.
RINVILLE. Quelle aimable danse!
EMMELINE. Puis Charles en cadence
M'embrassait, je crois.
RINVILLE, *l'embrassant.* C'est comme autrefois.

Le mariage de raison: Variationen über *La dame blanche*

Das in der darauffolgenden Saison aufgeführte Vaudeville *Le Mariage de raison* stützt sich stark auf Musik aus *La Dame blanche*: In der überlieferten Répétiteur-Stimme fällt ein 151 Takte umfassendes vielstimmiges Arrangement auf, das den ersten Akt beschließt und im Textdruck als »Fragment du final du 2e acte de la Dame blanche«[44] bezeichnet wird. Zusätzlich aber geht aus dem Répétiteur hervor, daß neben dem Chor »Nous quittons nos travaux champêtres«, der in *La Dame blanche* das berühmte Finale II mit der Versteigerung einleitet, auch Melodiezitate aus der Introduktion der Oper Verwendung fanden. Damit handelt es sich hier im Grunde nicht mehr um ein vaudevilleskes Zitat, sondern um ein neu-›komponiertes‹ (im Sinne von ›zusammengestelltes‹) Finalensemble, das auf Melodien aus *La Dame blanche* zurückgreift, ohne - wie dies bei der Jeannot-Szene in *Les premières Amours* der Fall war - jedoch die Struktur der Opernszene zu übernehmen; eine einer Opéra comique vergleichbare durchgängig musikalisierte Finalsituation wird hier nicht mehr nur mit vaudevilleskem Zitieren, sondern unter Beteiligung der musikalischen Kreativarbeit des Arrangeurs generiert. Die musikalische Substanz des Beginns der Vaudeville-Nummer ist in dieser Form in der Oper nicht aufzufinden; die Melodie ist aber deutlich an »Du ciel pour nous la bonté favorable« aus der *Dame-blanche*-Introduktion angelehnt:

Beispiel 2: [Antoine-François Heudier], *Le Mariage de Raison / Chant*, Nr. 12, T. 1-6; F-Pn, ohne Signatur, f. 7r.

Zusätzlich zu sämtlichen Singstimmen (Solo–Trio–Chor–Chor mit Solistenquartett) enthält das Notat eine durchgehende obligate Violinstimme, die ei-

44 Zitiert nach *SŒC* II,16, S. 152.

nen Orchestersatz andeutet. (Bei den bisher besprochenen Musiken war eine eigenständige Melodieführung der Instrumente auf die Vor- und Zwischenspiele sowie Überleitungstakte beschränkt geblieben.) Parallel zum I. schließt auch der II. Akt von *Le Mariage de raison* mit einer Musik aus *La Dame blanche:* einem sich zum Quintett steigernden strophischen Arrangement von Georges' Kavatine »Ah quel plaisir d'être soldat« aus der Introduktion von *La Dame blanche,* für das Vaudeville umgedichtet zu »Ah quel plaisir d'être mariée«.

Mit den beiden *Dame-blanche*-Zitaten rufen Scribe und sein Arrangeur (wahrscheinlich Heudier) nicht konkrete szenische Anspielungen (auf den Akt der Versteigerung bzw. auf Georges' Preislied des Soldatenlebens) auf, sondern geben vielmehr eine Art generellen, für das ganze Stück geltenden Verweis auf das Konfliktmuster der Oper,[45] das dann in *Le Mariage de raison* mit völlig anderen Theatermotiven durchgespielt wird. Die Funktion der Opernensemble-Zitate ist damit derjenigen in *Les premières Amours* geradezu entgegengesetzt; dem entspricht eine ebenso verschiedene Handhabung des Zitierverfahrens: Während dort mittels eines konkreten, in seiner Gesamtheit übernommenen musikalischen Ablaufs eine konkrete Opern*szene* evoziert wurde, auf deren originellen Einbau in einen neuen Handlungskontext der Rezipient aufmerksam gemacht werden sollte, wird in *Le Mariage de raison* mittels locker gestreuter musikalischer Allusionen eine ganze Opern*handlung* als Folie ins Spiel gebracht, vor der sich die Originalität einer neuen szenischen Realisation abzeichnen kann.

»Celle-là ne sort pas du moule ordinaire«: *Malvina* und die Grand opéra

Im März 1829 bemerkt der Kritiker des *Figaro* über das nun gut acht Jahre alte Gymnase-Dramatique:

> Au moment où nos théâtres se débattent contre le vieux, le repoussent, et accueillent même les conceptions les plus extravagentes, tant on est bien averti que le public veut être amusé, ému, stimulé autrement qu'il ne l'était à vingt ans, l'administration dramatique du boulevard Bonne-Nouvelle[46] poursuit fidèlement la route où elle trouve d'abord des succès et de l'argent [...] Car rien n'est plus froidement monotone que le spectacle de chacque jour du théâtre de Madame. [...] Toutefois cependant nous invitons les spectateurs à voir *Malvina;* celle-là ne sort pas du moule ordinaire.[47]

---

45 Sowohl in *Le Mariage de raison* als auch in *La Dame blanche* ist der Held ein verdienter Ex-Soldat (Bertrand bzw. Georges) der, nachdem der eigentlich ›standesgemäßere‹ Widersacher (Édouard bzw. Gaveston) beschämt seine moralische Unterlegenheit eingestehen muß, am Ende die wunschgemäße Verbindung mit einer adoptierten Waise (Suzette bzw. Anna) eingehen und ein leerstehendes Anwesen in Besitz nehmen kann.

46 Standort des Gymnase-Dramatique, das aufgrund der Schirmherrschaft der duchesse de Berry zeitweise als »Th. de S.A.R. Madame« firmierte.

47 Anon., »Théâtre de S.A.R. Madame. L'Affiche stéréotype«, in: *Le Figaro. Journal littéraire,* 7. März 1829.

Der Kritiker lenkt hier das Augenmerk zum einen darauf, daß sich das französische Theater in einer Umbruchphase befinde; ein Phänomen, in dessen Kontext neben dem kontrovers diskutierten Auftreten des romantisme an den etablierten Sprechbühnen (Victor Hugo, Alexandre Dumas) auch Scribes Auftreten als Autor der Opéra (1827 mit dem Ballet-pantomime *La Somnambule,* 1828 mit der Opéra *La Muette de Portici*) einzureihen ist. Zum zweiten folge das Gymnase-Repertoire einer kommerziellen statt künstlerischen Logik – daß gerade auch Musik ein wichtiges ›Verkaufsargument‹ war, wurde bereits angedeutet, und gerade die aufwendiger musikalisierten Vaudevilles in Scribes Schaffen, von *La Somnambule* bis *Le Mariage de raison,* brachten den größten Erfolg. Zum dritten aber sei mit *Malvina ou Un Mariage d'inclination* nun immerhin etwas zu sehen, was nicht dem üblichen Vaudeville-Muster entspreche. Inhaltlich handelt es sich bei dem Stück um eine neuerliche Behandlung des Themas von *Le Mariage de raison* (und unzähliger anderer Vaudevilles): Für Malvina, Tochter eines reichen Bürgers, besteht die Aussicht, sie mit ihrem nach einem tapferen Einsatz zur Verteidigung des Vaterlandes geadelten Cousin Arved, den sie liebt, zu verheiraten. Sie verbindet aber auch ein »mariage secret« mit einem mittellosen Träumer, der sich als »*de* Barentin« ausgibt und sich bei Malvinas Vater einzuschmeichelt. Als die Vergangenheit Malvinas und de Barentins offenbar wird, besteht kein Ausweg, als daß Arved zu deren großer Freude seine andere Cousine Marie heiratet, und Malvina den zweifelhaften de Barentin. Die moralische Verfehlung der Hauptfigur führt hier also zum »mariage d'inclination« des Nebenpaares Marie/Arved; ein Ende, das insofern der gesellschaftlichen und Komödien-Konvention zuwider läuft, als diese als Happy End, wie z. B. in *Le Mariage de raison,* die Auflösung eines Mißverständnisses und freie Bahn für eine Heirat Malvina/Arved vorgesehen hätte.

Es ist denkbar, daß der *Figaro*-Rezensent darin das Ungewöhnliche der Comédie-vaudeville sah. Ungewöhnlich ist aber auch die Musikalisierung des Stücks, denn in die ausschließlich im Sprechdialog verhandelte Handlung illustrativ eingelassen sind neben zahlreichen Couplets auch mehrere Ensembles, die auf Opernzitaten beruhen:

I,2: Quartett auf »Air de la Guarrache (de la Muette de Portici)«[48]
I,7: Chor und Terzett auf »Air de Mathilde de Sabran (de Rossini), arrangé par M. Hus-Desforges«[49]
I,13: Finale des I. Aktes, Chor und Quintett auf »Air du Comte Ory«[50]

---

48 Zitiert nach Scribe, *Malvina* [...], Paris 1829, S. 10. In der in *SŒC* II,18 wiedergegeben Textfassung ist diese Nummer nur ein Terzett (S. 235-237), in der in F-Pn überlieferten répétiteur-Stimme aber ebenfalls ein Quartett.

49 Zitiert nach Scribe, *Malvina* [...], Paris 1829, S. 23; in *SŒC* II,18, S. 250 lautet die Angabe lediglich: »Musique de M. Hus-Desforges«.

Lediglich bei dem *Le-Comte-Ory*-Stück ist, im simplen Motiv ›Aufbruch‹, eine inhaltliche Verbindung zwischen Original und Zitat zu erkennen; hingegen weder zur spanisch-napolitanischen couleur der Tanzmusik aus dem ersten Akt der *Muette de Portici,* noch zu Rossinis Melodramma giocoso *Matilde di Shabran* (1821). Zudem ist das *La-muette*-Zitat ausgerechnet ein im Original textloses Stück, das schon dort keine eigentliche Rolle in der Handlung spielt, sondern illustrativ im Rahmen eines Tanzdivertissements eingesetzt ist. Und bei *Matilde de Shabran* scheiden szenisch-inhaltliche Bezüge ohnehin aus, denn das Stück wurde in Paris erst nach *Malvina,* Anfang 1829 am Théâtre-Italien, zum ersten Mal gezeigt und konnte also dem Gymnase-Publikum kaum ausreichend bekannt gewesen sein.

Zusammengenommen legt dies den Schluß nahe, daß es Scribe und Hus-Desforges, der kurz zuvor Heudiers Nachfolge als musikalischer Leiter des Gymnase angetreten hatte (siehe Anm. 32 und 34), nicht mehr um den intertextuellen Witz, sondern um den musikalischen Reiz der Opernstücke als solchen gegangen sein muß: Die schon bei *Le Mariage de raison* erkennbare Erosion des Zitierverfahrens zu Gunsten einer rein musikalischen, Opéra comique-artigen Anreicherung des Vaudeville mit sozusagen für sich stehender Musik scheint hier noch verstärkt. Erklärbar ist dieses Vorgehen als Versuch, Castil-Blazes eingangs zitierter Kritik, das Vaudeville sei »irrégulier«, entgegenzutreten, wie sie *Le Globe* im März 1828 besonders präzise ausführte:

> Dans l'opéra […] la musique est du moins perpétuelle: c'est une langue convenue comme la poésie; le public l'accepte une fois, et rien ensuite ne lui en rappelle l'invraisemblance […]. Dans le vaudeville, au contraire, la raison est chocquée chacque fois que les personnages quittent le dialoge pour le chant ou le chant pour le dialoge. Notre opéra comique partage avec lui ce ridicule; mais là du moins il est plus tolérable: il se trouve racheté par de vives jouissances. Les duos, les trios, les quatuors, les quintettes, les morceauux d'ensemble et le riche accompagnement de l'orchestre peuvent servir de compensation.[51]

Bestätigt wird der Eindruck einer angestrebten Autonomisierung der Musik, wenn man die zu *Malvina* überlieferten Rahmenmusiken betrachtet. Die Ouvertüre beginnt mit einer wörtlichen Übernahme der Guarache aus dem Divertissement I von *La Muette de Portici,* worauf eine Mollvariation folgt. Im zweiten, wohl von Hus-Desforges neu komponierten Teil, dominiert dann ein vaudevillesk-marschmäßiger Ton. In Form der Guarache wird aber in der Ouvertüre eine Melodie vorweggenommen, die im Verlauf des Stücks an zwei weiteren Stellen begegnen wird: In I,2 wird das Verhältnis zwischen de Barentin und dem Vater musikalisch in einem Quartett vergegenwärtigt – ein

50 Zitiert nach Scribe, *Malvina* […], Paris 1829, S. 39. Die Ang. bezieht sich auf »Venez amis, retirons-nous« aus der No. 5 (Finale I) der Scribe-/Delavigne-/Rossini-Oper *Le comte Ory* (Opéra 20. August 1828).

51 C. P. [Casimir Bonjour], »Du vaudeville actuel, et de son influence sur la littérature«, in: *Le Globe. Journal philosophique et littéraire* 4 (1828), Band 6, S. 269-271, hier S. 269.

dramaturgisch redundanter Musikeinschub (die Vorgeschichte wird auch im Dialogtext vollständig erklärt) im Kern der Exposition, der die Personenkonstellation sozusagen in geronnener nochmals Form vorführt. Und wenn am Ende die Guarache - dramaturgisch äußerst schwach eingeführt mit dem Hinweis, die Musik sei zufällig »pour un autre motif« bestellt worden - die Stelle des hier ungewöhnlicher Weise ganz fehlenden Vaudeville final einnimmt, wird vollends deutlich, daß die Melodie, scheinbar leitmotivisch sich durch das Stück ziehend, ein ganz inhaltsleeres, einzig aufgrund seiner Ohrwurmqualitäten verwendetes Versatzstück ist.

Beispiel 3: Pierre-Louis Hus-Desforges (Arr./[Komp.]), *Malvina / Chant*, Nr. [25], F-Pn, ohne Signatur, S. 80 (Abschrift des Verf., gekürzt)

[II,15][52]

MARIE [...]. Tais-toi donc, je le lui dirai bien moi-même.
(On entend au dehors un prélude de contredanse.)

DUBREUIL, *se levant; Malvina passe à sa droite.* Entendez-vous? c'est ce bal, c'est tout ce monde que j'avais invité pour un autre motiv. Allons leur présenter les nouveaux mariées [...]

MALVINA, *seule à gauche [...], et regardant Arved qui s'éloigne.*
Ah! je l'aimerai toute ma vie!
(La contredanse reprend plus fort.)

Bei dem zu *Malvina* überlieferten Entr'acte schließlich handelt es sich um eine von Timbres freie, rein atmosphärisch-schauspielmusikalisch gedachte Musik, die vom Ende des I. Aktes (Aufbruch zur Jagd) in die Eröffnungsszene des II. Aktes (Arved spricht im Schlaf) überleitet, wo sie für einen kurzen Moment zur melodramatischen Begleitmusik wird:

[I,13, Ende:] *Ensemble.*[53]

DUBREUIL, BARENTIN, MARIE.
Voici l'instant, il faut partir;
Le plaisir fuit si vite,
Pour que l'on en profite,
Au passage il faut le saisir.

MALVINA. Il faut les suivre, il faut partir,
Ah! quel trouble m'agite!

---

52 Zitiert nach *SŒC* II,18, S. 304.

53 Zitiert nach ebd., S. 271-274.

	D'effroi mon cœur palpite;
	Que faire, hélas! que devenir?
ARVED.	Chasseurs joyeux, il faut partir,
	Au plaisir courez vite!
	Moi, le sommeil m'invite,
	Et sans façon je vais dormir.
LE CHŒUR.	Chasseurs, joyeux, il faut partir […]

Beispiel 4: Pierre-Louis Hus-Desforges (Arr./[Komp.]), *Malvina / Chant,* »Entr'acte«; F-Pn, ohne Signatur, S. 70 f.

ACTE DEUXIÈME

Une chambre à coucher élégante. […] Au lever du rideau, Arved dort profondément […].

SCÈNE PREMIÈRE

ARVED, *dormant.* Mon oncle, embrassons-nous encore. Malvina!…Marie!… Marie!… Quel dommage!

(*Catherine entre, en ce moment, par la porte à droite.*)

SCÈNE II.

ARVED, CATHÉRINE.

ARVED, *se reveillant brusquement.* Qui va là?

Indem die Musikausstattung von *Malvina* auf (Grand)-opéra-Zitate rekurriert, setzt sie den 1825 begonnenen Rückgriff auf Opernmaterial insofern konsequent fort, als wieder Scribes eigener Erfolg auf dem für ihn neuen Gattungsfeld - die Anfang 1828 uraufgeführte *Muette de Portici* war Scribes erstes Libretto für eine durchgesungene Oper - einer Nutzung im Vaudeville *voraus*geht. Die musikalische Gesamtanlage zeigt dabei, daß mit der neuen librettistischen Erfahrung eine grundsätzliche Veränderung des musikdramaturgischen Verständnisses des Vaudeville einhergeht: Die Opernzitate werden aufgrund ihres musikalischen Reizes statt ihrer intertextuellen Verweismöglichkeiten eingesetzt, in einer Weise also, die der Gattung Vaudeville im Kern zuwider läuft. Im Verbund mit der Ausdehnung der Musikalisierung auf die Rahmenmusik ist insgesamt der Versuch einer genuin schauspielmusikalischen Gestaltung zu diagnostizieren, in der die Musik, statt auf einer Meta-Textebene zu kommentieren, auf der dramatischen Ebene verstärkend wirken soll. Hus-Desforges, der zuvor am auf Mélodrames spezialisierten Théâtre de la Porte-Saint-Martin tätig gewesen war, mag zu dieser Ausrichtung ein Übriges beigetragen haben; aber dennoch nicht von der Hand zu weisen ist ein Zusammenhang mit den musikdramaturgischen Anforderungen des von Scribe unmittelbar zuvor betretenen Feldes ›durchgesungene Oper‹, das ja im Unterschied zur Opéra comique eine Librettistik erfordert, die eine die Handlung in Couleur, Charakter, Bewegungsmoment, etc. durchgängig ›doppelnd‹ unterstützende Musik auf den Plan ruft. Daß gerade nach dem *La-Muette*-Erfolg die Populärromantik in Scribes Vaudeville (vorsichtig) Einzug hält - in Form des in *Malvina*, aber auch beispielsweise *Yelva ou L'Orpheline russe* (März 1828) vorliegenden Typus der Comédie larmoyante - belegt zusätzlich das Nachgeordnetsein der Musikdramaturgie solcher Vaudevilles in Bezug auf die großen Gattungen: Auf der Grundlage der Opernerfahrung dringt, um mit Philip Robinson zu sprechen, in das auf »Distanciation« und Ironie gegründete althergebrachte Vaudeville-Prinzip »Sensibilité« ein.[54] Erst wenn man, wie es hier für Scribes Œuvre erstmals versucht werden sollte, die Musik in die Betrachtung mit einbezieht, wird sichtbar, daß sich Querverbindungen zwischen den Gattungen keineswegs auf Inhalte, Dramentechnik oder Szenerie beschränken, sondern die gattungsspezifischen Musikdramaturgien an zentraler Stelle einbegreifen.

Ausblick

Was der *Figaro*-Kritiker verschweigt, ist, daß das Schauspielmusikalische in *Malvina* in Konflikt tritt zum nach wie vor das Stück *auch* prägenden herkömmlichen Couplet-Singen. Heraus kommt dabei ein durchaus eigenartiges Nebeneinander von Vaudevilleskem und Melodramatischem; möglicherweise

---

54 Philip Robinson, »Vaudevilles et genre comique à Paris au milieu du XVIIIe siècle«, in: *Timbre und Vaudeville* (wie Anm. 2), S. 292-305: »le vaudeville, en tant que genre généralement ironique et facteur de distanciation, est à son tour ennemi de la sensibilité« (S. 294).

gar ein Grund für Scribe und das Gymnase-Dramatique, sich von Hus-Desforges bald wieder zu trennen. Aus Fétis' *Biographie universelle* erfährt man: »il ne montra pas dans l'exercice de ses fonctions l'habileté qu'on attendait de lui. Des discussions désagréables s'élevèrent entre lui et l'administration, et avant la fin de 1829 il donna sa démission.«[55]. In Scribes Comédies-vaudevilles der Folgezeit werden Opéra comique- und Grand-opéra-Zitate seltener und dienen meist - in ganz tarditioneller Weise - als Timbres kurzer Chöre.[56] Zudem wird die Scribesche Comédie-vaudeville merklich musikärmer. Wenn überhaupt, dann diente sie seit den späten 1820er Jahren als Experimentalgattung nicht für die Oper, sondern für Scribes Comédie-Française-Theater: Denn unter Umständen war die Erfahrung mit den Schwierigkeiten und Brüchen der hybriden Musik- und Sprechtheatergattung Vaudeville ausschlaggebend dafür, daß Scribe im ›großen‹ Sprechtheater - einem Feld, das er fast gleichzeitig mit seinem Auftritt an der Opéra, mit der fünfaktigen Prosakomödie *Le Mariage d'argent* (Dezember 1827) zu bearbeiten begann - auf Musik, ganz im Gegensatz zu Zeitgenossen wie Hugo oder Dumas, konsequent und radikal verzichtet.

55 Fétis (wie Anm. 34), S. 391. Schon ab Juli 1829 tauchen in scribeschen Gymnase-vaudevilles wieder »airs nouveaux de M. Heudier« auf, der Name Hus-Desforges ist bei *Malvina* letztmals vorzufinden.

56 Vgl. z. B. *Aventures et voyages du petit Jonas,* Th. des Nouveautés 28. Februar 1829 mit »*AIR:* Honneur, honneur et gloire«; *La Famille du baron,* G-D 31. August 1829, *Les Actionnaires,* G-D 22. Oktober 1829, *Philippe,* G-D 19. April 1830 jeweils mit »*AIR:* Amis, le soleil va paraître. De la *Muette de Portici*«.

CORMAC NEWARK

Interpreting *La Muette*

Opera is all about excess, at no time more so than during the heyday of Parisian grand opéra, yet that glorious period begins with a shortfall: Fenella, star of *La Muette de Portici* (libretto by Eugène Scribe and Germain Delavigne; music by Daniel-François-Esprit Auber; first performed 29 February 1828), is voiceless, played not by a singer but by a ballerina. Then and now, this lack has acted as a vacuum, sucking in interpretation from both sides of the footlights, as commentators and characters alike try to understand the mute girl and her story — in the sense of what she can communicate, without recourse to singing, but also what ›her‹ opera has to say on the questions of gesture, interpretation and meaning so fundamental to nineteenth-century opera studies.

Perhaps it is surprising, given such an un-operatic heroine, that *La Muette* became a favourite at the Opéra; it received its five-hundred-and-first performance there, amid some ceremony, as early as July 1880. The date is significant, however: it was also the fiftieth anniversary of the July Revolution (the overthrow of Charles X and the restored Bourbon monarchy), an event with which the opera had somehow become indivisibly linked. Its supposed part in sparking off the battle for Belgian independence, of course, is one of the most exciting stories (and here ›story‹ is again the operative word) in the history of opera: legend has it that at a performance of *La Muette* in Brussels, the audience was so stirred by the second-act duet and its patriotic refrain, »Amour sacré de la patrie«, that it took to the streets to throw off the yoke of Dutch oppression.[1] The Belgian uprising was in *September* 1830, when France's July Revolution had been over for more than a month, and the opera had been running in Paris for three seasons, but that had long since ceased to matter: as early as the time of the 1848-9 provisional government, Auber had been received at the Ministry of the Interior by Alexandre Ledru-Rollin and warmly congratulated on his role in the downfall of the French king: »Monsieur Auber, vous ne pensiez écrire qu'un chef-d'œuvre et vous avez fait une révolution: 1830 et ses trois immortelles journées«.[2] [»Mr Auber, you thought you were just writing a musical masterpiece, and yet you instituted a whole revolution: 1830, and its three immortal days.«]

---

1 For more on the Brussels *Muette*, see Théodore Muret, *L'Histoire par le théâtre 1789-1851*, Paris 1865, Vol. 2, p. 290 and Vol. 3, p. 16; Rey Morgan Longyear, »La Muette de Portici«, in: *Music Review* 19 (1958), pp. 37-46; Sonia Slatin, »Opera and Revolution: ›La Muette de Portici‹ and the Belgian Revolution of 1830 Revisited«, in: *Journal of Musicological Research* 3 (1979), pp. 45-62.

2 Related in »La 501e de la *Muette*« (*Le Télégraphe*, 18 July 1880, »Marcello«; a copy is kept in the Dossier d'œuvre for *La Muette* in the Bibliothèque de l'Opéra). The »three immortal (or glorious) days« remains the standard phrase to denote the Paris riots of 27-29 July 1830; all translations are my own.

Modest (as always) in the face of such an extravagant accolade, Auber demurred, saying that no matter what had been on at the Opéra, he thought the July Revolution would have gone ahead all the same.[3] We may well be inclined to share his apparent scepticism about conflating the two uprisings – let alone about whether the opera played a part in either of them. We may also wonder about the relative status of the texts that tell this suspiciously neat tale of cause and effect: Ledru-Rollin was more interested in expandive rhetoric effect than historical accuracy, but his claims on behalf of Auber show just how two-dimensional certain cultural objects may become when viewed from a distance; in this case, of only twenty years. As befits a work that ostensibly hinges on finding out the implications of a past event – the unfortunate Fenella has been seduced and already abandoned before the curtain rises on Act I – reception of *La Muette* has, in the intervening century-and-a-half, thematised the interpretative process itself. No less a figure than Wagner, in his »Reminiscences of Auber«, was an early contributor to the debate, having had the opportunity to observe at first hand the effect of *La Muette* in the theatre while living in Paris in the late 1830s.[4]

More surprising than *La Muette*'s popularity with audiences at that time, however; more striking even than the enthusiasm of Ledru-Rollin and Wagner, is that in the decade or so following the publication of Jane Fulcher's ground-breaking political study of grand opéra, *The Nation's Image*, the work was the focus of a flurry of activity among musicologists.[5] Work on the genre

---

3 The full text of the report is this: »M. Ledru-Rollin, recevant Auber au ministère de l'intérieure, le salua comme une gloire nationale et républicaine. ›Monsieur Auber, vous ne pensiez écrire qu'un chef-d'œuvre et vous avez fait une révolution: 1830 et ses trois immortelles journées. - Je ne voudrais pas, répondit le compositeur, vous ôter une illusion qui m'est si favorable, mais permettez-moi d'avoir moins d'orgueil pour mon enfant et de croire que si, ce soir-là, l'Opéra eût donné *Blaise et Babet*, la révolution de juillet aurait eu lieu tout de même.‹ Qu'Auber l'ait voulu ou non, la *Muette* reste une date historique en même temps qu'un chef-d'œuvre«. [»Mr Ledru-Rollin, receiving Auber at the Home Office, greeted him as one of the glories of the Republic. ›Mr Auber, you thought you were just writing a musical masterpiece, and yet you instituted a whole revolution: 1830, and its three immortal days. - I wouldn't want to take away from you an illusion that shows me in such a good light‹, replied the composer, ›but permit me to have less pride in my offspring and to believe that, if *Blaise et Babet* had been on at the Opéra that night instead, the July Revolution would have happened all the same‹. *La Muette* remains a historic date as well as a masterpiece, whether Auber intended it to or not«.] Dezède's *Blaise et Babet, ou La Suite des trois fermiers*, first performed 1783, was a long-running (and decidedly non-radical) village opera originally composed for Versailles.

4 Originally published in 1871; see Richard Wagner, *Richard Wagner's Prose Works*, trans. and ed. William Ashton Ellis, Lincoln NB 1995 [first published 1892-99].

5 Jane F. Fulcher, *The Nation's Image: French Grand Opera as Politics and Politicized Art*, Cambridge 1987.

of grand opéra as a whole had been gathering pace before that – in Germany above all, represented most notably by Anselm Gerhard's *Die Verstädterung der Oper*, and to a lesser extent in France[6] – but *La Muette* proved particularly alluring. Mary Ann Smart, speaking at the congress of the International Musicological Society in 1997, prefaced a paper on Wagner's debt to Auber's musical mimesis with remarks to the effect that the work had become a cottage industry all on its own.[7] The ›political‹ role of the opera, as we shall see, is only the most well-trodden of numerous meaning-making approaches to the work.

Images

One sort of commentary focused on the *Mise en scène* of the opera, which seems to have spoken louder than words: revolution was naturally still a sensitive subject in late-1820s Paris, and there can be no doubt that the sight of Fenella's brother Masaniello dressed in Phrygian cap and tricolour, leading the fishermen and women of Portici against the Spanish aristocrats, must have been an emotional one for bourgeois opera-goers of whatever political stripe.[8] Equally so, we may well imagine, for the newly-reinstituted administration of the Opéra: more than ever concerned with its image in an unpredictable political climate, the state had the liveliest possible interest in the symbolic effect of such productions. Fulcher, whose political reading of *La Muette* remains the most ambitious, glossed the situation as an attempt on the part of the authori-

---

6 Anselm Gerhard, *The Urbanization of Opera: Music Theater in Paris in the Nineteenth Century*, Chicago 1998 (originally published as *Die Verstädterung der Oper: Paris und das Musiktheater des 19. Jahrhunderts*, Stuttgart 1992); see also Ludwig Finscher, »Aubers ›La Muette de Portici‹ und die Anfänge der Grand-opéra«, in *Festschrift Heinz Becker zum 60. Geburtstag am 26. Juni 1982*, ed. Jürgen Schläder and Reinhold Quandt, Laaber 1982, pp. 87-105; Dietmar Rieger, »›La Muette de Portici‹ von Auber/Scribe: Eine Revolutionsoper mit anti-revolutionärem Libretto«, in: *Romantistische Zeitschrift für Literaturgeschichte* 10 (1986), pp. 349-359; Arnold Jacobshagen, »Von der Revolution zur ›Grand Opéra‹: ›Mise en scène‹ an der Pariser Oper im frühen 19. Jahrhundert«, in: *Neue Zeitschrift für Musik* 153/10 (1992), pp. 6-11; *›La Muette de Portici‹: Kritische Ausgabe des Librettos und Dokumentation der ersten Inszenierung*, ed. Herbert Schneider and Nicole Wild, Tübingen 1993. See also Jean Mongrédien, »Variations sur un thème: Masaniello, du héros de l'histoire à celui de ›La Muette de Portici‹, in: *Jahrbuch für Opernforschung* 1 (1985), pp. 90-160, and Gilles De Van, »Le Grand Opéra, entre tragédie et drame romantique«, in: *Il Saggiatore Musicale* 3/2 (1996), pp. 325-360.

7 London, August 1997: »Wagner's Cancan, Fenella's Leap: Mimesis and Hysteria in ›La Muette de Portici‹«, which was to become chapter 2 of her book *Mimomania: Music and Gesture in Nineteenth-Century Opera*, Berkeley 2004; later that year, the annual meeting of the American Musicological Society devoted a whole session to *La Muette*.

8 Fulcher (see n. 5) reproduced a *sans-culotte*-style costume design, dated 1828 and preserved in the Bibliothèque de l'Opéra, showing Adolphe Nourrit as Masaniello (p. 34); on the symbolic power of the Phrygian cap, so visible during the 1789 Revolution, see Maurice Agulhon, *Marianne au combat: L'Imagerie et la symbolique républicaines de 1789 à 1880*, Paris 1979.

ties to exert control over an artistic system and set of conventions that could be made to »cohere or speak« on its behalf.[9] For Fulcher, the reason for the opera's success was not so much the work's intrinsic qualities, but its suitability as terrain for skirmishes between establishment and anti-establishment forces. As the first dazzling creation of a new administrative and generic structure, *La Muette* carried with it the aspirations of the restored monarchy: it was an exercise in self-promotion appropriate to the grandeur of a theatre that had always been regarded as the special preserve of the king. In increasingly confident and magnanimous mood, posited Fulcher, the administration decided that even the anti-monarchist subject of the work could safely be absorbed by a lavish production style calculated to distract and delight the eye.[10] Therefore, only the lines most blatantly offensive to royalist sensibilities were removed by the censor.[11] On the other hand, those hostile to the regime, fresh from *Masaniello* at the Opéra comique (a frankly provocative treatment of the same story), descended on the Opéra with the express intent of seeing in Auber's opera what its sponsors did not want to be seen.[12] Those close-reading liberals must have carried the day, Fulcher concluded, for stricter censorship was enforced from that moment on: a few months after the premiere of *La Muette*, a committee was set up to oversee Opéra *mise en scène*, »undoubtedly in a more semiotically conscious manner«.[13] The genie of dissent had been let out of the bottle, but not by the opera's text or music: it was the design of the production, the very aspect relied upon to divert attention from any residual sedition, that let the monarchy down.

Chief among *La Muette*'s apparently reactionary spectacles is the eruption of Vesuvius at the end of the fifth act, one of the most extravagant stage effects ever seen at the Opéra. By this time, the insurrection inspired by Fenella's dishonour—at the hands of the Spanish viceroy's son Alphonse, it turns out—has escalated into a bloody Terror, only to be swiftly crushed by the royal soldiers. Masaniello is dead, and Fenella no longer has anything to live for: bereft of both lover and family, she despairingly throws herself into the boiling lava. The final chorus, heard as Fenella disappears and the eruption proper begins, is a supplication in the face of divine displeasure, sung by a mob with innocent blood on its hands.[14] On this evidence it is easy to suppose that, despite

9 Fulcher (see n. 5), p. 9.

10 It is doubtful that the libretto on its own terms was ever understood as anything other than firmly *anti*-revolutionary; see Gerhard (see n. 6), pp. 130-31.

11 Fulcher (see n. 5), pp. 28-32.

12 *Masaniello, ou le Pêcheur napolitain*, an *opéra comique* by A. M. Lafortelle and Moreau de Commagny with music by Michele Carafa (first performed 27 December 1827).

13 Fulcher (see n. 5), p. 45.

14 »Grâce pour notre crime! / Grand Dieu, protège-nous! / Et que cette victime / Suffise à ton courroux.« [»Mercy for our crime; / Protect us almighty God, / And may this victim / Be sufficient unto your wrath.«], *La Muette de Portici*, Act V scene vii.

the previous long association of the volcano *coup de théâtre* with revolutionary spectacle, in this instance Vesuvius is intended to pronounce judgement on the people of Portici and at the same time act as a warning to Parisians: respect splendour, respect the forces of order – divine and administrative. Yet the message seems not to have come across with any clarity, witness the often cited *bon mot* of the future Louis-Philippe – who was at the premiere – to the effect that the monarchist establishment was in a precarious position: dancing on a volcano.[15] Moreover, according to Fulcher, the audience went as far as wilfully misinterpreting the scene in order to derive some kind of moral victory for the Neapolitan villagers, struck down by the disaster though they unarguably are.[16] For Fulcher, this ›radicalisation‹ was merely evidence of how unsuccessful the regime was in its self-promotional efforts – thus the history of grand opéra should be understood not as a series of brilliant triumphs, the envy of Europe, but as a woeful tale of incompetence in which one public relations blunder succeeds another, to the jeering satisfaction of watching leftists.

Fulcher's exhumation of buried political allusion skilfully demonstrated that the Opéra was the site of subtle (and not-so-subtle) competition between political discourses. And Procrustean though it sometimes risks appearing, by assuming that reception of subsequent examples of grand opéra is similarly polarised, her approach undeniably squeezed out one very important truth about grand opéra production: if there is a symbolic project behind works, it is often incoherent, or, at the very least, inconsistent. Masaniello's clothes, for instance, though no doubt apt to the by-then conventional revolutionary *tableaux*, need not, after all, have set the trend for understanding *La Muette* throughout its five acts. Certainly costumes are significant, and were understood to be so at the time, if for no other reason than that their novelty and historical accuracy was to become a defining characteristic of the genre,[17] but there were other aspects of *La Muette*, not fully accounted for in the libretto, that figured even more prominently in its reception. Most critical attention was directed towards an issue less bound up with the revolutionary resonance of the plot, although just as much concerned with the absence of explanatory words as the sartorial choices of Masaniello: Fenella's pantomime. However much Ledru-Rollin would have liked the essence of *La Muette* to be Ma-

---

15 »Nous dansons sur un volcan«; quoted in, among other sources, the *Nouvelle Biographie générale*, Paris 1968, Vol. 37/38, p. 950.

16 Fulcher (see n. 5), p. 42. As Herbert Schneider has noted, there is some musical support for this reading: the same stirring march that closes the overture recurs at the end of Act IV, when the revolution is apparently successful, and again at Fenella's suicide in the finale of the opera; see his commentary in *The New Grove Dictionary of Opera*, ed. Stanley Sadie, London 1992, Vol. 3, p. 506.

17 So much so that the director's charter, from the time of Louis-Desiré-Émile Véron onwards, included a stipulation that even the chorus's costumes should be specially made for each new production.

saniello's revolt, it remains the case that audiences, both before and after the July Revolution, spent more time trying to interpret the mute than her more obviously eloquent brother.

Fenella is certainly an inviting metaphor, her unfortunate condition constantly reminding us of the help her audience (and that means us too) may need to understand. It remains to be seen, moreover, what place such purely visual communication can occupy in the intricate plots for which grand opéra is renowned. Certainly, for many critics at the premiere, Fenella's pantomimes were among its most visually appealing – and intriguing – moments, her gestures agents of meaning in their own way as potent – but as insubstantial – as the dregs of political context so intoxicating to Ledru-Rollin. The mute's efforts to make meaning come most sharply into focus in her explanations to the other characters, the most extended of which is the Act I scene iii pantomime, where she tells the Spanish noblewoman Elvire (actually her seducer's wife, although neither woman is yet aware of this) of the hardships she has recently endured in the Viceroy's prison, and begs for protection from the soldiers even now attempting to recapture her. Example 1, included in almost all commentaries on *La Muette*, shows Fenella's narrative, Scribe's stage directions tracking Auber's music.

The text here, despite its conspiratorial parentheses, tells us little of the movement on stage—the stage directions are not really *directions* at all. Its relationship with the music that accompanies the scene, though at first sight straightforward (prison bolts in bars 3 and 4 of Example 1, Fenella's descent from the window in bars 23 to 26, and challenge of the sentry, who is obviously the regimental bugler too, in bars 27 to 32) is similarly loose. Much more than instructions for movement, the words form a wild running commentary on the different kinds of music Fenella's hortatory gesticulations call into being; conversely, the music is not the sounds her pantomime would make if we could hear it, nor even a poetic echo of the sounds she *did* make when she escaped, but rather a series of discrete musical metaphors and topoi. The scene in performance, notwithstanding the pathos of a young woman arriving on stage pursued by armed guards, would surely have resembled nothing so much as a game of charades, with the representational tasks being set by the music. Indeed, it is almost as if the story being told is Fenella's narrative enchaining of Auber's picturesque music, not the other way around—Castil-Blaze for one considered the pantomiming in this scene primarily musical rather than gestural.[18] It is perhaps pertinent to ask why these stage directions *were* included in the score: unlike normal entrances and exits, they are not prescriptions for performance, rather for the narrative world, at one remove from the stage action, it (hopefully) conjures up.

We shall return to this point, but first it seems worth considering why they are in the opera at all: despite the title, Fenella's disability is at best tangential to the plot. Notably—in contrast to classical stories of seduction and the silencing of women, such as those of Philomela or Daphne—muteness is not an escape, nor is the name of the culprit protected: Fenella manages to accuse Alphonse publicly as early as the first act. In the tradition of *mélodrame*, to whose stock mute innocents Fenella bears a strong resemblance, the plot would often turn on the inability of the unhappy hero or heroine to communicate; although suitably miserable, Fenella experiences but little difficulty in making herself understood to the other characters, a fact that led Castil-Blaze to wonder if her muteness served any dramatic purpose at all.[19] On one level, a mute hysteric who jumps into the crater of Mount Vesuvius is just another member of that circus troupe of expert archers, religious fanatics, devils and other exotics that together make up the collective dramatis personae of grand opéra. But while in interpretation of spectacle the meaning of a volcano can shift very definitely according to whether the author is eighteenth-century revolutionary, nineteenth-century monarchist or twentieth-century critic, Fenella requires more careful analysis. And no doubt part of the attraction of Auber's opera in the immediately post-New Musicology years was that its rich political, cultural and generic context seemed positively to demand the kind of interdisciplinary, critical-theoretical unpicking then newly fashionable. To be sure, the work seems very much as if on the psychiatrist's couch, needing its symbols explained away, with no part of it more signally wanting interpretative assistance than the dumb girl herself. For on closer inspection Fenella proves, rather than a shortfall, distinctly surplus to dramatic requirements.

---

18 Castil-Blaze, *Le Journal des Débats*, 3 March 1828. Smart (see n. 7), wrote of Auber relishing the progressively more difficult compositional challenges the narrative presents (p. 26).

19 Castil-Blaze (see n. 18).

Interpretations

For those in search of a literary-critical framework for commentary on *La Muette*, an obligatory reference was Peter Brooks's *The Melodramatic Imagination*, a study of late-eighteenth- and early-nineteenth-century *mélodrame* and its influence on later novelists that interrogates among other things its penchant for mute characters.[20] Musicologists thoroughly combed the book for clues to Fenella's condition, for it explores in some detail the convention of recording episodes of pantomime as text. Brooks sets out his approach in terms of »a problem in reading the text of muteness« inherent in the slippage between the verbal equivalents of gesture contained in the stage directions and the (sometimes extremely complex) concepts they are meant to express.[21] Obviously, Fenella's pantomime as it is recorded in the score of the opera is composed of what Brooks calls »statements of expressive effect«; just as obviously, in performance it cannot possibly have communicated everything exactly as set out in the stage directions. Brooks lists several characters from other theatrical works who, for one reason or another, have lost the power of speech, and shows how they are only the most concentrated instances of *mélodrame*'s predilection for the physical disposition of meaning—in gesture, exaggerated facial expression and, once again, the *tableau*. As Brooks sees it, the preference for meaning that can be apprehended visually on the stage over that confined to text is part of a much larger cultural phenomenon, one that also found expression in the *philosophes*' fascination with everything pre-linguistic.[22]

Intensely formalised though it surely was, pantomime (and theatrical gesture in general) represented for the *philosophes* an appeal, at least, to an originary or ›natural‹ communication: they thought of it in opposition to the dissembling of more properly literary discourse. Given that it was precisely literature that the theatrical establishment was configured to deal with, there can be seen in this distinction a reflection of pantomime's place in the contemporary hierarchy of theatrical genres: over-frank, therefore marginalised, con-

---

20 Peter Brooks, *The Melodramatic Imagination: Balzac, Henry James, Melodrama and the Mode of Excess*, New York 1976, reprinted, with a new preface, as *The Melodramatic Imagination*, New Haven 1995; see especially chapter three.

21 His example is François-René Guilbert de Pixérécourt's *Le Chien de Montargis*, first performed in 1814 at the Théâtre de la Gaîté: »The stage directions—and we know that they are the work of a professional man of the theater who directed his own plays—give us in part an indication of the gestures to be performed by the actor, but much more a statement of the expressive effect, the meaning to be achieved by the gestures. The text of the play provides us with verbal equivalents of the gestures, and these verbal equivalents name grandiose spiritual concepts and entities. Gesture seems to be receiving a charge of meaning that we might suspect to be in excess of what it can literally support. This suggests a problem in reading the text of muteness«; see Brooks (see n. 20), p. 59.

22 Brooks (see n. 20), pp. 66-67; one of his principal sources is Jean-Jacques Rousseau's *Essai sur l'origine des langues*, published posthumously in 1781.

fined to the boulevards; in a word, censored. Censored at the level of the institution rather than that of individual productions, however: the system of privilege operative in various guises throughout the period dictated which establishments could produce which kinds of entertainment, and thus forced non-sanctioned theatrical production into new modes of expression, among which were pantomime and its offshoots. The socio-political aspect of this hierarchy was that boulevard theatre never lost its seditious reputation, so bound up was it in stifled speech and coded messages – so muted, as it were.

There was cross-fertilisation, naturally, of which it might be argued *La Muette*, put on at the most prestigious house of them all, was the most prominent example. Indeed, part of the novelty of grand opéra, as a genre only then coming into being, lay in embracing disparate theatrical registers: in Auber's brilliant composite, for instance, the music owes more to his grounding in *opéra comique* than anything else, while the grandiose sets and sentimental character relationships are familiar from *tragédie lyrique*, and the heroine and fantastic *coups de théâtre* come straight from the boulevards. This eclectic approach has been one of *La Muette*'s most talked-about qualities:[23] everyone can see that Fenella is out of place in an opera; some also note the formal distinctions between the music sung by noble characters and what we hear from the peasants.[24] Thus *La Muette*, and works like it, are synecdoches of late-Restoration theatre in Paris at large: those parts of it that are mute are lower-class and progressive; the ornate eloquence of the rest (i.e. the roles of Alphonse and Elvire) is elite, conservative, approved. Out of this formal or registral inequality, it was easy to imagine, came the flirtation with revolution that continues throughout the history of grand opéra. In narratives of representation's power to induce political consciousness – Fulcher's, for example – the friction between the two modes keeps reminding censors of the friction they are seeking to avoid in society at large. And there is no doubt that the plurality of Parisian theatrical practice fosters a kind of thinking about reception that is concerned above all with inequality in one area of the public sphere or another. Moreover, it is clear that the differences were themselves the object of theatrical representation, in the numerous parodies that would immediately follow any large-scale or successful production. Those circulating in Paris after *La Muette*'s premiere returned Fenella to her boulevard home, where it seems she retained neither the innocence of her origins nor the tragic aura of her most recent incarnation. Sarah Hibberd even suggested that the punchline was often

---

23 See also commentary on other *grands opéras*: Karin Pendle, *Eugène Scribe and French Opera of the Nineteenth Century*, Ann Arbor 1979, especially the chapter on *Robert le diable*, and the general discussion of the genre in David Charlton, »The Nineteenth Century: France«, in: *The Oxford History of Opera*, ed. Roger Parker, Oxford 1994, pp. 95-105.

24 For example Fulcher (see n. 5), p. 32.

the *desirability* of muteness in a heroine – once she settled down to live happily ever after with the hero.[25]

Fenella's condition, then, was understood even at the time as expressive of the social economics of genre. Interpretative approaches since have delved further into its poetic psychology: Barbara Johnson, in a short essay on muteness inspired by reflections on Jane Campion's film *The Piano*, began her investigation by considering the trope of lyric address to a feminised object unable to answer back.[26] Feminised rather than simply female, because the object is often inanimate - sometimes the statue of a woman, but sometimes another, not obviously anthropomorphic: John Keats's *Grecian urn* is the most familiar of a surprisingly large set of receptacles favoured by poets, all treated implicitly or explicitly as ciphers for woman. These vessels are presumably chosen because they are metaphors for the uterus - but why, asked Johnson, does their (inevitable) unresponsiveness have such aesthetic cachet? The reason is mythically bound up with the very origins of poetry: Daphne flees the ardour of Apollo, and, when it is certain that her resistance will not falter, he turns her into a laurel tree. The thwarting of Apollo is understood as his loss rather than Daphne's gain, and the wreath of laurel is from then on the mark of poetic value. »The aesthetic is inextricably tied to a silence in the place of rape«, Johnson sums up.[27]

Here we might turn back to Fenella, the reasons for whose muteness are never told in the opera, but for whom critics, for instance this anonymous writer in 1837, assumed some childhood trauma: »Enfin la pauvre victime est muette: / La parole, à ses lèvres ravie, / Par un horrible événement«.[28] [»To cap it all, the poor victim is mute: / Speech wrenched from her lips / By a horrible event.«] Although by no means necessarily thinking of rape, this author takes for granted that Fenella's condition is psychopathological rather than congenital[29] – in keeping with most contemporary stories with mute characters

---

25 The comic effect of the parody in question is contained in the phrase »n'étourdissant jamais l'oreille« [»never an earache«]; see Sarah Hibberd, *Magnetism, Muteness, Magic: Spectacle and the Parisian Lyric Stage c.1830*, Ph.D. dissertation, University of Southampton, 1999, chapter 3.

26 Barbara Johnson, »Muteness Envy«, in *Human, All Too Human*, ed. Diana Fuss, New York 1996, pp. 131-148. Campion's film (1993, with a score by Michael Nyman) starred Holly Hunter as a mute colonial wife only truly able to express herself through playing the piano.

27 Johnson (see n. 26), p. 135.

28 From an unattributed synopsis, part of which is in verse, conserved in the Dossier d'œuvre at the Bibliothèque de l'Opéra; the dating is based on a mention of Fanny Elssler in the role of Fenella.

29 See the censors' reports in *F-Pan* O^3 1724 (24 October 1825), discussed in Hibberd (see n. 25). As she comments, »the censors examining *La Muette de Portici* uncharacteristically highlight [...] the fact that the reason for her muteness is not explained in the opera. They suggest that Fenella may have seen her mother die

- and perhaps also that, if its root cause could only be identified and addressed, Fenella might even speak. Certainly the return of the lost voice is a dramatic predicate for most of the works cited by Brooks and by Hibberd.[30]

But it was precisely the therapeutic approach to muteness that troubled Johnson: she argued that young women, in being taught that sexual pleasure is a male prerogative, are forced to learn silence, not only about their own desires but also about the abuse foisted on them by the desires of men. Thus the modern *locus classicus* of the telling or not of sexual abuse, Freud's analysis of his hysterical patients, may be thought of in broadly the same terms as the story of Daphne and Apollo: the women are discredited (muted) so they cannot inculpate their pursuers, and their muteness is then celebrated, in a curious way, by their doctor's virtuosic treatment of it. Freud's ostensible clinic notes are here read as a kind of ode to his subjects' silence. Johnson, unable to resist parodying the Keats poem with which she began, concludes that in »switching from an alliance with the daughters to an alliance with the fathers, Freud had to translate the ›truth‹ of abuse into the ›beauty‹ of psychoanalysis«.[31]

Johnson's virtuosic treatment of hysterical silence explores only one of many possibilities for feminist consideration of *La Muette*. Freudian psychoanalysis, similarly, proved an irresistible interpretative model for a range of critics writing about the cultural context: Brooks considered the stark moral universe of *mélodrame* to be its precursor, and for Richard Sennett, whose study of social interaction in nineteenth-century Paris, *The Fall of Public Man*, was an important influence on Gerhard and others, it was part of the explanation of the effects of urban capitalism on consciousness.[32] Quasi-Freudian models seemed especially apt to describe the culture of divination that became so important in nineteenth-century Paris; in particular, to help characterise the mentality of the always rising (but stubbornly anonymous) bourgeois. For Brooks and Sennet, interpretative activity was the culturally defining phenomenon. And although, as Smart pointed out, Scribe seems pointedly to have resisted giving Fenella's silence any kind of psychopathological reason,[33] interpretation was none the less dominant in the reception of *La Muette de Portici* – even emerging here and there almost as an aesthetic category in its own right.

---

horribly, and that this could be worked into the text quite easily«. See also Schneider and Wild (see n. 6), p. 195.

30 One exception is *Coelina, ou L'Enfant du mystère* by Pixérécourt, where the mute has had his tongue cut out – but if there is no possibility of curing him, his story nevertheless loses none of its psychopathological drive; see Brooks (see n. 20), p. 59.

31 Johnson (see n. 26), p. 137.

32 Brooks (see n. 20), p. 79-80; Richard Sennett, *The Fall of Public Man: On the Social Psychology of Capitalism*, New York 1977. See also James H. Johnson, *Listening in Paris: A Cultural History*, Berkeley 1995.

33 Smart (see n. 7), p. 42.

Gestures

Brooks's elegant theorising of *Mélodrame* and the language of gesture afforded a glimpse into the generic characteristics Fenella had inherited from her boulevard predecessors, but it was unable to account fully for how she made meaning in the very different aesthetic environment of the first national stage.[34] Not that pantomiming was unknown at the Opéra – far from it: the style of gesture employed by the ballerina playing Fenella (Lise Noblet at the premiere; later, a string of famous dancers including Marie Taglioni and Fanny Elssler) was no doubt very familiar to audiences there, who were used to seeing narrative dance as part of the evening's entertainment. So if *La Muette* was of prime importance to scholars interested in the cultural and political resonances of opera, it was even more so to those engaged in the rehabilitation, in critical terms, of dance as an integral element of operatic experience: although twentieth-century performances and recordings of grand opéra (such as there were) often dispensed with the ballet, dancing and singing had been intertwined at the Opéra, the one rarely seen without the other, for a large part of the nineteenth century.[35] *La Muette* had plenty of the ballet interludes familiar from earlier styles. Alongside Fenella's silent narrative, it boasted several elaborately-costumed dance sequences in the cause of *couleur locale* (from the Spanish dances in honour of Elvire in Act I to the famous Neapolitan Tarantella in the marketplace in Act III), and in this was followed by every subsequent manifestation of grand opéra, from *Guillaume Tell* the year after until *Don Carlos* in 1867. What made the work especially interesting from dance historians' point of view, apart from its striking generic mixture, was that the premiere came at the beginning of an evolution in taste towards a more abstract style of lyric dance, and, at the same time, towards the privileging of a more Italianate style of singing at the expense of other expressive resources – including pantomime.[36]

This changing scenario naturally fostered a debate over meaning, of which the press commentary in the late 1820s and 30s concerning the adequacy or not of Fenella's communication was part. It was a question that had troubled the censors too, as this extract from their report shows:

> Il ne serait pas toujours facile de comprendre par les gestes de Fenella les intentions et les pensées que lui suppose l'auteur. Il y a dans la passion de ces nu-

---

34 He wrote tantalisingly (but vaguely) of the »additional legibility of opera«; see Brooks (see n. 20), p. 48.

35 Marian Smith, »Poésie Lyrique and Chorégraphie at the Opéra in the July Monarchy«, in: *Cambridge Opera Journal* 4/1 (1992), pp. 1-19, and *Ballet and Opera in the Age of ›Giselle‹*, Princeton 2000, especially Chapter 5, »Hybrid Works at the Opéra«; see also Maribeth Clark, *Understanding French Grand Opéra through Dance*, Ph.D. dissertation, University of Pennsylvania 1998.

36 See Maribeth Clark, »The Body and the Voice in ›La Muette de Portici‹«, in: *19th-Century Music* 27/2 (2003), pp. 116-31, here p. 118.

ances des sentiments qu'il me semble impossible de rendre sans secours de la parole.[37] [It would not always be easy to understand from Fenella's gestures the intentions and thoughts which the author imagines for her. In the passion of these nuances there are sentiments it seems to me impossible to represent without recourse to speech.]

If this anxiety reveals anything further about how Fenella may subsequently have been understood or misunderstood in performance, it is confirmation that the censors did not expect the audience necessarily to have, or at least to have been attentive to, the libretto, a supposition borne out here and there in contemporary criticism. And although there would doubtless have been opportunities to study the libretto post-performance, the author of this report by implication expects opera to be self-sufficient, benefiting neither from the conventions accepted (albeit increasingly grudgingly over the course of the following decade) in ballet, nor from those of authentic *mélodrame*: the on-stage interpreter, the faithful old retainer who alone understands the mute,[38] is missing, and there is often no one to verbalise Fenella's explanations for the benefit of the audience.

Although surely available, it is unclear whether the libretto of *La Muette* was widely consulted in the theatre at the premiere,[39] and, in any case, as the 1830s wore on and what Marian Smith called the »longtime marriage between opera and ballet« began to come under strain,[40] it became more and more common for critics to affect an inability to understand even the simplest ballet scenario. Intriguingly, there is little scope for evaluating either that affectation or the effectiveness of the role, for contemporary accounts, whether doubtful of Fenella's comprehensibility or enamoured of the grace and expressivity of the dancer, lack any exact description of the movements at issue, such as would allow study of the opera's reception to furnish an idea of how Fenella made herself understood. Moreover, despite vigorous searching by ballet and opera historians alike, no production materials detailing the ballerina's steps could be found.[41] All record of these, whether prescriptive or descriptive (instructions from the *maître de ballet* or personal notes belonging to any of the star ballerinas who played the role), seems to have been lost—or, as Smart con-

37 Censors' report, 8 August 1827, *F-Pan* F[21] 696.

38 Brooks (see n. 20), p. 57.

39 There seems to be no conclusive evidence (such as exists for productions in the 1840s) that the libretto for *La Muette* was actually sold in the Opéra at the first performance. For more background, see the introduction to Schneider and Wild (see n. 6). Gerhard (see n. 6), pp. 147-148, argued that grand opéra in general aimed for a style sufficiently discursive to render reading the libretto unnecessary—see also Johnson (see n. 26), p. 245—although obviously-narrative ballet *divertissements* had reviewers reaching for their printed scenarios way into the second half of the century.

40 Smith (see n. 35), p. xiii.

41 There are a few cryptic notes, apparently describing a *pas de deux* for *La Muette*, shelved at *F-Po* Rés. 1140.

cluded, simply did not need to be written down in the first place.[42] The prospects for recovering Fenella's gestural sequence (to use Brooks's phrase) looked bleak.

Help seemed to be at hand in the shape of a voluminous *livret de mise en scène* made for the premiere by Jacques Solomé, *régisseur général* at the Opéra. It is a document among the most substantial of its kind, and also among the very earliest.[43] At a time when the history of production and the visual aspect of opera generally was beginning to generate increasing interest within musicology, the *livret de mise en scène* for *La Muette* proved yet another reason for the opera's extraordinary appeal. It is a production book of the kind that became standard as the Opéra placed more and more emphasis on massed chorus and spectacular stage effects, describing the scenes, showing the position of sets and practicables and setting out the blocking and movement of characters in relation to musical events. What would seem to make the *livret de mise en scène* for *La Muette* especially suggestive, given the opera's uniquely difficult prima donna, is that its very subject is understanding: it is a mark of how much travelled from the stage across the footlights, in the sense that it represents the *régisseur*'s description, following the months of rehearsal for which the Opéra was (in)famous, of the finished *régie*—a fresh look, as it were, by producer at product. As a genre, the *livrets de mise en scène* show signs of having been made in the auditorium during dress rehearsals, and that for *La Muette*, in common with other *grands opéras*, is an uneasy compromise between three functions: imagining a purely ideal production, describing the exemplary one to be mounted at the Opéra, and recording what *actually* happened on stage there. Only a few pages in, Solomé breaks off commentary on what he sees before him to remind himself and his reader that he is, after all, at the operatic epicentre:

> Nota. Selon les cadres des théâtres, on diminuera le nombre des officiers et figurants que l'on indique ici en grand, et pour le cadre de l'Académie Royale.[44] [NB: Depending on the dimensions of different theatres, the number of officers and extras should be reduced—the large figure indicated here is for the dimensions of the Paris Opéra.]

And then, a page later, this parenthetical comment:

> Dans les villes où il n'y a point de ballet, on attaquera vivement la ritournelle, qui annonce l'arrivée de la muette, et on se séparera à droite et à gauche. Il n'est pas

---

42 Smart (see n. 7), p. 44.

43 It had drawn early (but isolated) critical attention in Marie-Antoinette Allévy, *Edition critique d'une mise en scène romantique: ›La Muette de Portici‹*, Paris 1938.

44 See *Indications générales / et observations / pour / la mise en scène / de / La Muette de Portici, / Grand Opéra en cinq actes, / Paroles de MM. Scribe et G. Delavigne, / Musique de M. Auber, Par M. Solomé, / régisseur général de la mise en scène de l'Académie Royale de Musique*, reprinted in *Douze livrets de mise en scène lyrique datant des créations parisiennes*, ed. H. Robert Cohen, Stuyvesant 1991, pp. 13-72.

besoin de dire qu'il aura été inutile que l'on place de grandes banquettes dès qu'il n'y aura point eu de ballet.[45] [In towns where there is no ballet, the ritornello heralding the mute's entrance should start immediately, and the chorus divide to right and left. It goes without saying that there is no need to set large benches if there is to be no ballet.]

It goes without saying, but Solomé says it anyway, and there are numerous similar asides – even a few footnotes – that bring attention to the shortcomings the author fears will mar provincial re-creations. What emerges after a while, however, is not so much Solomé's sense of how his instructions for performance will have to be adapted for other theatres in the future as a feeling that those instructions are themselves already in the past. His enthusiasm for imagining contingency arrangements, we may speculate, comes from his redundancy at this late stage in the mounting of the opera: his job already done, the written-out *mise en scène* is for him perhaps mere journalism, its text descriptive rather than prescriptive. It might more usefully be thought of as the first instance of reception rather than (any longer) a recipe for production.

In this light, Solomé's report on Fenella's scenes would seem to hold out the promise of revelation: how does he translate what (he already knows) she has in mind into commentary on what she does with her body? The *livret de mise en scène* for *La Muette* should by rights be comprehensive (in every sense) because of the interpretative onus laid on the spectator by Fenella's pantomiming, but, as it turns out, it is precisely at the moments when she is centre stage that Solomé's report is found wanting. Example 2 reproduces the page of the *mise en scène* corresponding to the section of the score given in Figure 1. Surprisingly, we are not given any extra information about Fenella's pantomime; on the contrary, we are directed back to the score.[46]

45 Cohen (see 44), p. 22.
46 Cohen (see n. 44), p. 24.

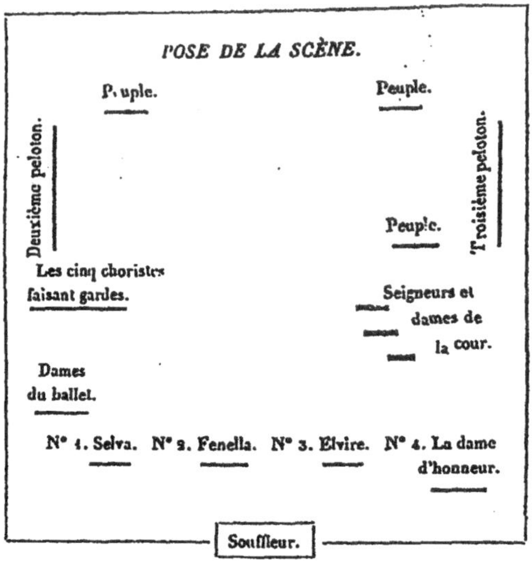

Nota. Pour le rôle de Fenella, sa pantomime se trouve réglée dans la partition : ce n'est que là qu'on pouvait l'indiquer, d'après la brochure.

Jeune fille, sèche tes larmes.

Elle a fait passer Fenella à sa gauche; elle regarde Selva pour lui faire comprendre que, là prenant sous sa protection, on doit la respecter.

Je veux la protéger auprès de mon époux :
De sa douleur je serai l'interprète.

[Positions on the stage: crowd, second and third squadrons of soldiers, five members of the chorus dressed as guards, lords and ladies of the court, ladies of the ballet, no. 1 Selva, no. 2 Fenella, no. 3 Elvire, no. 4 lady-in-waiting, prompt.
NB Fenella's role: her pantomime is set out in sequence in the orchestral score; according to the libretto, that was the only place it could be shown.
»Young girl, dry your tears.«
She has brought Fenella round to her left. She gives Selva a look to make him understand that, having taken Fenella under her protection, Fenella is to be respected.
»I want my husband's protection for her: I will be the interpreter of her woe.«]

Neither does the *livret de mise en scène* show any interest in the ballet sequences. These, of course, would not have been the responsibility of the *régisseur* but rather the *maître de ballet*,[47] although their exclusion from the production book, along with Fenella's pantomime, may have been due more to an

47 At the time, Pierre Aumer.

understanding that they would be subject to periodic renewal. Whatever the reason, with the affect and meaning of Fenella's pantomime in particular generating so much textual description—in the form both of the translations provided in the stage directions and those reviews that praised the silent eloquence of the dancer without giving us a clue how she did it—but no textual *pre*scription, in any of the various sources connected with the production, the result is that the heroine remains for us a shadowy, almost invisible presence at the centre of a work that in 1828 represented, with its pantomiming, its dances and its erupting volcano, the *non plus ultra* of spectacular visual entertainment.

Production or reception?

For all its representational shortcomings, the *livret de mise en scène* succeeds in showing one feature of contemporary Parisian opera production very clearly: a new urge to textualise, to preserve for future realisation aspects of the spectacle that had previously been ephemeral. In one sense its failure adequately to do so - striking, in the case of Fenella's pantomiming - merely emphasises the extent to which opera in general resists that very textualisation, subsisting instead in alternative versions and unfixed performing practices.[48] Yet, at the same time, *La Muette* played an important role alongside other *grands opéras* in the establishment, for the first time at the Opéra, of a lasting repertory - a role to which the publication of its *mise en scène* both testified and contributed.

These contradictions, whereby the work participates in a monumentalisation of opera while retaining, in the shape of its unpredictable tragic heroine, an eminently mobile and mutable presence; whereby its documentary forms propagate a new insistence on fixity but leave the most important element so signally unfixed, are consistent with those other features of the opera that have attracted such interest recently. *La Muette* celebrates the union of opera and narrative dance, yet its production booklet shows the incompatibility not only of their notational systems but implicitly of their respective descriptive vocabularies too;[49] it foregrounds the body as revelatory of moral and psychological states, inviting and absorbing intense speculation about meaning, while refusing the one revelation (the reason for Fenella's muteness) contemporary convention demanded; it is an eminently political object, but one whose valency is confused between intention and apprehension. Almost everything about the opera, it seems, demands an exaggerated degree of interpretative explanation. This was the case from its very first performance onwards, with journalistic accounts as much as production documents (up to and including the score itself) highlighting the back-and-forth between pre-

---

48 For a summary of the situation vis à vis grand opéra, see Gerhard (see n. 6), pp. 405-406.

49 As Smart (see n. 7), p. 44, pointed out, ballet notation at the time was in any case not very developed.

scription and description; the gradual dissolution of authorial intention in a process of progressive textualisation that moves almost seamlessly between different accounts—explanations, narrativisations, records—or forms of the work. In the nineteenth century, as the documents of opera production and reproduction become ever more numerous, our critical activity is inevitably predicated more and more on the dynamic interrelationships of these accounts and no longer limited to the scores and librettos. Whatever else *La Muette* and works like it communicate, they point to a new implication of reception in production.

Perhaps this is the reason for the opera's recent extraordinary popularity in the academy: it is, finally, a critics' opera. Certainly it no longer has even the meagre performance existence enjoyed—if that's the right word—by other *grands opéras* (except Verdi's *Don Carlos*, for some years now regularly produced by those houses that can afford it): Meyerbeer's works are given occasional revivals, as are Rossini's *Guillaume Tell* and Halévy's *La Juive*, but *La Muette* on stage has been more or less neglected since the nineteenth century. Indeed, *La Muette* is unique among those operas that have received a great deal of scholarly attention in that hardly anyone has a good word to say about the music: Scribe and Auber's opera has become a critical *locus classicus* apparently largely in spite of the latter's score, even though it disseminated a vital (and durable) combination of opéra comique melodiousness and *mélodrame* dynamism all over the world.[50] Its power to signify, and the uses to which it has been put, lie outside the theatre. When Ledru-Rollin, in the quotation with which we began, attributed the insurrection of the July Revolution solely to Auber, he attached (to borrow Brooks's terms one last time) the »gestural sequence« of history—the succession of revolution on stage and revolution in the streets—to a »gestural project« it never had. But what did it matter? His rhetoric re-inscribed only the most reductive—and hardly the least significant—of the very many textualisations the opera has induced. For many critics since then too, the view has been that telling the reception history of the opera isn't over until we can make the dumb girl sing.

---

50 For details of grand opéra's impressive geographical range and longevity, see *The Cambridge Companion to Grand Opera*, ed. David Charlton, Cambridge 2003, and Gerhard (see n. 6), p. 403.

NAOKA IKI

»Una música así se escribe para una obra de Scribe, del gran Scribe«

Eugène Scribe, Manuel Bréton de los Herreros und die Zarzuela

Noch zur Uraufführung der Zarzuela *Bohemios* von Amadeu Vives im Jahre 1904 im Teatro de la Zarzuela war Eugène Scribes Ruf als der herausragende französische Librettist des 19. Jahrhunderts derart präsent, daß ihn die Librettisten Guillermo Perrín und Miguel de Palacios mit der Bemerkung »Una música así se escribe para una obra de Scribe, del gran Scribe« [»Solch' eine Musik schreibt man nur für ein Werk von Scribe, des großen Scribe«] als Vorbild für ein gelungenes Libretto heranzogen.[1] Eine mögliche Erklärung für Scribes Vorbildfunktion als Librettist für die spanische Zarzuela liegt nicht allein in der offenkundigen Popularität des Autors noch fast fünfzig Jahre nach seinem Tod, in der Affinität von Vaudeville respektive Opéra-comique zur Zarzuela und in der Dramaturgie der »Pièce bien faite« begründet, sondern rührt auch von Scribes für die Zeit innovativer Auffassung von seinem Beruf als freischaffender Literat.

Ein kurzer Blick auf Scribes Lebensumstände, die sich anhand der Scribeschen Tagebücher, Taschenkalender und vor allem mittels seines sogenannten »Registre«[2] rekonstruieren lassen, ist in diesem Kontext erforderlich, um die Scribesche Persönlichkeit zu beleuchten und seine progressive Auffassung von der Schriftstellerei zu illustrieren. Scribe kam aus einfachen Verhältnissen und wollte daher dem Wunsch seiner verstorbenen Mutter, eine Laufbahn als Anwalt einzuschlagen, nachkommen.[3] Die schrittweise gesellschaftliche Anerken-

---

1 Vgl. hierzu auch d. Verf., »›L'idée est à tous, la forme est à chacun‹: Zur Bedeutung von Eugène Scribes Dramaturgie für die Zarzuela«, in: *Le Rayonnement de l'opéra-comique en Europe au XIXe siècle*, hg. von Milan Pospíšil u.a., Prag 2003, S. 395-412. Vives komponierte über hundert Bühnenwerke, *Bohemios* – wie Giacomo Puccinis *La bohème* nach der Vorlage von Henri Murger – war sein endgültiger Durchbruch; sein bekanntestes Werk ist sicher die Zarzuela *Doña Francisquita* (1923). Vgl. hierzu auch den Artikel über Vives in: Christopher Webber, *The Zarzuela Companion*, Lanham 2002, S. 249-267.

2 Der »Registre« – mit vollem Titel »Fortune d'un homme de lettres ou registre de ce que j'ai gagné par ma plume et par mon travail depuis le 25 aout 1810 jour de ma sortie du college Sainte barbe jusqu'au... 18... jour de ma mort« – befindet sich im Nachlaß Scribes im Département des Manuscrits der Bibliothèque Nationale de France und besteht aus mehreren Notizbüchlein, in die anfangs die Mutter und später Eugène minutiös monatlich die Ausgaben und Einnahmen eintrugen. Wichtige Hinweise geben die dort vermerkten Jahresrückblicke, in denen Scribe familiäre Ereignisse sowie Erfolge beziehungsweise Mißerfolge als Autor festhielt und kritisch kommentierte. Die Transkription der Dokumente folgt durchgängig der originalen Orthographie.

3 Vgl. auch den Eintrag im »Registre«: »Cette année n'a pas été heureuse, ni pour moi, ni pour la france [...] il faudrait maintenant et selon le vœu de ma mère me

nung der Schriftstellerei als »ehrenwerter« Beruf eröffnete Scribe jedoch völlig neue Perspektiven; seine Entscheidung für den mit finanziellen Risiken behafteten Beruf eines freischaffenden »Écrivain« ist im Kontext dieses soziokulturellen Wandels zu sehen:

> Ma mère est morte le 7 juillet 1807 – ayant perdu toute sa fortune et ne me laissant rien –
> Mon père qui etait mort le 28 janvier 1806 avait avantage mon frere et ma soeur et ne m'avait laissé que ce qui m'etait accordé par la loi.
> Cette petite fortune dont je le remercie et dont je lui garderai une éternelle reconnaissance m'a permis de me livrer à l'etude, de suivre mes penchants favoris et de *choisir un etat libre et indépendant* – un état ou j'ai trouvé le bonheur, l'aisance et un peu de gloire, un état en un mot qui m'a permis de prendre pour devise:
> inde fortuna et libertas.[4]

Wie alle Künstler des 19. Jahrhunderts sah sich auch Scribe mit den politischen Umwälzungen seiner Zeit konfrontiert; jeder Machtwechsel hatte unterschiedliche Auswirkungen auf den Theater- und Literaturbetrieb und konnte finanzielle Einbußen bedeuten. Mittels des »Registre« läßt sich die in der Forschung tradierte Behauptung des »angepaßten« Scribe widerlegen: nicht nur die Rückkehr der Bourbonen (der Restauration verdankte Scribe sein »Théâtre«, nämlich das Gymnase Dramatique unter der Protektion der Duchesse de Berry, eines Mitgliedes der im »Registre« von 1814 noch mißtrauisch empfangenen Königsfamilie), sondern auch die Julirevolution und der Staatstreich Louis-Napoléons wurden von ihm zunächst negativ beurteilt.[5] Scribes nach außen politisch neutrale Einstellung geht jedoch konform mit dem Verhalten eines jeden Künstlers, dessen Lebensunterhalt von der jeweiligen Machtkonstellation abhängt.[6] Scribes generell sicher zutreffende Rücksichtnahme auf die Interessen und Bedürfnisse seiner Rezipienten ist keineswegs immer unter finanzielle oder gar gesellschaftspolitische Beweggründe zu subsumieren, sondern transportiert auch eine zeitkritische Dimension. Scribe war sich seines

---

faire avocat - je ne m'en sens ni le gout ni le courage [...] jusqu'ici je ne me suis occupé du théatre que par délassement et pour mon plaisir, *a dater de maintenant, j'en fais mon etat, je n'en veux pas d'autre«* (B.N. n.a.fr. 22573 »Registre«, fol. 4 r° – 5 r°, Hervorhebungen von der Verfasserin).

4 B.N.n.a.fr. 22573, fol. 1v° (Hervorhebungen von der Verfasserin); dieser Eintrag im »registre« aus dem Jahr 1810 ist als Scribes Lebensphilosophie zu lesen, da »inde fortuna et libertas« nicht nur die Scribesche Schreibfeder, sondern auch seine Kutsche (»ma vieille calèche où est peint encore ma devise, la plume de l'homme de lettres, avec les mots inde fortuna et libertas«) zierte. Vgl. B.N.n.a.fr. 22584,6 »Journal de voyage« (1851), S. 3.

5 Vgl. B.N. n.a.fr. 22573 »Registre«, fol. 65 v° und B.N. n.a.fr. 22584,6, »Journal de voyage«, S. 10 und S. 14.

6 Einigen Libretti aus seiner Feder wird jedoch immer wieder ein politischer Impetus unterstellt, vgl. hierzu d. Verf., *E. Scribes Entwicklung vom vaudeville zur »grand opéra«*, Heilbronn 1998, bes. S. 80-97 und S. 107-125.

Abhängigkeitsverhältnisses zu den Konsumenten seiner Werke bewußt und litt - wie eine Eintragung in seinem »Registre« illustriert - unter dieser Beziehung. [7] Mit einer Reduzierung auf die unter dem Bürgerkönig Louis-Philippe vorherrschende Politik des »Juste milieu«[8] wird man Scribe keinesfalls gerecht. Scribes größte Erfolge in allen dramatischen Gattungen (Opéra-comique, Grand opéra) fallen zwar in die Regierungszeit von Louis-Philippe, aber auf Scribe geht eine Erneuerung des Themenrepertoires (statt antiker Götter und ihre Mythen kam es zu einer Situierung der Bühnen- und der Romanhandlung in einem zeitgenössischen, aktuellen Kontext) zurück, die in der Folge von einem zunehmend an bürgerlichen Werten orientierten Publikum gefordert wurde. So beruhte der erste Scribesche Erfolg mit dem Einakter *Une Nuit de la garde nationale* (Uraufführung am 4. November 1815 im Théâtre du Vaudeville), mit dem er sich als der führende Vaudevilliste der Epoche positionierte, vor allem auf der thematischen Novität in Verbindung mit der sich in Ansätzen herausbildenden dramaturgischen Technik Scribes, der »Pièce bien faite«.[9] Die gesellschaftspolitische Erneuerung durch den Aufstieg des Bürgertums vollzog sich auch in Spanien mittels der Idee des aus Frankreich übernommenen »Juste milieu«. Die spanische Geschichte des 19. Jahrhunderts ist zunächst vom Kampf der Liberalen mit den Anhängern des Ancien Régime, später von den Auseinandersetzungen des fortschrittlichen und des moderaten Flügels der Liberalen geprägt. In Spanien setzen sich mit Frankreich vergleichbare Verhältnisse jedoch erst mit Verzögerungen oder nur vorübergehend durch - so nimmt beispielsweise die Verfassung von Cadiz aus dem Jahr 1810 Elemente der französischen Gesetze von 1791 auf. Viel stärker als in Frankreich schlägt sich diese politisch sehr unruhige Situation auf den Kulturbetrieb nieder. Wie in Frankreich ist aber der Aufstieg des Bürgertums zur vorherrschenden gesellschaftlichen Klasse an der Theaterproduktion abzulesen: spätestens seit den 1840er Jahren hatte sich die »Clase media« in Spanien einen dominanten Status in der sozialen Hierarchie erobert und war maßgeblich in Wirtschaft und Verwaltung der sich noch im Umbruch befindlichen politischen Ordnung tätig.[10] Das aufstrebende Bürgertum hatte eine ausgeprägte Orientierung an Frankreich und suchte durch die Übernahme des französischen Werte- und Kultursystems den Anschluß an Europa. So distanzierte

---

7 B.N.n.a.fr. 22573, fol.71 v°.

8 Theoretische Grundlagen für das »Juste milieu« lieferten Charles Secondat de Montesquieus *De l'esprit des lois* (1748), Benjamin Constants *Principes de politique applicables à tous les gouvernements représentatifs* (1815) sowie François Guizots *Cours de politique constitutionnelle* (1817-1820). Grundidee ist die Gewaltenteilung und der Schutz des Individuums vor Despotismus und der Unterdrückung der Massen durch eine konstitutionelle Monarchie, die in eine vom Bürgertum geprägte Republik übergehen soll.

9 B.N.n.a.fr. 22573, fol. 5v°.

10 Vgl. Benito Pérez Galdós, »Observaciones sobre la novela contemporanea en España«, in: *Revista de España* (1870), Band 15, Nr. 57, S. 162-193.

sich das bürgerliche Publikum vom spanischen »Sainete«[11] und bevorzugte zunehmend das Vaudeville, dessen gesellschaftspolitische Ideen seines prominentesten Verteters Scribe genau dem Zeitgeist entsprachen. Eine Flut von Übersetzungen französischer Stücke war ab 1830 auf den spanischen Bühnen zu sehen.

Ähnlich dem von Scribe mit *Une Nuit de la garde nationale* eingeläuteten Paradigmenwechsel in Frankreich ist das zeitverzögerte spanische Pendant *Colegialas y soldados* zu sehen: Mariano Pina bot seine zweiaktige Komödie dem Komponisten Rafael Hernando an, der nach der Revolution von 1848 seine Wahlheimat Paris verlassen mußte und in seine Geburtsstadt Madrid zurückkehrte. Seine Studien bei Baltasar Saldoni und Ramón Carnicer setzte er in Frankreich bei Manuel García fort und etablierte sich dort schnell. Zurück in Madrid gehörte er bald zur Gruppe jener jungen Komponisten, die im Stile des (literarischen) »Costumbrismo« ab Mitte der 1850er Jahre der Zarzuela zu breiter Anerkennung als musikalische Gattung verholfen:[12]

> Mariano Pina déplace le cadre de la zarzuela de la campagne vers la ville et nous introduit lui aussi dans la grisaille d'un univers petit-bourgeois. Quant au procédé qui consiste à juxtaposer ainsi dans une même pièce des éléments empruntés à la fois à la réalité concrète et à la tradition populaire, il deviendra systématique au fil des ans et finira par s'imposer dans la plupart des ouvrages créés à partir de 1850.[13]

Colegialas y soldados – uraufgeführt am 20. März 1849 – geht wahrscheinlich auf die Übersetzung eines älteren französischen Stückes zurück, das für das Weihnachtsprogramm 1848 im Teatro de La Cruz unter dem Titel *Las colegialas son colegialas* angeboten wurde. Der Zarzuela war ein beachtlicher Erfolg beschieden und sie stellt den Höhepunkt in einer Reihe von Stücken »in französischer Manier« dar:

> Les sujets d'inspiration rustique et populaire sont éliminés; les personages appartiennent pour la plupart à la petite bourgeoisie urbaine ou au monde du spectacle et vivent désormais l'aventure ordinaire des gens du commun. Le théâtre lyrique espagnol devient ce qu'il est convenu d'appeler un divertissement «décente» «de buen tono», suivant les expressions consacrées, et reservé à la bonne compagnie.[14]

Hernandos kompositorischer Verdienst bestand in der »Definition« eines leichten musikalischen Stils, während Pinas Beitrag in einem gut formulierten Libretto festzumachen ist. Mit *Colegialas y soldados* hielt in Anlehnung an das französische Modell, das Scribe nachhaltig geprägt hatte, in Spanien eine Form

---

11 Ein »Sainete« ist ein kurzes kurzes Stück mit komischem oder satirischem Inhalt, die Protagonisten sind häufig Figuren aus dem einfachen Volk. Vgl. hierzu auch: Ramón Barce, »El sainete lírico (1880-1915)«, in: *La música española en el siglo XIX*, hg. von Emilio Casares, Oviedo 1995, S. 195-244.

12 Vgl. zu Hernando auch den Eintrag in Webber (wie Anm. 1), S. 270f.

13 Antoine Le Duc, *La zarzuela. Les Origine du théâtre lyrique national en Espagne (1832-1851)*, Sprimont 2003, S. 136.

14 Ebd., S. 137.

von erweitertem Vaudeville, in dem die Couplets durch Arietten und die Duos durch Ensembles ersetzt sind, Einzug. Die Zarzuela eroberte sich so nicht nur ein gebildetes Publikum und breite Anerkennung, sondern war aufgrund des französischen Einflusses auf dem Weg zur dreiaktigen »Zarzuela grande«, die sich ab 1851 - basierend auf dem Modell der Opéra-comique (vorwiegend Scribescher Gestalt) - entwickelte.

Romantik bei Scribe und Bretón de los Herreros

Mariano Pina ist ebenso wie Bretón de los Herreros dem »Costumbrismo«[15] - der spanischen Richtung der Regionalliteratur mit Betonung auf dem Lokalkolorit - zuzuordnen, der vor allem in der erzählenden Prosa des 19. Jahrhunderts in Spanien vorherrschte. Lokalkolorit und der Rekurs auf zeitgenössische Fragestellungen beziehungsweise Szenen aus dem Alltag - jedoch ohne echte politische Stellungnahme - verbinden demnach auf motivischer Seite Scribe und Bretón de los Herreros. Das im Zuge der französischen Romantik von Victor Hugo propagierte Lokalkolorit beeinflußte die zeitgenössische (Musik-)Theaterproduktion nachhaltig. Mit der »Couleur locale« in Verbindung mit szenischen und musikalischen Effekten war man seit dem 18. Jahrhundert vertraut, erst nach 1820 avancierte sie jedoch im berühmten Vorwort zu *Cromwell* in den Rang eines Terminus Technicus.[16] In thematischer Hinsicht greift Scribe zwar vordergründig auf die französische Romantik zurück, so macht er sich beispielsweise deren Vorliebe für historische Ereignisse in Weiterführung der Mode der Historienromane à la Walter Scott oder die vom englischen Schauerroman einer Ann Radcliffe oder eines Horace Walpole stammenden Schauplätze in alten Schlössern, Burgruinen etc. sowie das Motiv des »edlen« Räubers zu eigen.[17] Die motivgeschichtliche Affinität der französischen Romantik in der originär Scribeschen Modifikation der »Pièce bien faite« beziehungsweise speziell im »Livret bien fait« für Opéra-comique und Grand opéra macht jedoch die Besonderheit des Literaten Scribe aus. Von der prägenden Strömung der 1830er und 1840er Jahre distanziert sich Scribe aber explizit. Seine Beliebtheit sieht er eben in der Abgrenzung von der literarischen Mode der Romantik begründet:

---

15 Unter »Costumbrismo« (»Costumbre« = Sitte, Brauch) versteht man die wirklichkeitsgetreue Darstellung regional definierten Gesellschaftslebens vor allem in der spanischen Narrativik.

16 Vgl. Victor Hugo, Vorwort zum Drama *Cromwell*, in: ders., *Théâtre complet*, Band 1, Paris 1962, S. 409-454.

17 Vgl. zur Verarbeitung der literarischen Vorlagen der »Gothic novel« im Scribeschen Werk d. Verf., »›J'en suis persuadé: je n'ai été qu'un auteur de Vaudevilles‹ - Scribes ›livret bien fait‹ exemplifiziert an ausgewählten opéras-comiques der Mitte des 19. Jahrhunderts«, in: *Meyerbeer und die Opéra comique*, hg. von Arnold Jacobshagen und Milan Pospíšil, Laaber 2004, S. 81-97.

Les journaux eux-memes semblent avoir pris la tache de ruiner l'art dramatique - presque tous nos confreres ne les aident que trop bien – *l'inceste, le meurtre, le parricide envahissent tout jusqu'à la scene francaise* – moi qui suis resté toujours fidele à mes principes littéraires et politiques, *moi qui n'ai point changé depuis quinze ans, et qui suis demeuré stationnaire quand tout le monde se porte en avant*, je me trouve alors en arrière et on m'appelle vieux, perruque, rococo etc liberal et classique en 1815 je suis encore liberal et classique en 1832 – *j'ai alors contre moi les republicains, les carlistes et les Romantiques en un mot les ultras de tous les genres* - aussi il n'y a guère d'outrages qu'on m'ait epargnés [...] je me console du present par le passé, en regardant ce registre où tous mes anciens succès sont écrits en chiffres et en contemplant la petite fortune que mes travaux littéraires m'ont acquise, et qui est maintenant à l'abri des orages, je me dis dans ma belle et douce retraite de Montalais... Deus nobis haec otia fecit!![18]

In Spanien hält die französische Romantik à la Hugo durch die Aufsätze des Exilitalieners Luigi Monteggia in der Zeitschrift *El Europeo* (1823) Einzug. Die spanische Romantik weist zwar die gleichen Merkmale wie die französische Strömung auf (Abkehr vom Regelsystem der Klassik, stattdessen Propagierung der literarischen Freiheit, des Kults der Genieästhetik und des Liberalismus), doch betont sie etwas stärker den Liberalismus und die Idee eines humanitären Sozialismus. Der Höhepunkt der spanischen Romantik manifestiert sich in den 1830er und 1840er Jahren mit dem 1835 uraufgeführten Drama *Don Alvaro, o la fuerza del sino* des Angel de Saavedra, Duque de Rivas (das Giuseppe Verdi 1862 als *La forza del destino* vertonte). Spanisches Lokalkolorit avancierte im Gegenzug zu einem bevorzugten Evasionsraum der französischen Literaten, prominenteste Zeugen sind neben Hugos *Hernani, ou L'Honneur castillan*, *Ruy Blas* oder seinen *Orientales* vor allem Théophile Gautiers *De l'Espagne*.[19] Dagegen liegt Scribes antiromantischer (im »Juste milieu« verankerte) Diskurs in seiner literarischen Entwicklung begründet.[20] Seine ersten Erfolge feierte er als Vaudevilliste; Scribe sieht die Wurzeln seines Schaffens stets im Vaudeville begründet, dies bezeugt auch erwähnter *Discours de réception* in die Académie Française, in dem sich Scribe aber weitgehend einer poetologischen Stellungnahme enthält. Trotzdem bedeutete die Aufnahme eines Vaudevilliste – also eines Repräsentanten einer nicht anerkannten Gattung - unter die Reihen der Unsterblichen für die damalige Zeit eine Sensation:

1834 voici encore une belle année! peut-etre sera-ce la dernière! elle est belle pour le profit et un peu aussi pour l'honneur! mes espérances de 1833 n'ont pas ete trompées – Bertrand et Raton m'ont ouvert les portes de l'academie francaise – le 27 novembre 1834 j'ai eté nommé en remplacement de M. Arnault l'auteur de marius a minturner! me voila donc ce que n'ont pu etre ni Piron ni molière! *me voila donc academicien moi pauvre auteur de vaudevilles*! [...] et *maintenant plus que jamais*

18 B.N.n.a.fr. 22573, fol. 65v° – 66r° (Hervorhebungen von der Verfasserin).

19 Vgl. auch Ernest Martinenche, *L'Espagne et le romantisme français*, Paris 1922.

20 Zu Scribes Einstellung zum spanischen Drama siehe Marilyn Lamond, *Eugène Scribe and the Spanish Theater (1834-1850)*, Diss. masch. Univ. of North Carolina 1958.

j'en suis persuadé je n'ai ete qu'un auteur de vaudevilles et j'ai bien fait de m'adresser à eux pour avoir fortune et reputation, la spéculation etait bonne. on avait beau me dire autrefois faites de grands ouvrages, faites des comédies! elle ne m'auraient mené a rien qu'à rester inconnu - si bertrand et raton ont fixé l'attention publique, c'est qu'à l'époque où je l'ai donne, j'avais deja quelque reputation et puis c'est que l'ouvrage etait encore un vaudeville, un vaudeville en grand - voila ce que veut le public – mais la comédie!... il n'en veut pas [21]

Als sein Verleger Aimé André an ihn mit der Bitte um ein Vorwort für eine Gesamtausgabe seiner Werke herantrat, schlug Scribe vor, den *Discours de reception* zu verwenden. Allein die besonders für Scribe ungewöhnlich lange Bearbeitung der Rede im Zeitraum von über zwei Jahren unterstreicht aber, wie sehr sich Scribe der möglichen Tragweite seiner Äußerungen bewußt war:

J'ai prononcé au commencement de l'année 1836 mon discours à l'académie, discours qui devant mes auditeurs m'a presque valu un triomphe et grace aux journaux a eté transformé en une defaite – les journaux me traitent fort mal – ma reputation à l'academie m'a procuré quelques ennemis de plus – j'en avais deja assez – il faut s'y faire une raison, une philosophie et la mienne à moi est de ne pas les lire de me retirer en moi meme avec quelques amis dans ma retraite de Montalais ou de Séricourt comme le rat dans son fromage de hollande a propos de hollande.[22]

Erfolgsautoren: Scribe und Bretón de los Herreros

Scribe und Manuel Bretón de los Herreros (1796-1873)[23] gehörten zur Elite der zeitgenössischen Literaten, Scribe wurde 1836 in die Académie Française aufgenommen und Bretón 1837 in die Academia Real Española. Bretón sprach bei seinem Aufnahmevortrag eine Frage des spanischen Theaters an, die ihm immer sehr am Herzen lag, die Frage der Versifikation.

Bretón de los Herreros nimmt in der spanischen Literaturgeschichte vom Umfang seiner Tätigkeit, seiner Schaffenszeit und der Heterogenität und Bedeutung seines Werkes her eine mit Scribe vergleichbare Position ein:

Bretón de los Herreros es autor de una obra tan vasta come heterogénea que poquísimas veces ha sido analizado en su totalidad. Su obra dramática abarca comedias de circunstancias o unas interesantísimas traducciones y refundiciones.[24] [Bretón de los Herreros ist der Autor eines ebenso umfangreichen wie heterogenen Werkes, das in seiner Gesamtheit nur wenige Male analysiert worden ist. Sein dramatisches Schaffen umfaßt Gelegenheitskomödien, interessante Übersetzungen und Überarbeitungen.]

---

21 B.N.n.a.fr. 22573, fol. 77v° – 78 r° (Hervorhebungen von der Verfasserin).

22 B.N. n.a.fr. 22573, fol. 90r° »Carnet de comptes et de recettes«, Eintrag zum Jahresende 1836. Am 28. Januar 1836 hielt Scribe seinen »Discours de réception« als Nachfolger Arnaults und Racines an der Académie Française. Siehe auch d. Verf. (wie Anm. 6), S. 39-41.

23 Vgl. Georges Le Gentil, *Le poète Manuel Bretón de los Herreros et la société espagnole de 1830 à 1860*, Paris 1909.

24 Paul Miret, *Las ideas teatrales de M. Bretón de los Herreros*, Logroño 2004, S. 14.

Auch bei Bretón de los Herreros werden alte Vorurteile gerne tradiert:

> A MANUEL BRETÓN DE LOS HERREROS (1796-1873), riojano, natural de Quel, [...] soldado voluntaio en la guerra de la Independencia, director de la Biblioteca Nacional y secretario perpetuo de la Academia de la Lengua, le correspondió la gloria de recoger de manos de Moratín la antorcha viva del realismo dramático español para pasarla, más adelante, a otras manos que él creyera firmes y a otros espíritus que él creyera fervientes. A Bretón se ha llamado autor cómico. El arte cómico abarca bajo su dominio la comedia *de costumbres*, la *de carácter* y la *de intriga*. [...] Todas estas tres procucciones suelen designarse con el nombre común de *comedias de género*. [...] Bretón fue maestro en la *comedia de género*. En plena época romántica representó la tendencia nacional del costumbrismo observador y satírico.[25] [Manuel Bretón de los Herreros (1796-1873), aus der Provinz Rioja, gebürtig aus Quel, Freiwilliger im Unabhängigkeitskrieg, Direktor der Nationalbibliothek und Sekretär der Akademie für Sprache, kommt der Ruhm zu, aus den Händen von Moratín die lebende Fackel des dramatischen spanischen Realismus erhalten zu haben, um sie in andere Hände weiterzugeben, die er für fester hielt und zu anderen Köpfen, die er für eifriger hielt. Man hat Bretón als komischen Autor bezeichnet. Die komische Kunst vereint unter ihrer Herrschaft die Sittenkomödie, die Charakterkomödie und die Intrigenkomödie. Alle diese drei Arten werden im Allgemeinen als »Comedias de género« bezeichnet. Bretón war der Meister der »Comedia de género«. Zur Blütezeit der Romantik repräsentierte er die nationale Richtung des beobachtenden und satirischen »Costumbrismo«.]

Beide waren zudem führende Librettisten ihrer Zeit. Scribes umfangreiche Produktion von weit über 400 Theaterstücken, Libretti, Romanen, Novellen und Ballettszenarien (die Scribeschen Skizzenbüchlein und »Vademecum«-Hefte bergen einen Schatz nie verwendeter und niemals publizierter Ideen, an deren literarischer Umsetzung Scribe durch seinen plötzlichen Tod am 20. Februar 1861 gehindert wurde) war nicht ohne einen Stab von Mitarbeitern zu bewältigen; die stereotype Verurteilung der angeblich »minderwertigen« Scribeschen »Massenproduktion« durchzieht die Sekundärliteratur bis zum heutigen Tage. Die Scribeschen Handschriften, Tagebucheinträge, »Vademecum«-Notizen beweisen jedoch anschaulich, daß Scribe eindeutig die Hauptarbeit an den Stücken leistete und die dramaturgischen und inhaltlichen Impulse jeweils auf ihn zurückgehen. In der ersten Hälfte des 19. Jahrhunderts waren Kollaborationen für die Theater- und Romanproduktion ein weitverbreitetes - eher die Regel als die Ausnahme darstellendes - Procedere.[26] Im allgemeinen läßt sich festhalten, daß Scribe einen Mitarbeiter meist für die einaktigen Boulevarddramen hinzuzog; die fünfaktigen Intrigenstücke für das Théâtre-Français sind ebenso wie die Opernlibretti für Meyerbeer, Fromental Halévy und

---

25 Federico Carlos Sáinz Robles, *El teatro español. Historia y antología (desde sus orígenes hasta el Siglo XIX), estudios, retratos literarios, notas, selección y apéndices*, Band 7, Madrid 1943, S. 22-24.

26 Vgl. hierzu unter anderem F. W. J. Hemmings, »Co-autorship in French plays of the Nineteenth Century«, in: *French Studies* 41 (1987), S. 37-51.

Verdi fast ausnahmslos Scribes eigene Schöpfungen. Gegenüber Alexandre Dumas père, dem auch heute noch bekanntesten Feuilletonromancier und Scribeschen Zeitgenossen, wurde der Vorwurf der Ausbeute der Angestellten seiner Schreibwerkstatt von seinem ehemaligen Mitarbeiter Auguste Maquet in dem legendären Prozeß sogar öffentlich erhoben, doch Scribes moderaten und großzügigen Umgang mit seinen Mitarbeitern wußten bereits seine Zeitgenossen zu würdigen. Eugène de Mirecourt kontrastiert in seiner vernichtenden Polemik über das Atelier Dumas das positive Bild Scribes mit dem negativen Umgangston von Dumas père:

> M. Dumas vit un peu de sa plume, et beaucoup de celle des autres.
> Prenez patience, écoutez-nous une minute encore et nous apprendrons à nos lecteurs en vertu de quels hauts principes de moralité se créa votre manufacture ou, si mieux aimez, votre boutique universelle de pièces, de romans et de feuilletons, laquelle à l'avenir sera connue, nous l'espérons bien, sous la raison commerciale *Dumas et compagnie.*
> [...] Et votre boutique s'organise. Tous les ouvriers sont à la besogne.
> [...] Et vous viendrez nous dire, en outre, que de tout temps au théâtre il y a eu des collaborateurs cachés? [...] A côté du nom de Pixérérécourt vous citez celui de M. SCRIBE.
> Voyons, messieurs, nous attaquons votre honorable client avec loyauté, sans détour, les preuves en main [...]
> M. Scribe n'est jamais sorti des bornes de la collaboration permise.
> M. Scribe a nommé ses collaborateurs.
> M. Scribe a partagé non-seulement la recette, mais la gloire avec ceux qui lui sont venus en aide pour ses travaux scéniques. Il n'a point accaparé le succès à son profit, il n'a point arraché les couronnes du front de ses confreres [...]
> M. Scribe, en un mot, n'a pas fait de ses collaborateurs ce que vous faites des vôtres, monsieur Dumas [27]

Die posthume Scribesche Gesamtausgabe von Dentu aus den Jahren 1870-1881 enthält eine in diesem Kontext aufschlußreiche Widmung an seine Mitarbeiter:

> A mes collaborateurs.
> Mes chers amis,
> On m'a souvent reproché le nombre de mes collaborateurs; pour moi, qui ai le bonheur de ne compter parmi eux que des amis, je regrette au contraire de ne pas en avoir davantage. Souvent aussi on m'a demandé pourquoi je ne travaillais pas seul. A cela je répondrai que je n'en avais probablement ni l'esprit, ni le talent; mais je les aurais eus, que j'aurais encore préféré notre alliance et notre fraternité littéraires. Le peu d'ouvrages que j'ai composés seul ont été pour moi un travail; ceux que j'ai faits avec vous étaient un plaisir. [28]

Der Rekurs auf die Zusammenarbeit mit anderen Autoren ist ein Charakteristikum der zunehmenden Kommerzialisierung des Literaturbetriebes und des

---

27 Eugène de Mirecourt, *Fabrique de romans. Maison Alexandre Dumas et compagnie*, Paris 1845, S. 10, 19-20, 23, 36, 38-39.

28 Eugène Scribe, *Oeuvres complètes, comédies-drames*, Band 1, Paris 1870, S. VII.

Musiklebens im 19. Jahrhundert: das Publikum respektive die Leserschaft verlangte konstant nach Novitäten, dieser Erwartungshaltung konnten die Schriftsteller (sofern sie auf eine Vergütung angewiesen waren und sich mit den schönen Künsten ihren Lebensunterhalt verdienten) nur mit einer erhöhten Produktivität nach den Regeln des Marktes, das heißt je nach Nachfrage, begegnen. Aufschlußreich für Scribes seinerzeit prominente Position ist ein Erlebnis, das Alexandre Dumas père in seinen Memoiren festhält; einem Aufführungsverbot in Italien seiner - den Zensoren suspekten Dramen - entgeht er durch Fälschung der Urheberschaft: die Dumaschen Stücke passieren unter wenig verändertem Titel und unter der Nennung Scribes als Verfasser die Zensurbestimmungen und kommen zur Aufführung.[29]

Bretón de los Herreros entstammte im Unterschied zum bürgerlichen Scribe dem niederen Landadel. 1806 zog seine Familie nach Madrid, im Alter von 15 Jahren trat er in die Armee ein, der er bis zu einer Verwundung 1822 angehörte. Während seiner Dienstzeit als »Guerrillero« lernte er alle Regionen Spaniens kennen. Diese Eindrücke verarbeitete er in seinen bekannten »Artículos de costumbres«[30] für den *Correo Literario y Mercantil*, die ein heterogenes und buntes Bild der damaligen spanischen Bevölkerung entwerfen und den Aufstieg des Bürgertums nachzeichnen. Die dort festgehaltenen Genrebilder und Typen finden sich in seiner Literaturproduktion wieder. Auf dem Höhepunkt seiner Popularität wurde Bretón die Leitung der spanischen Nationalbibliothek übertragen. Neben seinem großen dramatischen Schaffen (die Zahlen schwanken zwischen rund 100 und 177 Werken) verfaßte Bretón besonders zwischen 1831 und 1837 eine große Anzahl von Rezensionen und poetologischen Texten zur Dramentheorie. Wie Scribe nach dem frühen Tod des Vaters (1811) auf sich allein gestellt, übersetzte Bretón besonders zu Beginn seiner Karriere als Literat (hauptsächlich zwischen 1824 und 1833) annähernd 50 Stücke vorwiegend französischer Autoren (Molière, Racine, Marivaux), davon allein 13 von Scribe, um seinen Broterwerb zu gewährleisten. Da die Theater für eine Bearbeitung oder Übersetzung fast genauso viel bezahlten wie für ein Original, gab es relativ wenige Uraufführungen in Spanien. Außerdem war die Frage des Urheberrechts und der Tantiemen zu Beginn von Bretóns Karriere noch ungeklärt. Wie Scribe setze jedoch auch er sich vehement für die

---

29 »Il s'agit de me faire quatre cartons à ces quatre pièces, de changer les quatre titres, et de mettre un autre nom d'auteur? [...] *Riçard Darlington*, drame en trois actes et en sept tableaux, par monsou Alessandre Doumasse. - C'est cela... Eh bien, il s'agit de mettre: *L'Ambitieux ou Le Fils du bourreau*, par M. Eugène Scribe [...] Le même soir, toute la ville, à l'exception de MM. les censeurs, savait qu'on venait de permettre la représentation de quatre pièces de M. Alexandre Dumas, cachées sous le pseudonyme moral d'Eugène Scribe«. Zitiert nach Alexandre Dumas, *Mes Mémoires 1830-1833*, Band 2, Paris 1980, S. 692.

30 Eine Neuedition der Artikel wurde betreut von Patrizia Garelli, *Manuel Bretón de los Herreros: Artículos de costumbres*, Madrid 2000.

Rechte der Autoren ein: verdankte Frankreich dem unermüdlichen Einsatz des Gründungsmitglieds Scribe der »Société des Auteurs dramatiques« (1829)[31] das seinerzeit modernste Urheberrecht, war für Bretón de los Herreros der Kampf um die Autorenrechte immer auch mit der Frage um ein spanisches Nationaltheater verbunden. Eine angemessene Vergütung von Originalstücken - also eine Erneuerung des Repertoires im allgemeinen - bedeutete auch die Möglichkeit einer Neuorientierung des spanischen Theaters, die Hinwendung zu einem professionellen »Teatro nacional« sowohl im Bereich des Sprech- als auch des Musiktheaters:

> Bréton de los Herreros y Ventura de la Vega fueron, con su original producción dramática, los artifices de este empeño de elevar al teatro español al nivel que gozaba en el resto de Europa. [32] [Bretón de los Herreros und Ventura de la Vega waren mit ihren Originaldramen die Künstler, die es schafften, das spanische Theater auf das Niveau zu heben, das ihm Anerkennung in ganz Europa einbrachte.

Bereits 1833 hatte Bretón de los Herreros im *Correo Literario y Mercantil* in einem Beitrag »Proyecto de estímulo y substancia para los autores dramáticos« auf die zeitgenössischen Mißstände hingewiesen und 1837 gemeinsam mit weiteren damals populären Schriftstellern (Garcá Gutiérrez, Eugenio de Ochoa etc.) der Königin eine Petition unterbreitet, die die Gründung einer Kommission zur Wahrung der Urheberrechte zur Folge hatte. Die 1847 mit seinem Freund Eugenio Hartzenbusch ins Leben gerufene »Sociedad Española de Autores Dramáticos« unterstrich die Ernsthaftigkeit des Vorhabens zusätzlich. Für Bretón de los Herreros wie auch für Scribe gehörte ihr Engagement im Bereich des Urheberrechts wesentlich zur Profilbildung des Berufs eines Schriftstellers und zu dessen gesellschaftlicher Anerkennung.

Während das zeitgenössische französische Theater von seinem Selbstverständnis her nicht mit Identitätsfragen zu kämpfen hatte und die Hierarchie der einzelnen Theater seit der Napoleonischen Zeit weitgehend festgeschrieben war, unterschied sich die Situation in Spanien grundlegend. Die Diskussion um die Schaffung eines »Teatro Nacional« war eng mit den soziohistorischen Umwälzungen in Spanien verknüpft und gewann ab den 1830er Jahren - auch durch die mit den teilweise unsicheren Machtverhältnissen verbundenen Zensurmaßnahmen - neue Bedeutung für den Theaterbetrieb. Die erwähnte Kommission, der neben zahlreichen Literaten auch Theaterdirektoren und Schauspieler angehörten, setzte sich für eine Theatergesetzgebung ein und präsentierte der Regierung 1845 einen Vorschlag für »la construcción de un primer teatro, llamado Español o Nacional, consagrado a los más elevados y nobles géneros, ya de verso, ya líricos, sin excluir la representación de obras

---

31 Vgl. hierzu auch d. Verf. (wie Anm. 6), S. 64-66.

32 Juan Aguilera Sastre, »Manuel Bretón de los Herreros y las políticas teatrales de su época«, in: *La obra de Manuel Bretón de los Herreros*, hg. von Miguel Angel Muro, Logroño 2000, S. 129.

extranjeras de mérito especialmente reconocido«[33] [zur Errichtung eines Theaters ersten Ranges, das Spanisches Theater oder Nationaltheater genannt wird und sich den höchsten und edelsten Gattungen - sowohl in Versen als auch gesungen - widmen soll, ohne die Aufführung von ausländischen Werken von besonderen Wert auszuschließen]. 1847 verfügte man in zwei Dekreten die Gründung eines »Teatro Real Español«, das geographisch im bestehenden Teatro Corral del Príncipe angesiedelt wurde. Das Unternehmen war jedoch trotz der großartigen Eröffnung eines eigenen Theatergebäudes, des heutigen Teatro Real[34] - nicht von Erfolg gekrönt, und das finanzielle Desaster - hervorgerufen durch falsches Management - der ersten beiden Spielzeiten 1849 und 1850 führte bis weit in die zweite Hälfte des 19. Jahrhunderts zu einer Weiterführung der Diskussion, an der sich Bretón intensiv beteiligte. Stets war die Profilbildung des von der Regentin Maria Cristina gegründeten Konservatoriums als potentielle Eliteeinrichtung für spanische Sänger und Musiker eines der wichtigsten Themen bei der Frage eines spanischen Nationaltheaters, da sich - so Bretón - nur durch eine fundierte Ausbildung ein »spanischer Nationalstil« entwickeln könne. Programmatisch für Bretóns gesamtes Schaffen und speziell für seine Einstellung zur Situation der spanischen Theaterlandschaft ist sein 1852 verfaßter Artikel »Progresos y estado actual del arte de la declamación en los teatros de España« zu lesen. Unter »Declamación« versteht Bretón »el arte de representar obras dramáticas« [die Kunst, dramatische Werke aufzuführen], sei es in gesprochener, gesungener oder gespielter Form.[35] Vorrangig war für ihn »la imitación de la naturaleza en el teatro« [die Nachahmung der Natur im Theater]. Bretón setzt somit die primäre Regel der Aristotelischen Dramenkonzeption - die Mimesis - auch an erste Stelle für sein schriftstellerisches Schaffen. Er geht damit vollkommen mit Scribe konform, der sich in einem bisher von der Forschung nur dilatorisch rezipierten Text in ähnlicher Weise äußert (und zugleich einen fundierten Abriss der italienischen Wurzeln des französischen Theaters liefert): »C'est que le drame ancien ou moderne est une œuvre de fiction; c'est que la comédie de

---

33 Zitiert nach ebd., S. 133.

34 Vgl. Manuel Bretón de los Herreros, *»Progresos y estado actual del arte de la declamación en los teatros de España«*, Madrid 1852, S. 36: »Así llegó á su mayor auge el teatro nacional y á ser tan fecundo en notables producciones como en sus mejores tiempos, y acaso muy superior á todos los de Europa en nuestros días, sin excluir los de Francia [...] y esto en parte se logró con las reformas publicadas por real decreto de 7 de febrero de 1849 y con la creación del Teatro Español organizado por otro real decreto de la misma fecha.« [So gelangte das nationale Theater zu seiner größten Blüte und war so reich an beachtenswerten Produktionen wie in seinen besten Zeiten, und es war bisweilen den anderen europäischen Ländern überlegen, sogar Frankreich [...] und dies erreichte man zum Teil mit den im Königlichen Dekret vom 7. Februar 1849 genannten Reformen und mit der in einem anderen Königlichen Dekret vom selben Tag angeordneten Schaffung des Teatro Español.]

35 Ebd., S. 29.

mœurs est une œuvre de vérité dont chaque contemporain est le juge; il a sous les yeux le modèle et la copie; et si le portrait n'est pas fidèle, il le repousse ou le brise.«[36] Gleich Scribe bricht Bréton in dieser Hinsicht mit dem Konzept der Romantik, die sich dezidiert vom Regelsystem der Klassik mit seinem Primat der Nachahmung zugunsten einer Genieästhetik abwandte. Wie Scribe bevorzugte Breton für seine Theaterproduktion den »klassischen« fünfaktigen Aufbau.[37]

Affinität von Vaudeville und Opéra-comique mit Sainete und Zarzuela
»El arte de la declamación« spricht nicht nur die wesentlichen Probleme des zeitgenössischen spanischen (Musik-)Theaterbetriebs wie schlechte Organisation, geringe Bezahlung von Autoren und Künstlern, Fehlen einer kompetenten Theaterkritik, geringe Eignung des klassischen spanischen Versmaßes für aktuelle Sujets etc. an, sondern weist im Kontext der Gründung eines spanischen Nationaltheaters der Zarzuela unter den musikdramatischen Gattungen eine Schlüsselstellung auf dem Weg zu einer spanischen Nationaloper zu:

> El espectáculo [la zarzuela] es de buena ley [...] de él ha de nacer una ópera española, que de este nombre sea merecedora, y para que andando el tiempo pueda rivalizar con la italiana no nos faltan elementos proprios. Nuestra lengua, si no tan ductile y de tan libre prosodia como la de Metastasio y Rossini, es abundante como ninguna, tersa y sonora, variada en su acentuación, rica en diversidad de desinencias, libre de consonantes parasites y de diptongos indeterminados.[38] [Aus der Zarzuela soll eine spanische Oper entstehen, die diesen Namen auch verdient, und damit sie mit der Zeit auch mit der italienischen konkurrieren kann, fehlen uns nun wirklich keine eigenen Elemente. Unsere Sprache, wenn sie auch nicht so geschmeidig ist und über keine so freie Prosodie verfügt wie die von Metastasio und Rossini, ist so reich wie keine andere, flüssig und wohlklingend, variantenreich in ihrem Ausdruck, reich an Wortendungen, frei von störenden Konsonanten und unendlichen Diphtongen.]

Der Wunsch nach einer spanischen Nationaloper durchzieht die musiktheoretische Auseinandersetzung in Spanien seit dem ersten Drittel des 19. Jahrhunderts.[39] Die Gründe für das spanische Streben nach musikdramatischer Unabhängigkeit liegen in der historischen Entwicklung der Oper in Spanien begründet.[40] Wurden auch die italienischen Rezitative häufig durch spanischen Text ersetzt, war doch die italienische Oper (mit starken Einflüssen aus Frank-

36 Eugène Scribe, »Précis historique sur la comédie en Italie et en France«, in: *Théâtre d'Alberto Nota et du Comte Giraud*, Paris 1839, S. 7.

37 Zur Poetik Brétons siehe auch Miret (wie Anm. 24).

38 Bretón de los Herreros (wie Anm. 34), S. 60.

39 Vgl. Roland J. Vázquez, *The Quest for National Opera in Spain and the Reinvention of the Zarzuela* (1808-1849), Diss. masch. Cornell 1992; Xoán M. Carreira, »La musicologia spagnola: un'illusione autarchia?« in: *Il saggiatore musicale* 1 (1995), S. 105-142.

40 Für einen historischen Abriß vgl. d. Verf. (wie Anm. 1), S. 395-401.

reich) seit der Mitte des 18. Jahrhunderts die vom Adel und vom bourbonischen Königshaus bevorzugte Gattung:

> La nueva dinastia trajo consigo muchos trastornos y cambios en todos los órdenes de la vida y costumbres nacionales, sin excluir las diversions públicas. El teatro hablado podia defenderse con el apoyo del pueblo; pero la zarzuela, espectáculo aristocrático y caro, mientras no fuese entrando en la corriente general popular, necesitaba [...] el amparo de la corte regia y la estimación y gusto de los monarcas. Pero los nuevos Reyes, uno francés y otra italiana, y sin saber apenas una palabra de español, mal podrían sentir gusto por oír lo que no entendían.[41] [Die neue Dynastie brachte viele Umwälzungen und Veränderungen in allen Lebensbereichen und nationalen Sitten mit sich, ohne die öffentlichen Zerstreuungen auszunehmen. Das gesprochene Theater konnte sich der Unterstützung des Publikums versichern, aber die Zarzuela, ein aristokratisches und teures Schauspiel, die noch nicht allgemein beliebt war, benötigte [...] die Unterstützung des Königshauses und die Wertschätzung und den Geschmack der Herrscher. Aber das neue Königspaar, er Franzose und sie Italienerin verstanden kaum ein Wort Spanisch und konnten kaum Gefallen daran finden, etwas zu hören, was sie nicht verstanden.]

»Sainete« (ein kurzes komisches oder satirisches Stück mit volkstümlichem Figureninventar) und »Tonadilla escénica« (eine volkstümliche »Mini-Zarzuela« oder »Mini-Oper«, deren prominentester Vertreter Blas de la Serna war), erfreuten sich Anfang des 19. Jahrhunderts großer Beliebtheit und konnten sich beim Volk gegenüber der italienischen Oper durchsetzen. Sie hatten jedoch die ersten Anfänge der Zarzuela in Form der »Zarzuela burlesca« verdrängt. Diese sogenannte »Zarzuela antigua« bestand vorwiegend aus ausführlichen Dialogpassagen, in die vereinzelte Musikstücke eingelegt waren und ging auf Pedro Calderón de la Barca zurück. Als Vorläufer sind die »Pasos« – kleine eingelegte Farcen oder eingelegte komische Episoden von Lope de Rueda - ebenso wie die »Entremeses« der Renaissance zu sehen. Seine Blütezeit erlebte der »Sainete« im 18. Jahrhundert unter Ramón de la Cruz der gemeinsam mit dem Komponisten Antonio Rodríguez de Hita die sogenannte »Zarzuela burlesca« schuf. Ramón de la Cruz war auch als Librettist tätig; ihm kommt das Verdienst zu, durch seine literarisch und dramaturgisch ambitionierten Libretti den »Sainete« zur »Zarzuela (burlesca)« nobilitiert zu haben. Während um die Mitte des 19. Jahrhunderts die »Zarzuela grande« immer mehr an Boden gewann, mündete der »Sainete« in das »Género chico« (kleine Sittenbilder mit gesungenen Partien), einer Untergattung der Zarzuela.[42] In der französischen Terminologie des 19. Jahrhunderts verstand man unter »Saynète« ein kurzes Stück mit zwei oder drei Personen, das mit dem »Pro-

---

[41] Emilio Cotarelo y Mori, *Historia de la zarzuela o sea el drama lirico en España, desde su orígen a fines del siglo XIX*, Madrid 1934, S. 73.

[42] Zu den bekanntesten Autoren des »Género chico« zählen Ricardo de la Vega oder Carlos Arniches; vgl. Webber (wie Anm. 1).

verbe« verwandt war.[43] Bei der »Tonadilla« oder »Tonadilla escenica« handelt es sich um ein kleines Stück von höchstens 20 Minuten Spieldauer, das sich in der zweiten Hälfte des 18. Jahrhunderts in Spanien großer Popularität erfreute und meist als Zwischeneinlage eines klassischen Dramas fungierte. Die Lieder, Tänze und Chöre werden von maximal sechs Künstlern dargeboten. Ihr Erfolg beruht vor allem auf der Qualität der Musik von Komponisten wie Luis Misón, Pablo Esteve und Blas de la Serna. Die Inhalte werden aus dem Alltagsleben der kleinen Leute in der Stadt oder auf dem Land gegriffen und oft satirisch aufbereitet. Als Identifikationsmoment nationaler Art gegen ausländische kulturelle Einflüsse wie sie von den Bourbonen propagiert wurden, konnte sich die »Tonadilla« nur bis zum spanischen Unabhängigkeitskrieg halten und erlebte wie der »Sainete« ab den 1870er Jahren unter der neuen Terminologie und hybriden Gattungsbezeichnung »Genéro chico« eine Renaissance.[44] Die Geburtsstunde des »Genéro chico« ist im Kontext der Madrider Kaffeehauskultur und der Stundentheater um die Revolution von 1868 zu sehen: vier verschiedene Programme pro Abend standen zu einen günstigen Preis zur Auswahl, Zielgruppe war ein bürgerliches und antimonarchisches Publikum. Die Themen waren - vor allem in den ersten Jahren zwischen 1867 und 1880 häufig dem französischen Boulevardtheater Scribescher Provenienz entlehnt. Durch die immer mehr an Raum gewinnenden Musikeinlagen vermischte sich der »Genéro chico« mit der Zarzuela und feierte in ganz Spanien zwischen 1880 und 1910 seine größte Breitenwirkung mit einer Monopolstellung unter den musikalischen Gattungen.[45] Erst mit dem Aufkommen des Kinos und der Variététheater wandte sich das Massenpublikum anderen Zerstreuungen zu.[46]

---

43 Auch Scribe verfaßte noch »Proverbes dramatiques« für das aufkommende Zeitungswesen. Für Louis Véron, Direktor der Pariser Opéra und Gründer einer der ersten französischen Literaturzeitschriften, der *Revue de Paris*, schrieb Scribe fünf »Tableaux de mœurs« von denen vier als »Proverbe« bezeichnet werden: *Un ministre sous Louis XV, ou Le Secret de rester en place* (1829), *Le jeune Docteur, ou Le Moyen de parvenir* (1829), *Le Tête-à-tête, ou trente Lieues en poste* (1830), *La Conversion, ou à L'Impossible nul n'est tenu* (1830).

44 Vgl. hierzu José Subirá, *La tonadilla escénica: sus obras y sus autores*, Barcelona 1933; *Dictionnaire encyclopédique du théâtre*, hg. von Michel Corvin Paris 1991.

45 Zu den bekannten Librettisten zählen Javier de Burgos, Tomás Luceño, Miguel Ramos Carrión, Ricardo de la Vega und vor allem Carlos Arniches. Das bekannteste Werk aus den Anfangsjahren ist sicherlich die 1886 aufgeführte *La Gran Vía* in der Vertonung von Federico Chueca, die alle Charakterista der Gattung aufweist: Figuren aus dem Volk, die Identifikationsmöglichkeiten boten, in einem pittoresken Umfeld mit regionalspezifischen Musikeinlagen (meist Madrid, später Aragon und Andalusien). Weitere Klassiker sind *El barberillo de Lavapiés* (1874) von Francisco Asenjo Barbieri und *Agua, azucarillos y aguardiente* (1897) von Federico Chueca.

46 In Weiterführung des »Genéro chico« entwarfen die Brüder Alvarez Quintero 1901 mit einer Zarzuela gleichen Namens das »Género ínfimo«, wobei »ínfimo«

Dieser spanische Zweig der Zarzuela - ausgehend von der Frühform der einaktigen Zarzuela und mündend in das »Genéro chico« - entwickelt sich parallel zum europäischen Zweig der Zarzuela, der in der dreiaktigen »Zarzuela grande« mündet und stark von italienisch-französischen Elementen durchzogen ist. Unter »Zarzuela«[47] verstand man bis 1848 (dem Jahr der Uraufführung von Hernandos *Colegialas y soldados* und *El duende*) ein szenisches Werk in spanischer, das heißt kastilischer Sprache, dessen Form aus einem Akt mit kleineren musikalischen Nummern (zwischen fünf und acht) besteht, die mit gesprochenen Dialogen alternieren. In den Dialogen wird die Handlung entwickelt, während sich in den Musiknummern die Gefühle der Figuren darstellen. Diese frühe Form der Zarzuela, die Encina Cortizo[48] auch als »Zarzuela romántica« der Jahre 1832 bis 1849 bezeichnet, weist klare Bezüge zum Vaudeville Scribescher Provenienz auf und verdeutlicht die Affinität von Vaudeville und Zarzuela. Ebenso wie der Scribesche Vaudeville für die weitere Gattungsentwicklung der Opéra-comique eine konstituierende Rolle in Frankreich spielte und dank der Technik der »Pièce bien faite« zur Comédie-Vaudeville avancierte, sind die historischen Wurzeln der »Zarzuela grande« in der »Tonadilla« und somit in den Frühformen der Zarzuela manifest: wie die »Tonadilla«[49], die mit regionalspezifischen Musikeinlagen vor allem dem Lokalkolorit des jeweiligen Stückes verpflichtet war, emanzipierte sich auch der Vaudeville mit seinen »Timbres« (die ebenfalls populären Charakter hatten) zu einer eigenständigen Gattung. Beide Gattungen sind durch die meist einaktige Gliederung, die Situierung der Thematik in einem zeitgenössischen, volksnahen Kontext mit Figuren, die für das Publikum Wiedererkennungswert hatten und vor allem durch die beliebte, eingängige Musik charakterisiert: »Introducción de este tipo de elementos del lenguaje musical popular, que habían aparecido ya en la tonadilla, dentro de un molde formal que podría ser definido como europeo, aunque de clara influencia francesa (Operacómica).« [Integration von Elementen aus der volkstümlichen Musik, die bereits in der »Tonadilla« vorhanden waren, und die vom formalen Gesichtspunkt her gesehen als europäisch - wenn auch mit einem deutlichen französischen Einfluß (Opéra comique) - einzustufen sind.][50] Auch die Dramaturgie dieser einaktigen romantischen Zarzuela scheint der Scribeschen »Pièce bien

---

zugleich die Gattungshierarchie bezeichnet. Das »Género ínfimo« war von 1901 bis 1915 in Mode und wurde ebenso wie der »Género chico« um den ersten Weltkrieg von anderen Unterhaltungsarten abgelöst. Vgl. Serge Salaün, »El género ínfimo: Mini-culture et culture de masse«, in: *Bulletin hispanique* 19,1 (1989), S. 146-167.

47 Zur Zarzuela siehe Antonio Peña y Goni, *La ópera española y la música dramática en España en el siglo XIX*, Madrid 1881 und Cotarelo y Mori (wie Anm. 41).

48 Manuel Encina Cortizo, »La Zarzuela del siglo XIX: estado de la cuestión (1832-1856)«, in: *La música española en el siglo XIX*, hg. von Emilio Casares, Oviedo 1995, S. 181.

49 Peña y Goni sieht in Barbieri den Mittler zwischen der „tonadilla escenica" und der französischen Opéra-comique (wie Anm. 47, S. 428).

50 Encina Cortizo (wie Anm. 48), S. 183.

faite« entlehnt: Exposition mit Handlungsentwicklung und versteckten Hinweisen auf den Konflikt, der Konflikt (das zentrale Mißverständnis »Quiproquo«) selbst und die Auflösung desselben im »Dénouement«. Die Zwischenform der zweiaktigen Zarzuela nach der Uraufführung von *Colegialas y soldados* weist ebenfalls noch eine klare Abhängigkeit von europäischen Elementen auf (Frankreich und Italien), auch wenn sie sich für nationale Ideologien stark macht. Musikalische Formen wie die aus der »Tonadilla« schon in die einaktige Version der Zarzuela tradierten Seguidillas, Boleros, Fandangos etc. sind weiter konstitutiv. Mit der Premiere von *Jugar con fuego* (1851) von Francisco Asenjo Barbieri schlug dann die Geburtsstunde der »Zarzuela grande«, der dreiaktigen Großform der Zarzuela, die in Dramaturgie und skizzierter historischer Entwicklung große Affinität zur Scribeschen Technik beispielsweise für die Opéra-comique hat.

»Pièce bien faite« bzw. »Livret bien fait« und das spanische Musiktheater

> La zarzuela puede tener importancia en sí misma, no solo porque contribuye a generalizar el buen gusto, sino porque puede ser el plantel de donde nazca la grande ópera española [...] Si además de esto juzgamos por comparación lo que ha pasado y pasa en Francia, veremos que el teatro de la opera cómica ha producido la mayor parte de los elementos principales de la grande opera, así pues, los autores del *Domino Noir* pasaron a escribir la *Muda de Portici*.
>
> [Die Zarzuela kann aus sich selbst heraus Bedeutung erhalten, nicht allein, weil sie dazu beiträgt, den guten Geschmack zu verbreiten, sondern weil sie die Pflanze ist, aus der die große spanische Oper erwachsen wird [...]. Wenn wir darüber hinaus noch über die Ereignisse in Frankreich urteilen, werden wir sehen, daß die komische Oper zum größten Teil die wichtigsten Elemente der grand opéra hervorgebracht hat, und daß darum die Autoren des *Domino noir* die *Muette de Portici* geschrieben haben.]

Dies forderte Barbieri, der sich neben Bretón vehement für eine spanische Nationaloper einsetzte, 1856 anläßlich der Einweihung des Teatro de la Zarzuela in dem Beitrag »La Zarzuela. Consideraciones sobre este género de espectáculo« in den ersten beiden Ausgabe der von ihm herausgegeben Zeitschrift *La Zarzuela. Periódico de música, literatura y nobles artes.* Barbieris Kommentar macht Scribes Bedeutung für die Gattungsentwicklung der Zarzuela deutlich. Scribes europaweite Rezeption beruhte auf der Übernahme seines dramaturgischen Erfolgsmodells sowie der konstanten Weiterentwicklung und Perfektionierung desselben. Scribes dramaturgische Innovation ging als »Pièce bien faite« in die Theatergeschichte ein und ist in der europäischen Literaturgeschichte des 19. Jahrhunderts durch ihre Auswirkungen auf zahlreiche Gattungen (Sprech- und Musiktheater, diverse Untergattungen der Narrativik) singulär. Die Terminologie »Pièce bien faite« geht bekanntlich auf den französischen Literaten und Kritiker Francisque Sarcey zurück, der Ende des 19. Jahrhunderts in der Scribeschen Theaterproduktion diese Formel verankert sah. Ausgehend vom Vaudeville, der Gattung, mit der er seine Karriere begründete, perfektionierte Scribe im Laufe seiner fast fünfzigjährigen Schaffenszeit seine dramaturgische Invention und übertrug das Erfolgsrezept auf sämtliche von ihm bedienten Gattungen (Sprechtheater, Opernlibretti, Ballettszenari, Feuilletonromane).

In einer »Pièce bien faite« fügen sich alle filigran elaborierten Elemente der Informationsvergabe zu einem harmonischen Ganzen zusammen, ein intelligentes Netz von für den Handlungsverlauf wichtigen Hinweisen unter Zuhilfenahme von Requisiten bildet den Grundstock der Dramaturgie. Folgende Strukturmerkmale sind obligatorisch: Eine durch Hindernisse, mit denen die Protagonisten konfrontiert werden, verzögerte Handlungsentwicklung, mit meist einer Peripetie (»Coups de théâtre«) jeweils am Aktende. Die Grundlagen der Spannungserzeugung werden in der Exposition gelegt: der Rezipient erhält Informationen, die ihm vielleicht zu diesem Stadium der Intrige noch rätselhaft oder nebensächlich erscheinen, über deren essentielle Bedeutung für die Handlung er sich jedoch erst später klar wird. Dieses Muster zur Spannungssteigerung beziehungsweise -erhaltung mittels einer partiellen Informationsvergabe an ausgewählte Charaktere oder nur an das Publikum wird durch motivierte Auf- und Abtritte der Figuren, durch Requisiten (häufig Briefe) und andere Hilfsmittel unterstützt. Kernstück des theatralischen Aufbaus ist der »Quiproquo«, ein entscheidendes Mißverständis, das die Problematik für die Hauptpersonen forciert. Der Held oder die Heldin ist somit bis zum Höhepunkt in der sogenannten »Scène à faire« den Schicksalsschlägen und dem Konflikt mit einem oder mehreren Gegnern ausgesetzt; in der »Scène à faire« triumphiert die Hauptfigur über seine/ihre Opponenten, indem er/sie Informationen ausspielt, die sich auf seine Kontrahenten fatal auswirken. Bis zum (meist glücklichen) Ende, dem »Dénouement«, sind alle Konflikte bereinigt und die im Verlauf der Handlung anscheinend beiläufig vergebenen Information fügen sich für den Zuschauer wie zu einem Puzzle zusammen und erhellen, vom »Dénouement« aus betrachtet, im Nachhinein die Zusammenhänge. Die fünfaktige »Pièce bien faite« wird makrostrukturell vom »Numérotage«, der intelligenten Abfolge der einzelnen Szenen, zusammengehalten:

> Le numérotage est l'ordre des scènes. Or, cet ordre n'est pas seulement une classification, il ne constitue pas seulement la clareté, la logique, il comprend aussi la progression, c'est-à dire l'intérêt. Le numérotage est un ordre qui marche. Chaque scène doit non seulement venir de la scène qui précède et s'unir à la scène qui suit, mais elle doit lui imprimer son mouvement, de façon à pousser la pièce sans interruption, et d'étape en étape, vers le but final, le dénouement. Scribe avait non pas le talent, mais le génie du numérotage. [51]

Die »Mise en scène« gehört ebenfalls zu den wesentlichen Elementen einer »Pièce bien faite«; sie ist eng mit dem Streben nach Lokalkolorit verbunden.

Bretón wurde von der zeitgenössischen Kritik als Reformator des Theaters und Wegbereiter des spanischen Dramas angesehen: in einer Rezension aus

---

51 Ernest Legouvé, *Soixante Ans de souvenirs, deuxième partie*, Paris o.J., S. 175.

dem Jahr 1836 skizziert ihn Eugenio de Ochoa folgendermaßen: »ha sabido formarse un género aparte, un genéro suyo que ni se parece al de los antiguos, ni al de Moratín, ni al de nadie; este género debe llamarse [...] el género de Bretón.«[52] [Er verstand es eine ganz eigene Gattung zu schaffen, die keine Ähnlichkeit mit seinen Vorgängern, nicht einmal mit Moratín, mit niemandem, hatte, diese Gattung sollte sich Bretonianische Gattung nennen.] Diese Bretón zugeschriebene Gattungsneuschöpfung wäre aber ohne seine ausgehnte Übersetzertätigkeit von französischen Stücken vor allem zu Beginn seiner Karriere nicht denkbar gewesen.[53]

Wesentliche Scribesche Charakteristika sind auch konstitutiv für Bretóns Dramaturgie: abgesehen von dem Primat der Mimesis und dem Rekurs auf bürgerliche und volksnahe Figuren innerhalb eines alltäglichen bürgerlichen Konflikts pflegen beide Autoren ein natürliches, der zeitgenössischen gesprochenen Sprache angelehntes Vokabular.[54] Wie Scribe erkannte auch Bretón die theatralische Wirkung des Quiproquo sowie der Requisiten als wesentliche Momente der Spannungserzeugung und bettete diese Kunstgriffe in ein entsprechendes Lokalkolorit (entsprechend der Scribeschen »Mise en scène«) ein. Folgende Analyse der Bretónianischen Adaption einer Scribeschen Prosakomödie in eine Zarzuela soll die Affinitäten zwischen beiden Autoren illustrieren.[55] Aufschlußreich ist bereits die dramaturgische Anlehnung der Bearbeitung am Original, also an der Technik der »Pièce bien faite«:

Les Inconsolables	*Los solitarios*
Comédie en un acte et en prose	Comedia-zarzuela en un acto
Théâtre-Français, 8. Dezember 1829	música del maestro Don Basilio Basili
	Teatro del Príncipe, 9. Januar 1843
Eugène Scribe	Manuél Bretón de los Herreros

52 Eugenio de Ochoa, »Don Manuel Bretón de los Herreros«, in: *El Artista* 2 (1836), S. 1-4.

53 Bretón de los Herreros (wie Anm. 34), S. 36.

54 Siehe hierzu auch Miguel Angel Muro Munilla, *Ideas lingüísticas sobre el extranjerismo en Bretón de los Herreros*, Logroño 1985, S. 29: »En los primeros años del XIX, la comedia de costumbres, acogida con gusto por el público, encontraba modelos y productos al mismo tiempo en los autores franceses, que eran objeto de incesantes traducciones. Es el momento espléndido de autores como Collin d'Harleville, Picard, Etienne, Fabre d'Eglantine o Marivaux. Junto a ellos, Molière [...] Mélesville, y sobre todos, Eugène Scribe, traducido y adaptado hasta la saciedad.« [In den ersten Jahren des 19. Jahrhunderts wurde die Sittenkomödie mit großem Beifall vom Publikum angenommen und basierte gleichzeitig auf Modellen und Stücken von französischen Autoren, die unterschöpfliche Objekte von Übersetzungen waren. Dies ist der glänzende Moment von Autoren wie Collin d'Harleville, Picard, Etienne, Fabre d'Eglantine oder Marivaux [...] Mélesville, und vor allem von Eugène Scribe, der bis zum Überdruß übersetzt und adaptiert wurde.]

55 Zu diesem Vergleich siehe auch d. Verf. (wie Anm. 1), S. 403-407.

Personen: Madame de Blangy, junge Witwe Sophie, ihre Zofe Comte de Bussières M. de Courcelles	Personen: Mariana, junge Witwe Lucía, ihre Zofe Don Antonio Chor
1. Szene *M. de Courcelles – Sophie*: indirekte Figurencharakterisierung der Mme de Blangy -> Vorgeschichte	1. Szene *Lucía – Chor*: Glückwunschständchen zu Marianas Geburtstag
2. Szene *M. de Courcelles – Mme de Blangy*: Heiratsantrag de Courcelles -> Eheversprechen Mme de Blangys nach Beendigung ihrer Trauerzeit	2. Szene *Mariana – Lucía – Chor*: Dank Marianas an Gratulanten
3. Szene *M. de Courcelles – Mme de Blangy – Sophie*: bevorstehender Umzug Mme de Blangys -> Mieter ihres Häuschens ist der Comte de Bussières (indirekte Charakterisierung des Comte als jung, fröhlich, reich)	3. Szene *Mariana*: Monolog/Vorgeschichte
4. Szene *Sophie*: Monolog -> Klage über ihr trostloses Dasein	4. Szene *Mariana – Lucía*: Lucía versucht ihre Herrin aufzuheitern, Mariana singt für sie, doch der Refrain des Liedes widerspricht ihrer Stimmung (»no hay vida sin amor. Morir, morir es mejor«)
5. Szene *Sophie – M. de Bussières*: M. de Bussières trauert um seine Braut -> Flucht in die Einsamkeit	5. Szene *Lucía*: Monolog -> Klage über ihr trostloses Dasein fröhliches Lied
6. Szene *Sophie – Mme de Blangy:* Mme de Blangy möchte Konfrontation mit M. de Bussières vermeiden	6. Szene *Lucía – Don Antonio*: D. Antonio bittet Lucía um Hilfe bei seinem Werben um Mariana -> Liebe Don Antonios zu Mariana
7. Szene *Sophie – Mme de Blangy – M. de Bussières*: Mme de Blangy und M. de Bussières entdecken ihre »Seelenverwandtschaft«, wollen gemeinsam trauern	7. Szene *Lucía*: Lucía ist sich des guten Ausgangs des geplanten Täuschungsmanövers sicher
8. Szene *Sophie – Mme de Blangy – M. de Bussières – Diener*: Umzug Mme de Blangys sofort möglich -> Bestürzung über plötzliche Trennung => Coup de théâtre	8. Szene *Mariana – Lucía*: Mariana ist gereizt

9. Szene *Mme de Blangy – M. de Bussières*: die »inconsolables« entdecken ihre Gefühle füreinander -> musizieren zusammen	9. Szene *Mariana*: Langeweile
10. Szene *Mme de Blangy – M. de Bussières – M. de Courcelles*: M. de Courcelles »überrascht« die Liebenden	10. Szene *Mariana – Lucía*: Mariana läßt sich überreden, den »unfreundlichen« Nachbarn Don Antonio zu empfangen
11. Szene *M. de Bussières – M. de Courcelles*: M. de Courcelles bitte M. de Bussières um Fürsprache bei Mme de Blangy zwecks seiner Heiratsabsichten -> heimliches Entsetzen de Bussières => Coup de théâtre	11. Szene *Mariana – Don Antonio*: Antonio gibt sich betont »menschenfeindlich«, will Marianas Haus kaufen, um ganz allein zu sein -> finden sich trotzdem sehr sympathisch -> musizieren zusammen => Coup de théâtre
12. Szene *M. de Courcelles*: Monolog -> sieht seine Heirat mit Mme de Blangy in greifbare Nähe gerückt	12. Szene *Mariana – Don Antonio – Lucía*: Don Antonio wird von einem Unbekannten gesucht
13. Szene M. de Courcelles – Sophie: Unbekannter bittet um Unterredung mit Mme de Blangy	13. Szene Mariana-Lucía: Beobachten Vorbereitungen zu einem Duell -> Mariana fürchtet um Don Antonio
14. Szene Sophie – Mme de Blangy: Enttäuschung Mme de Blangys über M. de Bussières Eintreten für M. de Courcelles	14. Szene Mariana: Monolog Marianas, sie glaubt, daß sich Antonio ihretwegen duelliert
15. Szene Mme de Blangy –M. de Bussières: Aussprache zwischen den Liebenden => Scène à faire	15. Szene Mariana – Lucía: Mariana glaubt Antonio tot, gesteht Lucía ihre Liebe zu ihm -> fällt in Ohnmacht => Coup de théâtre
16. Szene/17. Szene Mme de Blangy – (M. de Bussières) – M. Courcelles: M. de Courcelles gibt Heiratspläne auf	16. Szene/17. Szene Mariana – (Lucía) – Don Antonio: Mariana erwacht aus ihrer Ohnmacht und findet sich in Antonios Armen wieder
18. Szene Mme de Blangy – M. Courcelles – Sophie: Brief des Unbekannten -> Quiproquo (Handschrift des toten M. de Blangy)	18. Szene/19. Szene Mariana – (Lucía) – Don Antonio: Don Antonio berichtet Mariana von (angeblichen) Gerüchten über eine Liebesaffäre zwischen ihnen
19. Szene => dénouement Mme de Blangy – M. de Bussières – M. Courcelles – Sophie:	20. Szene Mariana – Lucía – Don Antonio:

Mme de Blangy glaubt an »Wiederauferstehung« ihres Mannes -> Verzweiflung M. de Bussières -> Lektüre des Briefes: Abschiedsbrief M. de Blangys -> Heirat Mme de Blangys und M. de Bussières	Antonio hat seinen Gegner (angeblich) nur verwundet
	21. Szene Mariana – Don Antonio: Mariana erhält (gefälschte) Briefe mit Verleumdungen über ihre Beziehung zu Antonio Scène à faire
	22. Szene Mariana – Lucía – Don Antonio: Mariana und Antonio wollen heiraten, um die Gerüchte zu beseitigen -> Antonio beschließt, Mariana seine List nach der Hochzeit aufzudecken -> Arie
	23. Szene/24. Szene => dénouement Mariana – Don Antonio – Lucía - Chor: Finale -> Lobgesang auf das Brautpaar

Bretón beließ die Grundstruktur des Scribeschen Plots und reduziert das Personeninventar von vier auf drei Personen: eine junge Witwe zieht sich nach dem Tod ihres Gatten mit ihrer Zofe in die Einsamkeit zurück, um in aller Abgeschiedenheit trauern zu können. Sie weigert sich zunächst, den Ratschlägen ihrer Zofe zu folgen und sich nach Zerstreuungen umzusehen. Der Chor nimmt bei Bretón die Funktion von M. de Courcelles ein. Die zirkuläre Struktur der Einakter bleibt in beiden Versionen erhalten, die beiden »Untröstlichen« »trösten« sich letztendlich gegenseitig. Bréton läßt Don Antonio zu einer konventionellen List greifen, um die Witwe Mariana für sich zu gewinnen: er stellt sich als ihr misanthroper Nachbar vor; mit Hilfe der Zofe Lucía fingiert er ein Duell und verbreitet Gerüchte über eine angebliche Liebesbeziehung zwischen Mariana und ihm, so daß eine Heirat konventionsbedingt stattfinden *muß*. Bei Scribe wird in bewährter »Pièce bien faite«-Dramaturgie die Liebesintrige der beiden tatsächlich um ihre Partner trauernden Mme de Blangy und Comte de Bussières durch die Liebe de Courcelles zu Mme de Blangy und den Coup de théâtre durch die bei Scribe beliebte Requisite Brief kompliziert: gerade als de Courcelles zugunsten des Comte auf Mme de Blangy verzichtet, glauben die Protagonisten an eine Rückkehr des totgeglaubten M. de Blangy. Realiter handelt es sich jedoch nur um den Überbringer des Abschiedsbriefes des Verstorbenen; einer Heirat Mme de Blangys und de Bussières steht somit - in Umkehrung des Titels - nichts mehr im Wege. Bréton fügt zwar den Chor der Landarbeiter als »Couleur locale« ein, doch sind die Musikeinlagen quasi schon von Scribe vorgegeben – wenn Antonio und Mariana auch bei Bretón ein nicht näher definiertes »Duo en italiano« und Mme de Blangy bei Scribe die Auftrittsarie der Prinzessin Elvire »Plaisirs du rang suprême« aus *La*

Muette de Portici singen. Bretón arbeitet die für die Komödie typische Helferrolle der Dienerfigur Lucía stärker heraus, während Scribe in Tradition der Molièreschen Charakterkomödien der raisonneur-Figur des de Courcelles mehr Gewicht verleiht. Bretóns Adaption einer der frühen Scribeschen Komödien in der Konsolidierungsphase der »Zarzuela moderna« zeigt die Orientierung am französischen Modell von Vaudeville und »Comédie«.

Die Tätigkeit als Übersetzer französischer Dramen[56] schlägt sich auch in der Bretonianischen Poetik - vor allem in der »Comedia de género« - nieder:

> Bretón empezó a escribir cuando el ambiente teatral europeo estaba ya saturado de Schiller. Las primeras tentativas de Bretón son traducciones o adaptaciones de Guimond de la Touche, de Lefranc de Pompignan, de Lebrun, de Racine, de Voltaire, de Casimiro Delavigne. Y naturalmente que en sus proprias primeras obras habían de influir estas traducciones. [...] Así se explica que Bretón - fundador del *bretonianismo* - [...] viniera a llenar un gran vacío en la dramática del siglo XIX, y que se le recibiera con suma avidez y gran contento por las gentes nada impresionables y muy refractarias a admirar los juegos fatuos que irradiaban los grandes románticos. Bréton era la expresión genuina y permanente de la época, la pintura ingeniosísimo de las costumbres, la acertada y hasta graciosa manifestación de las luchas, pasiones, errores y prejuicios *de la masa*, la delectación del hogar doméstico, los secretos rasgos temperamentales de individualidades muy acentuados y extendidas.[57]
> [Bretón begann zu einem Zeitpunkt mit der Schriftstellerei, als die europäische Theaterlandschaft bereits von Schiller saturiert war. Die ersten Versuche von Bretón sind Übersetzungen oder Adaptationen von Guimond de la Touche, von Lefranc de Pompignan, von Lebrun, von Racine, von Voltaire, von Casimir Delavigne. Und natürlich beeinflußten diese Übersetzungen seine ersten eigenen Werke. [...] So erklärt sich auch, daß Bretón - Gründer des *bretonianismo* - [...] eine große Leere im Drama des 19. Jahrhunderts schloß, und daß er mit größter Gier und größter Befriedigung von den Menschen empfangen wurde, die durch fast nichts mehr zu beeindrucken waren und der Bewunderung der großen Romantiker überdrüssig waren. Bretón war der genuine und dauerhafte Ausdruck der Epoche, das ingeniöse Abbild der Sitten, die geschickte und fast bezaubernde Darstellung der Kämpfe, der Leidenschaften, der Fehler und Vorurteile der Massen, die Freude des heimischen Herdes, die geheimen temperamentvollen Gesichtszüge von besonderen Individuen.]

Im Gesamtwerk von Bretón machen Übersetzungen beziehungsweise Adaptationen vorwiegend französischer Provenienz ein Drittel aus. Bretón war jedoch nicht der einzige, der die Bühnenwirksamkeit von Scribeschen Stücken erkannte: auch die Zarzuela-Librettisten Mariano José de Larra und Ventura de la Vega oder die Dramatiker Antonio García Gutiérrez und Rafael González de Carvajal griffen auf Scribe zurück, doch Bretón übersetzte die größte

---

56 Siehe hierzu auch Ignacio Iñarrea Las Heras, »Bretón traductor de Scribe«, in: *La obra de Manuel Bretón de los Herreros*, hg. von Miguel Angel Muro, Logroño 2000, S. 99-116.

57 Sáinz Robles und Federico Carlos, *El teatro español*, Madrid 1951, S. 24f.

Anzahl an Scribeschen Werken. Da Bretón bei seinen Adaptationen weitgehend die Scribesche Struktur beibehielt, verwundert es nicht, wenn er dieses Erfolgsrezept für seine Originalstücke übernahm und durch seine Vorbildfunktion innerhalb der zeitgenössischen spanischen Literaturlandschaft auch für seine Kollegen zum Leitbild[58] in allen dramatischen Gattungen und in hervorragender Weise für die Zarzuela, für die er sich zeitlebens einsetzte, wurde:

> La traducción de los vodeviles de Scribe tuvo para Bretón un valor doble. Le sirvió come fuente de ingresos y come forma de aprendizaje literario: [...] Mantener la técnica compositiva de Scribe fue una garantía de éxito, al igual que introducer modificaciones con la mencionada vocación de españolización [...] el empleo de la pièce-bien-faite [...] contribuyeron a que Bretón llegara a desarrollar una capacidad creativa y a definer un estilo de escritura que fueron pilares básicos en los que se asentó su producción dramática orginal.[59]
>
> [Die Übersetzung von Scribes Vaudevilles hatte für Bretón einen doppelten Wert. Sie dienten ihm als Einstiegsquelle und als eine Art von literarischen Lehrjahren. [...] Die Beibehaltung der kompositorischen Technik von Scribe war ebenso eine Erfolgsgarantie wie die die Einführung von Modifikationen in Richtung einer »Verspanischung« [...] die Anwendung der Pièce bien faite trug für Bretón dazu bei, daß er eine kreative Fähigkeit entwickeln und einen Schreibstil finden konnte, die die Grundpfeiler seines eigenen dramatischen Schaffens werden sollten.]

58 Ebd., S. 27.

59 Iñarrea Las Heras, »Bretón traductor de Scribe«, in: Muro (wie Anm. 56), S. 116.

CHRISTINA FUHRMANN

In Enemy Territory?

Scribe and Grand Opera in London, 1829-1833

France and England. In the early nineteenth century, one might as well have said oil and water. As Linda Colley impressively reminds us, the two countries »were at war between 1689 and 1697, and on a larger scale and for higher stakes between 1702 and 1713, 1743 and 1748, 1756 and 1763, 1778 and 1783, 1793 and 1802, and, finally, between 1803 and the Battle of Waterloo in 1815«.[1] Yet, in 1828, one London theater critic wrote »[w]henever [...] any thing rises to the rank of being accounted a lively and entertaining piece, it is a moral certainty that it is a translation from the French.«[2] Despite – or perhaps because – of their political enmity, the two countries were fascinated with each other's culture, especially theatrical culture. Perhaps nowhere is this seen better than with the works of Eugène Scribe. Over 40 operas based on his libretti were performed in the English capital, often in multiple versions, and comparable figures could be given for his plays.[3] Why did Scribe's libretti appeal to London theaters? In what ways were they transformed for their new locale? And how was this Gallic influx received by the British public? I will explore only the tip of this iceberg by examining three of Scribe's most important grand operas: *La muette de Portici* (1828), music by Daniel-François-Esprit Auber, libretto with Germain Delavigne; *Robert le diable* (1831), music by Giacomo Meyerbeer, libretto with Delavigne; and *Gustave III* (1833), music by Auber.

Splitting Scribe in Three

Any theater scene enjoys an intertwined relationship with its venues. Houses become allied with certain genres, due to size, location, cast, audience, tradition, and sometimes the laws that limit their fare. Today, these divisions have become fairly ossified. If *La Muette de Portici* arrived in New York now, for example, it would hardly go anywhere but the Met or the City Opera. Partly, this is because we no longer consider opera (or its score and libretto, at least) as a changeable entity, the occasional HipHopera notwithstanding. Early 19th-century London theater, however, saw an intense clash of tradition and change. There, Scribe's operas appeared at the rough equivalent of the Met, the City Ballet, Broadway, and local comedy clubs and circuses. For, although strict laws ostensibly divided repertoire among London's theaters, they all wanted a piece of the popular genre of opera. In addition, despite burgeoning ideals of fidelity, they all saw Scribe as more or less malleable material.

---

1 Linda Colley, *Britons: Forging the Nation, 1707-1837*, New Haven 1992, p. 1.

2 *The Athenaeum* 1828, p. 13.

3 Statistics derived from Alfred Loewenberg, *Annals of Opera 1597-1940*, Totowa NJ 1978.

How, then, did Scribe fit into the competitive world of early 19th-century London theater? The answer, as the title of this section suggests, is threefold. Contemporary – though contested – repertoire laws and conventions divided London's venues into three types: opera appeared at the King's Theatre; spoken drama was the exclusive purview of the »major« or »legitimate« theaters, Covent Garden and Drury Lane; and essentially everything else was relegated to various »minor« theaters.

Of course, numerous nuances finessed these basic distinctions. The King's Theatre, for example, performed not only opera, but rounded out their double bill with ballet. Each genre remained allied with its most dominant country – opera appeared in Italian, while ballet was imported from France. Non-Italian opera thus had little place, which became a problem when French and German opera gained popularity in the early 1800's. Major theater managers found their repertoire even more problematic. Charged with maintaining the »legitimate« (spoken) national tradition of Shakespeare, they found it increasingly difficult to do so and still balance their ledgers, all without any government support. They began to turn to genres that appealed to sight and sound, aping the King's Theatre with operas in English and dipping into minor theater terrain with melodramas and pantomimes. Although these genres often proved more lucrative, they came at a heavy critical price. Contemporary critics constantly bemoaned the perceived decline of the drama. They posited a trajectory of larger greed prompting larger theaters, which necessitated more music and spectacle, which crippled spoken tragedy and comedy. Perhaps most eager to push this rhetoric were the minor theater managers. With competition for audiences fierce, these managers wanted to escape the bounds of »illegitimate« drama, essentially anything not dependent on dialogue. They constantly made incursions into the »legitimate« sphere, including foreign opera. Eventually, the intense strain on these 17th and 18th-century repertoire laws and the blurring of genre boundaries led to the abolishment of the theatrical patents in 1843 and the eventual rise of our system of specialized venues. In the early 1800s, however, any work imported to London had to find its place in this vexed arrangement.

La Muette Mutates: Ballet, Opera, Melodrama

La Muette de Portici (1828) exemplifies the type of transformations necessary to fit French opera into the various London venues. It appeared at the King's Theatre (opera house) on 24 March 1829, and on 4 May 1829 two additional versions opened, at Drury Lane (major theater) and the Royal Cobourg Theatre (minor theater).[4] Each venue exploited one of the three most striking as-

4 There are also hints that two other minor theaters mounted versions. The *Theatrical Observer* mentioned that Astley's also offered a *Masaniello*, and Nicoll lists a *Masaniello* from May 11 1829 at the Royal Amphitheatre. I have been unable to corroborate either of these productions. Nicoll also claims that the Cobourg version appeared on May 3 rather than May

pects of *La Muette*'s libretto: the silent title role; the incendiary political content; and the scenic splendour. The King's Theatre presented the opera as a ballet, Drury Lane offered a politically cleansed version, and the Cobourg increased the sensationalist aesthetic.

At first, it may seem surprising that the King's Theatre would rework an opera as a ballet. As discussed earlier, however, French opera occupied an uneasy place at the King's, since it fit neither the slots for Italian opera nor French ballet. One solution, though fairly rare, was to reformat an opera as a ballet. Unfortunately, we have little specific information about this transformation. It seems that, unusually, composer Nicholas Bochsa retained two vocal numbers, the wedding chorus and the barcarole.[5] He apparently kept quite close to the rest of the score, however, offering a kind of »opera without words« for the 19th century. Accounts of the plot in reviews confirm that opera house patrons witnessed a remarkably close retelling of opera in dance. Interestingly, the loss of Scribe and Delavigne's words did not hamper comprehension. The familiarity of the tale of Masaniello, the Neapolitan fisherman who orchestrated a revolt against reigning Spanish forces in 1647, helped—already in 1825, one London reviewer had referred to the story as »so well known that a description of the plot seems unnecessary.«[6]

Our surprise at this danced opera might lessen when we consider how close Scribe and Delavigne already verged to ballet and pantomime. As one critic mused, »[t]he plot, the action, and the music [...] seemed really to hold out an invitation to mould all these into the shape of an interesting ballet.« The same writer noted how seamlessly Auber's score seemed to move from song to movement: »the opera itself contains so much dancing« and, even in the originally vocal numbers, »the subjects are so replete with neat and pleasing melody, that they essentially suited the purpose of ballet-music.«[7] One dissenting voice sounded, but this seemed more prompted by Bochsa, himself a rather insidious example of French »importation,« having fled to England to escape sentencing for forgery and then compounded his sin by marrying an English wife while his French one still lived. The critic imagined that Bochsa may have been equally unscrupulous in transferring French music to London, and had added his own »trash« to the score. In a later review, the critic had to eat his/her words, conceding »[t]he whole music is pure from its original source.«

4, but all other evidence points to the 4th as the premiere. Allardyce Nicoll, *Early Nineteenth Century Drama, 1800-1850*, vol. 4 of *A History of English Drama, 1660-1900*, 2nd ed., Cambridge 1955, pp. 83, 357.

5 The manuscript libretto submitted to the Lord Chamberlain for the obligatory censorship contains Italian text for four choruses and one solo with chorus. *Songs from Masaniello ou Le Pêcheur de Portici*, Plays Submitted to the Lord Chamberlain, British Library, Add. Ms. 42985, ff. 43-44b. Newspaper reports suggest, however, that only the two numbers mentioned made the final cut for performance.

6 *Theatrical Observer*, 18 February 1825.

7 *The New Monthly Magazine and Literary Journal*, 1 May 1829.

Perhaps to save face, the writer went on to criticize Auber, feeling that some of the music exhibited »a mediocrity of thought, which would not perhaps have been perceptible, had the composer written entirely for a ballet«.[8]

Ultimately, though, the aural and visual spectacle at the heart of grand opera washed away any isolated voices of discontent. A particularly effusive reviewer gushed

> [i]t is, indeed, the most magnificent and striking thing of the kind ever seen in this or any other country [...] the scenery [...] is beautiful and effective beyond description; the management of the ballet, in which three hundred performers are engaged, and the acting, far superior to the best we have ever witnessed; [...] the cost was (we believe) fully £1,300. The success was, of course, triumphant; and there will be no more empty boxes, or benches, or stalls, this season.[9]

Some writers felt trepidation at the easy equation between showy, expensive spectacle and success. A nagging worry runs through reviews of the time that visual and aural delights for the senses were erasing rational appeal for the mind. One critic dourly predicted: »with brilliant music, [...] beautiful scenery, *situations musicales* in abundance, we will not venture, after all, to promise it a long run. Spectacle soon palls upon the eye.«[10] Contrary to this hope, however, the lavish expenditure, opulent scale, and visual splendor that characterized grand opera succeeded in balletic form as well, and the danced *Muette* enjoyed a robust 26 performances.

Intriguingly, I have not found a single review of the ballet that mentions the incendiary political nature of the plot. One wonders whether wordless dance successfully sublimated the more provocative implications of the text. Or perhaps both adapters and reviewers wished to steer away from any message of revolution in the late 1820s, when so many factors – a depressed economy, bad crops, agitation surrounding the revision of the Corn Laws and the repeal of the Test and Corporation acts, and revolution on the horizon in France – seemed to offer fertile ground for revolt.

At Drury Lane, however, the political aspect had to be addressed. Following standard practice, composers Thomas Cooke and Barham Livius and librettist James Kenney replaced recitative with spoken dialogue and considerably slimmed, cut, or replaced many musical numbers, in essence creating *La Muette*: the musical.[11] With so much more room for speech, what was said had to be watched carefully. This was especially true because Drury Lane had already disastrously staged the Masaniello story before. George Soane's tragedy *Masaniello* (17 February 1825), although cited by Sarah Hibberd as a potential

---

8 *The London Times*, 25 March and 30 March 1829.

9 *The Literary Gazette*, 28 March 1829.

10 *The Morning Chronicle*, 25 March 1829.

11 See the libretto, James Kenney, *Masaniello: A Grand Opera in Three Acts [...]*, London 1831) and the score, *Masaneillo or the Dumb Girl of Portici; a Grand Opera [...]*, London c. 1829.

influence on Scribe, was such a complete flop that it only survived one night.[12] One of the many problems that Soane ran into was censorship. His play overflows with pointedly political speeches. His Masaniello, for example, insists that »noblemen are nothing« and derides statesmen as »state-cankers, who come between us and our monarch's love [...] destruction swallow them.«[13] It is not clear whether these statements proved the play's downfall, but they certainly caused trouble with the censor, who liberally excised and altered such lines before allowing the performance.[14]

Not interested in engaging with the censor or risking audience tumult, Kenney carefully ameliorated the more politically provocative aspects of Scribe's libretto. Although one critic exclaimed »so exact is the copy, that we could almost fancy ourselves on the stuffed seats of the *parterre* of the *Academie Royale de Musique*«, Kenney did make a number of subtle changes.[15] First, he tried to move the cause of the revolt away from specific leaders and toward the Spaniards in general and their unfair policies. For example, an added moment in the marketplace scene sees a nameless tax office commissioner squeeze two women for their tax. The women grumble »take it, brute!« and »I could tear his eyes out,« the clear victims in the exchange. Masaniello also refers more specifically to the tax as the cause for unrest: »Go to the market-place, and read the new tax-table; that's my weather-glass. Who'll set that to rights?« Meanwhile, Alphonse, seducer of Fenella and son of the Viceroy of Naples, appears in a more positive light. Kenney is clearly anxious to show that a mob should not direct its discontent at a specific ruler. His Alphonso, for example, shoulders the blame for the people's discontent, showing himself a magnanimous leader. In added lines, he muses »[t]he natives have little cause to love us, and griefs like theirs, it should have been my office rather to have relieved than aggravated.«[16]

Once the revolt takes place, Kenney is also quick to highlight its drawbacks. Masaniello speaks much more harshly and directly of how the revolt has gone awry. Kenney cuts Act IV scene i, in which the conquered beg Masaniello for mercy, which he eventually grants. Instead, alone, the English Masaniello despairs »[w]hither have my passions hurried me? Seeking to rouse men to their rights, I have unkennelled bloodhounds to their prey.« Finally, Kenney isolates Pietro, who begins as Masaniello's colleague but ends as his betrayer. Pietro enjoys a slightly larger role in the original, singing a famous duet of vengeance with Masaniello, later arguing with him about the course of the rebellion, and eventually poisoning him. Kenney slims Pietro's role, with no

12 Sarah Hibberd, »La Muette and her context,« in: *The Cambridge Companion to Grand Opera*, ed. David Charlton, Cambridge and New York 2003, p. 152.

13 George Soane, *Masaniello, The Fisherman of Naples*, London 1825, pp. 6, 8.

14 See G. Soane, *Masaniello*, Plays Submitted to the Lord Chamberlain, British Library Add. Mss. 42870, ff. 1-68.

15 *Harlequin: a Journal of the Drama*, 16 May 1829.

16 Kenney (see n. 11), pp. 31, 20, 8.

duet and less dialogue, and then places a stern rebuke of the poisoning into colleague Borella's mouth: »The punishment should have waited the offence. 'Tis a black deed—a rash deed—and you'll repent it.«[17] This seems to be the line Kenney wished most to deliver to his audience: avoid rash deeds and their consequences.

As with the King's Theatre version, however, small alterations drowned in appreciation of the most obvious appeal of grand opera. As one reviewer summarized, »[t]hough this Opera has no great merit as a literary composition; as a scenic representation, it has the most powerful effect, and is an honour to the English stage.«[18] Although, politically, Scribe and Delavigne's take on the Neapolitan revolt (as translated by Kenney) proved much more innocuous than Soane's previous foray, it seems to have been the augmented orchestra, well-drilled chorus, stunning scenery, and appealing music that induced patrons to »flock nightly« to Drury Lane for a lucrative 23 nights.[19]

The very features that thrilled at the King's Theatre and Drury Lane—music, mime, and stage effect—were the key features of the most popular genre of the age, melodrama. Here, melodrama means a play in which stereotypical forces of good and evil do battle using obvious rhetoric, visual splendor, and crucial scenes of wordless action.[20] Scribe and Delavigne well knew the power of this genre at the Parisian boulevard theaters, and *La Muette* draws quite heavily on this aesthetic. Little wonder, then, that *La Muette* also landed where melodrama reigned in London: the minor theaters. On the same night as Drury Lane, the Royal Cobourg offered a version that folded *La Muette's* libretto back into its melodramatic origins.[21]

Melodrama relied on music, but primarily on short bits of instrumental music that accompanied mimed action. The composers—a Mr. Hughes and Montague Corri—mindful of this aesthetic as well as their theater's limited musical resources, cut all but the highlights of Auber's score: the overture; the most prominent choruses; and the barcarole.[22] This allowed librettist H. M.

---

17 Kenney (see n. 11), pp. 35, 49-50.

18 *The Theatrical Observer*, 6 May 1829.

19 *Harlequin: a Journal of the Drama*, 16 May 1829.

20 For the best introduction to the aesthetic of melodrama, see Peter Brooks, *The Melodramatic Imagination: Balzac, Henry James, Melodrama, and the Mode of Excess: with a new preface*, New Haven 1995.

21 The Cobourg had apparently already staged a version of the Masaniello story some three years before: H. M. Milner's *Masaniello, The Fisherman of Naples and Deliverer of his Country* apparently premiered on 5 June 1826. Nicoll (see n. 4), p. 501. This seems to be the version that appears in H. M. Milner, *Masaniello, The Fisherman of Naples*, London n.d. The later 1829 version, again by Milner but now based on Scribe and Delavigne, appears in H. M. Milner, *Masaniello; or, the Dumb Girl of Portici*, London, n.d.

22 Although no printed score exists for this version, comparing libretto to original score suggests that several numbers were retained at least partially. The playbill states that the overture was included. The playbill also notes that a Mr. T. Hughes wrote the melodramatic

Milner to expand the dialogue into the extreme, passionate, even shocking rhetoric that lay at the core of melodramatic expression. Perhaps nowhere is this seen best than in Masaniello's proclamations, which send a clear message about the equal needs for freedom and moderation. When Fenella is captured at the marketplace, for example, he does not merely enquire where they are taking her, but loftily demands »[w]ho dares to lay his hand on a free citizen of Naples?« He also cleanses his mission as the fight of freedom and innocence against clear evil, invoking the stark black and white contrasts central to melodrama. When inciting the rebellion, he asks, »pointing to the children«, »Is it not your duty, when the tyrant snatches from their famishing mouths the hard-gained morsel that their hunger asks? Is't not your duty to step in between, and fell to earth the monster who would laugh and glory in their sufferings?« With an equally heavy hand, Milner emphasizes the evil outcome of a rebellion without restraint. When his life ends, Masaniello castigates his followers: »[I] was mad enough to think that liberty could take into her ranks those whose abject souls stamps them eternally base slaves [...] never can fair liberty unfold her banner, but where bright virtue stands to uphold the sacred standard.«[23]

Significantly, this speech takes place onstage, after Masaniello has shielded Elvira from the mob and then been shot by them. In the original, Elvira and Alphonse recount these as offstage events. This shift allowed for the most melodramatic *denouement* possible. The scene now climaxes in a series of largely wordless, sensational tableaus that highlight the extremities of human passion. First, Masaniello saves Elvira from the violent mob and »stands in a protecting attitude before« her, then his shocking murder takes place, then Fenella rushes in and forms a picture as she throws herself on his body, then Alphonso enters with his troops and »snatches Elvira to his arms«, then Masaniello utters his death speech, and only *then* does the scene culminate in the most sensational scenic splendor possible, as Fenella plunges to her death in an erupting Vesuvius.[24] The Cobourg playbill clearly identifies scenic splendor as the main draw of grand opera and melodrama alike, as it practically screams for everyone to witness the »TREMENDOUS IRRUPTION OF THE VOLCANO! *Overflowing of the Lava* [...] produced by entirely Novel Scenic Contrivances, excelling all former efforts to realize THAT TREMENDOUS PHENOMENON, THE EXPLOSION OF A VOLCANO!«[25]

---

music, for which there are various indications throughout the score, e.g. »chord«, »music«, »organ«, etc. It is unknown whether Hughes based any of this on Auber's score.

23 Milner, *Masaniello; or, the Dumb Girl of Portici* (see n. 21), pp. 21, 18, 40.

24 *Ibid.*, pp. 39, 40.

25 Playbill, Royal Cobourg Theatre, 4 May 1829.

The Rush to *Robert*

La Muette having proved a smashing success, London theater managers eagerly raced after the next grand opera hit, *Robert le diable* (1831). As the *Literary Gazette* writer amusingly described:

> At Paris, where they go regularly mad at certain periods about something or other, the last [...] fit has been brought on by [...] Mayerbeer's [sic] [...] *Robert the Devil*. Now, we in London being equally addicted to be crazy at second hand, and insane by imitation, have had a glorious theatrical race, who should be first and foremost in importing, travestying, hashing up, and dishing the said opera.[26]

Robert seemed to have everything a London theater manager could want. Its composer, Meyerbeer, had already had two of his operas—*Margherita d'Anjou* (1820) and *Il crociato in Egitto* (1824)—successfully produced at the King's Theatre in the 1820s.[27] Supernatural subject matter had been in vogue ever since *Der Freischütz* (1821), and scenic splendor abounded. Yet *Robert*'s libretto also presented challenges. For example, the two female characters, Isabelle and Alice, oddly subvert the usual formula of romantic female interest equaling main female role. The revision from opéra comique to opéra also showed through at some points, most notably with comic figure Raimbaut, who is tempted with a purse by Bertram and then essentially dropped from the plot.

Numerous London theaters offered their own revisions (or duplications) of these anomalies: the Adelphi was first in the field on 23 January 1832; Sadler's Wells joined in on 13 February; Drury Lane followed on 20 February, with Covent Garden close behind on 21 February; the Royal Pavilion version appeared on 16 March; and the King's Theatre brought up the rear on 11 June.[28] In this case, though, theatrical freedom was tempered by interest in fidelity. In evidence in fits and starts throughout the early 19th century, fidelity became a particular concern with *Robert*. Meyerbeer himself provided the impetus, for, unlike most other composers, he fought against the free exportation of opera that the absence of international copyright allowed.[29] Instead of the full score typical in Paris, Meyerbeer had only a partial piano-vocal version of his opera published. He then sold the full score to Monck Mason, manager of the King's Theatre and himself traveled to London to oversee the production personally,

---

26 *The Literary Gazette*, 25 February 1832.

27 *Il Crociato* appeared on 30 June 1825, *Margherita d'Anjou* on 12 January 1828. Although Meyerbeer's operas had not yet appeared in other London theatres, in 1825 Drury Lane manager Robert William Elliston had considered producing *Il Crociato*. Letter to James Winston, 3 October 1825, Papers of Robert William Elliston, Harvard Theatre Collection, TS1091.192.

28 For a discussion of *Robert* in London, see Rupert Ridgewell, *›Meyerbeer's best intentions utterly destroyed‹? Henry Bishop's ›Robert le diable‹ (London, 1832)*, M.Mus. diss., Royal Holloway, University of London 1993.

29 For copyright laws (or lack thereof) at the time, see Peter Kleiner et. al.: »Copyright,« in: *Grove Music Online*, ed. L. Macy (Accessed 17 July 2006).

which included several singers from the Parisian performance.[30] Unfortunately for Meyerbeer and Mason, however, the other theaters, »failing to procure a copyright, returned to try what they could do with a copywrong.«[31] The minor theaters typically used very little of the original score anyway, and the major theaters seem to have re-orchestrated the work from the piano-vocal score.

As one reviewer rather bitterly described, the minor theaters did not yet labor under any expectations of fidelity:

> The Minor Theatres, which incur no responsibility by the crime of mutilating operas, [...] possess an immense advantage over their superiors in [...] velocity—they can *maim*, curtail, add, transplant, omit, dovetail, and play a variety of other tricks without fear of reproach [...] The *Majors*, on the contrary, being obliged to spend more time, capital, and care, arrive only second in the field, and when the charm of novelty is gone![32]

This double standard is borne out in the only extant minor theater version, at the Adelphi. Adapters Edward Fitzball and John Baldwin Buckstone kept the overall structure of the libretto, but changed three essential areas—spectacle, gender, and comedy.[33] Although the original opera contains plentiful spectacle, Fitzball and Buckstone increased this element, so integral to the melodramatic fare their audience relished. Most strikingly, they added a tableau of Robert's rival winning the tournament and his beloved Isabel's hand. As one reviewer mused, these elaborations highlighted the scenic advantages that the minors could wield, even over their bigger neighbours:

> [T]he Adelphi has managed to produce a spectacle so grand and imposing as to seem incredible, unless seen, in so small a house. But the stage in this theatre does possess some peculiar advantages [...]; for, though very limited on the wings, it is deep in itself, and from great capacity below, has a power and alacrity of sinking *in toto*, which the largest theatres might covet in vain.[34]

Fitzball and Buckstone did not stop here in what they saw as improvements to the piece. They also tackled both the unusual female roles of the original and its abortive comedy. In the original, Isabelle is the main love interest but functions as a fairly minor, passive character for whom Robert strives, perhaps meant as an embodiment of the Medieval ideal of courtly love. Meanwhile, Robert's foster sister Alice takes on the role of innocent protector of Robert, not for romantic but for sisterly love, a voice of almost angelic good free from any

---

30 For Meyerbeer's involvement with the King's Theatre production, see Andrew Everett, »Meyerbeer in London,« in: *Meyerbeer und das europäische Musiktheater*, ed. Sieghart Döhring and Arnold Jacobshagen, Laaber 1998, p. 386-406, here pp. 391-93 and George Hogarth, *Memoirs of the Opera in Italy, France, Germany, and England*, New York 1972, 2: pp. 267, 329-30.

31 *The Athenæum*, 1832, p. 132.

32 *The Tatler*, 26 December 1831.

33 Edward Fitzball and John Baldwin Buckstone, *Robert le diable, the Devil's Son*, Plays Submitted to the Lord Chamberlain, British Library Add. Mss. No. 42914-(3) ff. 101-149b.

34 *The Literary Gazette*, 28 January 1832.

sexual connotation. This is an intriguing departure from typical female roles. Yet minor theaters throve on the typical, and Fitzball and Buckstone redirected this departure back into more well-traveled grooves. Their Isabel appears already in the first scene, disguised as a nun, to arrange an assignation with Robert. It is she who learns Bertram's secret, and she who fights for Robert's soul in the harrowing finale. She also more strongly defends the stereotypical, melodramatic good that she embodies. For example, in the scene in which Robert attempts to use the powers of the magic branch to carry Isabel away, Scribe and Delavigne's Isabel calls to God and begs Robert for mercy, and finally hears from Robert that she is so cruel that he wishes for death and will give himself up. The English Isabel proves more persuasive. Having learned Bertram's secret, she tells Robert in no uncertain terms that »Bertram hath made thee Infernal like himself, + thou are sent to make of me a victim.« She then berates him for not »win[ing] [her] as a warrior should« and proclaims »thine […] I can never be.« She urges Robert to think of honor, his dead mother, her heart, and his »sure perdition.« And this Robert does relent. What is more, he clearly recognizes and spells out his error: »Perish the magic which to make thee mine I have so dearly bought, what is't to me? If in possessing thee, I lose thy heart.«[35]

And what of Alice? Renamed Pauline, she helps Fitzball and Buckstone redress the other oddity of the original: the abortive opéra comique material with Raimbaut. At the Adelphi, Pauline and Raimbaut blossom into a prominent comic couple. Raimbaut, especially, becomes the typical comedian of melodrama. His amusing stupidity offers a refreshing parallel to Robert's more dire angst, while his essentially good nature shows how elemental goodness is. Raimbaut blunders through the beginning of the work, tossing out amusing puns, such as calling Robert the Devil »devilish bad Bob.«[36] As in Scribe and Delavigne, he accepts Bertram's money, but he soon finds it is no good and, after a comic exchange with Pauline, gives it up. He also offers an amusing comic inversion of Robert's encounter with the supernatural—Raimbaut becomes convinced that Pauline is a ghost, and stupidly runs from her in fear. In the end, though, he and Pauline help Robert, taking away Bertram's contract just as Robert is about to sign it and replacing it with his mother's letter.

While the Adelphi adapters could thus freely rewrite the French libretto, the major theaters did not have quite that luxury. As noted earlier, critics and audiences expected greater fidelity from the national theaters, although of course few missed the irony that this fidelity was to foreign imports. Yet, fidelity could be a boon as well as an expectation. Both theaters, and especially Drury Lane, advertised fidelity as a novelty after the much-changed minor versions. Yet both also subtly admitted defeat to the Adelphi by incorporating some of

35 Fitzball and Buckstone (see n. 33), pp. 142v, 143r, 143v.

36 *Ibid.*, p. 104v.

Fitzball and Buckstone's changes into their own productions. At Drury Lane, for example, the anonymous librettist(s) managed to find room within their faithful version for an added tableau. After fighting the phantom Prince of Grenada, Robert sees the real prince winning the tournament and Isabel's hand. The stage directions read almost identically to the Adelphi's added scene, and those who had seen both could not have missed the copy.[37] Similarly, at Covent Garden, adapter Michael Rophino Lacy reinstated Raimbaut (now Arnaud) as a major comic character.[38]

Lacy also more subtly imitated Fitzball and Buckstone by moving the opera closer to melodrama. Most strikingly, he had Bertram more clearly spell out his evil intentions. To help him do this, he created a kind of confidante for Bertram, Astoroth, the »Spirit of Fire«. In an added instance of scenic splendor, Bertram conjures Astoroth, who »rises, his head surrounded by a circle of blue flame [...] and in his hand a blazing spear«. Astoroth then prompts Bertram to clarify his evil motives. For example, Astoroth prompts »[w]hen wilt thou disclose thyself to thy mortal son?« Bertram replies »[w]hen I have bound his soul so fast in the meshes of crime that we can never be parted in the next world [...] this very night I will allure him to a sacrilegious deed of fatal temptation«. Finally, Bertram also makes clear why he, with so many powers at his disposal, must work so hard to capture Robert's soul. As he exits from the fiendish cavern, »with a haggard and agitated look«, he explains »Robert must be lost to me for ever, unless, *of his own free will*, he yield himself mine this very night«.[39] Lacy thus uses the blatant rhetoric of melodrama to erase both any lingering questions about the plot and any sympathy with Bertram.

Unfortunately for both Drury Lane and Covent Garden managers, however, their balancing act between fidelity and minor theater tactics wobbled. Although Covent Garden »won« the critical contest between the major theater versions, mainly because of greater strength and depth in their cast, neither adaptation pleased. Meyerbeer's music seemed both recondite and derivative. As the *Athenæum* critic remarked »there are ever and anon, pleasing bits of melody, and clever modulations, but the individual pieces are generally too long, and there is not, upon the whole, [...] sufficient novelty, to justify the talk which has been raised«.[40] In a crushing blow, critics also gave the palm of scenic success to the Adelphi, notwithstanding the majors' larger stages and budgets. Finally, the plot, seemingly so current in its supernatural sensationalism, went too far for critics, who feared that the sensational was edging out the rational in the national theaters. With xenophobic disdain, the *Examiner* writer observed:

---

37 *The Demon Duke or the Mystic Branch*, Plays Submitted to the Lord Chamberlain, Add. Ms. 42914, ff. 492-522. See 504r.

38 M. Rophino Lacy, *Robert the Devil or The Fiend Father, a Grand Romantic Opera*, London n.d.

39 *Ibid.*, pp. 16, 23, 29.

40 *The Athenæum* 1832, p. 132.

> Devils are difficult things to deal with; a very little makes even his Satanic majesty himself ridiculous [...] the resuscitation of the guilty nuns, is [therefore] a very ticklish affair. No number of young ladies romping in their shifts can constitute the sublime—pleasant it may be in the warm climate of Sicily—but certainly wrong according to our northern notions.[41]

»Romping in shifts« not only bordered too far on the ridiculous, it also teetered perilously close to the sexual. Although one reviewer expressed relief that the nuns did not, as in Paris, »exhibit one bosom naked in the Amazonian style«, he/she still felt »they were sufficiently nude to provoke opposition«.[42]

Some critics hoped that this negative assessment could be attributed to the unscrupulous manner in which Covent Garden and Drury Lane had ignored both Meyerbeer's wishes and the King's Theatre's rightful claim to the original opera.[43] The *Atlas* writer insisted:

> There cannot be a doubt, but that the sum total of the effect of any great dramatic work depends materially upon the use of particular instruments; and that though the arranger may have in a pianoforte copy the motion of the parts before him, yet let him hear the original as often as he may, [...] something amidst the complication of the orchestra will escape him [...] while the orchestral parts are spurious, a critical opinion must be received with reservation.[44]

Interest now devolved on the King's Theatre version.[45] It had fidelity on its side, as well as the traditional support of the moneyed elite who, stereotypically, shunned the lower prices and more varied audiences of the minor and major theaters. As one reviewer quipped, »*Robert the Devil* may go to the devil, or to the King's Theatre; whither (i.e. to the latter, only,) the higher orders will follow him.«[46] Their eagerly awaited production, however, replete with the legitimacy of the original language, the honourably purchased original score, some of the original cast and scenery, and at least some initial supervision by the original composer himself, proved just as disappointing. As the *Atlas* reviewer had to admit, »however the injustice with which M. *Meyerbeer* has been used by two of the metropolitan theatres [i.e. Covent Garden and Drury Lane] may have predisposed us in his favour [...], we found, on trial, that the former copies had been but too faithful«.[47]

---

41 *The Examiner*, 26 February 1832.

42 *The Morning Chronicle*, 22 February 1832.

43 A letter from Meyerbeer himself was printed in the *Times*, underlining that he »had nothing to do with the instrumentation of the operas of the *Daemon* [Drury Lane] and the *Fiend Father* [Covent Garden] [...] some of the most prominent vocal pieces produced in them do not belong to me.« 28 February 1832.

44 *The Atlas*, 26 February 1832.

45 *Robert-le-Diable, an Opera [...] with an Easy Translation, Line for Line with the French. As Represented at the King's Theatre, Haymarket*, London n.d.

46 *The Literary Gazette*, 25 February 1832.

47 *The Atlas*, 17 June 1832.

Ultimately, *Robert le diable* enjoyed only limited success at the King's Theatre and barely recouped expenses for any of the battling theaters. Its relative failure in London demonstrates the unprofitable bind in which fidelity sometimes placed theaters. Both patent houses and the King's Theatre, now vying with each other for important London premières, could endure harsh criticism if they strayed from faithful reproduction. Although fidelity was expected, however, it could not ensure success. In an interesting parallel to the embattled issue of »historically informed performance« today, critics often wound themselves into knots trying to balance desires for fidelity and aesthetic success. For instance, one writer rather superciliously insisted »it is only just that the public should be apprised that between the real opera and that which has been acted at Drury-lane there is a great difference, very much to the disadvantage of the latter.«[48] Yet, pushed to explain why the Drury Lane version fell short of Covent Garden's less faithful one, another writer decided »the comparatively cool reception of the Drury Lane piece, was owing partly to precipitation in the bringing it forward, which blinded the management to some defects in this opera which might have been pruned away.«[49] In the end, fidelity became a liability for *Robert* in London. Adapters of the music were not able to palliate what seemed a heavy and unoriginal score. Similarly, adapters of the libretto struggled with various inconsistencies in the original and found that the popularity of demonic spectacle could flounder if pushed too far.

»A Hit, a Palpable Hit!«: *Gustave III*

High hopes for *Robert* dashed, London theater managers proceeded more cautiously with their importations. In the unpredictable world of theatrical success, however, caution could prove just as damaging as action. A stunning example came with Auber and Scribe's *Gustave III* (1833), an operatic retelling of the assassination of the Swedish King in 1792 that later provided the basis for Giuseppe Verdi and Antonio Somma's *Un ballo in maschera* (1859). Although the French opera enjoyed success, only two London theaters ventured it: the Victoria (a new name for the Cobourg) on 7 November 1833; and Covent Garden six days later.[50] Managers of other theaters must have gnashed their teeth that they did not bother with the work. Despite being scooped by the Victoria's production, Covent Garden's *Gustavus the Third* reached a staggering 101 performances, well over double the usual run for the most popular work of a season.

48 *The London Times*, 21 February 1832.

49 *The Tatler*, 22 February 1832.

50 The libretto of the Victoria production lists the casts for the Victoria, Covent Garden, and the Garrick Theatre. H. M. Milner, *Gustavus the Third; or, the Masked Ball! An Historical Drama*, London, n.d. I have not found any other evidence of the Garrick's version. One newspaper suggests that the King's Theatre was planning a production – »We shall see how the [masquerade] scene is managed at the King's Theatre« – but they did not perform the work until 1851, in an Italian version. *The Spectator*, 16 November 1833.

Scribe's libretto presented an interesting challenge, for it was not the only »original.« History was, too. Londoners could purchase various accounts of Gustave's death, and some players in the story were still alive. They thus could have easily discovered that Scribe had fundamentally altered facts. To introduce a major female character, to provide a more direct, personal motivation for assassination than political intrigue, and to push the plot more inexorably toward the fatal *denouement*, Scribe introduced a love affair between Gustave and the wife of his assassin, Ankarstrom.

At the Victoria, librettist H. M. Milner, who had also adapted *La Muette*, wholeheartedly accepted Scribe's poetic license. In fact, in an interesting reversal of the usual pattern, the Victoria presented the most textually faithful version of *Gustave*, although without almost any of Auber's score. Even minute details remain intact, such as the exact stage directions during the masked ball scene. Yet Milner did rework the roles of Gustavus and Ankarstrom to make them more clearly the melodramatic hero and villain, respectively.

His Gustavus, for example, shows a firmer grasp of the ideal qualities of a king. He proclaims »what to a king so sure, so dear a safeguard as his people's love?« and preaches »I consider it the duty of a King to survey, as far as possible, all classes of society with his own eye.« A man so aware of the ideal must recognize when he falls short of it, and, indeed, Milner's Gustavus clearly spells out his dilemma: »I feel my crime – view it in all its complicated baseness, and shudder at its horror [...] but reason, friendship, virtue, all are weak, and sink powerless before the madness of my love!« Later, not realizing that the damage has already been done, Gustavus wins his struggle: »Gustavus must no longer remain involved in an unequal struggle between his passions and his sense of right. No – a decisive victory must procure for him a peace, at least within himself.«[51] By having Gustavus refer to himself in the third person, Milner heightens the sense of melodramatic characters as moralistic figures, continually stepping outside of themselves to explain the essential lesson their behavior teaches.

Gustavus's decision comes too late, however, for Ankarstrom's jealousy already has set into motion the fatal denouement. Again, Milner moves Ankarstrom closer to the melodramatic ideal, having him recognize how his wife's supposed betrayal has affected him – »Oh! what a Hell has kindled in my heart!« – and then, once he has killed Gustavus, realize his error – »Hellhound that I am to doubt the virtue of a soul like his.« Milner's Ankarstrom does not simply recognize his error, however, and allow himself to be led away by the guards, as in Scribe. Melodrama demanded instant, tangible punishment of evil, and Milner provides exactly that: »[Ankarstrom] snatches a dagger from the girdle of Gustavus, and plunges it into his own heart. He falls in front of the litter of Gustavus.«[52] To conclude the anguished tableau,

51 Milner (see n. 50), pp. 6, 9, 17, 26.

52 *Ibid.*, pp. 20, 30.

Amelia falls to the ground, one hand on her husband, one on her King. History thus bows fully to the stark, passionate extremes of melodrama.

In contrast, at Covent Garden, librettist James Robinson Planché and composer Thomas Cooke employed quite different tactics to restore both Gustavus's good name and historical accuracy. Their King does not indulge in any dalliance whatsoever with other men's wives. Instead, a new character, Lieutenant-Colonel Lillienhorn, absorbs all guilt—as well as all music—from Gustavus. The tactic of splitting a major role (always male) into two roles, one sung, one spoken, had prevailed at the playhouses in the 1810s and early 1820s.[53] Expediency partially explains these splits, since playhouse managers wished to employ evenly their mixed cast of singers and actors and also faced the perennial difficulty of finding one person equally skilled in thespian and musical arts. More deeply, the dichotomy between song and speech tied into deep-seated beliefs that music, seen as primarily an ornamental art, best served as helpmeet rather than carrier of the action, and, by extension, graced female roles better than male ones.[54]

By 1833, the growing familiarity of opera on the playhouse stage had made such splits less common—for example, tenor John Braham excelled as both actor and singer in the main roles of London versions of *La Muette* and *Robert le diable*. Yet both the practical and the subtle reasons for these dual roles seem to have resurfaced for Planché and Cooke's *Gustavus*. In 1833, Alfred Bunn, in an unprecedented move, had become manager of both Covent Garden and Drury Lane. Although both casts were thus open to him, apparently no suitable Gustave emerged. The best singer, Henry Phillips, was a baritone, who duly appeared as Ankarstrom. In terms of tenors, Braham was almost 60 and his voice was settling into a baritone, Joseph Wood (husband of famous soprano Mary Ann) incurred ridicule every time he appeared, and John Templeton, who was cast as Lillienhorn, had only debuted two years before and apparently lagged behind in acting. Bunn therefore chose James Warde as Gustavus, a respectable if not spectacular actor.

More subtly, these changes allowed Planché to move away from one original (Scribe) in favor of the other (history). As he explained in the preface to his libretto, »[t]he adapter [...] has endeavoured, in the alterations he was compelled to make, to adhere more closely to historical facts than it had suited the original author to do.«[55] Drawing heavily from Sir John Carr's *A Northern Sum-*

---

53 See Karen Ahlquist, »Masculinity and legitimacy on the English musical stage: The mature male, 1800-1845«, in: *Women and Music: A Journal of Gender and Culture* 8 (2004), pp. 1-21.

54 For these deep-seated associations see, for example, Linda Phyllis Austern, »›Alluring the auditorie to effeminacie‹: Music and the Idea of the Feminine in Early Modern England«, in: *Music and Letters* 74 (1993), pp. 343-54 and Richard D. Leppert, *Music and Image: Domesticity, Ideology, and Socio-Cultural Formation in Eighteenth-Century England*, Cambridge and New York 1988.

55 J. R. Planché, *Gustavus the Third, or the Masked Ball; a Grand Opera in Three Acts*, London n.d., p. v. It is reasonable to assume that Planché himself wrote the introduction although, as was common, he did not sign it.

mer (1806) and John Brown's *The Northern Courts* (1818) to legitimate his historical knowledge, Planché explained that Gustavus, with almost a »monkish countenance«, was ludicrously ill-suited to play the adulterous lover. Similarly, Ankarstrom reacquires one of his actual motives for the assassination: his dismissal from his military post for preventing a peasant uprising against the Russians. As Planché described, this allowed him to be »plac[ed] [...] in his proper situation as an ex-captain of the guards, instead of exhibiting him, as in the French opera, the prime minister and bosom friend of Gustavus!«. Planché continued with a detailed description of the actual historical events of the assassination, noting proudly how closely the Covent Garden version followed these, even using the »identical words« of the letter sent to warn Gustavus from the ball.[56]

Some critics rewarded Planché's decision to side with history. The *Times* critic praised the adaptation for not only exalting Gustavus (and by extension debasing the crime of regicide) but also underlining a cherished contrast between the English, rational, studious, and precise, and their more flighty, fanciful Gallic neighbors:

> [T]he author of the adaptation [...] has had the good taste to avoid several inconsistencies and falsifications of the French version, and the skill to preserve the true character of the Swedish monarch. Our more lively neighbours may be less inclined than the people of this country to scrutinize very closely the historical accuracy of theatrical representations; but it would have been felt here, that to represent a monarch of pure morals and exalted character as engaging eagerly in a disgraceful amour [...] was too glaring a falsehood to be endured.[57]

Similarly, one writer proudly noted that, while Sweden had been so upset at the French opera that the French ambassador to the country had to be recalled, a Swedish nobleman related to Gustavus attended the Covent Garden version with approval.[58]

Not everyone endorsed Planché's move toward historical accuracy. Although many reviewers were pleased with a purer Gustavus, they did not necessarily welcome the added character who made this possible. As the *Morning Chronicle* critic rather wearily remarked, »Colonel Lillienhorn was rather an excrescence than a necessary character in the piece, but this was unavoidable, under the supposition that the music given to the King in the original must be retained.«[59] One writer also felt that Gustavus had gained his purity at the expense of Madame Ankarstrom, who was still adulterous, but now with a fictional character: »[b]efore, all was fiction except the names and the catastrophe; but now fact and fiction are so confounded that truth serves to

56 *Ibid.*, pp. v, vii.

57 *The London Times*, 14 November 1833.

58 *The Theatrical Observer*, 19 November 1833, 26 November 1833.

59 *The Morning Chronicle*, 14 November 1833.

give currency to falsehood.«[60] Some critics felt that historical accuracy only underlined how unsuited this particular historical incident was for the operatic stage. The *True Sun* writer complained »what there was of interest in the plot, ought to be quick and continuous, [...] and [...] was unfitted for the long pauses of music«, and in fact for dramatization as a whole.[61] Similarly, the *Examiner* writer pointed out that »[t]he catastrophe [Gustave's assassination] excites no interest, first, because it is known from the beginning; and, yet more, because the amusements of the masquerade suspend the action of the piece.«[62]

Yet it was this masquerade that truly made the piece. Most critics would have had to agree with the summary that began the *Examiner* review: »[a]s a drama, *Gustavus the Third* falls far short of mediocrity; as an opera, it does not appear to rise much higher; but as a show it has more than ordinary pretensions. The gorgeous magnificence of the last scene surpasses any thing we have ever witnessed upon any stage.« More positively, the *Atlas* writer recognized that the key to grand opera had been achieved: »[s]ound and show do not compensate in it for the want of dramatic interest – they are united with it«.[63] The management apparently poured all of their resources into this one scene, rumored to cost some £2000.[64] The audience burst into applause when the curtain revealed the entire stage fitted up as a grand ballroom, with brilliant lighting, a gorgeous carpet, a crowd of masqueraders, and dances »enough to fill a whole ballet.«[65] The fourth wall dissolved to accept noblemen and ambassadors onstage as masqueraders, making the cream of society part of the spectacle. It became »quite *mauvais ton*« not to have attended, melting the cold shoulder that it was usually fashionable to present to the major theaters and filling the theater's coffers.[66]

Conclusion: Scribe as Naturalized Londoner

These three snapshots display the essential quandaries and opportunities that faced English adapters of foreign opera. As one reviewer of *Gustavus* remarked, »no composition can be said to have had a fair chance of public favour which has been executed with much regard to economy.«[67] With substantial outlay expected, and no government support to subsidize it, successful foreign works seemed a welcome »sure thing«. Grand opera offered especial appeal. It promised popular tunes that could be fragmented into sheet music sales, it satisfied the prevailing aesthetic of melodrama, and it fed audiences' love of sensory shock value.

---

60 *The Spectator*, 16 November 1833.
61 *The True Sun*, 14 November 1833.
62 *The Examiner*, 17 November 1833.
63 *The Atlas*, 17 November 1833.
64 *The Theatrical Observer*, 19 November 1833.
65 *The Times*, 14 November 1833.
66 *The Theatrical Observer*, 12 December 1833.
67 *The Atlas*, 17 November 1833.

In some ways, Scribe's libretti transitioned seamlessly into London theaters. Both countries had borrowed so often from each other's repertoire that many of their basic features had become indistinguishable. Scribe's »well made« plots, with their inexorable progress toward a conclusion pre-determined by the characters' natures, needed little essential change. Yet, given their different casts, patrons, and resources, each theater re-adorned and refashioned Scribe's basic scaffolding, naturalizing it for its new context. In the process, London adapters offered intriguing re-readings of Scribe. At the minor theaters, adapters brought Scribe back closer to the broad emotional gestures that he borrowed from the Parisian Boulevard theaters. The King's Theatre took *La Muette* from partial to full ballet. Some houses moved *Robert le diable* back toward its opéra comique origins. Finally, Scribe's fictionalized account of King Gustavus III met with both more melodramatic and more historically accurate retellings.

Neither the originals nor their altered states, however, met with untroubled acceptance. Critics felt intense concern at what they saw as the erosion of serious spoken, national drama into a foreign mélange of music, spectacle, and melodrama. Perhaps nowhere is this seen better than the contrast between the failed, spoken English tragedy on Masaniello in 1825 and the successful adaptations of *La Muette* just four years later. In the face of such divergences—and in the face of the huge influx of foreign, sensational works—critics could not uphold simple equations between nationality and worth. Yet they could and did begin to insist on wrapping these foreign works in a cocoon of fidelity, protecting them from potentially venal reworkings. As seen with *Robert le diable*, this did begin to dampen theaters' ability to refit foreign works for their stage, although fidelity certainly did not prove an uncomplicated solution.

Eventually, these intriguing balancing acts between fidelity and adaptation, foreign and native, opera house and playhouse, and legitimate and illegitimate theater, could no longer sustain themselves. The strain of continuing 17th-century licensing laws several centuries later reached a breaking point in 1843, when these laws were dissolved. Yet Scribe continued to stretch a long arm of influence over many theatrical spheres in London. His libretti wore a familiar path to English opera houses, enshrined in the fidelity that became increasingly *de rigeur*. Some have argued that his works also paved the way for the »Renaissance« of British drama in the late 1800s, headed by Bernard Shaw.[68] Finally, one may even see his more oblique influence at the music halls and lighter theaters, serving among the many models for Gilbert and Sullivan's gleeful parody. Though he never set foot on British soil, Scribe thus acted as a powerful imported fertilizer for London theatrical life, reworked, re-imagined, absorbed, and, ultimately, naturalized into this new environment.

---

68 See Stephen S. Stanton, *English Drama and the French Well-Made Play 1815-1915*, Ph.D. diss., Columbia University 1955.

Sebastian Werr

»Voglio affetti e non battaglie in scena«

Zur Bearbeitungspraxis Scribescher Texte für italienische Bühnen

Die italienische Oper stand in enger Verbindung zur Pariser Theaterlandschaft, denn ein großer Teil ihrer Libretti ging auf französische Vorlagen zurück. So begeisterte sich Francesco Cilea 1899 für das bereits ein halbes Jahrhundert alte Schauspiel *Adrienne Lecouvreur* von Eugène Scribe und Ernest-Wilfried Legouvé:

> Fra i tanti lavori che lessi in quel tempo, mi colpì quello di Scribe e Legouvé. La varietà dell'azione che potevano offrirmi situazioni nuovi ed eleganti, la fusione della commedia e del dramma nella cornice dell'ambiente settecentesco [...], il passionale amore della protagonista toccarono il mio cuore e accesero la mia fantasia.[1]

Mit Hilfe von Arturo Colautti ging aus dem französischen Schauspiel ein italienisches Opernlibretto hervor, und die gleichnamige, 1902 im Mailänder Teatro Lirico uraufgeführte Oper wurde bekanntlich Cileas größter Erfolg. Sie war allerdings nicht die erste Opernfassung des Dramas von Scribe und Legouvé, denn bereits wenige Jahre nach dessen Entstehung hatten sich, wenn auch ohne größere Resonanz, bereits andere Komponisten an dem Stoff versucht: Edoardo Vera hatte eine Bearbeitung von Achille de Lauzières vertont (Rom 1856), Tommaso Benvenuti ein Arrangement von Leone Fortis (*Adriana*, Mailand 1857) und Verdis Schüler Emanuele Muzio eine Umarbeitung von Giulio Carcano (*La sorrentina*, Bologna 1857).

Die mehrfache Übernahme eines französischen Dramas war alles andere als ungewöhnlich: 1861 klagte ein Rezensent in der *Gazzetta musicale di Milano* über die Praxis italienischer Librettisten, »[di] pescar sogetti nei romanzi, e sovratutto nei drammi forestieri, quando però non s'appigliano al più comodo spediente di tradurre quasi *ad litteram* qualche libro dello Scribe o del Saint-Georges«.[2] Auch in Italien konnte man in zahlreichen Theaterzeitschriften vom europaweiten Erfolg des französischen Musiktheaters lesen. Deutlich wurde dabei, daß dessen Popularität zu einem wesentlichen Teil auf den Libretti beruhte, als deren herausragender Autor auch in Italien Scribe erkannt wurde. Als 1858 im frankophonen Turiner Teatro d'Angennes eine Reihe von Opéras-comiques in französischer Originalfassung gespielt wurden, urteilte ein Rezensent über Daniel François Esprit Aubers *Le Domino noir*: »Vantaggio grandissimo di queste opere buffe francesi gli è certamente il libretto (e questo di Scribe va annoverato fra suoi migliori)«.[3] Das Libretto von Scribe zu Aubers

---

1 Zitiert nach Hans-Joachim Wagner, *Fremde Welten. Die Oper des italienischen Verismo*, Stuttgart und Weimar 1999, S. 308

2 *Gazzetta musicale di Milano* (1861), S. 107.

3 *Il trovatore* 5 (1858), Nr. 33.

Haydée, »benchè falso storicamente e inverosimile come di consueto, è vario, passionato, ricco di caratteri e di situazioni ed offre al maestro bei momenti lirici e drammatici«.[4] Wie an anderer Stelle dargestellt wurde,[5] unterschied sich die Rezeption der französischen Oper in Italien bis zur Mitte des 19. Jahrhunderts von der in anderen Ländern wie Deutschland oder England insofern, als Grands opéras nur gelegentlich, Opéras-comiques nur in Ausnahmefällen aufgeführt wurden. Dies war vor allem der Erwartungshaltung italienischer Theaterbesucher bezüglich der Verwendung bestimmter musikalischer Formen geschuldet; so gefiel im Gegensatz zum Libretto Scribes die Musik Aubers bei den Turiner Aufführungen keineswegs: »Nel complesso la musica manca di quella melodia spontanea che occore a noi italiani«.[6]

Scribe sei »die unerläßliche Bedingung alles Glückes, alles Rufes, alles Reussirens, aller Ehre, aller Einnahmen - namentlich für Komponisten«, schrieb Richard Wagner mit ironischem Unterton aus Paris, »wer ohne ihn eine Oper schreiben wollte, stürzte sich in sein offenbares Verderben«.[7] Texte Scribes schienen Erfolg zu garantieren, woran man auch in Italien partizipieren wollte. Allerdings erhielten nur die erfolgreichsten italienischen Komponisten *scritture* der Pariser Opernhäuser und damit die Gelegenheit, mit Scribe persönlich zusammenzuarbeiten: Lediglich Gioachino Rossini (*Le Comte Ory*, 1828), Gaetano Donizetti (*Le Duc d'Albe*, komp. 1840; *La Favorite*, 1840; *Dom Sébastien*, 1843) und Giuseppe Verdi (*Les Vêpres siciliennes*, 1855) bekamen von Scribe Libretti angefertigt; Vincenzo Bellini konnte zwar über das Libretto zu *Gustave III* noch befinden: »è interessante e spettacoloso, è istorico, [...] le situazioni sono belle, bellissime e nuove«[8], starb jedoch, bevor es zu einer Zusammenarbeit kam. Wollte man sich in Italien der Texte des Autors versichern, der noch im frühen 20. Jahrhundert als Inbegriff eines Theaterdichters angesehen wurde - Richard Strauss brachte seine Anerkennung gegenüber Hugo von Hofmannsthal mit Vergleichen zum Ausdruck, daß dieser »da Ponte und Scribe in einer Person«[9] oder »Scribe No.II«[10] sei, wenn er ihn nicht sogar scherzhaft mit »mein lieber Scribe«[11] anredet –, dann blieb nur die Zweitverwertung von Stücken, die dieser für andere Zwecke verfaßt hatte.

---

4 *Il trovatore* 5 (1858), Nr. 30.

5 Sebastian Werr, *Musikalisches Drama und Boulevard. Französische Einflüsse auf die italienische Oper im 19. Jahrhundert*, Stuttgart und Weimar 2002.

6 *Il trovatore* (wie Anm. 4).

7 Richard Wagner, *Sämtliche Schriften und Dichtungen*, Leipzig o.J., Band 12, S. 70.

8 Zitiert nach Maria Rosario Adamo und Friedrich Lippmann, *Vincenzo Bellini*, Turin 1981, S. 350.

9 Richard Strauss, *Dokumente*, hg. von Ernst Krause, Leipzig 1980, S. 181.

10 Ebd., S. 190.

11 Ebd., S. 195.

Bearbeiter und Bearbeiteter

In der Regel verarbeiten Libretti einen bereits existierenden Stoff. Üblich waren in Italien »1) rifacimenti o imitazioni letterarie italiane di celebri opere straniere, con cui a volte avevano comune solo il titolo; 2) pièces teatrali, spesso portate in Italia da compagnie francesi; 3) soggetti di balli teatrali; 4) precendenti libretti italiani sullo stesso soggetto; 5) libretti di opere francesi di successo«.[12] Nicht nur bei der Übernahme französischer Theaterstücke war Scribe in Italien einer der meistbearbeiteten Autoren, sondern auch, seine Opernlibretti wurden häufig wiederverwendet – der bekannteste Fall ist zweifellos Verdis *Un ballo in maschera* –, wie eine Auflistung von italienischen Bearbeitungen ohne Anspruch auf Vollständigkeit zeigt:

Daniel François Esprit Auber, *Leicester ou Le Châtelet de Kenilworth* (Scribe, Paris 1823)	Gaetanto Donizetti, *Il castello di Kenilworth* (Andrea Leone Tottola, Neapel 1829)
Auber, *Léocadie* (Scribe/Mélesville, Paris 1824)	Lauro Rossi, *Leocadia* (Eugenio Cavallini, Mailand 1835)
Auber, *La Muette de Portici* (Scribe/Germain Delavigne, Paris 1828)	Stefano Pavesi, *La muta di Portici* (Gateano Rossi, Venedig 1831)
Auber, *Le Philtre* (Scribe, Paris 1831)	Gaetano Donizetti *L'elisir d'amore* (Felice Romani, Mailand 1832)
Michele Carafa, *Le Prison d'Edimbourg* (Scribe/Eugène Planard, Paris 1833)	Federico Ricci, *La prigione d'Edinburgo* (Rossi, Triest 1838)
Auber, *Gustave III ou Le Bal masqué* (Scribe, Paris 1833)	Vincenzo Gabussi, *Clemenza di Valois* (Rossi, Venedig 1841)
=	Saverio Mercadante, *Il reggente* (Salvatore Cammarano, Turin 1843)
=	Giuseppe Verdi, *Un ballo in maschera* (Antonio Somma, Rom 1859)
Adolphe Adam, *Le Chalet* (Scribe/Mélesville, Paris 1834)	Donizetti, *Betly ossia La Capanna svizzera* (Donizetti, Neapel 1836)
Fromental Halévy, *La Juive* (Scribe, Paris 1835)	Giovanni Pacini, *L'ebrea* (Giacomo Sacchero, Mailand 1844)
Auber, *Le Domino noir* (Scribe, Paris 1837)	Lauro Rossi, *Il domino nero* (Francesco Rubino, Mailand 1849)
Auber, *La Sirène* (Scribe, Paris 1844)	Rossi, *La sirena* (Giovanni Peruzzini, Mailand 1855)
Adam, *Giralda* (Scribe, Paris 1850)	Antonio Cagnoni, *Giralda* (Giorgio Giachetti /Raffaele Berninzone, Mailand 1852)
Auber, *La Part du Diable* (Scribe, Paris 1843)	Achille Peri, *Orfana e Diavolo* (Carlo Grisanti, Reggio Emilia 1854)
=	Errico Petrella, *Il folletto di Gresy* (Domenico Bolognese, Neapel 1860)

12 Fabrizio della Seta, *Italia e Francia nell'Ottocento,* Turin 1993, S. 166.

Die Lektüre von Originalliteratur stellte für italienische Librettisten keineswegs den gebräuchlichsten Weg dar, eine passende Vorlage für eine Oper zu finden. Die Schauspiele und Operntexte von Scribe und anderen französischen Theaterautoren der Zeit - die selbst aus allen denkbaren Quellen Ideen verarbeiteten - waren daher auch als Vermittlungsinstanz von Belang; durch sie wurde das europäische Theater und die Literatur vorgefiltert und aufbereitet: So greift Donizettis Textbuch von *Betly ossia La capanna svizzera* auf dasjenige von Scribe und Mélesville zu Adams Opéra-comique *Le Chalet* zurück, das wiederum auf Johann Wolfgang von Goethes Singspiel *Jerry und Bätely* beruht. Andrea Leone Tottolas Libretto zu Donizettis *Il castello di Kenilworth* rezipiert Walter Scotts Roman *Kenilworth* über eine Bearbeitung von Gaetano Barbieri, *Elisabetta al castello di Kenilworth*, die wiederum auf der von Scribe und Mélesville für Auber verfaßten Opéra-comique *Leicester ou Le Châtelet de Kenilworth* beruht; Scotts Roman *The Heart of Midlothian* erreichte die italienische Bühne via Scribes Libretto *Le Prison d'Edimbourg*, das als Vorlage für Gaetano Rossis Textbuch *La prigione d'Edinburgo* diente.

Scribes Texte waren in Italien problemlos greifbar; ab 1832 erschienen Ausgaben in italienischer Übersetzung bei den Verlagen Pozzolini in Livorno und Stella in Mailand.Allerdings waren nicht alle Stücke Scribes gleichermaßen geeignet, nach Italien transferiert zu werden. 1868 veröffentlichte der Librettist Antonio Ghislanzoni einen Aufsatz mit dem Titel »Errori e pregiudizii dei maestri nella scelta del libretto per musica«, in dem er Ratschläge gibt, was bei der Auswahl eines Stoffes zu beachten sei. Nach Ansicht Ghislanzonis würden gerade junge Komponisten oft den Fehler begehen, Wirkungen zu sehen, die in der Realität nicht existieren, weil der Erfolg allein auf Aspekten der Aufführung (wie einem bestimmten Darsteller) beruhe. Der Wortwitz französischer Stücke lasse sich nicht einfach übertragen: »Togliete i frizzi del dialogo, togliete i *calembourgs*, mettete in versi questa prosa, sostituite dei cantanti ai *comiques* francesi - cosa vi rimane? - Vi rimane qualche volta, la più stupida, la più goffa, la più sonnifera commedia.«[13] Evident sei dies in der komischen Oper:

> Ma dove i maestri più facilmente si illudono è nell'opera buffa. Fedeli al loro sistema di andar a pescare gli argomenti nel repertorio conosciuto del teatro comico, più spesso fra le commediuole ed i vaudevilles del teatro francese, rare volte sanno apprezzare il valore intrinseco di una produzione, e le vere cause per cui ottiene questo effetto. Non si vuol tener conto che la più parte di questi vaudevilles, i quali intrattengono così aggradevolmente il pubblico per un mezz'ora, promuovendo fra gli spettatori una ilarità contagiosa, somigliano altrettante bolle di sapone leggiadramente colorate dall'iride; ma guai a chi le tocca, guai a chi presume appropiarsele per utilizzarne la bellezza! Al momento in cui stendete la mano su quel globo sfavillante e smagliato di sì vaghi colori, lo vedrete sciogliersi in acqua - una gocciola sordida, un imbratto. Il comico di un libretto d'opera [...]

13 *Gazzetta musicale di Milano* 23 (1868), S. 355.

deve consistere nella favola, nel tipo dei personaggi, nella singolarità delle situazioni. Il bon mot, il calembourg, il frizzo, l'epigramma possono aggiungere vezzo ai dialoghi e dare maggior risalto alle situazioni, ma è necessario che le situazioni bastino per sé sole all'effetto.[14]

Zweifellos gelungen ist die Adaptation eines Scribeschen Textbuchs im Falle von Donizettis *L'elisir d'amore.* Allerdings greift Scribes *Le Philtre* wiederum Figuren der Commedia dell'arte, was es für Italien besonders geeignet machte. Und auch wenn Felice Romanis Libretto dem von Scribe über weite Strecken eng folgt, gibt es bedeutsame Veränderungen im Detail wie die in die Introduktion eingefügte Cavatina Nemorinos »Quanto è bella, quanto è cara«, deren Entsprechung bei Scribe lediglich wenige Sätze im Rezitativ sind. Änderungen wie diese und die hinzugefügte Romanza »Una furtiva lagrima« dienten nicht nur dazu, die Tenorpartie musikalisch auszubauen, sondern auch um Nemorino als leidenschaftlich zu charakterisieren, wodurch ein musikalisches Pathos ermöglicht wurde, wie es Auber nirgendwo anstrebte.[15] Zugleich wurde das durch Dulcamara und Belcore repräsentierte komische Element deutlicher akzentuiert; Erfolgsrezept war für Della Seta, daß es Donizetti hier gelang, eine ausgewogene Balance von Extremen des Pathetischen und des Komischen zu erreichen.[16]

Unterschiedliche Konzepte

Französisches und italienisches Musiktheater unterschieden sich in weit mehr als nur der vertonten Sprache. Donizetti beobachtete 1839 aus der Perspektive des italienischen Komponisten, der die in Neapel verbotene Oper *Poliuto* für Paris überarbeitete: »La musica, e la poesia teatrale francese hanno un cachet tutto proprio al quale ogni compositore deve uniformarsi; sia nei recitative sia nei pezzi di canto«.[17] Umgekehrt galt natürlich dasselbe: Ein Großteil der Eingriffe in französische Opern und Opernlibretti zielte darauf ab, diese Unterschiede zu nivellieren, um die Stücke an die italienische Opernästhetik, aber auch an die abweichenden Produktionsbedingungen der dortigen Theater anzupassen. In einer ersten umfassenden Untersuchung der Opern Verdis faßte Abramo Basevi 1859 im Zusammenhang mit *Les Vêpres siciliennes* wesentliche Differenzen beider Gattungen zusammen. Diese zeigten sich bereits in Äußerlichkeiten wie der Länge der Werke, die in Italien stets deutlich kürzer ausfielen, was Basevi mit den Vorlieben des Publikums begründet: »Gl'Italiani d'oggi non possono d'adoperare la loro attenzione tante ore in uno spettacolo: i Francesi hanno questa facoltà«.[18] Eine Oper solle die Zuschauer von den Mü-

---

14 Ebd., S. 356.

15 Della Seta (wie Anm. 12), S. 201.

16 Ebd., S. 202.

17 *Le prime rappresentazioni delle opere di Donizetti nella stampa coeva,* hg. von Annalisa Bini und Jeremy Commons, Mailand 1997, S. 494.

18 Abramo Basevi, *Studio sulle opere di Giuseppe Verdi,* Florenz 1859, S. 257.

hen des Tages erfrischen und nicht weiter ermüden. Der wünschenswerten Kürze stehen die Libretti entgegen bzw. die zur Vertonung vorgesehenen Verse; diese verhindern auch die Verwendung der in der italienischen Oper üblichen musikalischen Formen:

> La vera difficoltà per un Italiano che scriva sopra un libretto francese, consiste nel dovere musicare dei pezzi che richiedono nuove forme; perchè la poesia destinata al cantabile, nei melodrammi francesi ora è troppo breve, ora troppo lunga, e quando si ripete molte volte, e quando s'interrompe con dei recitativi. Queste e tante altre cose impediscono di adoprare le forme musicali omai accettate oggigiorno in Italia. Il cambiamento della forma portando seco inevitabilmente un mutamento nella condotta dei pezzi, ne nasce, che, ove si voglia rimanere nello stile italiano, si è obbligati a passare prestamente sopra i versi i quali eccedino l'ampiezza richiesta nella forma italiana, o a trattenervisi di troppo, ove sieno pochi. Italianizzare adunque un libretto francese, equivale, in ogni modo, ad ampliare la musica italiana, a sopracaricarla di pleonasmi musicali.[19]

Vielfach wirkte die Übernahme französischer Texte als ein Schrittmacher musikalischer Veränderungen. »Je enger der Librettist [...] an die Vorlage gebunden war, je weniger er sich mithin an die ›ossatura‹, wie [Gaetano] Rossi das musikdramatische Gerüst des Melodramma genannt hatte, halten konnte, desto ›individueller‹ mußten die Dramaturgie und der musikalische Verlauf eines Werks ausfallen.«[20] So erklärt sich für Anselm Gerhard der Bruch Verdis mit den italienischen Konventionen in *Un ballo in maschera* durch den bewußten Umgang mit Formtraditionen der französischen Oper, die durch das Libretto vorgegeben waren.[21]

Allerdings konnten sich die durch getreues Folgen einer französischen Vorlage ausgelösten Abweichungen von den italienischen Konventionen auch als problematisch erweisen. Basevi ist überzeugt, daß *Les Vêpres siciliennes* besser gelungen wären, wenn Verdi ein »libretto francese nella forma dei libretti italiani« vertont hätte,[22] denn dann wäre es ihm möglich gewesen, sich ausschließlich der perfekt beherrschten italienischen Formen zu bedienen. Ein französisches Libretto ermöglichte zwar ein Durchbrechen der schablonenhaften musikalischen Formen der italienischen Oper, behinderte aber im Zweifelsfall die Rezipierbarkeit durch ein breites Publikum. Daß die Kritik von Wagner zu kurz greift, der die italienische Melodik unter dem »Joch der symmetrischen Perioden, der ostinaten Rhythmen« sah, und der ihren periodischen Bau als »ärmlich« abqualifizierte, hat bereits Friedrich Lippmann hervorgehoben, darauf hinweisend, daß die »Eingängigkeit und

19 Ebd., S. 245f.

20 Sieghart Döhring und Sabine Henze-Döhring, *Oper und Musikdrama im 19. Jahrhundert,* Laaber 1997, S. 41. Siehe dazu auch d. Verf. (wie Anm. 5).

21 Anselm Gerhard, *Die Verstädterung der Oper. Paris und das Musiktheater des 19. Jahrhunderts,* Stuttgart und Weimar 1992, S. 376f.

22 Basevi (wie Anm. 18), S. 246.

Volkstümlichkeit der italienischen Ottocento-Oper [...] ganz entschieden mit [... dieser] Struktur« zusammenhinge.[23] Die von Reformern geäußerte Kritik an symmetrischen Strukturen wie auch die Abwendung von ihnen im letzten Drittel des 19. Jahrhunderts - Paolo Fabbri betitelt dies in seiner Darstellung von Metrik und Form mit »Asymmetrie als Programm«[24] - kann nicht darüber hinwegzutäuschen, daß Symmetrie zuvor keineswegs generell als ein Mangel angesehen wurde. Dies unterstreichen zeitgenössische Stimmen aus der Mitte des 19. Jahrhunderts, die das Fehlen von Symmetrie zu einem Manko erklären, und nicht ihr Vorhandensein.[25] Trotz polemischer Überzeichnung erscheint Hector Berlioz' Zuspitzung als nicht ganz unzutreffend, daß »die Italiener« Partituren wünschten, »deren Inhalt sie auf den ersten Schlag, ohne Überlegung, ja selbst ohne Aufmerksamkeit genießen können«.[26] Luigi Casamorata hebt an Verdis *Attila* als Stärke des Komponisten hervor:

> Primo tra i quali è la chiarezza: non trovi in fatti un pezzo, un tratto, un concetto, che a prima giunta tu non possa comprendere perfettamente; e ciò non per meschinità, ma per lucidità di concetto. Nè minore è la semplicità dei modi, validissimo mezzo anch'essa per cattivarsi la benevolenza del pubblico, quando è figlia, non di poco sapere, ma, come nel Verdi, di padronanza nell'impiego dei mezzi materiali dell'arte.[27]

Eine gewisse Vorhersehbarkeit der Melodie, wie sie durch symmetrische Strukturen sichergestellt wird, war für das im Laufe des 19. Jahrhunderts sich immer breiteren Schichten öffnende italienische Opernpublikum von besonderer Bedeutung. Dagegen sei die Grand opéra, so eine Rezension der Mailänder Uraufführung von *Le Prophète* im Jahre 1855, »un genere troppo complicato ed astruso, per le nostre orecchie italiane, avezze a facili e scorrevoli melodie«.[28] Angesichts dieser Unvereinbarkeit war es nur konsequent, auf die originale Musik zu verzichten - und bis die französischen Grands opéras sich ab der Mitte des 19. Jahrhunderts schließlich - und nun umso nachhaltiger - doch in Italien durchsetzen konnten, geschah dies.

---

23 Friedrich Lippmann, »Der italienische Vers und der musikalische Rhythmus. Zum Verhältnis von Vers und Musik in der italienischen Oper des 19. Jahrhunderts, mit einem Rückblick auf die 2. Hälfte des 18. Jahrhunderts«, 3. Teil, in: *Analecta musicologica* (1975), S. 314.

24 Paolo Fabbri, »Metrik und Form«, in: *Geschichte der italienischen Oper*, hg. von Lorenzo Bianconi und Giorgio Pestelli, Laaber 1992, Bd. 6, S. 221-230.

25 Siehe d. Verf., »Eingängigkeit und Symmetrie. Zu Melodie und Rhythmus bei Verdi und Petrella«, in: *Belliniana et alia musicologica. Festschrift für Friedrich Lippmann zum 70. Geburtstag*, hg. von Daniel Brandenburg und Thomas Lindner, Wien 2004, S. 301-309.

26 Hector Berlioz, *Memoiren mit der Beschreibung seiner Reisen in Italien, Deutschland, Rußland und England: 1803-1865*, Leipzig 1903, Band 1, S. 232.

27 *Gazzetta musicale di Milano* (1847), S. 18.

28 *L'Italia musicale* (1855), S. 166.

Ein Vergleich der Libretti von Aubers *La Muette de Portici* mit ihrem italienischen Pendant *La muta di Portici* (Venedig 1831), der letzten Oper Stefano Pavesis, macht beispielhaft deutlich, welchen Veränderungen ein französisches Opernlibretto unterzogen werden konnte. In dem Textbuch von Gaetano Rossi blieb die von Scribe konzipierte Handlung grundsätzlich erhalten, wobei die Szenenanweisungen fast wörtlich übersetzt wurden:

FENELLA	FENELLA
Elle désigne Selva: il est venu l'arrêter, malgré ses larmes et ses prières. Faisant le geste de tourner une clef et de fermer des verroux, elle esprime qu'on la plongea dans un cachot. Là elle priait, triste, pensive, plongée dans la douleur, quand tout à coup l'idée lui vint de se soustraire à l'esclavage. Montrant la fenêtre, elle fait signe qu'elle a attaché des draps, qu'elle s'est laissé glisser jusqu'à la terre, qu'elle a remercié le ciel. Mais elle a entendu le qui vive de la sentinelle; on l'a mise en joue; elle s'est sauvée à travers le jardin, a aperçu la princesse, et est venue se jeter à ses pieds.[29]	*Addita Selva – Una notte egli andò ad arrestarla...malgrado le di lei lagrime, e preghiere – Fa gesto di girare di chiavi, e di chiuder una porta: e acenna così d'essere stata rinchiusa in una carcere – là, ella pregava, triste, oppressa, piangente – Tutto ad un tratto immaginò di salvarsi – Mostrando una fenestra fa cenno che v'appese de' lenzuoli, che si lasciò scorrere sino in terra... Elle ringraziava il Cielo... Ma la sentinella la vide, inarcò il fucile – ella si salvò traverso i giardini, vide lei, corse ai suoi piedi: e resta guardando Elvira colla più viva espressione.*[30]

Übernommen wurden die machtvollen Bilder wie der Ausbruch des Vesuvs am Schluß der Oper, wenngleich der Vulkan in Aubers Oper wiederum durch den in Giovanni Pacinis *L'ultimo giorno di Pompei* (Neapel 1825) angeregt war:

29 *»La Muette de Portici«: kritische Ausgabe des Librettos und Dokumentation der ersten Inszenierung*, hg. von Herbert Schneider und Nicole Wild, Tübingen 1993, S. 147.

30 *Fenella ossia La muta di Portici*, Venedig 1831, S. 10.

FENELLA.	FENELLA
Elle sort peu à peu de son évanouissement. Elle aperçoit Alphonse auprès d'Elvire; elle se relevè, jette sur Alphonse un dernier regard de regret et de tendresse; elle unit sa main à celle d'Elvire, et s'élance rapidement vers l'escalier qui est au fond du théâtre Surpris de ce brusque depart, Alphonse et Elvire se retournent pour lui adresser un dernier adieu. En ce moment le Vésuve commence à jeter des tourbillons de flame et de fumée, et Fenella, parvenue au haut de la terrasse, contemple cet effrayant spectacle. Elle s'arrête, détache son écharpe, la jette du côté d'Alphonse, lève les yeux au ciel et se précipite dans l'abîme. *(Alphonse et Elvire poussent un cri d'effroi. Mais au même instant, le Vésuve mugit avec plus de fureur; du cratère du volcan la flame enflammée se précipite. Le peuple épouvanté se prosterne.)*	*Si scuote alla voce d'Elvira: rinviene a se: la guarda, e le fa intendere che ha perduto tutto! si volge: vede Alfonso: sospira profondamente – fissa in lui estremo sguardo d'angoscia, e di tenerezza – unisce la di lui mano a quella d'Elvira... Ma nel penoso sforzo sente stringersi il cuore: si stacca e muove rapidamente e deliberate verso la gradinata. Elvira ed Alfonso commossi, sorpresi si volgono... Il Vesuvio che aveva tratto gittato fumo, e scintilla, irrompe in fiamme. Fenella arrivata sul terrazzo contempla questo spettacolo spaventevole – si ferma: stacca la ciarpa, la bacia, e la gitta verso d'Alfonso: leva gli occhi al cielo...e si lancia nel mare. – Elvira, Alfonso: tutti gittano grido di raccapriccio, e commiserazione. – Il Vesuvio mugge più terribilmente – la lava in fondo si precipita dal cratere del Vulcano: il popolo è atterito: si prostra in vari gruppi, e atti di spavento, e d'affanno*
LE CHŒUR *Grâce pour notre crime!* *Grand Dieu! protège-nous* *Et que cette victime* *Suffise à ton courroux!*[31]	TUTTI *Scena terribile!* *Giorno d'orror! –* *Ah! Basti quella vittima* *O Cielo, al tuo furor.*[32]

Aufführungspraktische Gründe waren für zahlreiche Änderungen verantwortlich, so wurden die Chorszenen reduziert und die Ballette gestrichen. Die den Komponisten in ihrer Zusammensetzung weitgehend vorgegebene »Compagnia di canto« war durch die standardisierten Rollencharaktere nicht nur für die Personenzeichnung von eminenter Bedeutung, sondern durch sie stand nur eine begrenzte Zahl an Solisten zur Verfügung, so daß im Falle von Pavesis Oper die Aufständischen bzw. Gefährten Masaniellos zu einer Figur zusammengezogen wurden. Auch die Dramaturgie wurde verändert, reduziert wurde etwa die Spieldauer: Der zweite und der dritte Akt werden von Rossi zusammengezogen und gekürzt, wobei der Aufstand an das Ende des mittleren Akts rückt, wo in der italienischen Oper die Peripetie der Handlung und ein großangelegtes kontemplatives Ensemble ihren Ort hatten. Hingegen wurde das Ensemble im ersten Akt von *La Muette de Portici* durch ein Liebesduett ersetzt, das den in der italienischen Oper verbreiteten Topos der romantischen Liebe aufgreift, die in der Heirat ihre Erfüllung findet:

31 *La Muette* (wie Anm. 29), S. 192.

32 *Fenella* (wie Anm. 30), S. 46.

ALFONSO *(con gioja e tenerezza)* L'istante
Sì da noi sospirato, è giunto, o cara
Bella adorata Elvira. – A' piè dell'Ara
Io ti giuro – e la mia!...
ELVIRA *(tenerissima)* Tu mio! –
ALFONSO *(con trasporto)* Celeste
Felicità
ELVIRA E tu m'ami
Di tanto amor?
ALFONSO Di quanto amor capace
Esser può un cor... e quanto
Può desiarne mai.
E tu?
ELVIRA Chieder lo puoi?
Ah! Che ad aprirsi il Cielo or va per noi
(Per me ti fece amore
(Per te mi diede il cuore –
A 2 (Tutto per me tu sei,
(Tutto ritrovo in te –
(Felici affetti miei!...
(Ah! Gioja ugual non v'è.

(presi a mano entrano nel tempietto; parte del nobile corteggio li segue: altri restano presso alla porta. Selva depone le Guardie per impedire al popolo d'avvicinarsi.)[33]

In zahlreichen italienischen Bearbeitungen wird die Liebeshandlung gegenüber den Scribeschen Vorlagem stärker betont, was die Frage nach der Motivation dieser Sinnverschiebungen aufwirft. Massimo Mila betont die soziale Funktion des Musiktheaters als Ersatz für nicht gelebtes Leben und erkennt als das Grundthema der italienischen Oper die Variation der tragischen Liebe von Romeo und Julia. Er setzt dies in Beziehung zur unglücklich verheirateten Zuschauerin, die »nel pallido tenore in nero manto scorgevano l'immagine del cugino ufficiale o poeta che avevano dovuto rifiutare a diciott'anni per andar spose a un facoltoso industriale tessile«.[34] Der Hintergrund der in Italien evidenten Akzentuierung der privaten Handlung erklärt, weswegen Bereiche der Grand opéra – die die öffentliche bzw. politische Handlung in den Mittelpunkt stellte – italienischen Komponisten letztlich fern blieben. In Pacinis *L'ebrea* (1844) wird aus Scribes Textbuch durch Kürzungen, die kaum mehr als den privaten Teil der Handlung übriglassen, ein Melodramma. Hierbei wird die Partie des Léopold – hier der römische Patrizier Manlio – ausgeweitet und zum sentimentalen Liebhaber; im Gegensatz zu Fromental Halévys Oper, wo er nach der Rettung durch Eudoxie verbannt worden ist

33 Ebd., S. 11.

34 Massimo Mila, »L'›Opera‹ come forma popolare della communicazione artistica«, in: *Il Romanticismo. Atti del sesto congresso dell'associazione internazionale per gli studi di lingua e letteratura italiana (Budapest e Venezia, 10-17 ottobre 1967)*, hg. von Vittorio Branca und Tibor Kardos, Budapest 1968, S. 193-203, hier S. 198.

und folglich nicht mehr auftreten kann, erscheint er hier im Schlußakt und bekommt Gelegenheit zu einer Arie. Während die Titelpartie und Brogni (Antioco) der Vorlage folgen, wurden die übrigen Personen auf die »Compagnia di canto« des italienischen Musikbetriebs zugeschnitten, wobei Eléazar mit einem Baß und Eudoxie (hier: Berenice) mit einem Mezzosopran besetzt wurden. Dabei wurden die Charaktere an die Rollenkonventionen angenähert und ihrer individuellen Zeichnung beraubt; Eléazar habe etwa »lasciato sotte le nuove vesti assai di quella fiera selvatichezza che contrasta bene colla dolcezza della figliuola«.[35] Die religiöse Sphäre wurde vom Christentum wegverlegt, wobei aus dem Kardinal Brogni der Hohepriester Antioco wurde; die Handlung spielt nun in Syrien zur Zeit der Herrschaft Vespasians. Verändert wurde auch der Schluß der Oper, der im Rahmen der italienischen, um 1840 vielfach noch klassizistischen Anschauungen verpflichteten Ästhetik zu weit ging, wie es auch Donizetti über Halévys *La Juive* zum Ausdruck bringt: »Troppa verità... ultima scena troppo orrenda e più orrenda per tanta illusione. A Costanza! Un'Ebrea per commercio avuto con un cristiano è gettata col padre nella caldaia dell'olio bollente.«[36] Diese Darstellung von Grausamkeit wird in Pacinis Oper dadurch etwas abgemildert, als Rachel auf eine weniger verstörende Art hingerichtet wird und nicht in siedendes Öl geworfen wird, sondern das Schafott besteigt.

Giovanni Morelli beobachtet eine zweifache Anleihe, die die italienische Oper beim französischen Theater nahm: vom Musiktheater übernahm sie in Details und Zitaten die grandiose Monumentalität der Grand opéra, vom Sprechtheater Details und Zitate des Schauerlich-Grotesken bei Charles Nodier und Victor Hugo, was zu der für die italienische Oper typischen »Mélange aus Kontrasten mit lyrischer Grundierung« führte, die aus dem »Wechsel von lyrischer Kantabilität, grandiosen Visionen oder Überraschungseffekten und beunruhigenden Bildern« besteht.[37] Vor allem für die Schaffung überwältigender Bilder stellte Scribe das Vorbild dar: Als Verdi im Sommer 1865 der erste Prosaentwurf des *Don Carlos*-Librettos vorgelegt wurde, bemängelte er das Fehlen von Szenen, deren Dekorationen das Publikum überwältigen könnten, wie dies insbesondere mit der Krönungsszene im vierten Akt von Scribes und Meyerbeers *Le Prophète* (Paris 1849) möglich war.[38] Notwendig sei daher, ein oder zwei Szenen einzufügen, »qui offrent un attrait imprévu et grandios au point de vue de spectacle, mais qui s'enchaînent au

35 *Gazzetta musicale di Milano* (1844), S. 35.

36 Zitiert nach Guido Zavadini, *Donizetti: Vita, musiche, epistolario,* Bergamo 1948, S. 370.

37 Giovanni Morelli, »Die Oper in der Nationalkultur Italiens«, in: *Geschichte der italienischen Oper*, hg. von Lorenzo Bianconi und Giorgio Pestelli, Laaber 1992, Band 6, S. 405-458, hier S. 437.

38 Zitiert nach Ursula Günther, »La Genése de Don Carlos, opéra en cinq actes de Giuseppe Verdi, représenté pour la première fois à Paris le 11 mars 1867«, in: *Revue de musicologie* 58 (1972), S. 16–64, hier S. 24.

drame«.[39] Aber selbst in Verdis *Don Carlos*, in der das Historische breiten Raum einnimmt, »bleiben die Plädoyers von Rodrique und Carlos für die Menschenrechte seltsam abstrakt und deklamatorisch, treten jedenfalls in ihrer in der Intensität des Eindrucks weit zurück hinter ihren Liebes- und Freundschaftsbeteuerungen.«[40] Donizetti brachte die unterschiedliche Ästhetik von französischer und italienischer Oper auf den Punkt, als er 1838 mit der Pariser Académie Royale de Musique verhandelte. Dort erbat er »un libretto en 5 actes, et de mettre à ma disposition tous vos premiers sujets«.[41] Das ihm zugesandte Textbuch *Le Comte Julien* (nach Alexandre Guirauds 1823 im Pariser Odéon-Theater uraufgeführter Tragödie *Le Comte Julien où l'Expiation*) mißfiel Donizetti jedoch, der anmerkte: »nonostante fosse di Scribe, non son che cose guerriere, ed io voglio affetti e non battaglie in scena«.[42]

Zensur

Auch in den ab der Mitte des 19. Jahrhunderts immer häufigeren Fällen, in denen französische Opern mit ihrer originalen Musik in Italien gespielt wurden, kam es zu weitreichenden Eingriffen. Die Verbreitung französischer Libretti außerhalb Frankreichs geschah in der Regel nicht in der Originalfassung. Übersetzungen und Bearbeitungen wurden von demselben Personenkreis erstellt: 1842 übersetzte etwa Francesco Guidi das Textbuch von Saint-Georges zu Halévys *La Reine de Cypre* (Paris 1841) für Aufführungen in Florenz, wenige Jahre später schrieb er das Libretto für ein italienisches Remake der Oper, Giovanni Pacinis *La regina di Cipro* (Turin 1846). Bei der Übertragung in die italienische Sprache kam es vielfach zu Sinnänderungen im Detail, die manchmal durch Ungeschicklichkeit des Übersetzers, meist aber mit voller Absicht geschahen. Die Texte von Scribes Grands opéras kursierten in italienischen Theatern bis zur nationalen Einigung nur in zensierten Fassungen. Auch Basevi behandelt in seiner oben zitierten Besprechung von *Les Vêpres siciliennes* nicht die Originalfassung, sondern die in italienischen Theatern gängigste Version *Giovanna di Guzman* (in Neapel wurde die Oper als *Giovanna di Sicilia* und als *Batilde di Turenna* gespielt), von deren Handlung er eine Inhaltsangabe liefert.

Besonders nahmen die Zensoren Anstoß an dem evidenten Konflikt zwischen weltlicher und religiöser Sphäre, der im Mittelpunkt vieler Grands opéras steht. »Credi tu che saria musica per l'Italia?«, fragt Donizetti nach der Eignung von *Dom Sébastien* für die italienischen Theater: »Non tutta. – Un lusso simile di Portoghesi, Arabi, preti, inquisitori, processione a torcie e carro funebre colla cassa mortuaria, e campane e requiem. Ma tutto questo saria im-

---

39 Zitiert nach ebd., S. 25.

40 Sieghart Döhring, »Don Carlo/Don Carlos«, in: *Verdi-Handbuch*, hg. von Anselm Gerhard und Uwe Schweikert, Stuttgart und Weimar 2001, S. 454-460, hier S. 457.

41 Zitiert nach Zavadini (wie Anm. 36), S. 472.

42 Ebd., S. 478.

pedito in Italia, ed allora addio sogetto. – Se il diavolo tenterà qualcuno degl'Impresari Itali, anderà per causa della revisione per terra.«[43] Besonders einschneidend waren die Eingriffe im Kirchenstaat, wo die Oper als *Roberto di Piccardìa* gespielt wurde, aber auch andernorts veränderten Zensoren Details, ohne daß dies durch einen neuen Titel kenntlich ist. Bei der italienischen Erstaufführung in Florenz zeigte das Schlußbild statt des Innern des Doms von Palermo »il vestibolo esterno di un tempio« in der Vorstadt; aus sündigen Nonnen wurden »giovani bizzaramente vestite«.[44] Ähnlich wurde mit *Les Huguenots* verfahren; aus Mailand ist ein Libretto *I Guelfi ed I Ghibellini* überliefert, aus Padua Francesco Guidis Bearbeitung *Gli Anglicani* und aus Rom *Renato di Croenwald*.[45] In Donizettis *La Favorite* empfanden Zensoren den religiösen wie den erotischen Diskurs um die Geliebte des Königs von Kastilien als bedrohlich. Die italienische Erstaufführung der Oper fand 1842 in Padua unter dem unverfänglicheren Titel *Leonora di Guzman* statt. Bis heute in Gebrauch ist die bei dieser Gelegenheit entstandene, zahlreiche Einzelheiten verändernde Übersetzung von Francesco Janetti, die nicht nur religiöse Bezüge entfernt, sondern aus Balthazar den Vater von Fernand und eine »Mischung aus Germont père und dem Marquis von Calatrava« macht.[46] Im folgenden Jahr wurde die Oper zwar unter dem originalen Titel *La favorita* in Mailand gespielt, Verwendung fand aber die Zensurfassung, die als *Elda* 1852 in Bologna, 1855 in Ferrara und 1858 in Palermo zur Aufführung gelangte. Auf dieser baut – wie viele übernommene Textstellen belegen – wiederum die Bearbeitung *Daila* der römischen Zensur (1860) auf, in der der erotische Diskurs vollständig entfernt ist und die religiösen Bezüge auf den Islam umgedeutet werden. Der Schauplatz Santiago de Compostela, eine der zentralen Wallfahrtsstätten der katholischen Kirche, wurde in *Elda* durch das Kloster der Templer in Syrien und in *Daila* durch eine Moschee ersetzt: in letzterer Fassung wird aus Alphonse XI. der türkische Sultan Orcano; Balthazar, der Vorsteher des Klosters, wird verwandelt in Almanzore, einen »gran Dervis Mulano«.

Die Umbennenung von Protagonisten und Verlegung des Schauplatzes hatte System. Mit diesen Maßnahmen konnte die Grundstruktur des Librettos erhalten bleiben, ohne gleichzeitig Anstoß zu erregen. Bei der Bearbeitung von *Les Vêpres siciliennes* zu *Giovanna di Guzman* wurde neben zahlreichen kleineren Änderungen der Ort der Handlung, den Scribe bei der Bearbeitung seines von Donizetti nicht vollendeten Libretto-»Ladenhüters« *Le Duc d'Albe*

---

43 Zitiert nach Zavadini (wie Anm. 36), S. 708.

44 *Roberto il diavolo*, Florenz 1844, S. 33, 47.

45 Siehe dazu d. Verf., »Meyerbeers ›Les Huguenots‹ und die päpstliche Zensur: ›Renato di Croenwald‹«, in: *Bühnenklänge. Festschrift Sieghart Döhring zum 65. Geburtstag*, hg. v. Thomas Betzwieser u.a., München 2005, S. 565-578.

46 Ralph Leavis, »›La Favorite‹ and ›La Favorita‹. One opera, two librettos«, in: *Donizetti-Society-Journal* (1975), S. 117-129, hier S. 124f.

von den Niederlanden nach Sizilien verlegte, erneut - nun nach Portugal - verschoben. Die Protagonisten wurden ebenfalls verändert:

GUY DE MONTFORT, gouverneur de Sicilie, sous Charles d'Anjou roi de Naples	MICHELE DE VASCONCILLOS, Condottiere spagnuolo, reggente il Portogallo per Filippo IV di Spagna
LE SIRE DE BETHUME, officier français	DON PEDRO, ufficiale spagnuolo
LE COMTE DE VAUDAUMONT, officier français	DON DIEGO, ufficiale spagnuolo
HENRI, jeune sicilien	ENRICO, ufficiale portoghese
JEAN PROCIDA, médecin sicilien	DON GIOVANNI RIBEIRO PINTO, Capitano portoghese
LA DUCHESSE HÉLÈNE, sœur du duc Frédéric d'Autriche	GIOVANNA DI GUZMAN, cognata del Duca di Braganza
NINETTA, DANIELI, THIBAULT, ROBERT, MANFROID	VITTORIA, TELLO, CARLO, MENDEZ, MANFREDO

Die Fassung ist weniger ein Ausdruck von Willkür engstirniger Zensoren, sondern verweist auf einen Querstand der ursprünglichen Version mit dem patriotischen Empfinden eines Teils der italienischen Öffentlichkeit, in der zu dieser Zeit die Frage der italienischen Einigung auf der Tagesordnung stand. Verdi selbst hatte befürchtet, daß das Libretto die Italiener beleidigen könne, »parce que M. Scribe altérant le caractère historique de Procida, en a fait (selon son système favori) un conspirateur commun mettant dans sa main l'inévitable poignard«.[47] Besonders deutlich wird die Unvereinbarkeit in der Rezension der Oper in der Zeitschrift *L'Italia musicale* des Verlagshauses Lucca, wenngleich die Schärfe sicherlich auch dem Umstand geschuldet ist, daß das Werk bei dem Konkurrenten Ricordi verlegt wurde. Nachdem der Rezensent Scribe unterstellt, italienischen Komponisten immer die schlechtesten Texte aus seiner »Fabrik« zukommen zu lassen,[48] fragt er, wie Librettist und Komponist auf die Idee kommen konnten, das Publikum mit einem Sujet erobern zu wollen, »che doveva riuscire odiosissimo alla patria del poeta, e che non si sarebbe potuto rappresentare, per mille ostacoli, nella patria del maestro«.[49] Er vermutet, daß die beiden sich entweder auf Kosten des Publikums einen Jux machen wollten oder daß ihnen der gesunde Menschenverstand abhanden gegangen sei. Über die Art der Bearbeitung des ehrwürdigen Stoffes ist er empört: »Se le colpe letterarie si punissero come le politiche, il vecchio Scribe non uscirebbe più vivo dalle prigioni correzionali.«[50] Besonders mißfiel ihm, daß die Charakterzeichnung die moralischen Qualitäten der hi-

47 [Giusepppe Verdi], *I Copialettere di Giuseppe Verdi*, hg. von Gaetano Cesari und Alessandro Luzio, Mailand 1913, S. 158

48 *L'Italia musicale* (1856), S. 49.

49 Ebd., S. 57.

50 Ebd.

storischen Vorbilder ignoriert; gerade die verdammungswürdigste Figur werde am sympathischsten gezeichnet: »Il Vicerè di Sicilia nel libro di Scribe è buon padre, è clemente, è di maniche larghe, vive all'aperto e sicuro senza un sospetto al mondo; impartisce grazie e per eccesso di bontà e di generosità cade vittima degli assassini, tra quali il più simulato e il più truce è precisamente Procida, che doveva essere l'eroe più grave e più nobile dell'azione.«[51] Verdi hätte unbedingt ablehnen müssen »a farsi complice dell'attentato dei poeti francesi; egli doveva o mettere in musica la grande epopea dei Vespri siciliani com'esce evidente dalle pagine e dai documenti della storia; o rifiutarsi a dar mano perchè uno dei più grandi avvenimenti italiani venisse così turpemente svisato«.[52]

Scribes Libretti boten trotz aller Umgestaltungen hervorragende Opernsujets. Sie boten bühnenwirksame Situationen, die für Ghislanzoni ein gutes Textbuch auszeichnen. Erfahrene Komponisten wählten danach die Vorlagen aus: »Essi indovino l'effetto di due o tre situazioni teatrali e quasi prevengono coll'occhio le proporzioni e il colorito dei personaggi.«[53] Entscheidend war für ihn die sinnliche Nachvollziehbarkeit einer Handlung:

> L'interesse di un melodramma deve, a parer mio, risultare quasi esclusivamente dai fatti, e questi fatti che si svolgono sulla scena debbono in certo modo essere compensibili all'occhio. Un intreccio di avvenimenti e di passioni che si rendano percettibili allo spettatore a mezzo dei sensi, che non lo obblighino a interrogare il libro stampato, a cercare nella parola il senso della armonia o delle modulazioni, è ciò ch'io, a mio vedere, costituisce il cardine di una buona favola per musica.[54]

Erreichten französische Librettisten genau dies durch die Übernahme des »melodramatischen Prinzips«, so knüpfte »Scribe in einem Libretto wie *La Muette de Portici* vor allem an die Eigenheit des Melodrams an, Licht und Schatten in plakativer Weise auf typisierte Figuren zu verteilen« und übertrug die Dramaturgie geradezu gewaltsamer Kontraste in die Oper.[55] Trotz der Vielzahl von Veränderungen, die italienische Bearbeiter an Scribes Texten vornahmen, »funktionierten« seine Libretti auf der Bühne.

---

51 Ebd.

52 Ebd., S. 58

53 *Gazzetta musicale di Milano* 23 (1868), S. 354.

54 Ebd., S. 355.

55 Gerhard (wie Anm. 23), S. 128f. Zum Mélodrame siehe insbesondere Peter Brooks, *The Melodramatic Imagination*, New Haven 1995.

MILAN POSPÍŠIL

Österreichische Opernzensur in Prag: *Gustave III* und *La Juive*[1]

Die Verschiedenheit der politischen Systeme und die unterschiedlichen Vorstellungen von Meinungsfreiheit im Frankreich der Julimonarchie und im Österreich des Vormärz schlugen sich auch im Theater nieder. Obwohl die Ziele, die die Zensur in beiden Ländern verfolgte, ähnlich waren - Verteidigung der staatlichen Ordnung, Religion und Moral -, gab es bei ihrer Durchsetzung grundsätzliche Unterschiede. Diese traten auch bei der Rezeption der französischen Kultur in Österreich zutage: Während eine Reihe von Theaterstücken von dem gebildeten Teil der Öffentlichkeit wegen der Verfügbarkeit in Buchform ohne Zensurbeschränkung gelesen werden konnte, überwachten die Behörden um so sorgfältiger das Theater als öffentliche Institution, da dieses die breitesten Bevölkerungsschichten erreichte. Und obwohl man das gesungene Wort auf der Bühne für weniger gefährlich hielt als das gesprochene, waren einige Stoffe, Bühnensituationen und Ausdrücke der französischen Grand opéra und Opéra comique im Österreich Metternichs undenkbar. Wegen Giacomo Meyerbeers *Les Huguenots* (1836), einem der prominentesten französischen Werke überhaupt, ersuchte der Präsident der Wiener Polizei- und Zensurhofstelle, Joseph Graf Sedlnitzky, den Oberstburggrafen von Böhmen, Karl Graf von Chotek, daher ausdrücklich, »darüber wachen zu wollen, daß die besonders in religiöser Beziehung äußerst anstößige neueste Oper von Mayerbeer: *Die Hugenotten* oder *Die Bartholomäusnacht* unter keiner Bearbeitung und unter keinem Titel dortlands zur Aufführung gebracht werde.«[2]

1 Für Hinweise zur Literatur über die Theaterzensur in Österreich danke ich Hubert und Vlasta Reitterer in Wien sowie Adolf Scherl in Prag. Grundlage des Aufsatzes sind insbesondere: Carl Glossy, »Zur Geschichte der Wiener Theatercensur«, in: *Jahrbuch der Grillparzer-Gesellschaft* 7 (1897), S. 238-340; Julius Marx, *Die österreichische Zensur im Vormärz*, München 1959; Heinz Rieder, *Wiener Vormärz. Das Theater, Das literarische Leben, Die Zensur*, Wien 1959; Franz Hadamowsky, »Ein Jahrhundert Literatur- und Theaterzensur in Österreich (1751-1848)«, in: *Die österreichische Literatur. Ihr Profil an der Wende vom 18. zum 19. Jahrhundert (1750-1830)*, hg. von Herbert Zeman, Teil I, Graz 1979, S. 289-305; Alice M. Hanson, *Die zensurierte Muse. Musikleben im Wiener Biedermeier*, Wien 1987; Franz Hadamowsky, *Wien. Theatergeschichte. Von den Anfängen bis zum Ende des ersten Weltkriegs*. Wien [2]1994. Zur Aufführungsgeschichte von *Gustave III* in Prag und zur Rezeption in der zeitgenössischen Presse siehe Tereza Machová, *Verdiho a Auberův Maškarní ples v Praze 19. století*, Diplomarbeit am Musikwissenschaftlichen Institut der Karlsuniversität Prag, Prag 2006. Marta Ottlová danke ich für den freundlichen Hinweis auf diese Arbeit. Der Teil über *La Juive* stützt sich u.a. auf: Fromental Halévy, »La Juive«, in: *L'Avant-scène opéra* 100 (Juli 1987). Die Rezeption der *Jüdin* in Prag wurde bisher nicht untersucht.

2 Brief von Sedlnitzky an Chotek vom 14. Mai 1836. Nationalarchiv Prag (NAP), Fonds Präsidium des Guberniums (PG), Sign. 1844, 1836-1840, Archivbox 16/15.

Die Rezeption von *Les Huguenots* in den katholischen Teilen des deutschsprachigen Raums ist symptomatisch dafür, wie sich die Zensur mit Pariser Opernneuheiten der 1830er Jahre auseinandergesetzt hat. Im Unterschied zum Drama der französischen Romantik wurden die Opern von der österreichischen Zensur letztlich nicht verboten, sondern unter der Bedingung zugelassen, daß in den deutschen Übersetzungen alle anstößigen Momente entfernt würden. Die Bandbreite der Eingriffe in den Text war weit: von Streichungen einzelner Worte bis zu radikalen Eingriffen - ähnlich wie bei den bereits erwähnten *Les Huguenots* -, wo der dramatische Konflikt durch Beseitigung des historischen Stoffs entschärft wurde, aber die eigentliche Handlung weitgehend erhalten blieb.[3] Den durch die politische Situation in Österreich motivierten Librettomodifikationen will ich mich anhand zweier Opern mit Texten von Eugène Scribe widmen: *Gustave III ou Le Bal masqué* mit Musik von Daniel François Esprit Auber und *La Juive* mit Musik von Fromental Halévy, deren Werkgeschichte in Prag zwischen den 1830er und 1860er Jahren beziehungsweise bis zum Anfang des 20. Jahrhunderts untersucht wird.[4]

Gustave III ou Le Bal masqué

Am 27. Februar 1833 wurde in Paris in der Académie Royale de la Musique *Gustave III* uraufgeführt. Die Premiere fiel in die Zeit, in der in Frankreich nach der Julirevolution die Zensur zeitweilig aufgehoben war.[5] Scribes Libretto basiert auf einem historischen Ereignis (in seinen *Œuvres complètes* wird dies auch durch den Untertitel »Opéra historique« betont), nämlich der Ermordung des schwedischen Königs Gustav III. auf einem Maskenball in Stockholm am 16. März 1792. Dieses Libretto hätte dem Anliegen der Zensoren der Juli-Monarchie nach der »Verteidigung der Monarchie, der Persönlichkeit des Königs und der ihm gebührenden Achtung« kaum genügt;[6] überdies war ein Attentatversuch auf Louis-Philippe im Jahre 1835 Anlaß (oder Vorwand) der

---

3 Vgl. Michael Walter, »Zwei ›Hugenotten‹-Bearbeitungen des 19. Jahrhunderts«, in: *Jahrbuch für Opernforschung* 1 (1985), S. 122-143; Sebastian Werr, »Meyerbeers ›Les Huguenots‹ und die päpstliche Zensur: ›Renato di Croenwald‹«, in: *Bühnenklänge. Festschrift Sieghart Döhring zum 65. Geburtstag*, hg. v. Thomas Betzwieser et al., München 2005, S. 565-578.

4 Ein Verzeichnis des Repertoires des Prager Ständetheaters gibt es nicht. Für die Recherche der Daten der Einstudierungen beider Opern sowie für wichtige Hinweise danke ich Jitka Ludvová im Theaterinstitut Prag.

5 Aufgehoben durch den Artikel 7 der Charta vom 7. August 1830, wieder eingeführt durch Gesetz vom 9. September 1835. Vgl. Odile Krakovitch, *Censure des répertoire des grands théâtres parisiens (1835-1906), Inventaire des pièces (F^{18} 669 a 1016) et des procès-verbaux des censeurs (F^{21} 966 à 995)*, Paris 2003, S. 36f.

6 »défense de la monarchie, de la personne du roi et du respect qui lui est dû«. Ebd., S. 42.

Wiedereinführung der Zensur,[7] nachdem die Oper vorübergehend vom Spielplan genommen worden war.[8] Die Rezeption von *Gustave III* in Frankreich – und anschließend in ganz Europa, insbesondere auch in Prag – wurde durch das Theaterereignis der großen Tanzszene des Maskenballs im V. Aufzug dominiert, nach der die Darstellung des Königsmordes am Schluß eher als deren Vorwand wirkte.[9]

Ganz anders wurde ein solcher Stoff in Österreich als Opernvorlage betrachtet. Obwohl es die deutsche Übersetzung *Gustav oder Der Maskenball* von Carl August Freiherr von Lichtenstein (aufgeführt in Frankfurt am Main am 21. August 1834) bereits gab, wurde von Joseph Ritter von Seyfried und Georg Edler von Hofmann für Wien eine neue Version mit dem Titel *Die Ballnacht* (aufgeführt am 26. September 1835) eingerichtet.[10] Die gravierendsten Abweichungen vom französischen Original geben Auskunft darüber, welche Situationen von Scribes Libretto für die österreichische Zensur unannehmbar waren.[11] Die Bearbeitung entspricht den allgemeinen Richtlinien der Zensur, wie

---

7 Scribes auf 1830 datiertes Libretto hatte als *Gustave de Suède, ou Gustave II, ou le Bal masqué* der Zensur vorgelegen; es findet sich im Zensurfonds der Theatermanuskripte der Archives Nationales in Paris unter Sign. F[18] 669. Vgl. ebd., Katalognummer 3820, S. 312.

8 »[W]ährend der entscheidenden Phase des dem Fieschi-Attentat folgenden Prozesses [durfte] *Gustave* (ebenso wie *La Muette de Portici*) zeitweise nicht gespielt werden«. Siehe Michael Walter, »D.F.E. Auber: ›Gustave ou le Bal masqué‹. [...] G. Meyerbeer: ›Le Prophète‹«, in: Walter (wie Anm. 3), S. 144-148, hier S. 145. Die Wiederaufnahme des *Gustave* an der Pariser Opéra fand am 2. Juli 1838 statt. Vgl. Nicole Wild, *Décors et costumes du XIXe siècle: Tome I: Opéra de Paris*, Paris 1987, S. 129.

9 »La grande affaire de l'Opéra, en montant *Gustave*, ce n'était, il faut bien le dire, ni le drame de M. Scribe, ni la musique de M. Auber; mais la mise en scène d'un ballet splendide, réglé par M. Duponchel au cinquième acte de l'ouvrage. [...] L'assassinat du roi du Suède n'était qu'un thème, la conspiration, qu'un moyen d'arriver un galop monstre.« Siehe Benoît Jouvin, *D.-F.-E. Auber, sa vie et ses œuvres*. Paris 1864, S. 59f. Zit. nach: *Auber et l'opéra romantique. 29 janvier 1782 - 29 janvier 1982*, hg. von der Délégation à l'action artistique de la Ville de Paris, Paris 1982, S. 29. Vgl. auch den kritischen Widerhall der ersten Prager Aufführungen: »Daß der so kostspielig ausgestattete Maskenball das Interesse von der Handlung ablenkt, und eine Stimmung hervorbringt, welche den Empfindungen des tragischen Schlußes ganz entgegen gesetzt ist, versteht sich von selbst.« [Anton Müller], »Theaterbericht vom 28. und 29. April«, in: *Bohemia* vom 1. Mai 1836, S. 3-4, hier S. 4. Eine knappe Übersicht der Rezeption des *Gustave III* in den deutschsprachigen Ländern gibt Carl Friedrich Wittmann, »Einleitung«, in: Daniel François Esprit Auber, *Gustav oder der Maskenball*, neu hg. von Georg Richard Kruse, Leipzig o.J., S. 3-20.

10 *Die Ballnacht. Große Oper in fünf Acten, mit Divertissement.* Nach dem Französischen des Scribe von J. R. v. Seyfried und G. E. v. Hofmann, Musik von Auber, Wien 1835.

11 Das *Gustave III* betreffende Zensurprotokoll im Haus-, Hof- und Staatsarchiv in Wien scheint bisher nicht untersucht worden zu sein, allerdings wurden die Akten der Polizei- und Zensurhofstelle beim Brand des Justizpalastes in Wien 1927 weitge-

sie beispielsweise Regierungsrat Franz Karl Hägelin 1795 in einer Denkschrift für die Theaterzensur in Ungarn formulierte, wonach »Monarchen nachtheilige Begebenheiten oder herabwürdigende Mißhandlungen derselben, wenn sie den Stoff eines Stücks ausmachen, [...] nicht aufs Theater gebracht werden« können.[12] Nicht akzeptabel war demnach bereits die Verwendung des historischen Ereignisses, auf das schon der Titel verwies. Aus einem realen schwedischen König wurde daher der fiktive Herzog Olaf, Stellvertreter eines abwesenden ungenannten Königs in einem ungenannten nordischen Land zu unbestimmter Zeit (gegen Ende des 16. Jahrhunderts). Aus diesem Grunde mußte alles entfallen, was nur in Verbindung mit der Person Gustavs III. und seinem Hof Sinn machte (z.B. die Ballettszene der Probe auf die von ihm komponierte Oper *Gustave Wasa* I, 3). Ebenso entfielen die zahlreichen Anspielungen auf Begebenheiten, mit denen Scribe die historische Verankerung des Geschehens betonte und auf die er den Leser des Textbuchs mit Fußnoten aufmerksam machte. Als einzige topographische Angaben blieben in der Übersetzung die Städte London und Paris erhalten, die jedoch im Libretto Scribes bezeichnenderweise nicht als politischer Kontext fungieren, sondern lediglich als die Zentren der Weltmode erwähnt werden.[13] Nicht überraschend ist weiterhin, daß aus dem Texte alles getilgt werden mußte, was die Zensur für gefährlich hielt, insbesondere jede Erwähnung von Freiheit.[14] Die Veränderungen, die den Stoff der historischen Grundlage und aller Aktualität beraubten, reichten dem Zensor indes noch nicht: in der Wiener Fassung ist es dem Herrscher vergönnt, das Attentat zu überleben. Dieser Eingriff in die Handlung belegt, daß die Zensur nicht nur die Verwandtschaftsbeziehungen des Hauses Habsburg-Lothringen zur Dynastie Holstein-Gottorp (aus der Gustav III. entstammte) berücksichtigte,[15] sondern daß die Ermordung eines Herrschers – und sei dieser auch nur erfunden – auf der Bühne überhaupt anstößig war.

Scribe ordnete seine Handlung konsequent dem historischen Faktum des tödlichen Schusses auf den schwedischen König beim Maskenball in der

---

hend vernichtet (vgl. Hadamowsky, wie Anm. 1, S. 305). Es war im Rahmen dieses Aufsatzes nicht möglich, die Quellenlage in Wien zu überprüfen.

12 Zit. nach Glossy (wie Anm. 1), S. 312.

13 Vgl. Eugène Scribe, *Gustave III, ou Le Bal masqué*, in: ders., *Théâtre complet*, Paris 1835, Band 14, S. 287-383, hier S. 363: »Oscar : Que de déguisemens élegans et bizarres! [...] De Londre et de Paris les modes les plus rares!«, und *Die Ballnacht* (wie Anm. 10, S. 70): »Gustav: Was neue Mode bringt, wird heut die Stadt erfahren. [...] Aus London und Paris die allerneusten Waren.«

14 Die Losung der Verschworenen lautet beispielsweise bei Scribe: »Suède et liberté« (wie Anm. 13), S. 364, bei Seyfried-Hofmann dagegen: »Dem Feinde Untergang!« (wie Anm. 10), S. 71. Vgl. die Instruktion Hägelins: »Von dem Worte ›Aufklärung‹ ist auf dem Theater ebenso wenig Erwähnung zu machen als von der Freiheit und Gleichheit«. Zitiert nach Glossy (wie Anm. 1), S. 333.

15 Dies gibt Wittmann als Motivation verschiedener Bearbeitungen des Textes im 19. Jahrhundert an. Vgl. Wittmann (wie Anm. 9).

Schlußszene der Oper unter. Er rechnete mit einem Zuschauer, der von dem bevorstehenden Mord an Gustav III. weiß; die Handlung ist aber so geschickt auf dieses Ende hin ausgerichtet, daß das historische Ereignis als unausweichliche Folge der erfundenen Handlung erscheint. In der Bearbeitung von Seyfried und Hofmann wurde dieses attraktive Moment des Librettos bereits durch die Eliminierung des historischen Stoffes zunichte gemacht. Die Rettung Herzogs Olafs zerstört nachträglich die durch die Prophezeiung der Wahrsagerin enthüllte Schicksalsdimension des Dramas. Konsequenterweise wird der Mord von der im Personenverzeichnis zur »Kartenschlägerin« entzauberten Wahrsagerin selbst verhindert:[16] Reuterholm »schwingt den Dolch und will den Herzog durchbohren. Arverdson, die unbemerkt eingetreten war, erscheint in diesem Augenblicke zwischen dem Herzog und Reuterholm; sie hält mit kräftiger Hand Reuterholms Arm zurück und schützt dadurch den Herzog vor dem tödtenden Stoße.«[17] Der neue Schluß und die dadurch zum Ausdruck gebrachte moralische Lehre wird durch die Bestrafung des Schurken bekräftigt: »Wie er [Reuterholm] bemerkt, daß seine Absicht mißlang, stößt er sich selbst den Dolch in die Brust und stürzt auf den Boden.«[18] Obwohl die vorangehende Handlung unverändert geblieben war, verwandelte sich die Tragödie durch die »Enthistorisierung« des Stoffes und den glücklichen Ausgang fast in eine Parodie.[19]

Die Wiener Version von Seyfried und Hofmann ist hier wichtig, weil die Werke der französischen Grand opéra in der Regel auf dem Umweg über die Hauptstadt der habsburgischen Monarchie nach Böhmen kamen; in Prag wäre es fast undenkbar gewesen, ein Werk aufzuführen, dessen Darbietung vorher in Wien untersagt worden war.[20] Umgekehrt kam ein in Wien genehmigtes Stück in der Regel anstandslos durch die Zensurprüfung in Prag. Da *Die Ballnacht* gutgeheißen worden war (»Darf aufgeführt werden«), kann man vermuten, daß hier die Version von Seyfried/Hofmann gespielt wurde, wenn-

---

16 In Regieanweisungen wie auch im Text des zweiten Aktes ist allerdings der dämonische Charakter der Frau als Hexe erhalten. Siehe *Die Ballnacht* (wie Anm. 10).

17 Ebd., S. 82f.

18 Ebd., S. 83. Der von Seyfried/Hofmann eingeführte Selbstmord entspricht genau der Instruktion Hägelins, nach der Selbstmorde zulässig und sogar lehrsam sein können, wenn sie »als Folgen und Strafen des Lasters erscheinen«. Zitiert nach Glossy (wie Anm. 1), S. 315.

19 Der Auftritt der Kartenschlägerin als Deus ex Machina brachte offenkundig die Theaterleute in Verlegenheit; wahrscheinlich wurde deshalb das glückliche Ende erneut bearbeitet.

20 Es kamen sicher Ausnahmen vor. So wurde etwa 1838 in Prag der zuvor in Wien verbotene *Schwarze Domino* von Scribe und Auber genehmigt; allerdings unter der Bedingung weitreichender Textveränderungen, so daß die Einwände der Zensur gegenstandslos wurden. Der Fall ist im Fonds des PG im NAP (wie Anm. 2) dokumentiert (Sign. 1844, Archivbox 16, Mappe 15, und PG Schrift 220 *Censurirte Theaterstücke für die Prager Bühne 1838-1843*).

gleich die Aufzeichnungen im *Protokoll der Theatercensurirung 1824-1837* weder die Autoren der Oper noch die Übersetzernamen anführen.[21] Das Aufführungsmaterial zur Prager Erstaufführung im Ständetheater am 5. April 1836 ist im Archiv des Nationaltheaters nicht überliefert. Rückschlüsse auf die Gestalt der Oper kann man daher nur aus den Theaterzetteln und der Presse ziehen.

Die Theaterzettel nennen den Übersetzer nicht, sondern teilen nur mit: »Nach dem Französischen des Scribe«.[22] Der Titel der Oper *Die Ballnacht* und die Personennamen entsprechen der Bearbeitung von Seyfried/Hofmann:[23]

Seyfried und Hofmann:	Ständetheater
Herzog Olaf, Stellvertreter des abwesenden Königs	Herzog Olaf, Stellvertreter des abwesenden Königs
Graf Reuterholm	Graf Reuterhyelm[24]
Dehorn Edelleute	Dehorn Edelleute
Warting	Warting
Ein Kammerherr	
Ribbing, Kanzler	Der Kanzler
Stolpe, General	
Christian	Christian
Amalie, Reuterholms Gemahlinn	Amalie, Reuterhyelms Gemahlin
Ardverson, Kartenschlägerinn	Adverson, Kartenschlägerin
Gustav Page des Herzogs	Gustav Page des Herzogs
Ein Bildhauer	
Ein Mahler	
Ein Diener Reuterholms	Ein Diener Reuterhyelms
Höflinge, Abgeordnete des Landes, Officiere, Garden, Soldaten, Matrosen, Volk	Höflinge, Krieger, Künstler, Bürger, Garden, Soldaten, Matrosen, Volk, Masken.

Das Fehlen einiger Nebenfiguren erklärt sich wahrscheinlich dadurch, daß die Regie ihre Bedeutung gering einschätzte - der Theaterzettel subsumiert den fehlenden Bildhauer und Maler als »Künstler« unter Chor und Komparserie. Ihren Auftritt im ersten Akt belegt eine Rezension, die wiedergibt, wie sie durch Herzog Olaf angesprochen wurden: »Die Worte ›Du Zierde des Königreichs‹,[25] mit welchen der Herzog den einen Künstler anredet, könnten, da sie

---

21 NAP, Fonds PG (wie Anm. 2), Schrift 219, unpaginiert. Auf der betreffenden Seite gibt es keine Rubriken zu den Daten der Antragsvorlage und der Erledigung. Der fortlaufenden Nummer 13 zufolge war es Anfang des Jahres 1836.

22 Der Theaterzettel der Premiere im Prager Ständetheater am 5. April 1836 findet sich in der Theaterabteilung des Nationalmuseums Prag (DONM), Sign. P-I-A.

23 *Die Ballnacht* 1835 (wie Anm. 10), S. 3.

24 Die Schreibart des Namens Reuterholm variierte in den Prager Quellen, es findet sich auch Reiterholm. Machová (wie Anm. 1, S. 20) führt mit Renterholm noch eine weitere, möglicherweise aber nur auf einem Lesefehler beruhende Variante an.

25 Dieses ungenaue Zitat bestätigt immerhin, daß es um die Version Seyfried-Hofmann geht. Vgl. die Ausgabe Wien 1835 (wie Anm. 10), S. 7: »Zierde dieses

jedesmal belacht wurden, geändert werden.«[26] Ein wesentlicher Unterschied zur Fassung von Seyfried/Hofmann findet sich jedoch in der Schlußszene, von der die Zeitschrift *Bohemia* berichtet:

> Reuterholm schleicht in seine [des Herzogs] Nähe, als er eben Amelien eine Schrift einhändigt, in welcher Reuterholm als Gesandter am französischen Hofe ernannt ist, und gleich am folgenden Tage mit Amalien nach Paris abzureisen, befehligt wird. In dem Augenblicke, wo der Herzog ihr die Schrift als Andenken überreicht, ersticht ihn Reuterholm, und tödtet sich hierauf selbst. Der Herzog bittet noch im Sterben um Gnade für die Verschworenen.[27]

Die in Prag aufgeführte Version vermischt die Fassung von Seyfried/Hofmann (Dolch als tödliche Waffe, Reuterholm ersticht sich) mit dem Ausgang des Originals bzw. der Übersetzung von Lichtenstein (der Anschlag gelingt, der sterbende Herrscher vergibt den Verschwörern). Über die Motive dieser partiellen Wiederherstellung des Originals kann man nur Vermutungen anstellen. Die ursprüngliche Gestalt der Oper war in Prag zweifellos bekannt, da die Übersetzung von Lichtenstein auch im Klavierauszug abgedruckt war.[28] Sollte diese Bearbeitung der Seyfried/Hofmann-Version tatsächlich in Prag entstanden sein, so mag dazu der Besuch des Ballettmeisters des Ständetheaters, Johann Raab, in Paris beitragen haben, der auf dem Theaterzettel erwähnt wird und von dem auch die Besprechung der *Bohemia* berichtet.[29] Das Theater konnte mit seinem Eingriff die Zensur mühelos hintergehen, denn der Schluß betraf in erster Linie die Bühnenaktion; Äußerungen der Protagonisten aus der Fassung von Seyfried/Hofmann, die der Aktion widersprochen hätten, konnten einfach weggelassen werden.

Die Prager Presse ging auf das Verhältnis der Aufführungsfassung zum Original begreiflicherweise mit keinem Wort ein; Kritik gegenüber dem Libretto richtete sich allein gegen Scribe:

> Historisches und Unhistorisches, politische Urtheile und Vorurtheile - Alles tummelt sich in dem Texte so bunt durcheinander, wie die Motive der Handelnden,

---

Reich's, Du mach'st die Steine leben!«, und die Ausgabe Dresden 1836 (wie Anm. 31), S. 3: »Und Du, Zierde des Reichs, Dem Marmor giebst Du Leben!«

26 [Anton Müller], »Theaterbericht vom 24. und 25. September«, in: *Bohemia* vom 27. September 1836, Nr. 117, S. 3.

27 [Anton Müller], »Theaterbericht vom 5. April«, in: *Bohemia* vom 8. April 1836, Nr. 43, S. 2-4, hier S. 3.

28 *Gustave, ou Le Bal Masqué.* Opéra historique en cinq Actes. Paroles de Mr. Scribe. Musique de D. F. E. Auber. Partition réduite avec accompagnement de Piano. *Gustav oder der Maskenball.* Historische Oper in fünf Aufzügen nach dem französischen des Scribe zur beibehaltenen Musik von D. F. E. Auber für die deutsche Bühne bearbeitet von dem Freiherrn von Lichtenstein, vollständiger Clavier Auszug eingerichtet von Joseph Rummel. Mainz und Antwerpen o.J.

29 »Taenze und Maskenintermezzos von Herrn Balletmeister Joh. Raab, nach der von ihm in Paris genommenen Ansicht arrangirt« (wie Anm. 22).

> und da es aus der voranstehenden kurzgefaßten Auseinandersetzung des Buches begreiflich ist, daß die Handlung für eine Oper viel zu reich ist, so hat Auber den Text ohngefähr wie die Worte zu einem Schattenspiele an der Wand behandelt. Das Publikum sieht die Bilder vorübergleiten, die Musik spielt dazu recht artig und unterhaltend, ganz im Geiste des lustigen Pagen; wir haben Barcarole und Schnee, Hexe und Galgen, Liebschaft, Verschwörung und Mord, und was mehr als Alles sagen will, sehr hübsche Tänze und komische Masken; mit einem Worte, Aubers und Scribe's *Ballnacht* bietet so viel zu sehen und zu hören, daß die Vorstellung bei aller Eile doch drei volle Stunden einnimmt.[30]

Die Anpassung der Wiener Zensurversion von Seyfried/Hofmann an die Bedingungen anderer deutschsprachiger Bühnen belegen Unterschiede in den Librettodrucken; so findet sich in der Dresdner Ausgabe neben zahlreichen Veränderungen eine von der Wiener Erstausgabe abweichende Variante des *lieto fine*.[31] Die Erstaufführung von *Gustave III* im Prager Ständetheater unter der Direktion von Johann August Stöger hing also nicht völlig von der durch die Wiener Zensur diktierten Version ab; vielmehr stellte die Prager Fassung den Versuch dar, trotz Zensur möglichst viel vom Original zu erhalten.

Nachdem in Österreich während der Revolution am 15. März die Zensur aufgehoben worden war, begann auch das Ständetheater in Prag, die bisher in zensierten Fassungen gegebenen Opern mit den ursprünglichen historischen Stoffen aufzuführen. Unter den ersten waren es auch die in der Sekundärliteratur häufig behandelten *Hugenotten*,[32] es folgten weitere Opern, so am 21. Dezember 1848 *Gustav der Dritte, oder Der Maskenball*, mit dem Zusatz: »Zum ersten Male nach dem Originaltexte«,[33] und mit der Angabe Lichtensteins als Übersetzer. Während *Bohemia* die Verwandlung der

---

30 Wie Anm. 26, S. 3.

31 Vgl. *Die Ballnacht. Große Oper in 5 Akten, mit Ballet.* Nach dem Französischen des Scribe. Von J.R. von Seyfried und G.E. von Hoffmann. Musik von Auber, Dresden 1836. Da das Textbuch keine Regieanweisungen wiedergibt, lässt sich die Art der unerwarteten Rettung Olafs nur raten. Während alle glauben, daß er erschlagen worden sei, erwacht Olaf zum Leben: »Wo bin ich? Diese That! – von Freundeshand. – Beruhigt Euch, – der Stoß ging fehl – Noch lebe ich und Euer Glück sey stets das Meine! / Chor: Es lebe hoch der Herzog!«. Ebd., S. 90f. (Die Dresdner Erstaufführung fand am 29. September 1836 statt.) – Außer den zahlreichen deutschen Textbüchern ohne Angabe der Übersetzer sind weitere vier Ausgaben der Seyfried-Hofmann-Version in Berlin und eine in Pest belegt. Vgl. Herbert Schneider, *Chronologisch-thematisches Verzeichnis sämtlicher Werke von Daniel François Esprit Auber (AWV),* Band 1,1, Hildesheim-Zürich-New York, 1994, S. 714-720.

32 Vgl. Oscar Teuber, *Geschichte des Prager Theaters,* 3. Theil, Prag 1888, S. 281-282 und 380; Jitka Ludvová, »Meyerbeer na pražském německém jevišti 1815-1835«, in: *Hudební věda* 21 (1984), S. 365-374; Marta Ottlová, »Giacomo Meyerbeer im Böhmen des 19. Jahrhunderts«, in: *Meyerbeers Bühne im Gefüge der Künste,* hg. v. Sibylle Dahms, Manuela Jahrmärker und Gunhild Oberzaucher-Schüller, Feldkirchen 2002, S. 364-381.

33 Theaterzettel in DONM (wie Anm. 22), Sign. P-I-A.

Ghibellinen zu den *Hugenotten* begeistert begrüßte,[34] nahm August Wilhelm Ambros dort die Wandlung der *Ballnacht* zu *Gustav* eher zurückhaltend auf:

> Den *Maskenball* sahen wir diesmal in seiner nichtcensurirten Gestalt, nämlich als die Geschichte der Ermordung Gustav's III. von Schweden. Es gehört freilich die ganze französische Herzlosigkeit dazu, eine solche Begebenheit, wovon die Zeitgenossen zum Theil noch am Leben sind, auf's Theater zu bringen und den Verwandten des Gemordeten und der Mörder Gelegenheit zu geben, die Thaten ihrer Großeltern auf den weltbedeutenden Brettern abgespielt zu sehen. Indessen ist das Buch, wie die meisten französischen Operntexte, geschickt und geistreich gemacht.[35]

Der Kritiker der *Prager Zeitung* bevorzugte sogar die Version von Seyfried/Hofmann gegenüber dem Original:

> Ueber das Libretto, welches mit viel Bühnengeschick und einiger poetischen Licenz die letzten Tage des Schwedenkönigs Gustav und seinen Tod durch Meuchelmord in dem Maskenball zu Stockholm behandelt, ist einer ausführlichsten Besprechung überflüssig, wer die *Ballnacht* kennt, braucht an die Stelle der dort Handelnden blos die historischen Personen zu setzen, welcher auf der Bühne zu gedenken in der vormärzlichen Periode nicht gestattet war. Dem Referenten schien es fast, als ob diese Arbeit Aubers in ihrer Verballhornung einen günstigeren Eindruck auf den Hörer zu machen im Stande gewesen wäre, als gegenwärtig, wo wir sie mit einem wichtigen und tragischen historischen Ereigniß in Verbindung gesetzt sehen. Auber vermochte sich in seinem Maskenball zur Schöpfung eines dramatischen Effektes nicht mehr heraufzuschwingen, obwohl das Streben [n]ach einem solchen in der Scene auf dem Rabenstein, in der Verschwörungsscene des 4. Aktes und im Finale des 5. Aktes bemerkbar wird.[36]

Wie stets seit der Erstaufführung erregte vor allem das große Tanzintermezzo des fünften Aktes das größte Interesse des Publikums und der Rezensenten – unabhängig von der jeweils dargebotenen Version.

Nach der Niederschlagung der Revolution in Österreich, und zwar noch vor der endgültigen Einführung des Neoabsolutismus, wurde die Meinungsfreiheit im Theater wieder eingeschränkt durch die Verordnung des Innenministers Alexander Bach vom 25. November 1850, womit eine neue Theaterordnung erlassen wurde. Konkret bedeutete dies die Wiedereinführung der Theaterzensur, mit dem Unterschied, daß jetzt »die Bewilligung der Aufführungen von Bühnenwerken sowie die Durchführung der Zensurbestimmungen in die Kompetenz der Statthaltereien der einzelnen Kronländer übertragen«

---

34 Vgl. Fl-n. [August Wilhelm Ambros], »Prager Theater«, in: *Bohemia* vom 9. Mai 1848, Nr. 74, S. 2. Siehe auch die Literatur in Anm. 32.

35 [August Wilhelm Ambros], »Prager Theater«, in: *Bohemia* vom 23. Dezember 1848, Nr. 255, S. 3-4, hier S. 4. Ich danke Marta Ottlová für die Überlassung dieser und weiterer Kritiken Ambros' aus ihrem Manuskript *August Wilhelm Ambros, Prager Musikpublizistik 1841-1871. Historisch-kritische Ausgabe.*

36 [Anonym], »Theater«, in: *Prager Zeitung* vom 24. Dezember 1848, Nr. 152, S. 4.

worden war.[37] Das weitere Prager Schicksal des *Gustave III* liefert ein anschauliches Beispiel für die Rückkehr der Zensur. Das Ständetheater ersuchte 1851 um die Genehmigung, die Oper *Gustav oder Der Maskenball* in der Übersetzung von Freiherr von Lichtenstein spielen zu dürfen. Die Zensur hatte dies empfohlen und nur das Weglassen des historischen Stoffes gefordert, während der eigentliche Text von Lichtenstein unangetastet bleiben konnte: »Unter der Benennung Ballnacht und strenger Beibehaltung des eingelegten Titelblattes, wornach der Text zu modificiren ist, geeignet.«[38] Die Statthalterei lehnte diese Lösung jedoch ab: »Es erscheint geeigneter, statt das, übrigens die Zulassungsklausel der Theaterintendanz entbehrende Stück zu modifiziren, den Text der, bereits im Vormärz zur Darstellung genehmigten Oper *Die Ballnacht* beizubehalten.«[39] Und so kehrte man bei der nächsten Einstudierung am 15. Dezember 1853 wieder zur Zensurfassung *Die Ballnacht* zurück.[40] Dies erschien den Zeitgenossen aber offenbar so absurd (*Die Hugenotten* durften beispielsweise - wenn auch mit zahlreichen Modifikationen - weiter in der Originalgestalt aufgeführt werden), daß auch in der Kritik der *Bohemia* weiterhin die Namen der Protagonisten in der Fassung Lichtensteins verwendet wurden: »Die Auber'sche Balletmusik war fast ganz gestrichen, und den Originalstücken am Hofballe Gustav IV. [sic] ohne alle ästhetische[n] Gewissensbisse unter andern auch ein ›Ungarischer‹ und eine ›Chinesenpolka‹ (!) substituirt. Neu besetzt waren die Partien Melanies, Ankarströms und des Pagen.«[41]

Eine weitere Einstudierung der *Ballnacht* während des Bachschen Absolutismus fand am 3. März 1858 in Prag statt.[42] Aus dieser Zeit stammt ein handschriftliches Souffleurbuch mit dem Titel *Gustav, oder die Ballnacht,* aufbewahrt im Musikarchiv des Nationaltheaters in Prag. Mit dieser Prager Einstudierung steht es jedoch nicht in Verbindung, da es vermutlich erst von Eduard Kreibig mitgebracht wurde, als dieser, aus Linz kommend, im Jahre 1876 die Direktion des Ständetheaters antrat.[43] Das im Titel sowohl auf Lichtenstein als auch auf

---

37 Julia Danielczyk und Monika Kiegler-Griensteindl, »Quellen zur österreichischen Unterhaltungskultur bis 1945«, in: *Mitteilungen der Vereinigung österreichischer Bibliothekarinnen & Bibliothekare* 58/3 (2005), S. 17-37, hier S. 30.

38 Gutachten in: *Theater=Geschäftsprotokoll.* Geschäftszahl 165, 23. November 1851. Archiv der Hauptstadt Prag (AHMP), Referat XII. für Informationen, Volksbildung, Körpererziehung, Theaterabteilung, Inv. Nr. 13.

39 Ebd., Geschäftszahl der Statthalterei 151, 9. Januar 1852.

40 Vgl. den Theaterzettel in DONM vom 15. Dezember 1853 (wie Anm. 22), Sign. P-I-B.

41 [Franz Ulm], »Theater«, in: *Bohemia* vom 16. Dezember 1853, Nr. 297, S. 3.

42 Es war eine der letzten Opern, die im Ständetheater vor dem Abschluß des Direktorats von Johann August Stöger (Ostern 1858) und dem Eintritt des Direktors Franz Thomé aufgeführt wurden.

43 *Gustav, oder Die Ballnacht. Große Oper in 5 Acten mit Divertissement. Nach dem französischen des Scribe. Musik von Auber.* 2 Hefte (I. und II. und III.-V. Akt) auf dem Umschlag mit dem Titel: *Die Ballnacht. Souflirtext.* Sign. 278/L 3a,b. Auf der

Seyfried/Hofmann verweisende Souffleurbuch enthält die Übersetzung von Lichtenstein, in der mit Bleistift Rangabstufungen (z.B. »Herzog« anstelle »König«) und Personennamen verändert sowie Textvarianten der Übersetzung Seyfried/Hofmann (insbesondere für Amelie und Arvedson) eingetragen sind. Obwohl dieses Souffleurbuch also nicht zur Prager Einstudierung von 1858 gedient hat, ist es eine wichtige Quelle zur Aufführungspraxis dieser Oper. Es zeigt, daß die Empfehlungen der Prager Polizeidirektion anderswo bereits in der Praxis realisiert worden waren und daß auch die Lichtenstein-Übersetzung der Zensur gerecht werden konnte, sofern der historische Stoff verändert, die Personen umbenannt (streckenweise wird Reiterholm mit Ankarström überschrieben) und der Schluß des fünften Akts geändert wurden. Der Schluß des fünften Aktes (ab den Worten Amelie/Melanie: »Zu Hülfe«) ist im Souffleurbuch gestrichen, der Strich ist jedoch durch die doppelt unterstrichene Anmerkung »bleibt« auf S. 147 wieder zurückgenommen.[44] Die Vermutung liegt nahe, daß auch in Prag eine variierte Lichtenstein-Übersetzung aufgeführt wurde, wobei die Namen der Zensurversion lediglich auf dem Theaterzettel verwendet wurden (bis auf die Frau Reuterholms, die diesmal in Übereinstimmung mit Lichtenstein Melanie heißt).

Die Abfolge von Aufführungen der Oper in zensierter, originaler und dann wieder zensierter Gestalt innerhalb weniger Jahre läßt die Annahme zu, daß die Theaterpraxis bestrebt war, den politischen Erfordernissen möglichst pragmatisch entgegenzukommen. Die Sänger konnten in den Sologesängen ohnehin den vertrauten Text singen. Die Hauptpartien Olaf und Reuterholm behielten von der vorherigen Einstudierung aus dem Jahr 1853 Josef Reichel und Steinecke, aber Reichel sang die Titelpartie schon als *Gustav III.* im Jahre 1848, er kannte also den Lichtenstein-Text. Ebenso sangen Karel Strakatý, Josef Illner und Franz Brava in beiden Versionen Horn/Dehorn, Kriegsminister/Kanzler und Christian.[45] Die Vermischung beider Versionen muß nicht störend gewirkt haben, vor allem wenn Ort und Zeit der Handlung und die Personennamen einheitlich der von der Zensur gebilligten Fassung entsprachen. Die Kritik hätte sicher alle Modifikationen der Handlung (z.B. des Schlusses) aufgezeichnet, denn sie notierte sorgfältig alle Veränderungen der Maskenballtänze und der Regie, wie z.B. eine Mondfinsternis.[46]

Deckelinnenseite des zweiten Hefts gibt es den Vermerk, datiert Linz 19. Januar 1858: »Darf in Linz unter der Direktion des Herrn Eduard Kreibig aufgeführt werden.« Die Hefte tragen den Stempel des Deutschen Theater-Vereins in Prag 1906 und 1911.

44 Ähnlich fehlt in der Partiturabschrift im Musikarchiv des Nationaltheaters Prag (wie Anm. 50) in der radikal abgekürzten Schlußszene ab dem mörderischen Angriff der deutsche Text von Seyfried-Hofmann (nach den Worten Reiterholms: »Und du nimm dieß von«). Dies würde nahelegen, daß der Schluß der Seyfried-Hofmann-Version nicht nur in Prag bearbeitet wurde.

45 Vgl. Theaterzettel in DONM (wie Anm. 22), Sign. P-I-A und P-I-B.

46 »Außer der Decorirung des Hofsalons im ersten Acte mit einer Menge von Gypsstatuetten wurde auch die Arie Melanien's in der Hochgerichtsscene mit einer

In auffälliger zeitlicher Übereinstimmung mit der politischen Lockerung nach dem Fall des Bachschen Absolutismus beantragte das Ständetheater wieder die Genehmigung der unzensierten Fassung des *Gustave III* in der Übersetzung von Lichtenstein. Die Prager Polizeidirektion berief sich auf ihr oben zitiertes Gutachten, und die Statthalterei bewilligte diesmal die Aufführung, nur durfte im Titel der Name Gustavs III. nicht auftauchen.[47] Die erst am 11. Februar 1868 erfolgte neue Einstudierung griff also unter dem alten Titel *Die Ballnacht* entweder auf die Lichtenstein-Übersetzung oder eine Mischversion zwischen dieser und der von Seyfried/Hofmann zurück; der Theaterzettel nennt den Übersetzer wiederum nicht.

Die Aufführung der Oper in Originalgestalt nahm die Kritik diesmal mit Zustimmung auf, nicht nur wegen der besseren Wirkung des Librettos, die nur mit dem ursprünglichen Stoff möglich war, sondern auch weil das musikalische Lokalkolorit so motivierter erschien:

> Auber's *Bal masqué* wurde am Dienstag zum ersten Male in seiner Originalgestalt, mithin demasquirt, seiner censuriosten Verhüllungen entledigt, gegeben. Wir hatten es diesmal nicht mehr mit einem mythischen Herzog und mit Namen zufälligen Klanges, mit einer unbestimmten Oertlichkeit zu thun, um König Gustav selbst gruppirten sich die ihn umgebenden Personen, die mannigfaltigen Scenen eines bestimmten Hof- und Volkslebens. Das mit dem so gegebenen historischen auch das andere ästhetische Interesse an Handlung und ihrer Betonung wachsen und gewinnen mußte, faßt sich um so leichter, als Auber gar oft den bestimmten Ton der Stimmung und Situation nicht nur im Allgemeinen, sondern auch im localen Sinne zu treffen verstand, eben so, wie nach entgegengesetzter Richtung in seiner *Stummen*, deren Partitur zwar eben auch nicht das Moment einer historischen Revolution in seiner ganzen Größe, nur jene einer großen Emeute zu erfassen, aber nicht desto weniger nur in Neapel spielen zu können scheint.[48]

In der Kritik taucht nun auch ein weiterer Grund auf, das Libretto Scribes und die Musik Aubers besonders hervorzuheben – die Prager Aufführung der konkurrierenden Oper von Verdi am 14. Juni 1866:

> Bekanntlich ist diese Oper dem Prager Theaterpublikum schon mehrere Jahre vorenthalten worden und nur der *Maskenball* von Verdi gab uns Gelegenheit, an diese Oper vergleichsweise zu erinnern. Wie fast tägliche Beispiele lehren, leiden die Komponisten Italiens und Frankreichs große No[t]h an geschickten Librettisten, namentlich seit der vielschreibende Scribe, dessen Namen mit dem kathegorischen

---

veritablen partiellen Mondfinsterniß begleitet.« [Franz Ulm], »Theater«, in: *Bohemia* vom 4. März 1858, Nr. 63, S. 465.

47 Siehe *Theater=Geschäftsprotokoll,* Geschäftszahl der Polizei 94, 17. Juli 1860, Geschäftszahl der Statthalterei 95, 24. Juli 1860. In: AHMP (wie Anm. 38), Inv. Nr. 16. Kurz zuvor bat das Theater um die Erlaubnis zur Aufführung der Übersetzung von Seyfried/Hofmann, die die Statthalterei am 11. Juni 1860 erteilte. Siehe ebd., Geschäftszahl der Polizei 60, Geschäftszahl der Statthalterei 61.

48 [Franz Ulm], »Theater. (Deutsches Landestheater)«, in: *Bohemia* vom 13. Februar 1868, Nr. 38, Beilage, S. 458.

Imperativ Scribe ihm seinen Lebensberuf vorzeichnete, zu seinen Vätern heimgegangen. Es ist also als Nothlage zu erklären, daß die musikalischen Talente nach bereits vorhandenen Textbüchern greifen, um sich operistisch zu betätigen. Nicht so bald dürfte Jemand so weit gegangen sein, als Verdi, der sich Scribe's *Bal masqué* ausborgte, um ihn nochmals musikalisch zu betonen, nachdem schon Auber hiezu eine Musik geschrieben, die bei ihrem Erscheinen wegen der frischen Motive, der pikanten Rhythmik, der prickelnden Instrumentazion, insbesondere aber wegen der genialen Charakteristik und der allgemeinen dramatischen Verve überall Furore gemacht hat. Mit dieser geistreichen Musik von Auber wurde uns Scribe's *Ballnacht* nach langer Pause am Dienstag und zwar in der Originalgestalt neu einstudirt, vorgeführt. Wir lasen auf dem Zettel diesmal die Originalnamen »Gustav König von Schweden«, und »Ankarström«, sein Vertrauter, statt dem ehemaligen Namen »Olaf und Reuterholm«.[49]

Die erfolgreiche Aufführung des *Gustave III* in Originalgestalt am Ständetheater im Jahre 1868 regte wahrscheinlich auch die tschechische Premiere der Oper unter dem Titel *Maškarní ples krále Gustava III.* [*Der Maskenball des Königs Gustav III.*] im Königlich böhmischen Landestheater (Prozatímní divadlo [Interimstheater]) in Prag an, die bereits in der nächsten Spielzeit am 26. Januar 1869 stattfand. In beiden Fällen handelte es sich um Vorstellungen zu Ehren der Darsteller des Ankarström - Eduard Eghardt im deutschen Theater, Karel Čech im tschechischen.

Von der tschechischen Erstaufführung hat sich im Archiv der Oper des Prager Nationaltheaters eine Partiturabschrift mit dem Titel *Die Ballnacht* erhalten. Diese datiert am Ende des IV. Aktes auf »Linz d 12 Xbr. 1847«[50] mit der unterlegten deutschen Fassung von Seyfried/Hofmann und dem tschechischen Text von Emanuel Züngel. Auch wenn die Namen der Übersetzer dort nicht genannt sind, lassen sie sich erschließen, da zwei handschriftliche Exemplare der Züngel-Übersetzung als Souffleur- und Regiebuch erhalten sind.[51] Der Titel selbst verweist darauf, daß die tschechische Version auf der ursprünglichen Gestalt des Librettos basiert. Die Genehmigung der Aufführung ist bemerkenswert, weil sie zu einer Zeit erteilt wurde, als in Prag noch der Ausnahmezustand galt, der nach den großen Demonstrationen gegen den die tschechischen staatsrechtlichen Forderungen ignorierenden österreichisch-ungarischen

---

49 [Anonym], »Deutsches Landestheater«, in: *Prager Zeitung* vom 14. Februar 1868, Nr. 39, S. 3.

50 *Die Ballnacht. Große romantische Oper in 5 Acten von D.F.E. Auber.* Abschrift der Partitur in 2 Bänden im Musikarchiv des Prager Nationaltheaters, Sign. 278/P 1.

51 *Maškarní ples krále Gustava III^ho^ Velká zpěvohra v 5 jednáních. od Scribe-ho, přeložil Em. Züngl hudba od E. Aubera.* Manuskript im Musikarchiv des Nationaltheaters Prag, Sign. 278/L 2. Dieses Souffleurbuch enthält Zuschriften über die Genehmigung der Aufführung von der Intendanz des tschechischen Theaters vom 18. Dezember 1868 und von der Polizeidirektion in Prag vom 24. Dezember 1868. *Maškarní ples krále Gustava III^ho^ historická zpěvohra v 5 jed. od Scribeho hudba od D.F.E. Auber-a.* Manuskript ebd., Sign. 278/L 1. Die Übersetzung Züngels wurde nicht veröffentlicht.

Ausgleich im Jahre 1867 verhängt worden war.[52] Die Polizeidirektion in Prag sah in der Ermordung eines realen Herrschers auf der Bühne anscheinend keinen Angriff gegen das regierende Kaiserhaus, und sie befürchtete auch nicht, daß dies Tumulte und Demonstrationen hervorrufen könne.

Die Besprechung der tschechischen Premiere des *Gustave III* in *Národní listy* setzt sich eingehend mit Scribes Libretto und dessen österreichischer Zensurfassung auseinander:[53]

> Auber war so glücklich, daß er Scribe bei der Hand hatte, den gewandtesten Librettisten mit dem sich auch Meyerbeer am liebsten verbündet hatte. Das Libretto des *Maskenballs* war auf einer wirklichen Begebenheit gegründet: die im Stück auftretenden Personen waren noch teilweise am Leben. Einige davon waren Augenzeugen des tragischen Schicksals, das den schwedischen König Gustav III. am 15. März 1792 durch die Hand des entlassenen Offiziers Ankarström ereilt hat. Scribe wich allerdings bedeutend von der historischen Wahrheit ab und richtete sich den Stoff am wirksamsten für das Theater zurecht, wodurch er sich freilich nicht wenige Unannehmlichkeiten verursachte, denn die Gräfin Ankarström, die 1833, als *Der Maskenball* in Paris uraufgeführt worden ist, in Leipzig noch lebte, fühlte sich durch die Art, wie sie im Libretto dargestellt worden war, in ihrer Ehre angegriffen und klagte beim Gericht an. Die frühere österreichische Zensur veränderte den ursprünglichen französischen Namen *Gustav III.* und die Oper bekam einen unbeanstandeten Titel *Die Ballnacht,* weil die kaiserliche Familie mit der Familie Wasa verwandt war. Aus Gustav III. wurde Herzog Olaf, aus Ankarström Kapitän Reiterholm, aus »Melanie« Amalie usw.[54]

Der unter der Chiffre »-z.« versteckte Kritiker könnte der Verfasser der tschechischen Übersetzung, Emanuel Züngel, selbst sein. Daß der Autor »Melanie«

---

52 Der Ausnahmezustand dauerte in Prag und der näheren Umgebung vom 11. Oktober 1868 bis zum 28. April 1869. Siehe Otto Urban, *Die tschechische Gesellschaft 1848 bis 1918,* Bd. I-II, Wien 1994, S. 344, 1094.

53 Machová (wie Anm. 1) bringt ein Verzeichnis und eine Interpretation sämtlicher Kritiken der tschechischen Erstaufführung (S. 27-36) und gibt sie in der Anlage vollständig wieder (S. 94-97).

54 »Auber byl tak šťasten, že měl po ruce Scribeho, totiž nejobratnějšího libretistu, s kterýmž také Meyerbeer nejraději se spolčoval. Libreto *Maškarního plesu* založeno bylo na udalosti [sic] skutečné: osobnosti v kusu vystupující zčásti ještě byly na živu. Některé z nich byly očitými svědky tragického osudu, kterýž švédského krále Gustava III. dne 15. března 1792 rukou propuštěného důstojníka Ankarströma byl zastihl. Scribe arci od pravdivosti historické valně se uchýlil a upravil sobě látku co nejúčinněji pro jeviště, čímž sobě arci nemálo nepříjemností spůsobil, neboť hraběnka Ankarströmová, která r. 1833, kdy *Maškarní ples* poprvé v Paříži se provozoval, žila ještě v Lipsku, cítila se spůsobem, jakým v libretu byla vylíčena, na cti uražena a žalovala u soudu. Dřívější rakouská censura původní titul francouzský *Gustav III.* změnila a zpěvohra dostala nezávadný název *Maškarní ples,* poněvadž rodina císařská s rodinou Vasů [sic] spřízněna byla. Z *Gustava III.* stal se vévoda Olaf, z Ankarströma kapitán Reiterholm, z ›Melanie‹ Amalie atd.« Siehe [Anonym (»-z.«)], »Divadlo«, in: *Národní listy* vom 28. Januar 1869, Nr. 28, S. 2.

für den originellen Namen hielt, scheint die Vermutung zu bestätigen, daß er nicht das französische Original, sondern nur die deutsche Übersetzung kannte und nicht ahnte, daß Lichtenstein den Namen »Melanie« eingeführt hatte, wogegen Seyfried/Hofmann hierbei Scribe gefolgt waren.

Die Übersetzung Züngels entspricht auf dem ersten Blick Scribes Libretto. Wie jedoch Tereza Machová beobachtet hat, kommt im Text Züngels in allen drei überlieferten Quellen bei der Person des Königs vereinzelt der Name »Olaf« vor.[55] Dieser Verschreiber würde andeuten, daß Züngel nicht nur aus dem Deutschen, sondern sogar aus der Zensurfassung übersetzte, die der Partiturabschrift unterlegt worden war und in welche später auch seine Übersetzung eingetragen worden ist. Diese Annahme wird auch dadurch gestützt, daß Züngel offenbar die Prager Zensurfassung kannte, in der als Tatwaffe ein Dolch verwendet wurde. Denn in beiden handschriftlichen Libretti ruft der Page Oskar nach dem Anschlag aus: »Ha! zrádce vražedníka! Dýka tvá prokletá nám zavraždila krále!« [»Ha! den Verräter Meuchelmörder! Dein verfluchter Dolch hat uns den König ermordet!«]. Das Wort »Dýka« ist immerhin mit anderer Hand auf »Zbraně« [»Waffen«] (der sachlich wie grammatikalisch sinnlose erste Fall im Plural wird wegen der notwendigen zwei Silben verwendet) bzw. »Střela« [»Geschoß«] korrigiert.[56] Diese Korrektur wie auch ein Hinweis im Regiebuch[57] belegen, daß die Bühnenrealisation des Königsmords dem Original folgte.[58]

Der damaligen Praxis im Interimstheater entsprach, daß Operntexte aus verschiedenen Sprachen durch deutsche Vermittlung ins Tschechische gelangten. Dies konnte unter anderem bereits an Züngels Textbuch zu Smetanas *Dvě vdovy* gezeigt werden.[59] Bei *Gustave III* zeigt ein Vergleich ausgewählter kritischer Stellen, daß Züngels »ursprüngliche« Fassung ebenfalls durch eine Übertragung aus dem Deutschen entstand, und zwar aus der Zensurfassung von Seyfried/Hofmann (mit der verständlichen Ausnahme des Schlusses der

---

55 Vgl. Machová (wie Anm. 1), S. 19.

56 Vgl. *Maškarní ples* [Regiebuch] (wie Anm. 51), Bogen 37, S. 1; *Maškarní ples* [Souffleurbuch](wie Anm. 51), S. 101.

57 »Ankarström ku králi kvapně vstoupiv, kterýž k Amelii obrácen odejiti chtěl, pistoly na prsa krále zrovna kde červený kříž vipálí.« [Ankarström, schnell an den König herantretend, der zu Amelie gewandt weggehen will, schießt mit der Pistole auf die Brust des Königs direkt in das rote Kreuz.] Vgl. *Maškarní ples* [Regiebuch] ebd., Bogen 36, S. 4.

58 Auf die beiden Arten der Ausführung des Mords in den verschiedenen Versionen der Opern Aubers und Verdis macht Machová aufmerksam (wie Anm. 1, S. 19-20). Seyfried und Hofmann haben die Stichwaffe zweifellos wegen der Theatersituation des Aufhaltens der Mörderhand im letzten Augenblick gewählt, die sich mit einem Dolch besser als mit einer Schußwaffe realisieren läßt.

59 Marta Ottlová und Milan Pospíšil, »French Comedy and the Czech Opera: Smetana's Dvě vdovy (The Two Widows)«, in: *Le Rayonnement de l'opéra-comique en Europe au XIXe siècle,* hg. v. Milan Pospíšil et al., Prag 2003, S. 454-476.

Oper, den er aus einer anderen Vorlage übernehmen mußte).[60] Zwei Beispiele mögen dies illustrieren. Im zweiten Auftritt des ersten Aktes (nach der Arie des Gustav) hält sich Züngel an die zensierte Version, in der alle Anspielungen auf Schweden und bestimmte historische Begebenheiten eliminiert sind:

Scribe:[61]	Lichtenstein:[62]	Seyfried/Hofmann:[63]	Züngel:[64]
Gustave, lisant.	Gustav (sie [= eine Schrift] schnell überblickend).	Herzog (Eine Schrift lesend, die ihm der General reichte.)	Král
»Armez sur-le-champ nos vaisseaux : Mettre en état nos arsenaux.« *(à part)*	Unsrer Schiffe Rüstung ist beschafft, Auch der Bedarf für die Armee.	Die Flotte rüste alsogleich! Das Arsenal ist waffenreich.	Vypraveno buď loďstvo moje! V zbrojnici jest dosti zbroje!
Oui, la fortune moins jalouse,	Das Glück wird, minder eifersüchtig,	Das Glück wird nimmer uns verlassen	nás štěstí neopustí více na suchu ani na moři.
Sur les rives de la Néva,	An den Ufern der Newa rächen	Auf dem Lande, wie zur See!	
Bientôt vengera Charles-Douze Et les affronts de Pultawa !	Karls des Zwölften Geschick Und die Schlacht bei Pultawa.	Laßt es kräftig uns erfassen, Daß der Friede fest besteh'!	Chopíme se ho statně, aby mír stalý vzešel nám!

Im 4. (bzw. 5.) Auftritt des vierten Akts folgt Züngel wieder Seyfried/Hofmann sowohl in der Entschärfung der Verschwörer-Losung, als auch in deren Erkennungsfarbe, die im Souffleurbuch nachträglich auf die ursprüngliche Farbe verbessert worden ist:

Scribe:[65]	Lichtenstein:[66]	Seyfried-Hofmann:[67]	Züngel:[68]
IV, 4	IV, 5		
Ankastrom.	Ankarström.	Reuterholm.	Anker
Qu'un ruban blanc par nous au bras droit soit porté !	Ein weißes Band am Arm wecket keinen Verdacht!	Ein rothes Band am Arme rechts getragen.	Měj každý z nás na pravici ~~červenou~~ bílou pásku.

60 Der vollständige Schluß wurde in die Partiturabschrift offensichtlich nachträglich für die tschechische Aufführung eingelegt und enthält demnach nur den tschechischen Text. Siehe *Die Ballnacht* (wie Anm. 50).

61 *Gustave III* (wie Anm. 13), S. 293.

62 *Gustav oder Der Maskenball* (wie Anm. 9), S. 27.

63 *Die Ballnacht* (wie Anm. 10), S. 8.

64 *Maškarní ples krále Gustava III.* (wie Anm. 51, Regiebuch), Bogen 3, S. 2.

65 *Gustave III* (wie Anm. 13), S. 364.

66 *Gustav oder Der Maskenball* (wie Anm. 9), S. 70.

67 *Die Ballnacht* (wie Anm. 10), S. 71.

68 *Maškarní ples krále Gustava III.* (wie Anm. 51, Souffleurbuch), S. 88f.

Dehorn et Warting.	Horn und Ribbing.	Dehorn. Warting.	Wart.
Le mot de ralliement ?...	Und welches Losungswort?	Das Losungswort?	Dehorn A našim heslem!
Ankastrom. *Suède* et *liberté !*	Ankarström. »Der Schweden Freiheit naht.«	Reuterholm. Dem Feinde Untergang!	Anker Buď zrádcům záhuba!

Mit der Verwendung der Seyfried/Hofmann-Version als Vorlage der tschechischen Übersetzung scheinen weder das Interimstheater noch der Übersetzer eine besondere Absicht verfolgt zu haben. Der Besprechung aus *Národní listy* zufolge ahnte keiner, daß die Zensurversion über die Umbenennung der Personen und die Veränderung des Schlusses noch tiefer in Scribes Text eingreift, und daß Züngel einfach nur deshalb die Übersetzung von Seyfried/Hofmann verwendete, weil sie ihm in der für die tschechische Aufführung angeschafften Partiturabschrift am einfachsten zugänglich war.

Die Aufführungen des *Gustave III* in Prag spiegeln die politischen Umbrüche in Österreich wider. Zur Zeit des Metternichschen Absolutismus und Bachschen Neoabsolutismus wurde die Oper in einer zensierten Version gespielt, während der Revolution von 1848 und dann nach der endgültigen Einführung der Konstitution mit dem ursprünglichen historischen Stoff. Diese beiden Alternativen schließen dabei keineswegs aus, daß sie in der Praxis auch kombiniert wurden: In die Zensurversion wurde mitunter der Schluß mit dem Herrschermord eingefügt. Nach der Aufführung der Oper mit dem originalen Stoff und deren Absetzung begann man – möglicherweise auch im Zusammenhang mit Veränderungen der Besetzung und der Frage, welche Übersetzung die Solisten einstudiert hatten - mit der Vermischung beider Texte. Die Entstehung und Aufführung der tschechischen Version fällt in die Zeit der vorübergehenden Einschränkung der konstitutionellen Freiheiten unter dem Ausnahmezustand in Prag, was auf ihre Gestalt aber keinen Einfluß hatte. Die tschechische Übersetzung beachtet den ursprünglichen historischen Stoff, obwohl sie Scribe über eine deutsche Fassung – und zwar die Zensurversion – rezipiert.

La Juive

Die Premiere von *La Juive* fand an der Pariser Académie Royale de musique am 23. Februar 1835 statt. Ähnlich wie *Gustave III* entstand auch diese Oper in einem kurzen Zeitabschnitt, in dem in Frankreich vorübergehend die Zensur aufgehoben war.[69] Diese Unabhängigkeit der *La Juive* von der Zensur ist nicht zu bestreiten, denn auch sie gehört zum »Übermaß an antiklerikalen Stücken zwischen den Jahren 1830 und 1835« als eine Reaktion auf die »kleinliche

---

[69] Im Protokoll der der Theaterzensur vorgelegten Texte findet sich Scribes *La Juive* nicht. Vgl. Krakovitch (wie Anm. 5).

Strenge der Religionszensur unter der Restauration«.[70] Das Libretto zu *La Juive* zeigt Scribe wieder als Autor der großen historischen Oper, auch wenn dieser keine tatsächliche historische Begebenheit zu Grunde liegt. Die erfundene, auf der Konfrontation zweier Religionen aufgebaute Handlung, in der öffentliche und private Konflikte verflochten werden, wurde in den historischen Rahmen des kirchlichen Konzils in Konstanz zu Anfang des 15. Jahrhunderts eingefügt. Aus der Entstehungsgeschichte des Librettos, dessen Handlung ursprünglich in der portugiesischen Kolonie Goa spielen sollte und erst später in die Zeit des Konzils in Konstanz versetzt wurde, muß nicht unbedingt folgen, daß der Rahmen nebensächlich und deshalb letztlich leicht austauschbar sei. Im Gegenteil, die Handlung kann sich erst vor dem konkreten historischen Hintergrund so entfalten, daß die ursprünglich ohne Bezug auf einen bestimmten Zeitpunkt und Ort gewählten Situationen ihre bestmögliche Wirkung erzielen. Ähnlich wie in anderen Libretti Scribes werden einige der im kollektiven Bewußtsein mit dem Schauplatz verknüpften historischen Gegebenheiten in eine erfundene Handlung eingefügt.

Ungeachtet der Versuche, alle Anregungen für den Stoff der Oper aufzuspüren,[71] ist offensichtlich, daß für Scribe - wie auch bei *Gustave III* - die Schlußszene der Ausgangspunkt seiner Beschäftigung mit dem Stoff war, d.h. die Strafe des Flammentods, die seine fiktive Opernhandlung mit dem historischen Konzil verbindet. Im Libretto ist allerdings nicht nur die Hinrichtung des historischen Jan Hus auf eine erfundene Figur übertragen, sondern auch der Prozeß, der mit Hus' Verurteilung in Konstanz im Jahre 1415 abgeschlossen wurde, durch ein Gericht über ein »Verbrechen« ersetzt, mit dem der zeitgenössische Zuschauer sich leichter identifizieren konnte als mit schwerverständlichen theologischen Auseinandersetzungen innerhalb der mittelalterlichen katholischen Kirche. Die Schlüsselfigur, an der dieses Vorgehen Scribes beispielhaft deutlich wird, ist Kardinal Jean Allarmet de Brogny, der Vorsitzende des Konzils nach der Absetzung von Papst Johannes XXIII. In der Realität war er der Richter von Jan Hus, während er im Libretto in eine private Streitigkeit verwickelt wird, die in den Religionskonflikt zwischen Christentum und Judentum eingebunden ist.

Obwohl nach der Wiedereinführung der Zensur in Frankreich im Jahre 1835 alle zwischen 1830 und 1835 aufgeführten Stücke nachträglich überprüft wurden, verbot man zeitweilig allein solche Stücke, in denen eine Verschwö-

---

70 »débordement de pièces anticléricales de la période 1830 a 1835« ; »sévérité tatilloné de la censure religieuse sous la Restauration«. Krakovitch (wie Anm. 5), S. 45.

71 Vgl. Hans Ulrich Becker, »Dieu de nos pères» - traces du passé dans l'œuvre de Fromental Halévy«, in: *Actes du colloque Fromental Halévy Paris, Novembre 2000,* hg. v. Francis Claudon et al., Weinsberg 2003, S. 1-9. Die Motive des Librettos werden hier allein Halévy zugeschrieben, als wenn dieser selbst der Verfasser des Textes gewesen wäre und Scribe nur seine Forderungen realisiert hätte.

rung auf der Bühne gezeigt wurde.[72] In der Sekundärliteratur finden sich keine Hinweise, daß die Zensur in ein fertiges und bereits aufgeführtes Werk nachträglich eingegriffen hätte. Sie zeigte sich tolerant gegenüber den Ideen, war jedoch streng der jeweils verwendeten Form gegenüber. Während die Zensur in anderen Werken z.B. Mönche oder Kruzifixe auf der Bühne untersagt hatte,[73] beanstandete sie in *La Juive* offensichtlich weder das Auftreten eines hohen kirchlichen Würdenträgers noch den Gesang eines Te Deum oder die Darstellung eines jüdischen Gottesdienstes.

Anders als in Frankreich, wo das Erlebnis der Revolution im Gedächtnis geblieben war und wo 1830 die Trennung von Kirche und Staat erfolgte, behielt der Katholizismus in der österreichischen Monarchie auch nach den Josephinischen Reformen seine dominierende Stellung. Die Zensur wachte hier weit strenger über alles, was als Gefährdung der Staatsreligion angesehen werden konnte. Ein Werk wie *La Juive* musste als »ein wahrer Chef d'œuvre im Voltairianischen Geist«[74] in Österreich auf Widerstand stoßen. Obwohl es bereits deutsche Übersetzungen des Freiherrn von Lichtenstein sowie von Friederike Ellmenreich gab, in denen die Zusammenstöße von jüdischer und christlicher Religion schon abgemildert worden waren,[75] reichte dies für Österreich nicht. Für die erste Wiener Aufführung am 3. März 1836 war es erforderlich, das Libretto Scribes wesentlich umzuarbeiten, weil die Zensur »jegliche Anspielung oder Darstellung religiöser Handlungen, Personen oder Texte« unterdrücken wollte.[76] Diese Aufgabe übernahmen die bereits bewährten Seyfried und Hofmann.[77] Von ihren Eingriffen in den Text kann man wiederum darauf schließen, was die Zensoren am Original beanstandet hatten

[72] Vgl. Michael Walter, »A la recherche de l'histoire perdue. Scribe, Auber und die historische Grand opéra«, in: *Giacomo Meyerbeer. An der Schwelle zur Grand opéra*, hg. v. Sieghart Döhring und Jürgen Maehder, im Druck. Für die Möglichkeit der Einsichtnahme in den Text danke ich dem Autor.

[73] Siehe Krakovitch (wie Anm. 5), S. 45f.

[74] »un véritable chef d'œuvre dans le genre voltairien«. Aus einer Kritik der Pariser Premiere von *La Juive* in *La Gazette de France*, abgedruckt in: *Fromental Halévy, La Juive: Dossier de presse parisienne (1835)*, hg. v. Karl Leich-Galland, Saarbrücken 1988, S. 50. Hier zitiert nach: Diana R. Hallman, »Halévy, judaism and *La Juive*«, in: *Actes du colloque Fromental Halévy* (wie Anm. 71), S.117-130, hier S. 118.

[75] Vgl. Karl Leich-Galland, »Einleitung«, in: *Die Jüdin (La Juive)*. Oper in fünf Akten von Eugene Scribe. Musik von Fromental Halévy. Französischer Text mit neuer deutscher Übersetzung von Claire Leich-Galland. Saarbrücken 1989, S. I-XVII, insbesondere S. X-XI.

[76] Frank Heidlberger, »Halévys *Jüdin* in Wien. Zur Rezeptionsgeschichte einer Oper zwischen Zensur und Antisemitismus«, in: *Actes du colloque Halévy* (wie Anm. 71), S. 244-266, hier S. 246.

[77] *Die Jüdinn. Große Oper in fünf Aufzügen, mit Divertissement.* Nach dem Französischen des Scribe, von J. R. v. Seyfried und G. v. Hofmann, Musik von Halevy, für das k.k. Hoftheater n.d. Kärnthnerthore, Wien 1836.

und welche Veränderungen sie anordneten.[78] Obwohl die Handlung in *La Juive* erfunden ist, haben die Bearbeiter den historischen Hintergrund – das Konstanzer Konzil am Anfang des 15. Jahrhunderts und damit auch die Person des Kardinals Brogny sowie alle, den konkreten historischen Rahmen und dessen Kolorit bildende Figuren, Geschehnisse und Mitteilungen – eliminiert. Die Handlung wurde an einen ungenannten Ort im 13. Jahrhundert verlegt, die Vorgeschichte hatte sich nicht in Rom, sondern auf Malta abgespielt; verändert wurden auch die Namen, der gesellschaftliche Rang und die Verwandtschaftsbeziehungen der Hauptpersonen. Mit der Umarbeitung hat sich Frank Heidlberger befaßt; er resümiert: »*Die Jüdin* [wurde] nahezu vollständig profanisiert, die komplexe Handlungsschichtung aus Volkshysterie und Judenhass einerseits, unerbittlicher jüdischer Strenge des ›rächenden Gottes‹ andererseits sowie der darin eingebundenen Liebesgeschichte der in mehrfacher Hinsicht sich opfernden Recha fast vollständig verdeckt bzw. in ihrem dramatischen Fokus verschoben.«[79]

In Prag wurde *Die Jüdin* erstmals am 25. Juli 1838 im Ständetheater aufgeführt, und zwar in der Wiener Version von Seyfried/Hofmann, wie der Theaterzettel mitteilt. Als Personen werden hier übereinstimmend mit dem gedruckten Textbuch genannt:

Graf Arnauld, Neffe des Statthalters und Anführer der Truppen
Isabella, Nichte des Statthalters
Gilbert de St. Mars, Comthur des Tempelordens
Albert, ein Offizier
Eleazar, ein Juwelier
Sara, dessen Tochter
Theobald, Rathsmann
Krieger, Volk.
Zeit: das dreizehnte Jahrhundert.[80]

Es fehlen nur die Nebenfiguren »Der Kastellan, Ein Offizier, Ein Templer, Zwei Bürger«.[81]

---

78 Aus den dem Prager Oberstburggrafen zugesandten Auszügen der Protokolle der Wiener Zensur – obwohl sie zu *La Juive* nichts enthalten – geht im Falle der mit Auflagen erteilten Genehmigung der Aufführung diese »erzieherische« Aufgabe der Zensur klar hervor: Sie erteilt Empfehlungen, wie die festgestellten Mängel zu beseitigen und zu verbessern sind. Die Anweisungen der Wiener Zensur waren wahrscheinlich mit Nachdruck formuliert, denn die Bearbeitung von Seyfried und Hofmann entspricht vollkommen den von Hägelin gefaßten Grundsätzen als »Gebrechen des Stoffes wider die Religion«. Vgl. Glossy 1897 (wie Anm. 1), S. 305ff. Das mögliche Vorhandensein eines Zensurprotokolls zu *La Juive* im Haus-, Hof- und Staatsarchiv in Wien wird auch in der neuesten Literatur nicht behandelt (vgl. Heidlberger, wie Anm. 76).

79 Heidlberger (wie Anm. 76), S. 245.

80 Siehe Theaterzettel der Erstaufführung in Prag in DONM, Sign. P-I-A.

81 *Die Jüdinn* (wie Anm. 77), S. [2].

Das Aufführungsmaterial der Erstaufführung der *Jüdin* ist im Archiv des Nationaltheaters in Prag nicht erhalten,[82] so daß Rückschlüsse über die Werkgestalt nur anhand der Theaterzettel und der zeitgenössischen Presse angestellt werden können. Wie bei *Der Ballnacht* folgte auch die Prager Aufführung der *Jüdin* keineswegs in allen Punkten der in Wien 1836 gespielten Fassung von Seyfried/Hofmann. Zum einen wurde die Oper in vier Akten aufgeführt, wobei der »zusammengesetzte vierte und fünfte Aufzug [... einen] Gerichts= und Exekutionsakt« bildete,[83] was freilich nur einen äußerlichen Eingriff darstellt. Einen erheblichen Unterschied gibt es jedoch in der Schlußszene. Im Textbuch Seyfrieds und Hofmanns lautet sie:

> Comth. (zu Eleazar). Dem Grabe nah' sprich jetzt; beim Heile Deiner Seele!
> Das Kind, das jener Mann den Flammen kühn entriß?
> Eleaz. Was soll's?
> Comth. Mein höchstes Glück, sprich! ist es noch am Leben?
> Eleaz. Sieh dorthin! (Er zeigt auf Sara, die in diesem Augenblicke in die Flammen springt.)[84]

Davon weicht die vom Kritiker des Blattes *Bohemia* berichtete Handlung ab:

> Gilbert beschwört den Juden, ihm vor seinem Tode zu eröffnen, wohin seine Tochter gekommen sey; aber der Bösewicht will sich an seinem Feinde rächen und erklärt, daß sein Geheimniß mit ihm begraben werden solle. Erst in dem Augenblicke, als die unschuldige Sara vom Henker in einen siedenden Kessel hinabgeworfen wird, zeigt er mit teuflischer Schadenfrohe auf das unschuldige Opfer hin.
> »Mein Glück, mein Alles, sprich, ist es noch am Leben?« fragt der Comthur.
> Eleazar. »Ja«.
> Comthur. »Gott, laß mich sie sehn! Sprich, wo ist sie?«
> Eleazar. »Sieh' dorthin!« (zeigt auf Sara, die so eben vom Henker in einen siedenden Kessel geworfen wird.)[85]

Es scheint, daß in Prag eine andere Version der Seyfried/Hofmann-Bearbeitung verwendet wurde, von der es wiederum möglicherweise voneinander abweichende Fassungen gab. Diese existierten nicht immer in gedruckter Form, denn der Prager Zensur wurde die Librettoübersetzung als Manuskript vorgelegt.[86] Daß verschiedene Ausgaben der Übersetzung der *Jüdin* von

---

[82] Orchesterstimmen, die zwischen den Jahren 1838-1882 in Leipzig, Breslau und in Prag verwendet wurden, befinden sich im Opernarchiv in Zürich. Vgl. Mireille Geerig, *Musikalienbibliothek des Opernhauses Zürich,* Zürich 1995, S. 108.

[83] [Anton Müller], »Theaterbericht vom 22. bis 25. Juli«in: *Bohemia* vom 27. Juli 1838, Nr. 89, S. 3.

[84] *Die Jüdinn* (wie Anm. 77), S. 59.

[85] Müller (wie Anm. 83).

[86] »Nro. 31. Die Jüdin Große Oper in 5 Akt. mit Divertissement Nach dem Französischen des Scribe v Seyfried & Hofmann. Musik von Halevy. dto. [=Manuskript] dto. [=Darf aufgeführt werden]. Tag der Erledigung 18/6 [1838]«. Auf der rechten Seite Anmerkung in Bleistift: »Einlags Duett zur Jüdin: Sara P 4/p – 5/p darf aufgef werden 4

Seyfried/Hofmann sich voneinander erheblich unterscheiden, machen Arbeiten von Sieghart Döhring und Heidlberger deutlich, die auf eine spätere Ausgabe eingehen (Preßburg 1839) und die erhebliche Unterschiede zur hier untersuchten Erstausgabe (Wien 1836) erkennen lassen. Beide betonen, daß in der von ihnen untersuchten Zensurfassung die Arie des Eleazar im vierten Akt weggelassen wird, während die Erstausgabe diese Arie enthält;[87] in Prag wurde diese Arie dagegen den Kritiken zufolge gesungen. In der Prager Version wird - ähnlich wie wir es bei *Gustave III* beobachtet haben - auf der Bühne der ursprüngliche Schluß Scribes mit der Hinrichtung der Rachel realisiert, dessen Grausamkeit Seyfried und Hofmann abzuschwächen versuchten, indem sie Sara durch einen freiwilligen Tod auf dem Scheiterhaufen sterben ließen.

Die Zeitschrift *Bohemia* verschweigt, daß das Libretto Scribes bearbeitet wurde. Wegen seiner Zugehörigkeit zur romantischen französischen Oper wird das Werk dort zurückhaltend beurteilt:

> Das Wort ›Klassisch‹ gehört zu den verfehmten Ausdrücken, und der moderne Begriff des Romantischen hüllt in seinem weiten, schillernden Mantel alle Verkrüppelungen und Ausschweifungen der Kunst ein, wie sie sich *jetzt* in Ton und Wort äußert. Bei so bewandten Umständen ist es besser, die bizarren Einfälle und Erzeugnisse der neuesten Kunst dem unvermeidlichen Schicksale ihres Unterganges zu überlassen, und ohne Tadel und Klage die Zeit abzuwarten, wo das Neue aufgehört haben wird Mode zu seyn. Darum wird man es dem Referenten vergeben, wenn er sein Urtheil über Text und Musik der *Jüdin* verschiebt, umsomehr, als wir diese Oper nur im Schattenrisse gesehen haben. Wer in *Robert* und *Zampa* gefunden hat, wie weit sich das Talent verwirren kann, wenn es in dem Streben nach Neuheit und Genialität über seinen Stoff hinausgeht, der kann sich vorhinein einen Begriff von der Halévy'schen Musik zu dem Scribe'schen Texte machen.[88]

Den Schluß der Oper empfand die Kritik geradezu als abstoßend:

> Von dem gräßlichen Schluße der Oper hat der Referent in einer früheren Nummer gesprochen. Wer kann Galgen, und Rad, drei Henkersknechte und ein unschuldiges Opfer sehen, und noch an Kunst und Musik denken? Die Oper schließt mit einer schneidenden Dissonanz. Der Comthur wird ohnmächtig, der Jude wird im

Sept. 838«. Eintrag in: NAP, Fond PG (wie Anm. 2), Schrift 220 *Censurirte Theaterstücke für die Prager Bühne 1838-1843* [unpaginiert].

87 Siehe Sieghart Döhring, »Fromental Halévy: La Juive«, in: *Pipers Enzyklopädie des Musiktheaters*, hg. v. von Carl Dahlhaus und dem Forschungsinstitut für Musiktheater der Universität Bayreuth unter Leitung von Sieghart Döhring, München und Zürich 1987, Band 2, S. 638-642; und Heidlberger 2003 (wie Anm. 76), S. 249. Eine Bibliographie deutscher Übersetzungen des Librettos von *Die Jüdin* gibt es nicht. Der Katalog der Nationalbibliothek Wien weist weitere Ausgaben der Seyfried/Hofmann-Version aus den Jahren 1855 und 1859 nach sowie weitere undatierte oder anonyme Übersetzungen. Die Ausgabe von Seyfried/Hofmann für Preßburg 1839 war mir nicht zugänglich.

88 [Anton Müller], »Theaterbericht vom 22. bis 25. Juli. (Fortsetzung)«, in: *Bohemia* vom 29. Juli 1838, S. 3-4, hier S. 3.

Fallen des Vorhanges zum Scheiterhaufen geschleppt, und wer vom Publikum schwache Nerven hat, zittert an allen Gliedern.[89]

Auch spätere Kritiken liefern wichtige Zeugnisse über die Bühnenrealisierung der Schlußszene, die der Originalfassung Scribes folgt:

> Ein gräßliches, blutiges Stück Mittelalter, diese Oper! Um Scenen, wie die, wie ein junges Mädchen im wallenden Oelkessel coram populo abgesotten wird, kann die Kunst nicht mehr ihren mildernden und verklärenden Zauberschein gießen, sie bleiben graß und widerlich.[90]

> Das stumme Zwischenspiel, welches Fräulein von Riese nicht oft, aber immer verständig und sehr wirksam anwendete, ist nur zu loben, so z. B. der Moment, wo sie auf dem Richtplatz, sich gleichsam zufällig umsehend, zum erstenmal den verhängnißvollen Oelkessel erblickt, und kaum merklich zusammenschaudert.[91]

Die Aufhebung der Zensur in Österreich während der Revolution 1848 ermöglichte es am 8. Dezember 1849 auch in Prag *Die Jüdin* in der Originalgestalt aufzuführen. Im Personenverzeichnis auf dem Theaterzettel fällt die Rolle »Sigismund, Kaiser der Deutschen«[92] auf, was im Zusammenhang mit den durch die Revolution aufschäumenden Hoffnungen auf die Bildung einer politischen deutschen Nation zu sehen ist. Der Kritiker in *Bohemia* begrüßte die »Befreiung« der *Jüdin* aus der Zensurverdammung:

> Es ist natürlich, daß gerade in Prag die mit den stärksten Reizmitteln des mehr theatralischen als dramatischen Geschmackes der französischen Hauptstadt versehene Handlung dieser großen Tendenzoper das Interesse unseres Publikums mehr als anderswo erregen mußte. Trotzdem, daß die eigentliche, mit so zusagen mephistophischem Hohne angewandte dramatische Würze durch Degradationen der betreffenden Personen, durch Veränderung des Ortes und alle möglichen Beschneidungen eines jeden nur etwa zweideutigen, pikanten Auswuchses von Seite einer unerbittlichen Censur beseitigt wurde, fand das Publikum aus der vormärzlichen Verballhornung des Textes den eigentlichen Kern heraus, eben weil dem französisch=neuromantischen Libretto eine welthistorische, social=politische Idee zu Grunde liegt. Jetzt, wo das bornirte Versteckspielen aufgehört, wo Personen und Dinge beim rechten Namen genannt werden, wo wir es mit dem leibhaften Kardinal und Präsidenten des Konciliums zu Konstanz, mit dem aus ziemlich frivoler Liebe zum jüdischen Maler metamorphosirten Reichsfürsten Leopold, mit der Nichte des Kaisers Sigmund, mit wirklichen Bischöfen, Kapuzinern und Dominikanern zu thun haben, sollte, möchte man meinen, das Interesse ein weit höheres sey, als früher im mystischen Dunkel eigenthümlicher Verhüllungen; denn die bizarre, übergeistreiche, und großartige Musik Halévy's ist dieselbe, die äu-

89 [Anton Müller], »Theaterbericht vom 3. August«, in: *Bohemia* vom 5. August 1838, S. 3-4, hier S. 4.

90 K.S., »Theater«, in: *Bohemia* vom 10. Februar 1846, Nr. 18, S. 4.

91 [August Wilhelm Ambros], »Am 27. April: Die Jüdin«, in: *Prager Zeitung* vom 30. April 1847. Zitiert nach Ottlová (wie Anm. 35).

92 Theaterzettel vom 8. Dezember 1849 in DONM (wie Anm. 22), Signatur P-I-A.

ßere Ausstattung mit ihren historischen Costumes eine pittoreskere, das Verständniß der Intentionen ein leichteres.[93]

Nach dem erwähnten Erlaß der Theaterordnung im Jahre 1850 verschwand *Die Jüdin* auf längere Zeit wieder vom Spielplan des Prager Ständetheaters. Wiederaufgenommen wurde sie in der Zensurfassung von Seyfried/Hofmann für eine Benefizvorstellung des Kapellmeisters František Škroup am 4. Februar 1854 in Anwesenheit des in Prag lebenden böhmischen Königs und abgedankten Kaisers Ferdinand V.[94] Aus der unzensierten Fassung blieb nur der Name der Titelheldin Recha. Die Aufführung des Werks in der entstellten Fassung erschien den Zeitgenossen offensichtlich so absurd, daß auch der Kritiker der *Bohemia* es wagte, die Verwendung der Zensurbearbeitung ablehnend zu erwähnen. Seine Distanzierung bringt er auch dadurch zum Ausdruck, daß er es vermeidet, die Personen mit deren Zensurnamen zu bezeichnen:

> Obwohl nach der jetzigen Textumänderung der Musik der geschichtliche Boden, die Grundlage ihrer Charakteristik und wesentlichen costümlichen, äußern Elemente genommen sind: so behauptet sie dennoch ihre große Wirkungskraft noch jetzt, wie die gestrige Reprise bewies. […] Wie ein geschickter Pilote umschiffte Hr. Emminger die ihm jetzt entgegenstehenden Klippen zumeist glücklich und gab ein im Allgemeinen sehr gutes Bild Eleazar's.[95]

Die endgültige Einführung des konstitutionellen Systems in Österreich seit 1861 bedeutete – im Unterschied zu *Gustave III* – für *Die Jüdin* im Ständetheater in Prag nicht automatisch die Verwendung der Originalfassung. Die Produktion vom 14. Januar 1866 wurde wieder in der Übersetzung von Seyfried/Hofmann einstudiert mit folgenden Personen:[96]

> Prinzessin Eudoxia, Nichte des Kaisers
> Leopold, Reichsfürst
> Der Comthur des Tempelordens
> Ruggiero, Oberschultheiß der Stadt Constanz
> Eleazar, ein Jude, Juwelier

---

93 [Franz Ulm], »Deutsche Vorstellung«, in: *Bohemia* vom 11. Dezember 1849, Nr. 249, S. 2.

94 *Die Jüdin* wurde in der Übersetzung von Seyfried/Hofmann der Prager Polizeidirektion erst am 27. April 1856 zur Genehmigung vorgelegt und von der Statthalterei am 7. Mai 1856 bewilligt. Siehe *Geschäfts=Theaterprotokoll* Geschäftszahlen 79 und 74, in: AHMP (wie Anm. 38), Inv. Nr. 15. Vor der Einstudierung im Jahre 1854 wurde jedoch kein Gesuch bei der Polizeidirektion eingereicht. Möglicherweise stand dies in Zusammenhang mit dem Besuch von Ferdinand V. in diesem Theater.

95 [Franz Ulm], »Theater«, in: *Bohemia* 5. Februar 1854, Nr. 31, S. 3. Dagegen erwähnt das Regierungsblatt *Prager Zeitung* diese Rückverwandlung nicht. Vgl. »-ch« »Prager Theater«, in: *Prager Zeitung* vom 7. Februar 1854, Nr. 32, S. 3-4.

96 In den *Geschäfts=Theaterprotokollen* in AHMP (wie Anm. 38) ist von 1856 bis 1934 kein Antrag auf Genehmigung der *Jüdin* registriert, was bei der Aufführung einer anderen Übersetzung notwendig gewesen wäre.

Recha
Albert, Officier der kais. Bogenschützen
Ein Offizier des Kaisers. Ein kaiserlicher Waffenherold. Ein Diener des heimlichen Gerichts. Ein Haushofmeister des Kaisers. Soldaten. Bürger, Bürgerinnen. Juden und Jüdinnen.[97]

Verwendet wurde offensichtlich eine Mischfassung, in der im Unterschied zur Zensurfassung Konstanz als Handlungsort zwar gestattet ist, aber zu unbestimmter Zeit unter einem ungenannten Kaiser. Es richtet auch kein kirchliches Konzil, sondern ein »heimliches Gericht«, dem kein Kardinal, sondern ein »Comthur des Tempelordens« präsidiert.

Es scheint, daß diese Kompromißversion der Seyfried/Hofmann-Bearbeitung zu dieser Zeit auch in Wien gebräuchlich war, wo sie noch 1881 und möglicherweise auch 1897 einstudiert wurde.[98] In Prag basierte auf ihr auch die erste Aufführung in tschechischer Sprache am Interimstheater am 6. Januar 1864. Den Text hatte der dortige Kapellmeister Adolf Čech übersetzt. In seiner Übertragung wurde die Oper am tschechischen Theater in Prag bis zum Ende des 19. Jahrhunderts gespielt.[99] Die Verwendung der Vorlage von Seyfried/Hofmann ist auch durch ein Polizeigutachten belegt, das die Übersetzung von Čech mit dem Hinweis genehmigt: »Ist eine getreue Uiebersetzung des mit dem hohen Decisum vom 4 Mai 1856 N 74 PTh zugelassenem Operntexte *Die Jüdin* daher zugelassen.«[100] Das handschriftliche Libretto und seine spätere Abschrift gelten als verschollen,[101] die Übersetzung erschien jedoch wiederholt im Druck.[102]

97 Siehe Theaterzettel in DONM (wie Anm. 22), Sign. P-V-B.

98 Vgl. Heidlberger (wie Anm. 76), S. 260.

99 Zum letzten Mal wurde *Židovka* in Čechs Übersetzung von der Gesellschaft Jan Pištěks auf den Königlichen Weinbergen im Jahre 1899 einstudiert. Vgl. *Divadelní protokol,* in: AHMP (wie Anm. 38), Inv. Nr. 21, Geschäftszahl 363, Gutachten vom 20. September 1899: »Bez závady připustno« [»Anstandslos zugelassen«].

100 Siehe *Geschäfts=Theaterprotokoll,* Geschäftszahl 159, 29. Dezember 1863 und Statthalterei Dekret, Geschäftszahl 158, 30. Dezember 1863, in: AHMP (wie Anm. 38), Inv. Nr. 17. Siehe auch Anm. 94.

101 Beide Libretto-Manuskripte befanden sich noch im Jahre 1968 im Musikarchiv des Nationaltheaters in Prag. Folgende Informationen wurden dem dortigen Karteikatalog ebenda entnommen: *Židovka. Veliká zpěvohra v 5ti jednáních dle Scribeho. Hudba od Halevy-ho. Praha, král. čes. zem. divadlo 1863.* Das Souffleurbuch mit vielen Streichungen und Überklebungen im Text enthielt einen Genehmigungsvermerk vom 30. Dezmber 1863 und auf der Deckelinnenseite Daten der Aufführungen vom 20. Juni 1883 bis 6. Dezember 1884 (Sign. 159/L 6). *Židovka. Velká opera v 5ti jednáních od Scribe-a. Překlad od Ad. Č. Hudbu složil Halevy. Kniha pro napovědu. Praha, Král. čes. zem. divadlo (1885).* Das Manuskript dieses Souffleurbuchs enthielt stellenweise an den Rändern italienischen Text und auf der Deckelinnenseite und auf dem Vorsatz Daten der Aufführungen vom 7. Juli 1885 bis zum 1. Juli 1897 (Sign. 159/L 1).

Der Theaterzettel der tschechischen Erstaufführung der *Židovka* führt (in Übereinstimmung mit dem gedruckten Textbuch) Personennamen nach Seyfried/Hofmann bis auf Isabelle, die hier wie bei Scribe Eudoxie heißt. Im Verlauf der Reprisen am Interimstheater verändert sich vorübergehend »Hrabě Arnauld« zu »Hrabě Leopold«, um später wieder zu »Arnauld« zurückzukehren. Im Nationaltheater heißt diese Person dann bei beiden späteren Einstudierungen der *Židovka* (6. Januar 1884 und 20. April 1896) bereits dauerhaft »Hrabě Leopold, bratrovec místodržitele, vůdce vojska« [»Graf Leopold, Neffe des Statthalters, Heerführer«], Guilbert de Saint Mars wird hier die Kardinalwürde [»kardinál«] verliehen.[103]

Weder auf den Theaterzetteln noch im gedruckten Textbuch werden Seyfried/Hofmann als Autoren der Vorlage für die tschechische Übersetzung erwähnt; dies ist aber - ungeachtet der oben zitierten polizeilichen Bestätigung - nicht nur durch die verwendeten Personennamen, sondern auch durch den Text selbst offensichtlich. Darüber hinaus gibt er eine Vorstellung von der Premierengestalt des Werkes, denn er enthält nur aufgeführte Teile. Im Textbuch gibt es kaum Regieanmerkungen, aus denen man auf die Realisierung des Schlusses schließen könnte, also ob die tschechische Regie sich an die deutschen Tradition des Ständetheaters hielt oder ob man auch hier Seyfried/Hofmann folgte. An den Verschiebungen und der Abschwächung des dramatischen Konfliktes, die Heidlberger an der Seyfried/Hofmann-Version beobachtete, hat die tschechische Version sonst nichts verändert. Sie enthält keinerlei Merkmale der Rückkehr zum Original, die bei deutschen Aufführungen im Ständetheater möglich war, nämlich Konstanz als Handlungsort: die Handlung spielt wieder an ungenanntem Ort im 13. Jahrhundert.

Zensureinwände gegen die *Jüdin* betrafen im Allgemeinen »Gehässigkeiten zwischen den [...] Classen der Gesellschaft und [...] Religionsgenossenschaften, [...] die Darstellung kirchlicher Gebräuche und gottesdienstlicher Handlungen anerkannter Religionsgenossenschaften« und den »Gebrauch der den Dienern derselben eigenthümlichen geistlichen Ornate auf der Bühne«.[104] Im Hinblick auf das tschechische Publikum kam noch die besondere Bedeutung des Konstanzer Konzils hinzu. Im historischen Bewußtsein der Tschechen war das Konzil präsent geblieben als der Ort der Verurteilung und Hin-

---

102 *Židovka.* Velká opera v 5 jednáních. Text od Scribe-a, přeložil A.Č. Hudba od Halévy-a, Praha 1876; *Židovka.* Velká opera o 5 jednáních. Text od Scribe-a, přeložil A.Č. Hudba od Halévy-a, Praha ^{2}1886.

103 Siehe Theaterzettel in DONM (wie Anm. 22), Sign. P-II-A.

104 Siehe Alexander Bach, »Verordnung des Ministeriums des Innern vom 25. November 1850«, in: *Allgemeines Reichs- Gesetz- und Regierungsblatt für das Kaiserthum Oesterreich. Jg. 1850. Vierter Theil, umfassend die Stücke CXXVIII-CLXV, ausgegeben in den Monaten October, November und December 1850, oder die Nummern 366-497,* Wien 1850, S. 1976-1980, hier S. 1978f. Für die Bereitstellung dieses Textes danke ich Hubert Reitterer.

richtung von Jan Hus, die den Anlaß zur Entstehung der Hussitenbewegung in Böhmen gegeben hatte. Das Hussitentum galt - in Übereinstimmung mit dem einflußreichen Historiker František Palacký - als Gipfelpunkt der böhmischen Geschichte. Im Verständnis der Tschechen begann der Verfall der Länder der böhmischen Krone während der gewaltsamen Rekatholisierung nach der Schlacht auf dem Weißen Berge durch die Habsburger, als deren Erbe der herrschende österreichische Kaiser angesehen wurde. Und so bedeutete das Bekenntnis zum Hussitentum auch eine politisch ablehnende Haltung gegenüber Wien zu demonstrieren. Palacký hatte wegen seines historischen, vornehmlich dem gebildeten Leserkreis bestimmten Werkes über die *Geschichte von Böhmen,* in der er Hus und Hussitentum behandelt, große Schwierigkeiten mit der Zensur unter Metternich und auch der zur Zeit Bachs,[105] obwohl »wissenschaftliche Bücher im allgemeinen milder beurteilt [wurden], was durchaus den Zensurvorschriften entsprach«.[106] Als gefährlicher wurden jedoch Theaterstücke mit der Hussitenthematik angesehen, insbesondere wenn sie deren religiöse Seite präsentierten. Aufführungen derartiger Stücke wurden zu einem besonderen Ereignis in politisch bewegten Zeiten wie während der Revolution von 1848 oder dem preußisch-österreichischen Krieg von 1866.[107] Obwohl in *La Juive* Hus und die Hussiten nicht Gegenstand der Opernhandlung sind und sie nur beiläufig erwähnt werden, finden sich im Libretto genügend historische Verweise, die beim tschechischen Theaterpublikum Resonanz hätten finden können. Kardinal Brogni wäre mit dem Stigma behaftet gewesen, an der Verurteilung und Hinrichtung von Jan Hus mitschuldig zu sein. Kaiser Sigmund wäre nicht nur eine das historische Kolorit bereichernde Person, sondern er würde an den Verräter erinnern, der die Hus gegebenen Zusicherungen gebrochen und ihn in die Hände des

---

105 Vgl. Brief Palackýs an Georg Heinrich Pertz vom 16. Juli 1844: »Meine Geschichte Böhmens unter König Wenzel (1378-1419) ist unter der Presse; seit ich es mit Hus und den Hussiten zu tun habe, schneidet mir die Zensur so unbarmherzig hinein, daß es ihr selbst zu viel scheint. Es ist nämlich die theologische Zensur, die darin so übel haust, daß die gewöhnliche Zensur es selbst zu arg gefunden haben soll; aber die Staatskanzlei, zur Entscheidung berufen, gab dem Theologen Recht. So geht es jetzt bei uns.« Zitiert nach Jiří Kořalka, *Tschechen im Habsburgerreich und in Europa 1815-1914. Sozialgeschichtliche Zusammenhänge der neuzeitlichen Nationalbildung und der Nationalitätenfrage in den böhmischen Ländern,* Wien 1991, S. 180. Dazu vgl. auch ders., *František Palacký (1798-1876). Der Historiker der Tschechen im österreichischen Vielvölkerstaat,* Wien 2007, besonders S. 225-233 und S. 351-358.

106 Marx 1959 (wie Anm. 1), S. 61.

107 Die königlich-preußische Militärverwaltung genehmigte im Sommer 1866 im besetzten Prag nach der Flucht der österreichischen Verwaltung die Aufführung zweier vorher von der Zensur untersagter Tragödien: *Jan Hus* von Josef Kajetán Tyl und *Žižkova smrt* von Josef Jiří Kolár, was einen Protest des Prager Erzbischofs Bedřich Schwarzenberg hervorrief. Siehe Jan Bartoš, *Prozatímní divadlo a jeho činohra,* Prag 1937, S. 105.

Konzils und damit dem Tod ausgeliefert hatte.[108] Diese Tatsachen spielten in die Rezeption von *La Juive* hinein. Die Kritik machte auf sie aufmerksam, indem sie die Personen nach Scribe, z.B. »kardinál« [»Kardinal«] oder »vévoda [Herzog] Leopold«, und nicht mit ihren Zensurnamen erwähnte.[109] Sie erkannte ausdrücklich eine besondere Bedeutung von *La Juive* gerade für die tschechische Gesellschaft:

> Es besteht kein Zweifel, daß ein Kunstwerk einer Nation in einer anderen Nation mehr Sympathien findet und ihr mehr zusagt, als ein anderes. Die Gründe dafür können verschieden sein; die Hauptursache jedoch ist immer, daß sich in dem Kunstwerk ein historischer Stoff verarbeitet findet, der entweder direkt aus der Geschichte der Nation stammt oder Ähnlichkeiten mit irgendeinem Ereignis aus ihrer Geschichte hat, oder wenigstens an eine historische Begebenheit in ihrem Vaterland erinnert. [...] Anders als im Falle von *Die Zigeunerin*, in der Balfe durch die Einführung der Motive aus den böhmischen Liedern, nebenbei gesagt, dem böhmischen Lied keinen besonderen Dienst erwiesen hat, interessierte uns *Die Jüdin* Halévys; sie erweckt durch ihre Schlußszene eine historische Erinnerung und stellt uns das schreckliche Theater der Verbrennung dar. Wieviel traurige Poesie liegt in diesen schwarzen Fahnen.[110]

---

108 Mit einem breiten Spektrum der Rezeption der Hussitenthematik in der tschechischen Gesellschaft des 19. Jahrhunderts befaßt sich Petr Čornej, *Lipanské ozvěny*, Jinočany 1995. Hauptsächlich vom Gesichtspunkt der tschechisch-deutschen Beziehungen und dem europäischen Kontext aus widmet sich dieser Thematik Jiří Kořalka, »Jan Hus und die Hussiten in den deutsch-tschechischen Beziehungen des 19. Jahrhunderts«, in: *Geschichte in Wissenschaft und Unterricht* 35 (1984), Heft 8, S. 495-507; ders., »Jan Hus und die Hussiten in der europäischen Wissenschaft und Kultur um die Mitte des 19. Jahrhunderts«, in: *Österreichische Osthefte* 27 (1985), S. 5-20; ders., »Nationale und internationale Komponenten in der Hus- und Hussitentradition des 19. Jahrhunderts«, in: František Šmahel u.a., *Jan Hus und die Hussiten in europäischen Aspekten*, Trier 1987, S. 43-74. Zum Rückgriff auf Hus und die Hussiten in politischen Programmen und in der tschechischen Gesellschaft in den 1860er Jahren vgl. Urban (wie Anm. 52), S. 329-348 und S. 348-375.

109 Vgl. [Ludevít Procházka], »Zpěvohra«, in: *Národní listy* vom 26. August 1881, Nr. 172, S. 2; ders., »Zpěvohra«, in: *Národní listy* vom 14. Juli 1872, Nr. 162, S. 2-3.

110 »Není pochybnosti, že některé umělecké dílo některého národa vůbec u jiného národa více sympatie nalézá a lépe mu po chuti jest, než kterékoliv jiné. Příčina tohoto může býti rozličná; hlavní ale příčinou jest vždy, naleza-li se v uměleckém díle spracována látka, která buď přímo z dějin téhož národa jest aneb nějaké podobnosti s některým udajem z jeho dějin má, aneb alespoň na nějaký historický údaj v jeho vlasti upomíná. [...] Z jiné příčiny než *Cikánka*, v níž Balfe uvedením motivů z českých písní, mimochodem řečeno, žádnou zvláštní službu české písni neprokázal, zajímala nás Halévy-ho *Židovka*; vzbuzujeť svou závěrečnou scénou historickou upomínku a představuje nám strašné divadlo upálení. Jak smutná poesie leží v těch černých korouhvích.« ilz, »Česká zpěvohra«, in: *Národní listy* vom 13. Januar 1864, Nr. 10, S. 2-3, hier S. 2.

Im Unterschied zu *Gustave III* ereignete sich die Rückkehr zur ursprünglichen Version *La Juive* in Prag im deutschen Theater anscheinend erst nach und nach und möglicherweise auch mit der Wiederherstellung des historischen Milieus unter der andauernden Verwendung der Übersetzung von Seyfried und Hofmann.[111] Oscar Teuber beschreibt im Jahre 1888 die Zensurfassung als Vergangenheit, ohne zu erwähnen, wann sie dies wurde.[112] In tschechischer Übersetzung wurde die Zensurfassung ohne Veränderungen (bis auf die oben erwähnten Personennamen) auch im Nationaltheater bis zum Jahre 1897 gespielt. Erst die neue Einstudierung im Jahre 1903 (Premiere am 28. Februar, also etliche Monate vor derjenigen durch Gustav Mahler in Wien[113]) brachte zum ersten Mal *La Juive* in der Originalgestalt auf tschechisch zur Aufführung. Der Übersetzer Otakar Smrčka macht darauf im Vorwort des Librettos ausdrücklich aufmerksam: »Die erste Übersetzung der *Jüdin*, die A.Č. (Adolf Čech, 2. Ausgabe 1886) angefertigt hat, hält sich an die in Österreich im Vormärz aufgezwungene Bearbeitung, die jetzige Übersetzung kehrt freilich zu allen Personen und der übrigen Form des Originals zurück.«[114] Auf die Besonderheit der tschechischen Rezeption von *La Juive* als eine historische Oper, in der die Geschichte Böhmens berührt wird, verweist die Reihenfolge der Personen auf dem Theaterzettel der Premiere und auch die Verschiebung der Handlung von 1414 auf 1415, das Jahr der Verbrennung von Jan Hus:

Kaiser Sigmund
Prinzessin Eudoxie, Nichte des Kaisers
Prinz Leopold
Kardinal de Brogni, Präsident des Kirchentags
Ruggiero, der Stadtvogt
Albert, Offizier der kaiserlichen Wache
Eleazar, Jude, Juwelier
Recha, seine Tochter

---

111 Siehe Anm. 96.

112 Teuber (wie Anm. 32), S. 279.

113 Die Premiere fand in der Hofoper in Wien am 13. Oktober 1903 statt. Vgl. Franz Willnauer, *Gustav Mahler und die Wiener Oper*, Wien 1993, S. 226.

114 »Prvý překlad *Židovky*, jejž pořídil A.Č. (Adolf Čech 2. výt. r. 1886) přidržuje se úpravy textu vnucené v Rakousku za dob předbřeznových, překlad přítomný vrací se ovšem k osobám i ostatní formě originalu.« *Židovka.* Opera o 5 jednáních. Francouzsky napsal E. Scribe. Nově přeložil Otokar Smrčka. Hudbu složil F. Halévy. Manuskript, 130 S., Zitat S. 3-4. Musikarchiv des Nationaltheaters in Prag, Sign. 159/L 7. Auf dem Titelblatt sind Genehmigungsvermerke der Direktion (13. November 1902) und der Intendanz (November 1902) des Königlichen böhmischen Landes- und Nationaltheaters, auf der letzten unpaginierten Seite befindet sich eine Genehmigung der Aufführung von der Polizeidirektion Prag (3. Januar 1903). Smrčkas Übersetzung ist auch im Druck erschienen: *Židovka. Opera o 5 jednáních.* Francouzsky napsal E. Scribe. Nově přeložil Otakar Smrčka. Hudbu složil F. Halévy, Prag o. J. [nach 1902].

Ein Majordomus
Ein Offizier
Ein Herold
Gefolge des Kaisers, Mitglieder des Konzils, Fürsten, Herzoge, Kurfürsten, Edelleute, Soldaten, Wachen, Herolde, Bürger, Volk usw. Die Handlung in Konstanz im Jahre 1415.[115]

Smrčka betont im Vorwort die Notwendigkeit, Libretti italienischer und französischer Opern aus den Originalsprachen zu übersetzen. Im fünften Akt hat er im letzten Doppelvers des Chors aber eine »verschönerte« Bearbeitung seines Vorgängers, Adolf Čech, beachtet, dem die Seyfried/Hofmann-Version hier wohl als zu trostlos erschien:

Scribe:[116]	Seyfried/Hofmann:[117]	Čech:[118]	Smrčka:[119]
Oui, s'en est fait, Et des Juifs nous sommes vengés!	Die Flammen schlagen prasselnd auf; Vollendet ist der Sünder Lauf.	Jich život zde již dokonán – ó budiž mír jim tamo přán!	Již ortel smrti vykonán a smířen zas je nebes Pán!

La Juive machte in Prag ähnliche, den politischen Verhältnissen Österreichs folgende Umschwünge mit wie *Gustave III*. Dieses Libretto hielt die Zensur für bedenklicher als das von *Gustave III*, was auch daran erkennbar ist, daß (mit der Ausnahme der Revolution von 1848) ursprünglicher Stoff und Konflikt nur zögernd wiederhergestellt wurden. Auch nach der Rückkehr zum Originalstoff wurde auf deutsch weiterhin die Zensurversion von Seyfried/ Hofmann gesungen, die auch ins Tschechische übersetzt und die im Nationaltheater bis zum Ende des 19. Jahrhunderts gespielt wurde. Die Aufführungen in Originalgestalt in Prag (tschechisch) und Wien waren offensichtlich unabhängig voneinander, aber ihre zeitliche Nähe ist auffällig und verweist auf eine Änderung der Haltung der österreichischen Behörden zur Handlung dieser Oper.[120] In der tschechischen Übersetzung des Librettos fehlten dennoch einige besonders heikle Verse.

115 »Císař Zikmund /Princezna Eudoxie, neť císařova /Princ Leopold /Kardinál de Brogni, předseda církevního sněmu /Ruggiero, městský hejtman /Albert, důstojník císařské stráže /Eleazar, žid, klenotník /Recha, jeho dcera /Majordomus / Důstojník /Hlasatel /Družina císařova, členové koncilu, knížata, vévodové, kurfiřti, šlechtici a šlechtičny, vojáci, stráže, hlasatelé, měšťané, lid atd. Děj v Kostnici r. 1415.« Theaterzettel der Neueinstudierung im Nationaltheater Prag in DONM (wie Anm. 22), Sign. P-II-B.

116 *La Juive* (wie Anm. 75), S. 48.

117 *Die Jüdinn* (wie Anm. 77), S. 59.

118 *Židovka* (wie Anm. 102), S. 50.

119 *Židovka*, gedruckte Fassung (wie Anm. 114), S. 72.

120 Die Theaterordnung Bachs ist bis zum Ende der Monarchie gültig geblieben. Die »Bestimmungen von 1850 blieben in Kraft, wurden aber nach Willkür liberaler gehandhabt.« Hadamowsky 1994 (wie Anm. 1), S. 588.

Die Zensurbearbeitungen der Libretti untergraben keineswegs die Stellung Eugène Scribes als einem der führenden europäischen Dramatiker. Die Würdigung, daß »sein Erfolg tatsächlich kolossal gewesen sein muß, wobei die Unterschiede nur in der Auswahl erschienen, die jede Nation aus seinem Repertoire traf«,[121] wäre nur um eine wichtige Feststellung zu ergänzen: Das Werk Scribes gelangte zum Theaterpublikum nur in der Gestalt, die das politische System des jeweiligen Landes erlaubte. Gerade das Einschreiten der Staats- und Landespolizeiorgane in Österreich bestätigen merkwürdigerweise den europäischen Ruf der französischen Opern auf Libretti von Scribe. Die absolutistische Regierung Österreichs wollte die Opern ihren Untertanen nicht ganz vorenthalten. Dies war nur um den Preis mitunter weitreichender Bearbeitungen der Texte (und auch Eingriffe in die Musik, die aber nicht Gegenstand dieses Beitrags sind) möglich, und derartige Zensureingriffe überlebten bis zum Anfang des 20. Jahrhunderts. Das Wirken der Zensur bildet in der Rezeption der Werke Scribes einen nicht zu unterschätzenden Aspekt, der viel über die jeweilige politische Wirkung der Werke in ihrer Zeit aussagt. Dies darf man nicht aus den Augen verlieren bei der Beurteilung der Bearbeitungen musiktheatralischer Werke im Europa des 19. Jahrhunderts und besonders bei deren Anpassung an kulturelle Gewohnheiten anderer Völker. Die Untersuchung der Opernrezeption aus diesem Blickwinkel stellt noch eine wichtige Aufgabe für die Zukunft dar.[122]

---

121 »A vrai dire, son succès a dû être véritablement universel, les différences n'apparaissant que dans le choix pratiqué par chaque nation dans son répertoire.« Jean-Claude Yon, *Eugène Scribe. La Fortune et la liberté*, Saint-Genouph 2000, S. 240.

122 Eingriffe der Zensur in das Libretto *Gustave III* in Italien wurden vorzugsweise untersucht unter dem Gesichtspunkt der Rezeption in Vertonungen italienischer Komponisten wie der Verdis. Vgl. Fedele d'Amico, »Il ballo in maschera prima di Verdi«, in: *Bolletino quadrimestrale dell'Istituto di Studi Verdiani* 1 (1960), S. 1253-1328; Julian Budden, *The Operas of Verdi. From Il trovatore to La forza del destino.* Band 2, London 1984, S. 359-423; Anselm Gerhard, *Die Verstädterung der Oper. Paris und das Musiktheater des 19. Jahrhunderts.* Stuttgart und Weimar 1992, S. 363-409.

LUÍSA CYMBRON / ISABEL NOVAIS GONÇALVES

Scribe's theater in Lisbon during the early Liberal period (1834-1853)

In 1838, on the occasion of the Lisbon premiere of one of the most successful texts written by Eugène Scribe for Giacomo Meyerbeer, *Robert le diable*, the French premiere was evoked as a talisman for the members of the military expedition led by the Duke of Bragança that had left Belle Isle for the Azores and from there on to Porto, where it first defeated the absolutist army:

> [*Robert*] appeared for the first time in Paris on the eve of our departure for the Azores. We went to Belle-Isle with our ears filled with these grandiose notes. And good fortune went along with us.[1]

These lines reflect the cultural references of some members of the new liberal elite established after the civil war that had been exiled in France and had witnessed the events that had occurred in Paris around 1830, but the cultural relations between Portugal and France went back even further. The figure of the *émigré*, who was usually accused of having connections to Freemasons, had become common at the beginning of the 19th century. The number of these *émigrés* grew considerably after the liberal revolution of 1820, in consequence of the absolutist countercoups, resulting in the exodus of the cream of Portuguese intellectuals, some in 1823 and others in 1828.[2]

French cultural influence was particularly strong in the theater, where the presence of Scribe's texts starts quite early, since already in 1822 a French company working at the Teatro do Salitre in Lisbon staged several of his *vaudevilles*, such as *Une Visite à Bedlam, Frontin mari-garçon, Les deux Précepteurs ou Asinus asinum fricat*, or *Le Solliciteur ou L'Art d'obtenir des places*.[3] After the Portuguese liberal victory of 1834, this French influence, although not unique, became a determining element in political thought, institutional reforms, and obviously in literature and the theater. Already at the end of 1834, a French company, directed by the actor Émile Doux and composed of some thirty actors, arrived in Lisbon. It presented a hitherto unknown repertory which included Scribe, Alexandre Dumas and Victor Hugo, among others. When the new Conservatory was created in 1836, Almeida Garrett – who was responsible for the introduction of literary romanticism in the country and the creator of the Drama School at the Conservatory – established in the new in-

---

1 »[*Robert*] Apareceu pela primeira vez em Paris nas vesperas da nossa partida para os Açores. Fomos para Belle-Isle com os ouvidos cheios d'aquellas grandiosas notas. E a fortuna foi connosco«. *O Constitucional*, 4 September 1838.

2 Maria de Lourdes Lima dos Santos, *Intelectuais Portugueses na Primeira Metade de Oitocentos*, Lisbon 1985, p. 108ff.

3 Francesco Esposito, »Lisbona 1822: la vita musicale attraverso la stampa periodica«, in: *Revista Portuguesa de Musicologia* 10 (2000), pp. 76-79.

stitution an Academy of which Scribe became one of the first corresponding members in the field of fine arts, along with Hugo and Casimir Delavigne.[4]

In spite of this strong French presence, the centre of Lisbon's musical life continued to be the S. Carlos. This was the main theater in the city: an Italian opera house built in 1793 and modeled on Milan's La Scala. When the S. Carlos reopened its doors in 1834, after having been closed for five years, a new type of repertory began to be heard in Lisbon that included several operas that had had their premieres in Paris. These came, however, through Italy and were sung in Italian.

The dominance of the Italian operatic model resulted in the fact that the first French operas to be heard at the S. Carlos in the above mentioned period were all by Rossini: in 1835 *Il nuovo Mosè* and *L'assedio di Corinto*, and in 1836, almost simultaneously with the premieres at the Théâtre-Italien in Paris and La Scala, *Guglielmo Tell*, the first grand opéra to arrive in Lisbon. What should be noted here, more than the language in which they were sung, is the assimilation and restriction of the French repertory to the music of the most important contemporary Italian composer.

Grands opéras with texts by Scribe premiered at the Teatro S. Carlos between 1834 and 1853

1838	*La muta di Portici*
1838	*Roberto il diavolo*
1843	*I martiri*
1845	*Don Sebastiano*
1850	*Il profeta*

The arrival of Scribe's texts coincides with the reception of grand opéra as a genre with characteristics distinctively different from those of Italian opera: in June 1837 a newspaper informed that the S. Carlos management, which was then facing serious financial problems, had promised to present *Roberto il diavolo* and *La muta di Portici*.[5] Even though this may be seen as a natural sequence, considering the importance of French culture and the interests of a certain elite, it is also the result of the action of one man: the Count of Farrobo. He belonged to a recently ennobled family with connections to the opera since his father, the 1st Baron of Quintela, had donated the grounds where the S. Carlos had been built. The son had inherited his father's enormous fortune while he was still very young and had married against his family's wishes the daughter of the first impresario of the opera house, thus consolidating his ties with the theatrical world. His passion for music led him to learn to play several instruments, to keep a private orchestra formed by his own servants, and finally to build a theater in his country house of Laranjeiras, in the suburbs of Lisbon, where he regularly presented operas. On top of this, be-

4 José Augusto França, *O Romantismo em Portugal: estudo de factos socioculturais*, 2nd ed., Lisbon 1993, pp. 97ff.

5 *O Entre-Acto*, 16 June 1837.

tween the end of the 1830s and the beginning of the 1840's he took charge of the S. Carlos, managing it more like a patron than a businessman, during a period classified as unique by contemporary chronicles. And it was precisely at the time when Farrobo started his management of the Lisbon opera house that *Roberto* and *La muta di Portici* were first performed.

La muta di Portici went on stage on April 4 1838, to celebrate the queen's birthday. As this was the time of the movement for the reform of the Portuguese theater, delineated by Almeida Garrett, many newspapers, particularly those on the left of the political spectrum, which were more inclined to promote national values, paid little attention to the spectacles at the S. Carlos, focusing instead on prose theaters and contemporary Portuguese literature. A review of the opera commented that it had not aroused the enthusiasm of the public, but in particular that it was not appropriate for the celebration:

> The impresario should know that theaters, always and everywhere, follow in their performances the politics of the time; or else they distance themselves from it, by not giving a performance that may have any relation to it, either direct or indirect.[6]

Without mentioning it expressly, the author of the article was shocked by the celebration of such an event with an opera that puts on stage a popular rebellion in a period of strong political instability and in which both the new liberal regime's and the queen's positions were not yet well consolidated.[7] He would have probably preferred an intimate drama, if not an eulogy in the manner of the Ancien Régime, and it is symptomatic that the following day, the same newspaper began a series of articles on melodrama in Italy focusing on Pietro Metastasio.[8] Farrobo himself, whose fascination with the model of the Paris Opera was notorious, naturally considered that, in order to celebrate adequately the queen's birthday, nothing could be better than a great French production, thus conferring on the S. Carlos and the city (and ultimately on the queen as the chief of state) a modern, cosmopolitan aura.

---

6 »O empresário deve saber que os theatros seguem sempre em toda a parte nas suas representações a politica do tempo; ou se tornam a ella estranhos não dando espectáculo, que possa a ela referir-se nem directa nem indirectamente«. *O Director*, 6 April 1838.

7 We now know that the supposed impact of this opera on concrete political events, such as the Belgian revolution of 1830, lacks historical foundation. Nevertheless, the problem that this critic faced was probably similar to the one Mary Ann Smart suggests had been at the origin of the funeral procession's cut when *Dom Sébastien* was restaged at the Opéra in 1849: Some of the events on stage were too close to others that the audience had experienced not too long before and that had caused a shock. See Smart, »Mourning the Duc of Orleans: Donizetti's *Dom Sébastien* and the Political Meanings of Grand Opéra«, in: *Reading Critics Reading. Opera and Ballet Criticism in France from the Revolution to 1848*, ed. Roger Parker, Oxford 2001, pp. 206ff.

8 *O Director*, 7 April 1838

On 2 September followed the premiere of *Roberto*, the preparations for which had started in November 1837 and had indicated the importance of this project for the Count. It was a success, having had 23 performances in 1838 and an additional 16 performances during the next two years, topping the number of performances of any other opera during the three years of Farrobo's management.[9] The opera continued to be performed during all the seasons up to 1843.

Since the cast of Italian singers had never sung the opera (it was only premiered in Italy during the 1840's), Farrobo had naturally bet on the *Mise en scène*. This fact is stressed in published reviews. Thus, one critic noted that *Roberto* had been presented »with a profusion of costumes, and a magnificence of sets comparable to the best theaters in Europe«[10] and of the ones painted by the two set designers hired by the S. Carlos - Achille Rambois and Giuseppe Cinatti - those that most impressed the spectators seem to have been, as in Paris, the cloister of Santa Rosalia and the cathedral in Palermo. Referring to the last scene in Act III, with the abandoned cloister under the moonlight, one newspaper explained:

> In this production Messrs. Cinatti and Rambois show a masterpiece of painting: the brush of Bouton and Daguerre never prepared better pictures for the Paris Diorama. - The chapel of Holyrood, on a moonlit night, does not stand comparison with this gloomy place, where the silver reflection of the moon lights up the monuments, the tombs and the colonnades, whose shadow is drawn on the walls of the building. At this point most spectators were enthusiastic - the bravoes erupted.[11]

Nevertheless according to Baron Charles Dembrovsky, during the nuns' ballet, the audience, at least in the first two performances, was puzzled and could not refrain from laughing, clearly showing its inexperience in a type of spectacle to which it was not used.[12] This fact helps us understand that it was with *Roberto* that the Lisbon public first gained consciousness of the dramaturgical model of grand opéra, even though, as it happened in Italy, it did not identify it as a

---

9 Francisco da Fonseca Benevides also mentions the large number of full houses that the opera occasioned but says that this did not correspond to the manager's lavishness. See Francisco da Fonseca Benevides, *O Real Theatro de S. Carlos de Lisboa, estudo histórico*, Lisbon 1883, p. 189.

10 »com uma profusão de vestuario, e magnificencia de scenario taes que não tem inveja aos melhores teatros da Europa «. *O Nacional*, 6 September 1838.

11 »Os Srs. Cinatti e Rambois mostram nesta sua producção uma obra prima de pintura: o pincel dos *Bouton* e dos *Daguerre* nunca preparou melhores quadros para o *Diorama* de Paris. - a capella de Holyrood, em uma noute de luar, não tem comparação com este soturno logar, onde o argenteo reverbero da lua illumina os monumentos, os tumulos, e as columnadas, cuja sombra se desenha nas paredes do edifício. Aqui callou o enthusiasmo no geral dos espectadores - os bravos proromperam. « *O Nacional*, 6 September 1838.

12 Charles Dembrovsky, *Deux ans en Espagne et en Portugal pendant la guerre civile 1838-1840*, Paris 1841, pp. 184-85.

French genre: Meyerbeer is presented as a German composer; moreover, the aesthetic paradigms mentioned are those of German romanticism.[13] In spite of the habit, common to all Italian reception, of considering the composer as the only author of an operatic production, it is both strange and curious that Scribe is never mentioned in any of the four long critical reviews published in the Lisbon newspapers in the days following the premiere.

In the last year of his management at the S. Carlos, Farrobo still thought of presenting *Gli ugonotti* but finally abandoned the idea,[14] probably in view of the production costs at a time when he was already aware of the accumulated losses of the previous years. In any case, the Count's interest in French opera may also be assessed through the catalogue of his private library where, even though the operatic repertory was largely Italian, we can find 41 titles in French, 15 of them with texts by Scribe. Most of them are *Opéras comiques* with music by Auber, but he also owned the scores of *La Dame blanche*, *Dom Sébastien* and *Les Martyrs*. Almost all of them included seperate sets of vocal and orchestral parts, which demonstrates that this was not simply a dilettante's library but rather a significant theatrical archive allowing rapid production of a large part of the titles it contained. One is forced to believe that this rich source of opera scores was accumulated primarily to serve the needs of the Count's own private theater at the Quinta das Laranjeiras, which opened in 1825.

Opéra comiques with Scribe's texts performed at the Teatro das Laranjeiras between 1834 and 1853

Date	Title	Music
1843	*Le Duc d'Olonne*	Auber
1847	*La Barcarolle*	Auber
1849	*La Part du diable*	Auber
1853	*Le Diable à l'école*	Boulanger

Scribe's texts, when set to music by Auber, normally appear in this context as an exclusive repertory bearing a strong mark of social distinction. For the re-opening of the theater in 1843, after a thorough architectural renovation, Farrobo invited the royal couple and chose to present *Le Duc d'Olonne*, with the original French text. The cast was formed by friends and by members of his own family, including himself, since, as he could not share with the monarchs the protagonism in the room, he preferred to place himself onstage, where he could be applauded by the queen and the king. The newspaper *A Fama* wrote:

---

13 Fabrizio Della Seta, »L'immagine di Meyerbeer nella critica italiana dell'Ottocento e l'idea di ›dramma musicale‹«, in: *L'opera tra Venezia e Parigi*, ed. Maria Teresa Muraro, Florence 1988, p. 147-176, here p. 149.

14 *O Entre-Acto*, 11 October 1840. The premiere of the opera only took place at the S. Carlos in the 1854 season.

> The hero of the celebration, the count, chose for himself the role of gracioso, and performed it perfectly, being particularly applauded by all the spectators and by Their Royal Majesties.[15]

Farrobo's library served also as the basis for the activity of two amateur societies, the Assembleia Filarmónica and the Academia Filarmónica, over which he presided and where his circle of friends cultivated music with aims not too far from those of the Teatro das Laranjeiras. Finally, the library could also be used by the Teatro de S. Carlos, particularly during those seasons when the Count financially supported the managment.

In 1843 the S. Carlos presented *I martiri* by Donizetti,[16] an Italian translation of *Les Martyrs,* first performed at the Paris Opéra in 1840. Since at the time this opera did not belong to the Italian repertory, and since we know that the Count possessed not only the score of the French version but the parts as well, we may suppose that these were the actual materials used. The libretto of the S. Carlos production indicates that the text was directly translated from the French, confirming that Salvadore Cammarano's libretto for *Poliuto* was unknown in Lisbon and that the whole production was prepared locally, using Farrobo's materials.[17]

The controversy that appeared in the press after the premiere, involving two exiled Italian living in Lisbon – Cesare Perini and Antonio Profumo (the translator of the text) – shows the prevailing perspectives on librettos and their translations, which, in turn, were simply a pretext for the various groups involved in theatrical reform to express their respective political views.[18] In a review Perini, following the introductory note by Scribe, had mentioned Cammarano as the author of the text.[19] Profumo, on the other hand, claimed the authorship of approximately three quarters of the libretto, showing that in his view translating meant appropriating the text. In response, Perini set himself to prove, by putting side by side Scribe's and Profumo's lines, that the latter had only made a simple translation, attempting in fact to use the same types of versification that the French playwright had used, and only steering

---

15 »O héroe da festa, o sr. conde, escolheu para si o papel de *gracioso,* e desempenhou-o perfeitamente, sendo particularmente applaudido pelos expectadores todos, e por SS MM. « *A Fama,* 5 March 1842. On this subject see also Mário Vieira de Carvalho, *Pensar é Morrer ou o Teatro de S. Carlos na mudança de sistemas sociocomunicativos desde fins do séc. XVIII aos nossos dias,* Lisbon 1993, pp. 68-69.

16 *Diario do Governo,* 19 December 1842.

17 At least in Lisbon the version used was not that of Calisto Bassi, contrary to what Elisabeth Bartlet states in »From Rossini to Verdi«, in: *The Cambridge Companion to Grand Opera,* ed. David Charlton, Cambridge 2003, p. 258-290, here p. 289.

18 *A Fama,* 19 February and 5 March 1843. The controversy between Perini and Profumo dated from as early as 1841, when the S. Carlos presented *L'assedio di Diu,* an opera by the Portuguese composer Manuel Inocêncio dos Santos on a libretto by Profumo (information kindly provided by Vânia Ferreira).

19 *La France Musicale,* 19 april 1840.

away from the content of the text in the double quatrain sung by Severo. Besides, Profumo seems to reveal a certain lack of dramatic sense, since he cut lines from Corneille's tragedy that Scribe had retained, for example, in the Act III Finale of the opera, where Polyeucte compares death to glory. A comparison between Scribe's and Profumo's texts for this finale shows these changes:

Polyeucte *(avec exaltation)*	**Poliuto**
Je crois en Dieu, roi du ciel, de la terre,	Io credo in Dio, re del Ciel, della terra,
Seul Dieu puissant, que je crains et révère,	Ei sol quest'alma conosce ed impetra;
Et devant lui, dieux d'argile et de pierre,	Vostro poter, Dei d'argilla e di pietra
Tombez, tombez sous mon bras triomphant!	Ognor da me vilipeso sarà!
De vos bourreaux que la hache s'apprête !	Ecco il mio capo, qual destra lo atterra?
O saint martyre !...ô pieuse conquête !...	Venga il martirio, la palma porgete;
Déjà pour nous, déjà la palme est prête;	Ogni Cristiano straziate, uccidete,
Dieu nous appelle et ne ciel nous attend !	E ogni Cristiano oggi in Ciel sederà!
Pauline	**Paolina**
O sort affreux ! ô comble de misère !	Oh mio terrore! oh colmo di sventura !
Maudit au ciel et maudit sur la terre,	In odio al Cielo, in odio alla natura,
À qui pourrais-je adresser ma prière?	A chi poss'io per lui alzar prehiera?
Dieu des chrétiens !...toi qu'il dit si puissant,	Dio dei Cristiani udirmi puoi tu solo!
Ah! si ton bras peut calmer le tempête.	Ah! volgi un guardo a me in si crudo [duolo!
Et le ravir à la mort qui s'apprête,	Se tu il mio ben mi rendi, il mio consorte,
Devant ton front je vais courber ma tête,	Se tu salvarlo puoi da infame morte,
Et proclamer ton culte triomphant.	Il culto tuo quest'alma adorerà!
Sévère	**Severo**
O sort fatal!... O devoir trop austère!	In odio al Cielo, in orrore ai viventi
Je dois dicter cet arrêt sanguinaire...	Nessun al colpo fatal può sottrarlo;
(regardant Pauline)	
Et sans pouvoir accueillir sa prière,	Già a lui sovrastano atroci tormenti,
je vois ses pleurs, hélas! et mon tourment!	E per dover, degg'io stesso immolarlo!
Lui qui jadis me ravit ma conquête...	Già invan ne ascolto gli estremi lamenti,
En vain mon cœur, dont le courroux [s'arrête,	Già invan pel misero imploro pietà;
Veut l'arracher au trépas qui s'apprête:	Sua morte chieggon le turbe furenti,
L'amour le veut!... le devoir le défend!	Già speme in terra per lui più non v'ha!
Sévère, Félix. Callisthenes, les prêtres et le peuple	**Severo, Felice, Callistene i sacerdoti ed il popolo**
Dieux infernaux, prenez votre conquête.	Gli empi in poter già son dell'inferno!
A vos tourments je voue ici sa tête!	Fiamme voraci, sulfurei bitumi.
Que le fer brille et la flamme s'apprête!	Angui pungenti apprestategli o Numi,
Ils sont maudits, et l'enfer les attend !	Son maledetti, non mertan pietà.
Callisthenes (aux prêtres, leur faisant signe)	
Obéissez !	

Pauline

Non, je ne puis le croire ! *(a Felix)*
Tout coupable qu'il est, c'est ma vie et mon bien !

Félix

Qu'il reconnaisse alors nos dieux !

Polyeucte

[Je suis chrétien !...

Félix

Adore-les, te dis-je, ou meurs.

Polyeucte

[Je suis chrétien !...
(Félix fait un signe et les prêtres emmènent Polyeucte)

Pauline

Où le conduisez-vous ?

Callisthenes

A la mort !

Polyeucte

[A la gloire !

Sévère

O sort fatal, o devoir trop austère! Etc., etc.

Callisthenes, les prêtres et le peuple

Dieux infernaux, prenez votre conquête.
(on entraîne Polyeucte et Néarque dans l'intérieur du temple. Tout le monde sort en désordre)

In spite of the above criticism, when Meyerbeer's *Il profeta* went on stage at the S. Carlos in 1850 (less than a year after the Paris premiere), and in spite of the fact that R. Santo Mango's Italian version, published in London in 1849, had been sent to Lisbon, Profumo decided to rewrite almost all of the text of the opera. This time, however, probably in order to defend himself against possible attacks, he indicated his own texts with asterisks.[20]

Perini's criticism was backed by some experience. He had been the author of the first known Italian translation of *Robert le diable*, made 1837 in Cadiz, probably during a stop of his diaspora as a political *émigré*. Before settling definitively in Lisbon,[21] and shortly after the controversy over *I martiri*, he would also have the opportunity to present a translation of his own to the Portuguese public. In November 1843 *Dom Sébastien* went on stage in Paris; in Lisbon the interest for this premiere was naturally greater than usual, since the opera was

20 *O Propheta. Opera em 5 Actos para se representar no R. T. de S. Carlos*, Lisbon 1850.

21 Fabrizio Della Seta, »Un aspetto della ricezione di Meyerbeer in Italia: le traduzioni dei Grand Opéras«, in: *Meyerbeer und das europäische Musiktheater*, ed. Sieghart Döhring and Arnold Jacobshagen, Laaber 1998, p. 309-351, here p. 313. This version was used again in Lisbon at least in 1864.

based on a period and a figure of Portuguese history. Portuguese theatrical periodicals followed the event rather closely through the eyes of the French press, and in particular the *Journal des Débats*. They mentioned that the opera had been dedicated to Queen Maria II, and as a consequence the composer had been awarded the Order of Nossa Senhora da Conceição de Vila Viçosa. The *Revista Theatral* even spoke of a possible visit of Donizetti to Portugal to mount the opera at the S. Carlos.[22] This time, and contrary to what had happened with other grands opéras new to Portugal, Scribe appears as the main protagonist.

The reason lay in the historical fantasies which he had introduced in the libretto, namely the relation between the king and Zaida, as well as the figure of Camões. But, in any case, the opera seems to have aroused more interest than revulsion in Lisbon. The Count of Farrobo quickly ordered the score from Paris and decided to present it at the opening of the new music room at the Assembleia Filarmónica, an institution that did not have the strictly private character of the Teatro das Laranjeiras and where it thus would be more appropriate to sing the opera in Italian. Since the world premiere had been so recent, and since there were consequently no Italian translations in circulation, he ordered a new one from Cesare Perini. On 14 December 1844 *Don Sebastiano, Rè di Portogallo* was first performed in concert at that academy, thus making Lisbon the first European capital to hear the opera in that language.

In an introductory note to the libretto, Perini presented his ideas on the process of translating: contrary to Profumo, he did not pretend to appropriate the work, but he recognized the difficulties he had encountered and confessed that he had not always been able to adhere to the »dovere di fedelmente tradurre«, which, according to Fabrizio della Seta, had been the main criterion behind his translation of *Robert*.[23] Nevertheless, he defended himself wisely, skilfully taking refuge in Donizetti, »il quale molte volte, e in più luoghi ha variato, mutilato, accresciuto la parola impresa«. In any case, the main objective of this introductory text was to criticize Scribe:

> Questo fortunato scrittore che fornisce Commedie a tutti i Teatri francesi; che col suo abito *Bleu* foderato di verde e lunga spada a fianco, siede al lato di Chateaubriant, Lamartin [sic], Willemain, Thiers, Guizot, e V. Ugo [sic] su i dorati scanni dell'Accademia-Francese; Scribe, avvezzo a capovolgere la statua di Talia per offrire nei suoi componimenti qualche cosa di nuovo; Scribe, devo dirlo, ha in questo Dramma spietatamente violata la verità, mal rappresentato i caratteri, e depravata la storia!

It is true that many facts and characters in Scribe's libretto did not exist in Paul-Henri Foucher's drama, whose main focus is the political problem of the

---

22 *Revista Theatral*, 15 and 20 October 1843.

23 Della Seta considers that instead of adapting the French text to the Italian metrical schemes, Perini is particularly concerned with maintaining the original rhythmical schemes. See Della Seta (see n. 22).

annexation of Portugal by Spain. On the other hand, the historical dramas that Garrett's theatrical reform had fostered, had brought onto the Lisbon stage a number of productions based on the episode of Alcácer Quibir. For the most part, they included love triangles without any historical foundation.[24] The difference – which justifies both Perini's caution in his introductory note and the scandal it provoked in some newspapers – seems to be that none of the love plots proposed by the Portuguese playwrights did directly involve the king. On top of this, the behaviour that Scribe attributes to the king, particularly the fact that Dom Sébastien lets someone else die in his place, is seen by the critic of the *Raio Theatral* as an act of cowardice with which the librettist did not contribute to the aggrandizement of the hero. And, one may deduce, as an offence towards a Portuguese historical figure.[25]

In spite of his acid and ironic criticism, Perini recognized that the libretto included grandiose scenes and various beautiful passages that finally aroused his interest in the text and music of the opera:

> Ma, chi posta più la paura, oserà dire questa verità a Scribe, che se mette in movimento la sua macchina a vapore è capace di dare alla luce centomilla drammi per confondere e atterrare i suoi critici! Io non per certo; – ammiro il bello nelle composizioni del drammaturgo francese ... e del peggior non curo.

In Perini's version there are no significant changes compared to the French original, except for the cuts in some ensembles (such as the Act I Finale), for the purpose of making them shorter and less tiring for the singers, who were all amateurs, and to avoid certain historical references, as in the case of Philip II of Spain, who is never directly mentioned at the beginning of the opera. These changes probably reflect an animosity towards the neighbouring country, which may also be seen, in the literary context of the nineteenth century, as a manifestation of Romantic nationalism. Finally the criticism in the introductory note does not have great consequences for the understanding of the text, since, all aspects considered, the lack of historical accuracy could not prevent the opera from being played in a concert, where the action became much less perceptible. Donizetti's music and the fidelity of the public towards the composer were sufficient reasons to overcome that problem.

A few months later, in May 1845, *Don Sebastiano* was premiered at the Teatro de S. Carlos. We may consider that the public there was larger than the

---

24 *O Fronteiro de África ou três Noites Aziagas* by Alexandre Herculano (1838), *O cativo de Fez* by Silva Abranches (1841) and *Frei Luís de Sousa* by Almeida Garrett (1843). Further on this subject see Ana Isabel Teixeira de Vasconcelos, *O Drama Histórico Português do Século XIX (1836-56)*, Lisbon 2003, p. 352ff.

25 *O Raio Theatral*, 3 December 1843. Although this is outside the chronological limits of this article, on the Lisbon reception of another opera by Scribe that puts on stage Portuguese historical figures, see Gabriela Gomes da Cruz, »*L'Africaine*'s savage pleasures: Operatic listening and the Portuguese historical imagination«, in: *Revista Portuguesa de Musicologia* 10 (2000), pp. 151-180.

one at the Assembleia and that therefore the opera would have lost the elitist character it had so far had in Lisbon. But, even though it was larger and more varied, the public of the S. Carlos was also made up of a minority of the city's inhabitants. There were also two fundamental differences in the nature of the perfomance: it was being performed on stage and by professional singers. Nevertheless, and probably in order to save money, Perini's version for the Assembleia was used for the printed libretto, even keeping the cuts that were not followed in the S. Carlos production. In regard to historical accuracy, this time the introductory note is short and discusses the problem from a very different, much more pragmatic angle: Perini recognizes the »variety of situations that lyrical compositions demand« and the »mysterious veil that the disastrous epoch of 1578 threw over the misfortune of D. Sebastião«,[26] in an allusion to the legends and myths created around the king. However, since »these episodes are involved with the inspirations of the immortal Donizetti, it would be a very arduous task to change or alter them without the musical beauties losing something of their magical charm«, and this led to the drama being performed »as M. *Scribe* invented it«.[27] In short, the fact that the theater is fantasy was taken for granted, and what Perini had been afraid to admit when the opera had been performed at the Assembleia was now explicitly stated: the criticism of Scribe had only been a precaution against possible attacks on the part of an audience that in the end did not seem shocked with the way both D. Sebastião and the episode of Alcácer Quibir were treated.

Dom Sébastien is perhaps the only case of an opera by Scribe that has the particularity of having had a tripartite reception in Lisbon: first through the Parisian newspapers and focusing in particular on the way Portuguese history was treated, then as a concert piece and finally, in 1845, as an opera. In this process, the visual aspects, which were an essential ingredient of this type of repertory, only appeared last.

Except for some works that had become part of the repertory of the Italian theater (normally with the dialogue replaced by recitative, as was the case with *Zampa*, performed at the S. Carlos in 1839), opéra comique was primarily presented in secondary theaters and went through a slow and arduous process of acceptance in the Portuguese context. The reception of Scribe's contribution does not make an exception to this rule, and it was only in 1841 that a production of one of his comic operas was reported for the first time in a Lisbon public theater. A year later one could read in a newspaper:

---

26 »variedade de situações que as composições lyricas demandam«; »véo mysterioso que a época desastrosa de 1578 lançou sobre o infortunio de D. Sebastião«. *D. Sebastião Rei de Portugal Drama Lyrico em 5 actos para se apresentar no R. T. de S. Carlos*, Lisboa 1845.

27 »estes episódios se acha[re]m envoltos com as inspirações do immortal Donizetti, mui árdua tarefa seria de os mudar ou alterar sem que as belezas musicaes perdessem alguma cousa do seu magico encanto«. *Ibid.*

> The management of the Teatro Normal, after having triturated us for some time with the infernal *Fra-Diavolo,* and with Mr. Ibarra's *ventriloquism,* finally gave us [...] a pretty comedy – *A Calunia* of the ingenious Scribe. [...] A subsidized theater should present plays of this quality, and not comic operas. These, besides being impossible to enjoy because they are *very badly* performed, are generally ragbags that nobody can understand.[28]

This is a surprising statement, relating to two productions at the Teatro da Rua dos Condes. Since both *Fra Diavolo* and *A calunia* (*La Calomnie*) were written by the same playwright and librettist, what might have led the journalist, within two lines, to send the first to hell, suppressing its author, and to exalt the second as the work of the »ingenious« Scribe? As we shall see, he was not interested in bringing together what was common to both but rather to stress what was different: opera *versus* spoken theater and singing *versus* declamation. In fact, the previous year something new had happened in the secondary theaters of Lisbon. After three years at the head of the S. Carlos, Farrobo had taken charge of the management at the Teatro da Rua dos Condes, second in importance among the Lisbon stages after the S. Carlos, and contrary to the S. Carlos, dedicated to the spoken theater. But instead of limiting itself to comedy and drama, Farrobo's management began to present French opéras comiques in Portuguese translation. The 1841 season started with *O dominó preto* (*Le Domino noir*) by Auber and Scribe, followed in 1842 by *O campo dos desafios* (*Le Pré aux clercs*) by Hérold and E. Planard, *Recepção de uma cantora* (*Concert à la cour, ou La Débutante*) by Auber and Scribe/Mélesville, *Fra Diavolo* by Auber and Scribe, *A dama branca* (*La Dame blanche*) by Boieldieu and Scribe, and *A neve ou O novo Eginard* (*La Neige, ou Le nouvel Eginhard*) by Auber and Scribe/Delavigne. In a city where operatic life was dominated by the Italian melodramma presented at the S. Carlos, the sudden access to opéra comique – a genre that until then had been absent from the capital – in an alternative theatrical venue and in Portuguese was unprecedented and enthusiastically welcomed by the audiences. To some, however, it also meant effrontery. The press criticized the performance: the tenor was »ridiculous and mean«, »a vile member of the chorus, without any voice or figure« and »raucous«; the soprano »could not be heard, her voice mingling with the tuneless cries of her companions«,[29] the actors »feigned to sing«,[30] the company was a »shouting

---

28 »A Empresa do Teatro Normal, depois de nos haver triturado por algum tempo com o infernal *Fra-Diavolo,* e com o *ventriloquismo* do Sr. Ibarra, deu-nos finalmente [...] a linda comedia – *A Calunia* do engenhoso Scribe. [...] São peças desta qualidade que se devem apresentar em um teatro subsidiado, e não Óperas cómicas. As quais, além de se não poderem ouvir por serem *pessimamente* desempenhadas, são em geral um *apontado de rodilhas,* que ninguém é capaz de entender.« *Espelho do Palco,* 27 October 1842.

29 *Espelho do palco,* 29 September 1842

30 *A Fama,* 26 February 1843

multitude«[31] and the whole ensemble a »poor thing [...] that hardly knew to read music yet«.[32] With the success of *Robert*, Farrobo had struck a blow against the decade-old hegemony of Italian opera. But when he moved on to the Condes and decided to introduce opéra comique by Scribe and Auber, in a further effort to renew the repertory, the results were less than one might have expected. The actors had no vocal training, there was one soprano and one baritone[33] with no experience and a *primo tenore*[34] who had been »expelled from the S. Carlos chorus for being inept for his profession«.[35] For a patron with refined tastes, who had saved no expenses to put on musical productions in his own private theater, and who during his management had promoted some of the most magnificent seasons that Lisbon had ever witnessed, lowering the standards in such a manner seemed to the critics to be unforgivable. But the press did not take one simple fact into consideration: any ambitions on the part of Farrobo would be hampered by existing limitations. Lisbon lacked an autonomous operatic establishment for the production of opera in Portuguese: the companies working at the S. Carlos, which were hired by mostly Italian agents and managers, came from Italy in a unit and it was out of the question for first-rate singers to appear on a second class stage; on the other hand, the Music School at the Conservatory was very young, the Drama School was taking its first steps[36] and the theaters for spoken drama and comedy survived with a handful of actors of middle quality and no musical training.

Another aspect weighed on the negative assessment by the public. Farrobo had as his associate in the management Émile Doux, a French director who did not enjoy the sympathy of a large portion of Lisbon playwrights and intellectuals. As manager of the Teatro da Rua dos Condes between 1835 and 1840, he had formed a cast to perform in Portuguese, for a wider audience, all the repertory of Dumas, Hugo, Pixérécourt, Scribe and Mélesville which the previous French company, also directed by Doux, had introduced in the original language with great success to the more cultured layers of Lisbon society between 1835 and 1837. His professionalism and ability as a director were in sharp contrast with current theatrical practice in Lisbon, and during the next decade his role as the coach of a whole new generation of Portuguese

31 *O Pirata*, 13 November 1842

32 *Restauração*, 21 July 1842

33 The soprano Radicci and the singer Figueiredo, who would later be hired as a bass by the Teatro S. Carlos.

34 The tenor Ibarra.

35 *Espelho do Palco*, 22 September 1842

36 The Music Conservatory opened in 1835. In 1836, with Almeida Garrett's reform, it was incorporated into a single institution, comprising three schools: the Drama School (»Escola de Declamação«), the School of Dance, Mime and Special Gymnastics, and the Music School. The Drama School only started in 1839.

actors would have repercussions in all the theaters of the capital, including the future Teatro Nacional D. Maria II.[37] Several of his disciples would move to it because they were considered the best in their own *métier*. But many people were not willing to accept Doux's growing power in the theatrical milieu and his natural tendency towards Frenchifying the repertory of the second theater in Lisbon. The French influence was a particularly sensitive question since an unprecedented plan for theatrical reform was under way. It came from the liberal government of 1836 and proposed a number of measures - including the creation of a Drama School, the construction of a new national theater for spoken drama and the establishment of competitions for playwrights - intended to defend the Portuguese theater as a symbol of national identity and advanced civilization. In this context, for many people, through his own identity and actions, Doux personified the imposition of the foreign over the domestic; and his association with Farrobo to introduce opéra comique in a theater for spoken drama and comedy, was the culmination of a growing threat to maintaining a Portuguese repertory. This is what one could read in a newspaper, with reference to the two associates:

> We recommend to the society to prefer the national to the foreign [...] and [...] prose to singing. [...] Of the two Theaters that are subsidized by the government, one [the S. Carlos] gets its support so that through it music is kept, the other [the Rua dos Condes] so that it can serve as a norm, both to the creators and to the performers of Portuguese drama; but the one that was subsidized for this purpose converted itself into opera, and by the way rather badly [...]; it is therefore indispensable that [...] someone less megalomaniac, but more Portuguese, should attempt to perform the obligation that it does not fulfil.[38]

Lastly, the concept of opéra comique itself was questioned. In the vision of a group of intellectuals who had been formed in the spirit of the Enlightenment, comic opera was not able to fulfil the noblest functions of the spoken theater. Halfway between the spoken theater and singing, the »monstrous genre of the comic opera theater« - as one journalist called it[39] - was too realistic. Instead it was weakening the potential for illusion and the spectator's identification with

---

37 The Teatro Nacional D. Maria II was conceived as a fundamental part of the theatrical reform defined in Almeida Garrett's decree of 15 November 1836. It was inaugurated in 1846.

38 »Recomenda-se à sociedade que prefira o nacional ao estrangeiro [...] e [...] a declamação ao canto. [...] Dos dois Teatros subsidiados pelo Estado, um [o Teatro São Carlos] o fora para por ele se manter a música, o outro [o Teatro da rua dos Condes] para servir de norma, tanto aos fazedores como aos representadores do drama português; mas o para este fim subsidiado converteu-se a si mesmo em ópera, e por sinal que muito má [...]; é logo indispensável que a obrigação que ele não cumpre [...] alguém menos melomaníaco, porém mais português, a procure desempenhar. « *Revista Universal Lisbonense*, 14 April 1842.

39 »género monstro do teatro de ópera cómica«. *A Restauração*, 30 November 1842.

the characters, which, according to the values inherited from the Enlightenment, were essential mechanisms for properly fulfilling the functions of enlightening and moralizing the audience.

Thus, at the level of reception, the successive productions of Scribe's opéras comiques at the Rua dos Condes between 1841 and 1843 were subjected to intense public scrutiny. The issue was the use of a theater for spoken drama for operatic purposes, the superimposition of a French repertory on a national one and the inadequacy of the genre to fulfil the aims of moralizing and instructing. Any considerations of the musical or dramatic content of the operas, even those that were presented for the first time and with the advantage of being sung in Portuguese, were put aside in face of the current political and social context - it was the spirit of the time, highly ideological, heir to two revolutions intermingled with a civil war, and thirsting for reforms, liberal values, instruction and civilization.

At the level of the spoken theater, however, the picture is different. Seven months after the end of the civil war, which had been won by the liberal forces (1835), the French company of Doux established itself in Lisbon, and the more recent French romantic plays began to go on stage. From the point of view of the liberal intellectuals, the defence of national drama was not difficult to make compatible with the foreign invasion of works seen as an inspiration for the reform of the Portuguese theater.[40] From the point of view of the public, this was the ideal time to dazzle an audience that was hungry for novelties and, during the two and a half years of the company's existence, to draw the elites of the S. Carlos to the Teatro da Rua dos Condes. To them, performances in French were important, thus satisfying their pretensions of cosmopolitanism.[41] But the highest moment came in 1836, with the hiring of the actor Paul, first *gallant* of the Théatre Gymnase in Paris:

> Great news! [...] Mr. Paul, the famous actor of the Ginásio, who has a European reputation, has just arrived in Lisbon [...] and intends to stay for a month, performing at the French theater! Paulo shall give his first performance on Thursday the 11th, and we shall see the most beautiful plays of the Ginásio performed by the most worthy interpreter of the talents of Scribe, Mélesville, Imber, Varner, etc. etc.[42]

Paul did not stay for a month but for a whole year, performing all the comedies and *Vaudevilles* he had performed countless times in Paris. Between August and December alone, the newspapers announced around 30 premieres

---

40 *A Guarda Avançada*, 23 February 1835

41 França (see n. 4), pp. 420-21

42 »Grande notícia! [...] Mr. Paul, o famoso actor do Ginásio, cuja reputação é europeia, acaba de chegar a Lisboa [...] e conta com passar aqui um mês, representando no teatro francês! Paulo dará sua 1ª representação 5ª feira 11, e veremos as mais lindas peças do Ginásio executadas pelo mais digno intérprete dos talentos de Scribe, Mélesville, Imber, Varner, etc, etc« *O Independente*, 8 August 1836.

of Scribe's plays with Paul in the leading role, among them *La Lune de miel, Vatel, Le Secrétaire et le cuisinier, Michel et Christine, Rodolphe, L'Ambassadeur, La Demoiselle à marier, Le Chaperon, Le Vieux mari, Etre aimé ou mourir, Louise ou La Réparation, Toujours, La Haine d'une femme, La Seconde année, La Quarantaine, Le Gardien, Les Malheurs d'un amant heureux, Le Menteur véridique, Les Premières amours, Une Faute,* and *Le nouveau Pourceaugnac.*[43]

> Paulo conquered the public, and he pleases even when he performs roles that are not his [...]. We confess that, having been to the two Foreign Theaters, [Teatro de S. Carlos and Teatro da Rua dos Condes] which were both full, the audience at the French one was a hundred times finer, and that the high Court that was missing at the Italian one had gone there.[44]

There was a resounding success: a glory for the French company of the Rua dos Condes, a triumph for Doux and the consecration of Scribe on a stage of the capital.

During the next decade the public continued to enjoy Scribe's repertory, very much through the initiative of Doux, who successively directed Portuguese companies in the secondary theaters of Salitre, Ginásio and D. Fernando and continued to fill the billboards with works by this playwright. The »ingenious Scribe«,[45] master of intrigue, with fast-paced plots and accessible language - even though it was often corrupted by translations -, guaranteed the entertainment of the audiences, in a clear contrast to much of the national repertory perfomed at the time. The theatrical managers were conscious of these qualities and followed Doux, staging and restaging *As primeiras proezas de Richelieu* (*La Chambre à coucher, ou Une Demi-heure de Richelieu*), *O embaixador* (*L'Ambassadeur*) e *Adriana Lecouvreur* (*Adrienne Lecouvreur*) and overcoming disputes and the barriers of censorship - which, after a period of relative freedom in the wake of the liberal revolution of 1836 was reinforced in the 1840s with the right-wing government of Costa Cabral.[46] Thus in 1842, for instance, a newspaper reported, regarding the premiere of *As primeiras proezas de*

---

43 Cf. *O Independente,* August to December de 1836.

44 »Paulo deu no goto do Público e agrada até quando representa papeis que não são seus [...]. Confessamos, tendo estado nos 2 Teatros Estrangeiros [Teatro de S. Carlos e Teatro da Rua dos Condes] aonde havia iguais enchentes, que a do Francês era cem vezes mais fina, e que ali viera a alta Corte que faltava no Italiano«. *O Independente,* 18 August 1836.

45 *Espelho do palco,* 27 October 1842.

46 António Bernardo da Costa Cabral: a defender of the liberal revolution of 1836, his political conduct swings soon after towards the right. He was Home Secretary between 1842 and 1846. In spite of continuing to promote a series of reforms, opposition to his repressive policies led him into exile. He came back to power in 1849 but was deposed by a military coup in 1851. See *História de Portugal,* ed. José Mattoso, vol. 5, *O Liberalismo,* Lisbon 1993, p. 108.

Richelieu:[47] after the authorization of the performance was denied by the Inspecção-Geral dos Teatros, the manager immediately went »with his many relations to the Home Office, with the result that an edict was published fulminating against the civil servant who acted as inspector«. He further informed the public »that he would not put on stage an original Portuguese play if he was not allowed to perform his *Richelieu*«.[48] In December 1853 it was *Os contos da rainha de Navarra* (*Les contes de la reine de Navarre*) that caused some controversy. Scheduled for the reopening of the Teatro Nacional D. Maria II,[49] the play by Scribe and Legouvé might provoke some uneasiness among the members at the court, since among them was a Portuguese princess who did not have any »honest qualities or religiously chaste virtues«.[50] The options included replacing this comedy by *Pedro*,[51] a Portuguese original, in order not to hurt any sensitivities, or going ahead and stage it, as the diva (and protegée of the Home Secretary) Emília das Neves demanded: it was decided in favour of the second option, but with the role of the »Portuguese Princess« changed into the »Princess of Naples«.[52]

In spite of Government incentives such as competitions and prizes, Portuguese original texts clearly lost ground to foreign ones. It was cheaper for the theater manager to hire a translator than to pay royalties to the playwright.[53] And the ascending bourgeoisie felt much closer to the comedies adapted from French *Vaudevilles* than to the long, prolix and frequently pretentious national dramas, thus confirming the success these works had already obtained on other foreign stages. During the mid-fifties the defence of the national theater against the imported one had not yet cooled off in the press, but the political,

47 According to Vasconcelos, the comedy *As primeiras proezas de Richelieu* had its premiere at the Teatro da Rua dos Condes in 1842, and was performed more than fifty times during the next four years. When the Teatro Nacional D. Maria II opened in 1846, it was performed there against all criticisms and was repeatedly put on stage during the next ten years. Cf. Vasconcelos (see n. 26), p. 215.

48 »foi com as suas muitas relações atravessar-se na Secretaria do Reino, de onde resultou baixar uma portaria fulminando o empregado que servia de Inspector«; »que não poria em cena uma peça original portuguesa se lhe não deixassem representar o seu *Richelieu*«. *Revista Universal Lisbonense*, 12 May 1842, quoted in Vasconcelos (see n. 26), p. 215.

49 The theater had been closed for restoration since October of that year.

50 »qualidades honestas, nem virtudes religiosamente castas«. *Revista de Lisboa*, 3 December 1853, quoted in Vasconcelos (see n. 26), p. 160.

51 Considered to be the first Portuguese contemporary drama, *Pedro* was written in 1849 by Mendes Leal and published in 1857. Its premiere did not take place until 1863.

52 Gustavo de Matos Sequeira, *História do Teatro Nacional D. Maria II*, vol. 1, Lisbon 1955, p. 181.

53 Maria de Lourdes Lima dos Santos, *Para uma sociologia da cultura burguesa em Portugal no século XIX*, Porto 1983, p. 478.

cultural and social juncture gave signs of change. With a stable government and a certain degree of internal political apathy, the country was entering a period of structural reforms and opening up to foreign progress: this was the period of the Regeneration, promoted by the military coup of 1851, which brought down Costa Cabral's cabinet and put an end to decades of social and ideological tensions. With more theaters active in the capital - the Ginásio (since 1846) and the D. Fernando (inaugurated in 1849) -, the impresarios competed with each other for the favour of the public. Several foreign companies returned for whole seasons, and in 1855 the government even hired a French cast for the Teatro Nacional. Working in competition with the resident Portuguese company during a period of 24 months,[54] the French presented over 100 new plays in the language of Scribe,[55] shocking those few who were still faithful to the national cause and to dramatic art as instruction and delighting all the rest who sought above all mundanity and recreation in the theater.

It is therefore not surprising that, in this new context of theatrical consumption, a second batch of comic operas with Scribe's signature received a much more positive reception than the earlier imports. Competing for the conquest of a new public, in 1850 the two more recent secondary theaters in Lisbon began almost simultaneously to present works by Auber and Adolphe Adam, recovering, after eight years, Farrobo's project at the Teatro da Rua dos Condes. Since it was assumed by all parties involved - the impresarios as well as the companies, the press as well as the public, and even the politically appointed commissioners at the Teatro Nacional - that the overlapping of imported and original repertory was a fait accompli, the opening of this new season of opéra comique did not give rise to any controversy. On top of this, the conditions surrounding production and reception had undergone profound changes. During the interval between the two seasons (1841-42 and 1850-51), the Teatro da Rua dos Condes, followed by the Ginásio and later the D. Fernando, had ordered and produced a series of comic operas by Portuguese authors or foreign authors established in Portugal.[56] A whole new

---

54 The French company gave performances on alternating days with the Portuguese company, presenting its own independent repertory.

55 Sequeira (see n. 54), vol. 1, p. 198.

56 *O beijo* (1844, Rua dos Condes), *O caçador* (1845, Rua dos Condes), *Um bom homem de outro tempo* (1846, Rua dos Condes), *Qual dos dois* (1849, Ginásio), A *bruxa* (1850, Ginásio), *1762 ou Os amores de um soldado* (1850, Ginásio) and *O capelão do regimento* (1850, Ginásio) by Angelo Frondoni; *A marquesa* (1848, Ginásio), *O conselho das dez* (1848, Ginásio) and *A velhice namorada leva sempre surriada* (1849, Ginásio) by António Luís Miró; *A cisterna do diabo* (1850, Ginásio) by Guilherme Cossoul; and *A batalha de Montereau* (1850, D. Fernando) by Joaquim Casimiro. Even though all these works were announced in the press as comic operas, in the absence of a direct study of the scores, we cannot firmly state that these examples are an appropriation, *tout court*, of the French *opéra comique*, which is generally referred to, in the Portuguese

operatic system emerged. This was extremely important, for not only did it allow a number of composers and performers to invest their talent in an alternative venue to that of the S. Carlos, it quickly created expectations in the press that conditions were now ripe for the formation of a national opera:

> This is already the third attempt in Portugal to introduce comic operas in our theaters; let us hope that they will now hold in a second-rate theater, as a new entertainment for the audience, and who knows, as a prelude to the creation of a National Opera![57]

Thus, within a few years, comic opera developed from being a kind of entertainment contrary to the principles of national assertion and enlightenment, and within the framework of the liberal values arising from the 1836 revolution, to a genre that could gain autonomy in the context of national expression. Thus, comic opera conquered its legitimacy in the secondary theaters of the capital. When, at the end of July 1850, *A barcarola* (*La Barcarolle*) by Auber and Scribe went on stage at the Teatro D. Fernando, opening a new season of French comic operas in translation, the press confirmed the way in which the genre was now accepted:

> Almost all of the plays have been received with the warmest applause but in particular [...] the *trio* for soprano, tenor and bass [...] in the third act, and finally the graceful canzonetta of the *Barcarola*, which is repeatedly heard during the opera and which is alternately sung by nearly all the artists. We have therefore to speak only of the performance and we do it with even more pleasure since we can only ... praise. [...] When we think that only forty days ago neither an organized company nor a translated play existed and that in such a short time everything was achieved; seeing that the theater opened with a comic opera in three acts and fifteen musical numbers that are not easy to perform, we are almost forced to believe in miracles.[58]

> [40 years ago] the public did not attend the Teatro de D. Fernando because the spectacles it offered were far from corresponding to their taste; it was an urgent

---

context, as comic opera (*ópera cómica*) and not musical plays with a comic subject, integrating declamation and singing.

57 »Já é a terceira tentativa que em Portugal se faz, para a introdução das óperas cómicas nos nossos teatros, oxalá que afinal, e convenientemente introduzidas, elas se mantenham, num teatro de segunda ordem, como nova diversão para os espectadores, e quem sabe se prelúdio para a formação da Ópera Nacional!« *O Espectador*, 17 December 1848.

58 »Quase todas as peças têm sido recebidas com os mais vivos aplausos, [...] e [...] a engraçada cançoneta da *Barcarola*, que se ouve repetidas vezes no decurso da ópera, e que é cantada alternadamente por quase todos os artistas. Só temos pois a falar da execução, e fazendo com tanto mais prazer, que só temos a tecer elogios. [...] Quando se pensa, que há apenas uns quarenta dias não existia nem companhia organizada, nem peça traduzida, e que em tão curto espaço de tempo se conseguiu tudo; abrindo-se o teatro com uma ópera cómica em três actos com quinze peças de música de uma execução pouco fácil, quase que nos vemos obrigados a acreditar em milagres.« *O Interesse Público*, 2 August 1850.

imposition formulated by its own interest, and a compelling law of its criticism and difficult position. This is what the present *society* has understood and attempted to fix with very happy success, by presenting in this theater the *Comic opera.* [...] The *Barcarola* was an excellent choice. An uninterrupted series of performances has won it numerous proofs of a flattering reception. The public has always welcomed it with the same applause and seems still far from being satiated.[59]

The means of production and performance, which were now frankly better, also contributed towards the good reception of *A barcarola* and of the other comic operas which followed. With Doux as director and the composer Joaquim Casimiro as musical director, the Teatro D. Fernando hired the Italian soprano Caterina Persolli, »already known to the *dilettanti* of the S. Carlos«,[60] the soprano Rafaela Galindo,[61] who was a member of the S. Carlos choir, and two prized students of the Conservatory: the tenor Cristiano Rorich and the baritone Francisco Lisboa.[62] *A Barcarola* was followed by *Mexericos do convento* (*Le Caquet du couvent*) by Henry H. Potier and Eugène de Planard/ Adolphe de Leuven (October 1850), *Giralda ou A nova Psyché* (*Giralda, ou La nouvelle Psyché*) by Adam and Scribe (December 1850), *O postilhão de Lonjumeau* (*Le Postillon de Lonjumeau*) by Adam and Leuven/Brunswick (February 1851) and *O Polichinello* (*Polichinelle*) by Montfort and Scribe/Duveyrier (March 1851). The Teatro do Ginásio, which had opened in 1846, competed healthily with the D. Fernando and immediately became the venue of choice among the secondary theaters of Lisbon, even dethroning the Teatro Nacional D. Maria II in terms of affluence of its audience and the protection of the press. With the composer Ângelo Frondoni as musical director and the baritone Celestino, who had been a singer at the S. Carlos since 1845, singing »primi ruoli«,[63] the Ginásio presented *O Chalet* (*Le Chalet*) by Adam and Scribe/Mélesville (July 1850),

---

59 »O Teatro de D. Fernando não era frequentado, porque os espectáculos que oferecia, estavam longe de corresponder ao gosto das plateias; variar o género das suas representações acomodando-as aos elementos da companhia e satisfazendo as exigências caprichosas das turbas, era uma indicação urgente, que o próprio interesse lhes formulava, e uma lei imperiosa da sua crítica e difícil posição. Foi isto o que a actual *sociedade* compreendeu, e tentou com felicíssimo êxito, estreando neste teatro a *Ópera cómica.* [...] A *Barcarola* foi uma óptima escolha. Uma série de não interrompidas representações tem-lhe granjeado numerosas provas do mais lisonjeiro acolhimento. O público tem-na festejado sempre com os mesmos aplausos, e parece ainda longe de se mostrar saciado.« *Revista dos Espectáculos,* 1 September 1850.

60 »já conhecida dos *dilettanti* de S. Carlos«. Caterina Persolli sang secondary roles at the S. Carlos since 1843 and continued to appear there during the next decade. *Revista dos Espectáculos,* 1 July 1850.

61 *Diário do Governo,* 2 January 1851.

62 *Revista dos Espectáculos,* 1 July 1850.

63 António Maria Celestino was the most successful among Portuguese singers at the S. Carlos, where he even performed first roles. See Mário Moreau, *Cantores de Ópera Portugueses,* vol. 1, Lisbon 1984, p. 328 ff.

Giralda ou A nova Psyché (*Giralda, ou La nouvelle Psyché*) by Adam and Scribe (December 1850) – simultaneously with the Teatro D. Fernando! –, *O moinho das tílias* (*Le Moulin des tilleuls*) by Aimé Maillart and Maillan/Cormon (February 1851) and *O cesto das flores* (*Le Panier fleuri*) by Ambroise Thomas and Leuven/Brunswick (March 1851).

It was a short but unparalleled period in Lisbon in the field of opéra comique – and possibly a last opportunity for the public to enjoy Scribe's contribution to this musical genre performed in Portuguese. A true season of comic operas by this author would only happen again in 1878, this time performed by a French company at the Teatro de S. Carlos, at the end of the Italian opera season.

Scribe's comic operas in the secondary theatres of Lisbon between 1841 and 1851

Date	Theater	Title	Text	Music
1841	Rua dos Condes	*O dominó preto* (*Le Domino noir*)	Scribe	Auber
1842	Rua dos Condes	*Recepção de uma cantora* (*Le Concert à la cour, ou La Débutante*)	Scribe and Mélesville	Auber
1842	Rua dos Condes	*Fra Diavolo*	Scribe	Auber
1842	Rua dos Condes	*A dama branca* (*La Dame blanche*)	Scribe	Boieldieu
1842	Rua dos Condes	*A neve ou O novo Eginard* (*La Neige, ou Le nouvel Eginhard*)	Scribe and Delavigne	Auber
1850	Ginásio	*O chalet* (*Le Chalet*)	Scribe and Mélesville	Adam
1850	D. Fernando	*A barcarola* (*La Barcarolle*)	Scribe	Auber
1850	Ginásio	*Giralda ou A nova Psyché* (*Giralda, ou La nouvelle Psyché*)	Scribe	Adam
1850	D. Fernando	*Giralda ou A nova Psyché*	Scribe	Adam
1851	D. Fernando	*O polichinello* (*Polichinelle*)	Scribe and C. Duveyrier	Montfort

Conclusion

After some initial resistance, thanks to the intervention of Farrobo and the collaboration of Doux, grand opéra and opéra comique finally conquered a place in the repertory of the opera house and the secondary theaters of Lisbon. At the S. Carlos, however, grand opéra was received not as a French genre but through a process of identification with the cultural background of the respective composer. The librettos were viewed as functional texts only, without any real dramatic autonomy. As a result, Scribe's texts always appeared in the background, or were missing completely. Only when associated with events of prestige – in the private elitist circles of the Teatro das Laranjeiras or of the academies - and in certain cases sung in the original language, did the contribution of the French playwright gain some prominence.

Thus, the reception of Scribe's dramatic works lives off the circumstances in which they were produced and the functions that were finally attributed to them: a large presence in the ambit of the spoken theater, in response to the growing interest of the impresarios and the public; a weak presence in the opera, since throughout the first half of the nineteenth century the Teatro de S. Carlos remained faithful to Italian *melodramma;* a substantial presence in comic opera productions presented in the secondary theaters and in private circles as a result of the progressive acceptance of this genre, insofar as it corresponded to the cosmopolitan tastes of the aristocracy and the ascending bourgeoisie. *(translated by Manuel Carlos de Brito)*

Anno Mungen

»Maßstab« und Kapazität, oder: *Die Hugenotten* in Krähwinkel

Frühe Meyerbeer-Rezeption in der deutschen Theaterprovinz

»Abgott meiner Seele!«, schrieb Giacomo Meyerbeer am 6. März 1836 an seine Frau Minna aus Paris, »es ist ein dummes, aber in meiner Seele tief eingewurzeltes Vorurtheil vor der dritten Vorstellung einer Oper von mir das Wort Succes nicht auszusprechen. Doch diese dritte Vorstellung ist nun auch vorüber, und ich glaube ohne Übertreibung, Dir einen großen eklatanten Succes anzeigen zu können, der ganz Paris in diesem Augenblick in Anspruch nimmt.«[1]

Meyerbeers anfängliche Skepsis gegenüber dem ersten Erfolg des eigenen Werks, das in Zusammenarbeit mit Eugène Scribe entstanden war, sollte sich auch in der Folgezeit nicht bestätigen. *Les Huguenots* waren im Jahr der Uraufführung in Paris sowie im gesamten 19. Jahrhundert auf allen bedeutenden Bühnen der Welt eines der meistgespielten Stücke des Opernrepertoires überhaupt. Diese Stellung erlangte das Werk trotz des großen Aufwandes in szenischer und musikalischer Hinsicht sowie dem notwendigen Aufgebot an hochspezialisierten Solisten, die sowohl hervorragende Sänger als auch Darsteller zu sein hatten. Sowohl über die Entstehungsgeschichte des Werks im Zusammenhang mit der Pariser Premiere sowie über die unmittelbare Reaktion hierauf sind wir gut unterrichtet.[2] Das Pariser Publikum zeigte sich nach der Uraufführung tief beeindruckt und trotz der ersten Skepsis, die Meyerbeers Brief an Minna dokumentiert, stand bald fest: Die Pariser Premiere von *Les Huguenots* kam einer Sensation gleich, die ihresgleichen suchte. Rezensionen, Kritiken und größere Abhandlungen zu *Les Huguenots* erschienen bald nach der Premiere in den Gazetten ganz Europas, und spätestens jetzt war Meyerbeers Name in aller Munde.

Wie bekannt, meldeten sich bald aber auch die Gegner Meyerbeers mit aller Schärfe zu Wort. So wohltuend einerseits die Emphase, mit der viele die Oper feierten, auf Meyerbeer gewirkt hatte, so schmerzlich war andererseits die Ablehnung besonders von Seiten der deutschsprachigen Kritik. Die Gründe für diese Ablehnung sind hier nur kurz zu repetieren. Zu nennen ist zunächst der Neid, den man von deutscher Seite aus empfand, als der Landsmann ein anspruchsvolles Werk des musikalischen Theaters, das zu einer der erfolgreichsten Opern des 19. Jahrhunderts werden sollte, gerade in

1 Giacomo Meyerbeer, *Briefwechsel und Tagebücher,* hg. und kommentiert von Heinz Becker, Band 2, Berlin 1970, S. 511.

2 Christhard Frese, *Dramaturgie der großen Opern Giacomo Meyerbeers,* Berlin 1970; Marie-Helene Coudroy, *La Critique parisienne des »grands opéras« de Meyerbeer,* Saarbrücken 1988, Teil 1, S. 136 -189.

Paris aus der Taufe hob. Während man im deutschsprachigen Raum auf den »Opern-Messias« weiterhin sehnsüchtig warten mußte,[3] startete der begabteste Opernkomponist deutscher Herkunft seine Welterfolge ausgerechnet von Paris aus. Außerdem sind antisemitische Elemente schon in der Meyerbeerkritik vor Wagner zu konstatieren - wenn auch nicht so radikal formuliert -, denen immanent musikalisch-dramaturgische Kritikpunkte - im Zusammenhang mit dem häufig gemachten Vorwurf eines stilistischen Eklektizismus - häufig gedankenlos angefügt wurden.

Möglicherweise läßt sich den bekannten Gründen, warum die Oper in Deutschland auf Ablehnung stieß, ein weiterer hinzufügen, der mit der frühen Rezeption des Stückes im deutschsprachigen Raum - hier dargestellt an zwei quellenkundlich unterschiedlich belegten, sich aber ergänzenden Beispielen - unmittelbar zusammenhängt. Führt man sich die Situation vor allem der deutschen Stadt-, aber auch einiger Hoftheater vor Augen, so läßt sich als Hypothese formulieren, daß man im deutschen Sprachraum - zunächst - unfähig war (aus jeweils unterschiedlichen Gründen) die Oper, die in Paris eine modellhafte Interpretation auf allen opernrelevanten Gebieten erlebt hatte, wirklich angemessen aufzuführen. Aus der schlechten Aufführungsqualität mußte, nimmt man Meyerbeers Konzeption von musikalischem Theater ernst, zwangsläufig ein tiefes Unverständnis für das Werk resultieren. Bemerkenswert an der frühen deutschsprachigen Rezeptionsgeschichte ist, daß sich zunächst vor allem kleinere bis mittlere Bühnen um Meyerbeers Werk bemühten, große Opernhäuser, die Hoftheater von München, Wien, Berlin oder Dresden - wiederum aus unterschiedlichen Gründen - sich aber zunächst zurückhielten. Ob diese kleinen Theater aufgrund ihrer meist bescheidenen Möglichkeiten überhaupt im Stande waren, die Partitur auch nur annähernd adäquat umzusetzen, scheint zweifelhaft. Für diese Theater bedeutete es schon einen immensen Kraftakt, das Werk nur den äußeren Abläufen nach realisieren zu wollen. Von einer bestimmten zu erzielenden Qualität der Aufführung, für die sich Meyerbeer selbst in Paris mit größtem persönlichem Engagement eingesetzt hatte, wird demgegenüber kaum die Rede sein können.

Trotz der nicht zu überschätzenden Bedeutung von *Les Huguenots* für die Musik- und Operngeschichte ist bisher fast nichts zur frühen Rezeption nach der Pariser Premiere bekannt geworden. Keines der einschlägigen Werke geht auf die ersten Aufführungen in Deutschland ein,[4] und Gegenstand der Rezeptionsforschung waren bislang allenfalls die Aufführungen an den gro-

---

[3] Siehe zur Debatte um die deutsche Oper vom Verfasser, *Musiktheater als Historienbild. Gaspare Spontinis »Agnes von Hohenstaufen« als Beitrag zur deutschen Oper*, Tutzing 1997, besonders S. 1-24.

[4] So etwa Reiner Zimmermann, *Giacomo Meyerbeer. Eine Biographie nach Dokumenten*, Berlin 1991. Erwähnung findet die erste Aufführung der Oper in Deutschland jedoch in: Alfred Löwenberg, *Annals of Opera 1597-1940*, hg. von Edward Dent, Totowa N.J. ^{3}1978, Sp. 777.

ßen Theatern, besonders dann, wenn es sich um eine der zum Teil entstellenden Bearbeitungen handelte oder aber die Zensur das Stück zunächst ganz verboten hatte.[5] München, Wien und Berlin sind instruktive Beispiele für die so verhinderte unmittelbare zeitliche und inhaltliche Rezeption.[6] Im süddeutschen, katholischen Raum wurde die Oper in Bearbeitungen gegeben, etwa in Wien am 6. Juli 1839 als *Die Ghibellinen in Pisa* und in München schon am 22. Mai 1838 als *Die Anglikaner und Puritaner* in der Bearbeitung von Charlotte Birch-Pfeiffer. Berlin mußte auf die Oper so lange warten - nämlich bis zum 20. Mai 1842 -, bis der Komponist selbst als neu ernannter Preußischer Generalmusikdirektor die Aufführung lancieren konnte. Auch in anderen europäischen Metropolen hat das *Hugenotten*-Fieber eher zögerlich eingesetzt, wie etwa die Situation in London zeigt. London galt neben Paris als die wichtigste europäische Stadt in Sachen Musik, und die Verzögerung hier überrascht ebenso wie andernorts. Die Londoner Erstaufführung wurde 1842 von einem deutschen Gastspielensemble bewerkstelligt, die zweite Aufführungsserie von einem französischen im Jahre 1845 und die erste eigene Produktion fiel gar erst ins Jahr 1848 - nun in italienischer Sprache.[7]

Demgegenüber steht das Erstaunen, wenn man sich vergegenwärtigt, an welchen Orten die Oper zum ersten Mal nachgespielt worden ist. Im Jahr 1836 ist sie - obwohl die Premiere schon am 29. Februar, also recht früh im Jahr, stattgefunden hatte -, kein zweites Mal inszeniert worden, und als die erste Aufführung nach der Premiere ist die deutsche Erstaufführung des Stückes anzusehen, die am 21. März 1837 in Köln, also mehr als ein Jahr nach der Uraufführung, am dortigen Theater stattgefunden hat. Dieser Aufführung folgte diejenige am Theater von Leipzig am 10. April 1837,[8] und ein offener Brief August Lewalds an Meyerbeer vom August 1837[9] belegt eine weitere frühe - die offenkundig dritte stattgefundene - Aufführung nach der Premiere an einem

---

5 Michael Walter, »Zwei Hugenotten-Bearbeitungen des 19. Jahrhunderts«, in: *Jahrbuch für Opernforschung* 1 (1985), S. 122-143.

6 Zur Münchener Bearbeitung von Charlotte Birch-Pfeiffer und zu derjenigen in Wien von Georg Tot siehe Walter (wie Anm. 5), S. 122ff. und S. 131ff.

7 Alle Angaben nach Löwenberg (wie Anm. 4), Sp. 778. Zur Wirkungsgeschichte siehe auch Sieghart Döhring, Artikel »Les Huguenots«, in: *Pipers Enzyklopädie des Musiktheaters,* hg. von Carl Dahlhaus und dem Forschungsinstitut für Musiktheater der Universität Bayreuth, Band 4, München 1991, S. 138f.

8 Löwenberg (wie Anm. 4), Sp. 777; zu Köln siehe auch Carl Maynz, *Repertorium des Stadt-Theaters zu Köln in der Wintersaison von 1836-37 unter der Direktion des Herrn J. Mühling,* Köln 1837 [Exemplar der Theaterwissenschaftlichen Sammlung der Universität zu Köln im Schloß Wahn, Signatur J Koll - 1 - 1836], S. 14 zum März 1837: »Am 21. Zum Erstenmal: die Hugenotten, oder die Bartholomäusnacht unter dem Titel: Margaretha von Navarra, große Oper in 4 [?] Akten aus dem Französischen von Ludwig Meyer, Musik von Meyerbeer.«

9 August Lewald, »An Herrn Meyerbeer. Baden, 16. August 1837«, in: *Europa. Chronik der gebildeten Welt,* hg. von August Lewald, Stuttgart ^{3}1837, Band 3, S. 446-455.

kleinen Theater, nämlich in Baden-Baden.[10] Zunächst ist solch eine Aufführung für sich gesehen sicherlich kaum der Rede wert. Der ausführliche Text Lewalds aber stellt deshalb eine bedeutende Quelle dar, weil er die Mißstände an den deutschen Theatern dem für das Werk Verantwortlichen – neben Meyerbeer wäre auch Scribe zu nennen, obwohl er von Lewald nicht eigens als Adressat genannt wird – in beispielhafter Weise auseinandersetzte. Die Tragweite des Textes deutet Lewald selber an: »Ich bin zu ernst gestimmt, wenn ich auf das deutsche Theater zu sprechen komme.«[11] War die Kölner Premiere schon von den Zeitgenossen kaum beachtet worden[12] und erregte erst die Leipziger Aufführung ein gleichwohl geringes überregionales Interesse, so blieb die Badener Aufführung ohne jegliche Resonanz. Insofern kommt Lewalds Bericht – dem selten ausführlichen Beleg einer Provinz-Theateraufführung – große Bedeutung zu.

Köln

In den dreißiger Jahren des 19. Jahrhunderts dachte im deutschen Sprachraum niemand daran, Meyerbeers Oper in der Originalsprache, das heißt auch in der vom Komponisten überlieferten Originalgestalt, aufzuführen. Die Übersetzung einer französischen Oper, sollte sie an einem deutschen Theater gespielt werden, war eine notwendige Voraussetzung. Im Falle von *Les Huguenots* blieb es aufgrund des Sujets, das weder für protestantisch und noch weniger für katholisch geprägte Länder oder Städte Schmeichelhaftes thematisierte, in der Regel zunächst nicht bei einer Übersetzung oder Übertragung. Die Bearbeitungsgeschichte der Oper deckt auch die aktuellen Zeitbezüge des Sujets auf und läßt den geistesgeschichtlichen Zusammenhang der jeweiligen Aufführung wach werden. Gerade im vom Katholizismus geprägten Köln schien eine entsprechende Textadaption geraten. Der Titel der Bearbeitung läßt im Vergleich zu anderen wie die bereits genannten oder *Gli Anglicani* (Florenz 1841) und *Renato di Croenwald* (Rom 1864) jedoch kaum ähnlich entstel-

---

10 »Köln und Leipzig haben die Hugenotten gesehen. Nach meinem Wissen ist Baden der dritte deutsche Ort wo sie auf die Bühne gebracht worden sind; und über diese Vorstellung will ich Ihnen ein Paar Worte schreiben.« Lewald, S. 446f. Löwenberg nennt diese Aufführung nicht.

11 Lewald (wie Anm. 9), S. 447.

12 In der *AMZ* etwa ist diesbezüglich eine einzige Bemerkung im Zusammenhang mit der Leipziger Aufführung nachweisbar: »Hat ihm [dem Direktor des Leipziger Theaters Ringelhardt] auch diesmal, wie man erzählt, die Stadt Cöln den Rang abgelaufen, so ist Hr. R. doch der zweite in Teutschland, der die vielfältigen Anstrengungen nicht scheuete, eine solche Oper auf einem nur mässigen Theater auf sehr lobenswerte Weise in's Leben treten zu lassen.« Siehe »Ueber die Aufführung der Hugenotten von Scribe und Meyerbeer am 9. und 13. April in Leipzig«, in: *AMZ* 39 (1837), Sp. 260.

lende Eingriffe in die Handlung vermuten.[13] In Köln wurden die *Hugenotten* unter dem Titel *Margaretha von Navarra oder Partheienhaß* aufgeführt.[14] Die um Ausgleich bedachte Figur, die zur Zeit der Opernhandlung nur Verlobte Henri IV. war und bei Scribe/Meyerbeer mit dem Namen Marguerite von Valois versehen ist, kann sicherlich als die politisch integerste Figur der Handlung angesehen werden, obwohl ihre zwischen Katholiken und Protestanten ausgleichenden Bemühungen keinen Erfolg hatten. Sie scheint dem Titel nach dennoch in den Mittelpunkt der Ereignisse gerückt. Zudem ist festzuhalten, daß man in Köln auch auf den Originaltitel des Werks in den Ankündigungen nicht verzichtete. So warb die *Kölnische Zeitung* vom 20. März 1837 zwar an erster Stelle mit dem bereits genannten Titel der Aufführung, doch folgte hiernach der ausführliche Hinweis zum Original:

> Die Hugenotten, oder: Die Bartholomäus Nacht, große Oper von Meyerbeer, ist in öffentlichen Blättern mit demselben Enthusiasmus gerühmt, als von dem Pariser Publikum aufgenommen worden; es bedarf daher keiner weitern Anpreisung, sondern nur der wiederholten Bemerkung, daß, um die Oper für die hiesige Bühne zugänglich zu machen, das Sujet unter dem Titel: Margaretha von Navarra, oder: Parteienhaß, neu bearbeitet werden mußte.[15]

Die *Hugenotten* waren bereits, verbreitet über Presse und Mundpropaganda, zu einer Art Markenzeichen geworden, mit dem das Theater im Vorfeld der Aufführung warb.

Ob es sich bei der Adaption, die von dem Schauspieler Ludwig Meyer stammte, tatsächlich um eine explizit auf die katholischen Verhältnisse zugeschnittene Bearbeitung handelte, wie behauptet wurde,[16] und wie tiefgreifend sie in die Struktur des Werkes eingrifft, konnte nicht untersucht werden, da weder das Textbuch noch die Partitur der Aufführung bisher aufgefunden

---

13 Zu dieser Bearbeitung siehe Sebastian Werr, »Meyerbeers ›Les Huguenots‹ und die päpstliche Zensur: ›Renato di Croenwald‹«, in: *Bühnenklänge. Festschrift Sieghart Döhring zum 65. Geburtstag*, hg. v. Thomas Betzwieser et al., München 2005, S. 565-578.

14 Leider konnte ein Textbuch der Kölner Aufführung nicht gefunden werden. In der Theaterwissenschaftlichen Sammlung der Universität zu Köln im Schloß Wahn werden zwar zwei handschriftliche Textbücher zu den *Hugenotten* aus dem ehemaligen Bestand des »Stadttheaters Cöln« (so der Stempel) aufbewahrt. Es handelt sich um ein Textbuch und um ein »Dirigier-Buch« mit den Inventarnummern 5267 und 5268. Diese Textbücher in der Bearbeitung von Castelli lagen jedoch erst den späteren Aufführungen der fünfziger und der sechziger Jahre des 19. Jahrhunderts zugrunde, wie handschriftliche Eintragungen im »Dirigier-Buch« zeigen. Ein weiteres im Katalog der Theaterwissenschaftlichen Sammlung verzeichnetes, gedrucktes Textbuch zur Oper, das in Köln erschienen war und der Aufführung möglicherweise zuzuordnen gewesen wäre, konnte hingegen nicht mehr aufgefunden werden.

15 *Kölnische Zeitung* (1837), Nr. 79, [S. 4].

16 Otto Heyden, *Das Kölner Theaterwesen im 19. Jahrhundert 1814 - 1872*, Köln 1939, S. 128; ohne Hinweis zu den verwendeten Quellen.

werden konnten. Zudem dürfte der Grad oder die Art der thematischen Adaption und Bearbeitung für die hier zu untersuchenden äußeren Theaterbedingungen kleinerer und mittlerer deutscher Bühnen nur mittelbar relevant sein. Eine Bearbeitung wurde in jedem Fall gegeben, ein Umstand, der nichts Ungewöhnliches implizierte.

Unabhängig von solchen Überlegungen – also wie ›authentisch‹ Meyerbeers Oper hier aufgeführt wurde – ist der Frage nachzugehen, wie es überhaupt dazu kam, daß man es ausgerechnet in Köln als erster Bühne nach Paris wagte, *Les Huguenots* zu spielen. Zu konstatieren ist vorab, daß insgesamt nur wenig zur Operngeschichte der Stadt in der ersten Hälfte des 19. Jahrhunderts bekannt ist.[17] Und der Umstand, daß in der überregionalen zeitgenössischen Fachpresse, also der *Allgemeinen Musikalischen Zeitung* oder der *Neuen Zeitschrift für Musik*, nur sporadisch Berichte aus Köln überliefert sind, wird als Argumentationsbasis kaum hinreichend sein, dem Musikleben der Stadt jegliche Qualität abzusprechen. Die - wie andere Städte auch - seit dem Jahrhundertbeginn von der Industrialisierung begünstigte, aber der Zeit seit dem Hochmittelalter im Dornröschenschlaf verfallene, nun erwachende Stadt,[18] stellte über private und städtische Initiativen zunehmend Ressourcen bereit, die auch das kulturelle Leben vor allem seit den zwanziger Jahren des 19. Jahrhunderts auf ein gehobenes Niveau zu bringen suchten. Mit dem neu errichteten, 1829 eingeweihten Theatergebäude, das 1500 Zuschauer faßte und 40 Musikern in dem für sie vorgesehenen Bereich Platz bereithielt, waren die äußeren Bedingungen für ein reges Opernleben deutlich verbessert worden. Unter der Leitung von Julius Mühling[19] bestand seit der Spielzeit 1832/33 ein Theaterverbund mit dem nahegelegenen Aachen und mit Josef Mühldorfer[20] war ein hochbegabter Bühnenbilder und Maschinist engagiert worden. Ihm mag der Verbund eine gewisse Vorreiterrolle in Sachen Theatertechnik zu

---

17 Am kenntnisreichsten, aber sehr chronistisch in der Darstellung angelegt, ist folgendes Buch zu nennen: Carl H. Hiller, *Vom Quatermarkt zum Offenbachplatz. 400 Jahre Musiktheater in Köln*, Köln 1986.

18 Hierzu: Carl Dietmar und Werner Jung, *Kleine illustrierte Geschichte der Stadt Köln*, Köln 1996, S. 144f.

19 Geboren 1793 in Peine und gestorben am 7. Februar 1874 in Berlin; er war seit 1819 als Tenor in Braunschweig engagiert und leitete von 1832 bis 1837 den Theaterverbund Köln - Aachen. Anschließend arbeitete er am Hamburger Theater, wo er für die dortige Erstaufführung der Hugenotten ebenfalls verantwortlich war; Angaben nach *Deutsches Biographisches Archiv*, Neue Folge, Mikrofiche 916, S. 413f und *Europa* (wie Anm. 9), Band 4, S. 137.

20 Geboren am 10. April 1800 in Meersburg und gestorben am 9. April 1863 in Mannheim; er war Schüler von Domenico Quaglio. Vgl. Ulrich Thieme und Felix Becker, *Allgemeines Lexikon der bildenden Künste von der Antike bis zur Gegenwart*, Band 25, Leipzig 1931, S. 214. Vgl. auch Günther Hansen, »Der Rhein und die Wandeldekorationen des 19. Jahrhunderts«, in: *Maske und Kothurn* 11 (1965), S. 136-150, zu Mühldorfer siehe S. 137, Anm. 13, und S. 139.

verdanken haben, und stolz bemerkte man: »Köln sieht durch die Industrie eines seiner Mitbürger zuerst in unserem Staate sein Theater mit Gas - und zwar auf dem ganzen Kontinente zuerst mit tragbarem Gas erleuchtet.«[21]

Man war – dies zeigt sich auch an der gesamten Spielplangestaltung Mühlings – auf Große Oper, mit allem was an szenischen Reizen, vermittelt über die Bühnentechnik, aber auch an Tanz und anderem Bühnenspektakel dazu gehörte, gut eingerichtet. Eine Kurzkritik vom Beginn des Jahres 1837 mag dies unterstreichen:

> In der gestrigen Aufführung der neuen Oper *die Fürstinn von Grenada* haben wir der Theater-Direktion den seltenen Vorwurf zu machen, daß sie zu viel dafür gethan hat. [...] Die Scenerie, Dekoration, Costume und übrigen Arrangements konnten bei den ersten Hofbühnen nicht glänzender gestellt werden. Abgerechnet einige ansprechende Musikstücke, hätten wir für das kostspielige Werk eine gediegenere Komposition gewünscht; inzwischen darf man bei einer Zauberoper keinen zu strengen Maßstab anlegen, da der dritte Akt allein, durch die meisterhaft geordneten, wahrhaft überraschenden Gruppirungen und Tableaux des Herrn Ballettmeisters Tescher, dem auch die gerechte Anerkennung seines Talents durch einstimmiges Hervorrufen nach dem 3. Akt zu Theil geworden, hinlängliche Anziehkraft für die nächsten Wiederholungen dieser Oper besitzt. Wird auch das musikalische Ohr nicht ganz befriedigt, dem Auge kann nichts zu wünschen übrig bleiben.[22]

Das Kölner Theater, das, wie der Autor andeutet, nicht über die Ressourcen einer höfischen Bühne verfügen konnte, mußte zusehen, daß es finanziell rentabel arbeitete. Die Wirtschaftlichkeit war, wie die Kritik gleich an zwei Stellen hervorhob, wichtiges Kriterium der Aufführungen. Somit waren wenige Aufführungszahlen bei hohen Produktionskosten problematisch, und demzufolge war das finanzielle Risiko bei Ausstattungstücken besonders groß. Offensichtlich aber verfügte man am Kölner Theater über einen Stab in Theatertechnik versierter Mitarbeiter, die über szenische Attraktionen das Publikum anzulocken versuchten. Fester Bestandteil der französisch geprägten Oper des frühen 19. Jahrhunderts war das Ballett, das in Johann Christian Lobes Zauberoper eine herausragende Bedeutung einnahm. Der Ballettmeister – hier Josef Tescher – galt als ebenso wichtig wie der Komponist und als wichtiger als der Regisseur.

Betrachtet man den Spielplan des Stadttheaters unter der Leitung Mühlings, die mit der *Hugenotten*-Premiere zu Ende ging, so können diese

21 Hiller (wie Anm. 16), S. 55; hier ohne Quellenangabe.

22 *Kölnische Zeitung*, 28. Januar 1837, Nr. 28, [S. 4]. Siehe auch die Ankündigung in der gleichen Zeitung vom 8. Januar 1837: »Die neue Zauberoper: Die Fürstinn von Grenada, oder: Der Zauberblick, Musik von Lobe, mit Ballett Pantomimen und lebenden Bildern, neuen Maschinerien, Dekorationen und Costumen, wird im Lauf der nächsten Woche zur Aufführung kommen. Die Ausstattung dürfte alles, was unter der jetzigen Bühnenleitung darin geleistet worden ist, übertreffen.«

wenigen Jahre bezogen auf das Genre der gehobenen, der großen Oper französischer, italienischer aber auch deutscher Provenienz als die anspruchsvollsten der Kölner Theatergeschichte in der ersten Hälfte des 19. Jahrhunderts überhaupt angesehen werden – bei gleichzeitiger Vernachlässigung anderer Theatergenres, vor allem des Sprechtheaters. Nicht nur hatte man in Köln recht kurz nach der Pariser Premiere Meyerbeers *Robert le diable* (mit verändertem Schluß) schon am 8. November 1832 nachgespielt,[23] sondern es wurde mit besonders großem Erfolg unter anderem auch Fromental Halévys *La Juive* gegeben.[24] Gioachino Rossinis Beiträge zur französischen Oper *Die Belagerung von Corinth* und *Wilhelm Tell* hatten im März 1833 Premiere,[25] und Daniel F.-E. Aubers *Gustav oder der Maskenball* kam im März 1835 heraus.[26]

Besonders aufschlußreich ist ein Blick in das Repertoire der letzten von Mühling geleiteten Spielzeit; sie wurde zu einem regelrechten Triumph des großen lyrischen Repertoires. Seit dem Winter 1836 kamen zur Aufführung:[27] im italienischen Repertoire Vicenzo Bellinis *Norma* am 29. November und *Die Nachtwandlerin* am 22. Dezember 1836 (als Erstaufführungen) sowie am 21. Februar 1837 dessen *Romeo und Julie*, die seit der Spielzeit 1835/36 auf dem Spielplan stand. Die große französische Oper war mit den Hauptwerken *Die Stumme von Portici* (am 21. November 1836), *Die Jüdin* – etwa am 26. Dezember – sowie Spontinis *Die Vestalin* (am 11. Januar 1836) und *Ferdinand Cortez* (18. Februar 1837) besonders gut vertreten. Hinzukamen etliche französische Opéras comiques (von Ètienne-Nicolas Méhul, Férdinand Hérold, Nicolas Isouard, Adrien Boieldieu und anderen) sowie deutsche Werke des großen Genres: *Jessonda* (am 23. November 1836) und Heinrich Marschners *Templer und Jüdin* (16. März 1837); außerdem wurde Louis Spohrs *Faust* als »große Oper mit Tanz« gegeben sowie *Freischütz, Oberon, Hans Heiling, Schweizerfamilie*, Lobes *Fürstin von Grenada* und am 14. Februar die Uraufführung eines Stückes mit dem Titel *Der Bastard, oder: Das Stiergefecht*, das der Kapellmeister des Theaters, Josef Eschborn, verfaßt hatte.

Gemessen an den Spielplänen der Hoftheater konnte Mühling in seiner letzten Kölner Spielzeit ein beeindruckendes Repertoire präsentieren, bei dem die deutliche Ausrichtung auf die große französische Oper auffällt. Besonders überraschend ist die stattliche Anzahl von Stücken, die mit instrumentierten Rezitativen auszuführen waren. Für ein deutsches Sängerensemble eines

---

23 Bei Löwenberg wird Köln nicht aufgeführt. Die Datumsangabe erfolgt nach Hiller (wie Anm. 16), S. 166.

24 Ebd., S. 54.

25 Ebd., S. 169.

26 Ebd., S. 157.

27 Alle Angaben nach den Anzeigen, die in der *Kölnischen Zeitung* meist am Tag oder Vortag der angegebenen Aufführung erschienen; alle Titel werden nach dieser Quelle zitiert, das heißt bei fremdsprachigen Opern in den hier benutzten deutschen Übertragungen.

mittleren Stadttheaters stellten solche Opern noch immer eine große Herausforderung dar. Mit den ersten großen Opern, die im deutschen Sprachraum vor allem seit den zwanziger Jahren auf den Spielplänen erschienen (von Spontini, Gluck, Weber und Spohr), ging eine Neuorientierung auch für die Sänger einher, die zuvor nicht an die dramatisch hervorgehobenen Accompagnato-Rezitative französischer Provenienz gewöhnt waren.

Mit dieser Betrachtung zum Spielplan, die lediglich Auskunft über die quantitative Ausrichtung gibt, ist nichts über die Qualität einer einzelnen Aufführung zum Ausdruck gebracht. Man mochte all diese anspruchsvollen Stücke gespielt haben, wie aber die Aufführungen gelangen – auch im Vergleich zu den großen Bühnen – läßt sich daraus nicht schließen. Alleine zur szenischen Umsetzung kann aus der Kritik zu Lobes Oper geschlossen werden, daß man über ein konkurrenzfähiges Know-how in Sachen Theatereffekte und -kunst verfügte. Fehlt für die Kölner Aufführung eine entsprechende Rezension, so läßt sich für die andere zu besprechende Aufführung das genaue Gegenteil konstatieren.

Baden-Baden

Zum Opernleben in Baden in der ersten Hälfte des 19. Jahrhunderts ist wenig bekannt; so auch zur Frage, wie es dazu kam, daß eines der anspruchsvollsten Werke der Epoche hier zu einem solch frühen Zeitpunkt auf den Spielplan gesetzt wurde. Lewalds Text läßt aber einige Überlegungen zu, die diesen Umstand klären helfen. Daß er zudem Rückschlüsse auf die gesamte deutsche Opernlandschaft mittlerer und kleiner Theater (den »sogenannten Stadt-Theatern«) zuläßt und somit auch für die Kölner Aufführung relevant sein könnte, ist gerade deshalb von Belang, weil Lewald, der die Pariser Aufführung gesehen hatte,[28] von »Außen« – der musikalischen Provinz: Baden in Deutschland – nach »Innen«, zu Meyerbeer in Paris – blickte.

Der Text ist allgemeingültig. Und sein Abdruck als offener Brief in einer Zeitschrift erscheint insofern gerechtfertigt, als in ihm grundlegende Schwierigkeiten der deutschen Meyerbeerrezeption – und hier bald nach der Uraufführung des Hauptwerkes des Komponisten - zu Tage treten und offengelegt werden. »Leider aber haben wir Sie fast ganz darüber verloren. Sie schaffen ihre Werke nach einem Maßstabe, der unsere Bühnen-Gränzen so weit überragt, daß es fast unmöglich wird, sie uns mit Anstand anzueignen.«[29] Der von Meyerbeer gesetzte »Maßstab« und die Möglichkeit der deutschen Theater diesem zu entsprechen, klafften erheblich auseinander.

Die zentrale Problematik deutscher Theater bestand nach Lewalds Auffassung vor allem in deren fehlender Spezialisierung. Ob kleine oder große Bühnen, alle vertraten das gesamte Repertoire von der leichter zu realisierenden

---

28 Lewald (wie Anm. 9), S. 446.

29 Ebd., S. 448.

»kleinen Komödie« bis hin zur »großen Oper«.[30] Hieraus mußte eine gewisse Unbedarftheit der Verantwortlichen gegenüber all jenen Genres resultieren, die mehr Aufwand erforderten als kleine Liederpossen oder Singspiele.

Gegen Ende seines Textes gibt er ein Beispiel, das die von der Nachlässigkeit gegenüber den Stücken gekennzeichnete Situation zusammenfaßt. Lewald gab den Intendanten der Theater die eigentliche Schuld an dem Dilemma. Der Theaterleiter, eingesetzt von den Verantwortlichen der Stadt, deren Ansprüche und Vorstellungen entsprechend umzusetzen waren, fungiere lediglich als Handlanger und kaum als verantwortungsbewußter Sachverständiger gegenüber der Kunst:

> Ich habe oft schon solche Leute kennen gelernt, und Intendanten und Directoren stehen in dieser meiner Erfahrung nicht in letzter Reihe. ›Es soll ein Quartett gespielt werden!‹ befiehlt der Bürgermeister von Krähwinkel in Kotzebue's *Carolus Magnus*. ›Wir haben nur drei Stadt-Musikanten, Gestrenger!‹ entgegenet devotest Claus der Rathsdiener. ›Nun, so will ich, daß heute drei Mann das Quartett spielen sollen!‹ spricht der weise Bürgermeister.[31]

Nach Lewalds Auffassung war man am Badener Theater nicht anders vorgegangen. Nur sollte hier kein Quartett mit drei Musikern, sondern eine große französische Oper an einem kleinen deutschen Stadttheater gegeben werden. Beides implizierte für Lewald den gleichen Widerspruch. Das Quartett, das seine Gattungsbezeichnung gerade dem Umstand verdankt, daß vier Spieler einen musikalischen Dialog miteinander führen, kann diesem Prinzip nach ebensowenig anderen Gegebenheiten angepaßt werden wie die »große Oper«. Diese Gattungsbezeichnung implizierte einen immensen äußeren, nämlich bühnentechnischen und personellen Aufwand. Zwar sind wir unzureichend über die speziellen »Kapazitäten« des Badener Theaters in der ersten Hälfte des 19. Jahrhunderts unterrichtet, so daß man den Angaben, die Lewald zur Ausführung durch das Personal des Theaters im Meyerbeer-Text gibt, ungeprüft folgen muß. Sie erscheinen uns heute extrem und Lewald mag aus Gründen der eigenen Textdramaturgie sogar übertrieben haben, dennoch erscheinen sie, gemessen an der deutschen Theaterszene der Zeit gerade im Vergleich mit den hoch anzusetzenden Ansprüchen der Pariser Theater, glaubwürdig.[32] Gerade das Ausmaß der Unzulänglichkeiten, die Lewald anprangert, überrascht jedoch noch heute.

Seine Ausführungen zum Orchester der Badener Aufführung seien hier etwas genauer betrachtet. Die Musiker des Badener Theaters waren für die Aufführung offensichtlich von Militärmusikern verstärkt worden, eine in

---

30 Beide Begriffe so von Lewald verwendet. Ebd., S. 454 und 452.

31 Ebd., S. 454

32 Siehe zur Pariser Uraufführung auch den Bericht Lewalds im Artikel »Pariser Tabletten«, in: *Europa* (1836), Band 3, S. 203-211; auf den Seiten 211-216 folgt ein biograpischer Abschnitt zu Meyerbeer. Im vierten Band desselben Jahres sind neben S. 48 und S. 222 Kostüme der Pariser Premiere abgebildet.

mittleren und kleinen Städten übliche Praxis, die aus dem 18. Jahrhundert stammte und noch bis weit ins 19. Jahrhundert gepflegt wurde. Theateraufführungen größeren Zuschnitts waren nur auf diese Weise zu ermöglichen. Diesen Umstand für sich gesehen kritisierte Lewald in seinem Artikel nicht. Er wies aber mit der Bemerkung »ich begreife nicht, was dieses Orchester ohne die Verstärkung gewesen seyn kann« auf die grundlegenden personellen Mängel des Theaters hin. Lewald, der die Pariser Aufführung besucht hatte, war zudem deutlich geworden, daß die Instrumentierung in Meyerbeers Oper keine Ansammlung von Zufälligkeiten – genau danach mußte sie in der Version des Badener Theaters ausgesehen haben –, sondern genauer klanglich-motivischer Berechnung entsprungen war. Insofern mußte die Badener Einrichtung der Partitur bei Lewald entsprechenden Unmut hervorrufen: »Ein Horn und ein Fagott röchelten, was Sie für den ehernen Athem der Trompeten, Posaunen und Ophycleïden ersonnen hatten; alle Lärm-Instrumente fehlten; statt der Pauke hörte man den Taktstock des schwitzenden Dirigenten.«[33] Fast unglaubwürdig scheint die zuletzt angeführte Bemerkung, daß alle »Lärm-Instrumente«, also die Gruppe der Schlagzeuginstrumente – große Trommel, Becken, Triangel, Militärtrommel, Tambour de basque, Tamtam[34] – ganz fehlten und offensichtlich nicht einmal provisorisch ersetzt worden war. Gerade hieran läßt sich aber das Maß der ›Angleichung‹ der Badener Verhältnisse an die Pariser Partitur erahnen. Bezüglich der bei Lewald angegebenen Blechbläserbesetzung waren demgegenüber von Meyerbeer in der Partitur gefordert worden: vier gewöhnliche Trompeten, zwei Trompetes à piston, zwei Posaunen und eine Ophycleide. Jeweils ein Horn und ein Fagott in Baden ersetzten demnach mindestens sieben oder sogar neun Instrumente; erneut handelt es sich um einen kaum nachvollziehbaren Akt der Uminstrumentierung. In rein technischer Hinsicht ist der Ersatz der Harfen mit einer einzigen Violine, die im pizzicato spielte, zwar möglich. Klanglich aber hatte diese Badener Variante mit der ursprünglichen Pariser Instrumentierung nichts mehr gemein, denn »wo in Paris die Arpeggien der neun Harfen den Chor der Himmlichen versinnlichen, pitzte hier ein armer Violineinsiedler ein klein wenig«.[35]

Lewald fügt den genannten Mängeln weitere in ähnlicher Art an. Und folgern läßt sich aus dem Text Lewalds – selbst wenn der Autor übertrieben haben sollte –, daß man in Baden nicht annähernd über die Mittel der Besetzung verfügte, die erforderlich gewesen wären, Meyerbeers Oper zu spielen. Lewald erkennt in der Nichtachtung der Partitur und ihrer Gegebenheiten die komplette Verfehlung des »Maßstabes«, den der Komponist hiermit gesetzt hatte: »Und dieß wagte ein deutscher Theater-Direktor«, fügte er an. An

---

33 Lewald (wie Anm. 9), S. 451.

34 Angaben zur Besetzung des Orchesters nach Meyerbeers Originalpartitur laut Döhring (wie Anm. 7), S. 130.

35 Lewald (wie Anm. 9), S. 451.

Meyerbeer direkt gewendet, äußerte er sich in der zwar in Deutschland – in Stuttgart – publizierten, aber international ausgerichteten Zeitschrift *Europa* wie folgt: »Was hilft es Ihnen nun, daß Sie zu den Franzosen übergingen? Sie müssen doch an unseren Gebrechen verbluten.«[36]

»Ihre ganze Bildung war hingegen zu cosmopolitisch«

Im Artikel Lewalds werden die Schwierigkeiten deutlich, die Meyerbeer mit seinem Balanceakt zwischen den Nationen – paradigmatisch hierfür, daß er seinen Berliner Wohnsitz nie aufgab – auszutragen hatte. Zwar erkannte man in ihm den Komponisten französischer Oper: »Sie sind kein deutscher Komponist. [...] Ihre ganze Bildung war hingegen zu cosmopolitisch.«[37] Doch erhob man gleichzeitig Anspruch auf den verlorenen Sohn: »Leider aber haben wir Sie fast ganz darüber verloren.«[38]

Das Dilemma, in dem Meyerbeer sich befand, trat deutlich zu Tage, und der offene Brief Lewalds ist ein Beleg für diesen persönlichen wie nationalen Konflikt. Die Pariser Szene mit ihrer hervorragenden Infrastruktur stellte optimale Bedingungen für den Musikdramatiker Meyerbeer. Gleichzeitig fühlte der Komponist sich dem Vaterland (später vor allem der Vaterstadt Berlin) verpflichtet. Aus dem persönlichen Dilemma Meyerbeers, das in der deutschen Nationalopernfrage eine erhebliche Rolle spielte[39] und gleichsam zum Politikum erhoben wurde, resultierte unmittelbar das Mißverständnis um den Komponisten und sein Werk. Waren Meyerbeers Opern wie *Les Huguenots* einzig auf die Möglichkeiten groß dimensionierten Theaters berechnet, spiegelte die deutsche Szene alles andere als die große weite Welt: Kleinkrämerei und Spießbürgertum, angefangen mit der Bürde von Zensur und Bearbeitung, über die Tatsache, daß die *Hugenotten* in Köln es zunächst nur zu einer einzigen Aufführung brachten, bis hin zu den kläglichen Umständen der Badener Aufführung, kennzeichneten hier die Situation. In der Tat, Meyerbeers Werk

---

36 Ebd., S. 451f.

37 Ebd., S. 448.

38 Ebd., S. 448.

39 Als Beleg hierfür sei Carl Maria von Webers Bemerkung im Zusammenhang mit der von ihm geleiteten Dresdner Aufführung von *Emma di Resburgo* im Januar 1820 zitiert. Er äußerte die Hoffnung, »daß Herr Meyerbeer nun, nachdem er die Kunst in ihren vielseitigen Abzweigungen nach der Gefühlsweise der sie pflegenden Nationen studiert [...] hab ins deutsche Vaterland zurückkehren und mit den wenigen die Kunst wahrhaft Ehrenden auch mit fortdauern helfen wolle an dem Gebäude einer deutschen Nationaloper«. Zitiert nach: Julius Kapp, *Meyerbeer*, Berlin 1924, S. 52. Die Konsequenz solch einer Auffassung mußte sein: Meyerbeers Bleiben in Italien und Paris kam einem Verrat an dem Vaterland gleich, obschon er - Meyerbeer - von Weber als jemand eingeschätzt worden war, der die »Kunst wahrhaft« ehrte, also befähigt war, das deutsche Opernproblem lösen zu können. Meyerbeer war in den Augen vieler Deutscher nichts anderes als ein Verweigerer, als ein Deserteur in Sachen »deutsche Oper«.

verlangte nach anderen Maßstäben, weniger nach französisch ausgerichteten als nach weltstädtischen. Weltstädtischen Charakter konnte um 1840 wohl kaum eine Stadt im deutschen Sprachraum bieten.

Umgekehrt läßt sich das Problem der in Deutschland herrschenden Theaterinfrastruktur auch als Resultat von politischer Geschichte im deutschen Sprachraum deuten.[40] Und positiv ausgedrückt läßt sich festhalten: Das kulturelle Mittelmaß war quantitativ nirgends so breit gestreut wie hier, mit dem Ergebnis allerdings, daß eine über Allem stehende kulturelle Elite, wie sie in Paris schon im 18. Jahrhundert Künstler aus der ganzen Welt angezogen hatte, hier fehlte: »Kein Land in der Welt zählt wohl so viele mittelmäßige Schauspieler, als unser Vaterland; nirgends verkümmern so viele tüchtige Talente auf halbem Wege, versauern so viele regsame Bestrebungen in einer nutzlosen Thätigkeit, als bei uns.«[41]

Meyerbeer selbst – von Seiten der deutschen Presse lange als einer der begabtesten und hoffnungsvollsten deutschen Opernkomponisten angepriesen – hatte dem »Versauern«, indem er sein Heimatland zunächst in Richtung der italienischen Metropolen verließ und dann nach Paris übersiedelte, tatsächlich entkommen können. Einen originär deutschen Opernkomponisten Meyerbeer hätte es, obwohl man anderes zumindest als Hoffnung zum Ausdruck brachte, wohl nie geben können. Auf »halbem Wege« stecken geblieben war tatsächlich einer der begabtesten Theaterleute des Landes. Mühldorfer hatte zwar auch Kontakte nach Paris unterhalten, aber den Absprung aus der deutschen Pro-

---

40 Als beispielhaft für diesen Gedanken sei auf die in Lewalds *Europa* erschienene kleine Novelle hingewiesen, die ein anonymer Autor unter dem Titel *Das Conzert auf der Station* publiziert hatte. Die Geschichte beginnt: »Wir geben nachstehenden Bericht um zu zeigen, wie französische Reisende gewöhnlich unser Deutschland betrachten und unsere Verhältnisse zu beurtheilen verstehen.« Die erwähnten Franzosen erzählen von einer Reise durch Deutschland, während der die Postkutsche unvorhergesehen Halt macht: »Das Dorf, wo wir hielten, war nicht sehr beträchtlich; es bestand nur aus zwei Häusern, die einander gegenüber lagen, das links war das Wirtshaus, das andere rechts sah etwas vornehmer aus. [...] Nachdem wir dies Alles betrachtet hatten, setzten wir uns zu Tische, als wir plötzlich Stimmen mehrere Instrumente über uns vernahmen. Jetzt begann das Phantastische und wir wurden aufmerksamer. Ein paar Minuten nachher begann das Orchester die Ouverture zum *Vampyr* von Spohr (?) und dazwischen hörten wir einen Fuß wüthend den Takt stampfen.« Der mit dem Fuß den Takt stampfte, war der Kapellmeister und nach kurzer Zeit klären sich die Verhältnisse wie folgt: »Wir blieben erstarrt stehen; ohne es auch nur zu ahnen, hatten wir einen der blühendsten Staaten Deutschlands durchzogen; die beiden Häuser an der Landstraße waren die Hauptstadt; die Fassade mit den Säulen von Gyps war die Fassade eines Palastes; [...] die phantastischen Musikanten waren eine fürstliche Kapelle und ohne es zu wissen, hatten wir einem Hofconcerte beigewohnt. - So begreifen uns die Franzosen!« Zitiert nach *Europa* (1837), Band 1, S. 425ff.

41 Lewald (wie Anm. 9), S. 449.

vinzialität hat er nie richtig vollziehen können. Berühmt wurden hingegen die Daguerres und die Ciceris, die Ausstatter der Opera in Paris. Als »nutzlose Thätigkeit« schließlich läßt sich die einmalige Kölner Aufführung der *Hugenotten*, einer aller Wahrscheinlichkeit nach im Szenischen inspirierten, wenn nicht bedeutsamen Arbeit, erkennen, eine Arbeit, von der Meyerbeer - nach heutigem Kenntnisstand - keine besondere Notiz genommen hatte. Obwohl man in Köln mit dem Begriff einer »ersten« Aufführung nach der Pariser die eigene Stellung als aufstrebenden Opernhaus bekräftigen wollte, hatte die Aufführung nicht die geringste überregionale Ausstrahlung.

Die deutsche Erstaufführung der *Hugenotten*, auf die man mit besonderem Stolz blickte, mußte einem gewaltigen Kraftakt gleichgekommen sein. Trotz des so dokumentierten Willens überregional angesehenes und anspruchsvolles Musiktheater zu realisieren, dürfte der Versuch insgesamt fehlgeschlagen sein, wofür die sehr geringe Ausstrahlung dieser Aufführung in der Presse und der späteren Rezeption spricht. Ähnlich wie in Baden - vielleicht nicht in gleich extremer Form – waren die musikalischen Voraussetzungen - etwa eines immer noch zu kleinen Orchestergrabens, aber wahrscheinlich auch diejenigen der Sänger – dem Anspruch, den »Maßstäben« Meyerbeers nicht gewachsen.

Die Oper aber war bei schlechter oder mittelmäßiger Umsetzung, die zudem auf einer Bearbeitung basierte, in ihrem Kern nicht begreifbar, hierfür war das erforderliche Zusammenspiel von Bühne und Musik in allen seinen Feinheiten zu komplex. Aufführungen wie in Baden mußten das Mißverständnis um Meyerbeer vor allem des weniger gebildeten Opernbesuchers in Deutschland, der Partitur oder exemplarische Aufführungen für sein Urteil nicht zu Rate ziehen konnte, verstärken. Das kulturelle Klima konnte sich auf solcher Grundlage geradezu nur gegen Meyerbeer richten. Wie konnte ein Rezipient der Badener Aufführung - und anzunehmen ist, daß es nicht die einzige von vergleichbarer Qualität blieb - die Euphorie, die nach der Pariser Premiere entstanden war, begreifen? Es bedurfte der genauen Kenntnis, die beispielsweise Lewald mitbrachte, das Urteil nicht alleine von den »Kapazitäten« mittlerer und kleiner deutscher Bühnen abzuleiten. Für die deutsche Theaterprovinz, für »Krähwinkel«, war dieses Stück mindestens eine Nummer zu groß.

ANDREAS GIGER

Neue Briefe von Scribe an Verdi und das »Problem« des fünften Aktes von *Les Vêpres siciliennes**

1978 veröffentlichte Andrew Porter eine Zusammenstellung von vierzehn Briefen Giuseppe Verdis an Eugène Scribe, die unser Verständnis von Verdis Rolle bei der Ausarbeitung des Librettos von *Les Vêpres siciliennes* geprägt haben.[1] Glaubte man ursprünglich, Verdi habe das Libretto wegen mangelhafter Französischkenntnisse und Scribes Prestige mehr oder weniger ohne Vorbehalte akzeptiert, so wissen wir heute, daß er es vom Versrhythmus bis hin zur Dramaturgie entscheidend beeinflußte. Bislang war jedoch nur Verdis Seite der Korrespondenz bekannt, während Scribes Seite aus gutem Grund in Sant'Agata vermutet wurde. Bezüglich fünf von Scribes Briefen hat sich diese Vermutung nun bestätigt, denn sie befinden sich in der Tat in Sant'Agata und sind auf Mikrofilm im American Institute for Verdi Studies der New York University einsehbar.[2]

Die fünf neuen Briefe ändern nichts am Bild des sich aktiv an der Ausarbeitung des Librettos beteiligenden Komponisten, korrigieren aber zu einem gewissen Grad das des vorgeblich unzureichend kooperativen Librettisten.[3]

---

* Philip Gossett danke ich für hilfreiche Anregungen zu diesem Beitrag.

1 Andrew Porter, »›Les Vêpres siciliennes‹: New Letters from Verdi to Scribe«, in: *19th Century Music* 2 (1978), S. 95–109. Vgl. auch ders., »Don't Blame Scribe!«, in: *Opera News* 39 (1975), Heft 20, S. 26–27. Das Libretto von *Les Vêpres siciliennes* – eine Adaptation des von Scribe und Charles Duveyrier ursprünglich für Jacques Fromental Halévy geplanten und 1839 für Gaetano Donizetti verfaßten *Le Duc d'Albe* – entstand offiziell ebenfalls in Zusammenarbeit mit Duveyrier; die überlieferten Quellen deuten jedoch auf einen vernachlässigbaren Beitrag Duveyriers. So schreibt Scribe diesem am 3. Dezember 1853: »Je sais, mon cher ami, que vous ne vous occupez plus de théâtre, que vous avez d'autres travaux que ceux de la scène; ne vous inquiétez donc de rien. Le plan est à peu près dans ma tête, et avant de l'exécuter, je voudrais seulement en causer avec vous, avoir vos idées qui sont toujours excellentes et qui, en tout cas, seront toujours plus jeunes que les miennes, car par malheur je me sens vieillir.« Zitiert nach Paul Bonnefon, »Les métamorphoses d'un opéra: Lettres inédites d'Eugène Scribe«, in: *Revue des deux mondes* 41 (1917), S. 888–889. Das Konzept der Adaptation ändert sich in der Folge bis zu Verdis Interventionen kaum, und Duveyrier wird in der Korrespondenz zwischen Scribe und Verdi nie erwähnt.

2 Der Dank des Verfassers gilt Martin Chusid, Francesco Izzo und Amy Brosius für ihre Hilfsbereitschaft während der Forschungsaufenthalte am American Institute for Verdi Studies. Die fünf Briefe Scribes befinden sich auf Mikrofilm Nr. 17 der Sant'Agata-Sammlung.

3 Vgl. George Martin, *Verdi: His Music, Life and Times*, New York [4]1992, S. 270: »Scribe, although he may have changed a word or two, made none of the fundamen-

Und sollte Scribe Verdis Wünsche in der Tat bereitwilliger als bisher angenommen erfüllt haben, dann müssen wir auch davon ausgehen, daß das Ergebnis (einschließlich der von der Musikwissenschaft erkannten »Probleme«) einer klaren dramaturgischen Absicht Verdis entsprach. So wäre es denkbar, daß Verdi beispielsweise der fünfte Akt, den Scribe auf Verdis Wunsch wiederholt umarbeitete und den Anselm Gerhard in einer anregenden Analyse als problematisch bewertet, grundsätzlich befriedigt haben könnte, obwohl er ihn in einem Moment der Frustration selbst als »sans intérêt« bezeichnete.[4] Dieser Beitrag soll anhand des Briefwechsels zwischen Verdi und Scribe, einer prosodisch-dramatischen Interpretation und von Rezensionen der Pariser Premiere aufzeigen, daß der zeremonielle Beginn des fünften Aktes einem überzeugenden dramaturgischen Konzept entsprach.

Die dramatische Bedeutung des Skandierens

Die ersten drei Scribe-Briefe enthalten von Verdi gewünschte Revisionen, die beiden verbleibenden Briefe organisatorische Informationen und freundschaftliche Gesten aus der Zeit kurz nach der Premiere von *Les Vêpres siciliennes* am 13. Juni 1855. Im ersten Brief antwortet Scribe - umgehend - auf Verdis Bitte vom 7. Juni 1854 um eine Ersatzstrophe im zweiten Akt, deren rhythmische Interpretation auch für das Verständnis des fünften Aktes von Bedeutung sein wird. In den hier zum ersten Mal publizierten Briefen wurden Unregel-

---

tal changes in the libretto that Verdi suggested«. Obwohl schon Porter darauf hinwies, daß Verdis häufig zitierter Brief an François Louis Crosnier, den Direktor der Opéra, auf »a crisis, but a passing one« hindeute, waren ohne Scribes Seite der Korrespondenz Beweise von dessen Interesse am Projekt und seiner Bereitwilligkeit, Änderungen zu liefern, nur spärlich vorhanden. Der Brief an Crosnier (die Hauptquelle für die Kritik an Scribe und seinem Libretto; datiert vom 3. Januar 1855) ist zitiert in: *I copialettere di Giuseppe Verdi,* hg. von Gaetano Cesari und Alessandro Luzio, Mailand 1913, S. 157–159.

4 Die Bemerkung, der fünfte Akt sei »sans intérêt« erscheint im erwähnten Brief an Crosnier. Zu den prosodischen Problemen siehe Jeffrey Langford, »Poetic Prosody and Melodic Rhythm in ›Les Vêpres siciliennes‹«, in: *Verdi Newsletter* 23 (1996), S. 8-18; Massimo Mila, »L'opera«, in: *Giuseppe Verdi: ›Les Vêpres siciliennes‹* [...], hg. von Massimo Mila, Turin 1973, S. 228. Zu den dramaturgischen Problemen siehe Julian Budden, *The Operas of Verdi,* 3 Bände, Oxford ^{2}1992, Band 2, S. 233; Anselm Gerhard, *Die Verstädterung der Oper: Paris und das Musiktheater des 19. Jahrhunderts,* Stuttgart 1992, S. 334 und 342. Scribe zeigte sich enthusiastisch, als er Charles Duveyrier das Konzept präsentierte (vgl. den Brief an Duveyrier vom 3. Dezember 1853, zitiert in Bonnefon, wie Anm. 1, S. 890-893), und Eugène de Mirecourts oft anekdotische Biographie Scribes erweckt sogar den Eindruck, der Librettist habe generell alle Änderungswünsche seiner Komponisten erfüllt (vgl. Mirecourt, *Scribe,* Paris ^{2}1860, S. 51-56; die Briefwechsel Scribes mit Giacomo Meyerbeer und Daniel-François-Esprit Auber erwecken denselben Eindruck).

mäßigkeiten in der Rechtschreibung beibehalten; nur die in Scribes Handschrift oft unklare Großschreibung von Namen wurde den Normen angepaßt.

[Nr. 1]

Séricourt 9. Juin 1854
Mon cher et illustre collaborateur
Je ne suis plus à Paris, je suis comme vous à la campagne dans le meme département que vous et à peuprès à la meme distance de Paris.
Je vous envoye les vers que vous me demandez, vous les trouverez sur la page a coté et s'ils ne vous vont pas bien, je vous en ferai d'autres.
Je me suis occupé du quatuor que vous désiriez au quatrième acte, et comme un pareil morceau ne doit pas etre un hors d'œuvre, je me suis arrangé pour le placer dans une des plus belles situations de la piece, afin qu'il soit digne de vous.
Je ne serai probablement pas à Paris ce mois-ci, mais si vous avez besoin que nous causions ensemble, j'aurais bien grand plaisir à vous recevoir dans mon petit hermitage où l'on peut se rendre en moins de deux heures, voici comment: vous prenez le chemin de Fer de Strasbourg, convoi direct a 9 heures du matin. vous prenez une place pour La Ferté-sous-Jouarre où vous arrivez à 10 heures un quart. Là, si vous m'avez averti de votre arrivée, vous trouverez ma voiture qui vous attendra et vous amenera a deux petites heures à Sericourt où je demeure.
Si vous arrivez par un autre convoi, ou que vous n'ayez pas eu le temps de me prevenir, vous trouverez a la Ferté-sous-Jouarre, soit la diligence de Vieux-Maison et de Mont-mirail, qui passe devant notre porte, soit des petites voitures particulières, qui moyennant 3 ou 4 francs vous conduiront à toute heure jusque chez moi.
Vous pouvez si vos affaires vous y obligent arriver le matin a Sericourt et etre de retour le soir à Paris; mais j'espère que si vous faites ce petit voyage, vous nous resterez plus longtemps et accepterez chez votre collaborateur une hospitalité qu'il sera bien heureux de vous offrir.
Votre tout dévoué et de cœur
Eugène Scribe
mon adresse pour la poste
a M. Scribe à Sericourt, par la Ferté-sous-Jouarre,
Station de Nanteuil. (Seine et Marne)

2me acte
Chœur
Jour d'ivresse et de délice
Dieu d'amour, sois nous propice
viens au gré de ton caprice
de nos jours, charmer le cours?
Et toi, ma belle adorée,
traversant l'onde azurée,
viens et comme Cithèrée
Sois la reine des amours!

Diese Strophe von siebensilbigen Versen ersetzt in der Partitur die im gedruckten Libretto erhalten gebliebene Version von sechssilbigen Versen (»O bonheur! ô délice! / Plaisir, sois-nous propice! / Charme par ton caprice / Et nos nuits et nos jours!«)[5] und paßt wie folgt in die Handlung: Sizilien wird von französischen Soldaten und ihrem Gouverneur Montfort gewaltsam unterdrückt. Ein Chor gut gelaunter französischer Offiziere und vornehmer Sizilianerinnen befindet sich mit dem Schiff auf dem Weg zu Montforts Ball und singt »Jour d'ivresse et de délice«. Dieser Chor kontrastiert mit demjenigen fassungsloser sizilianischer Männer an Land, die nach der Entführung ihrer Bräute durch französische Soldaten Rache schwören. Zum Aktschluß werden die beiden Chöre kontrapunktisch kombiniert. Obwohl sich die ursprünglichen, sechssilbigen Verse mit den zwölfsilbigen, in der Mitte zäsurierten Alexandriner der sizilianischen Männer bestens hätten kombinieren lassen, wünschte Verdi für den Chor der französischen Offiziere und Sizilianerinnen, wahrscheinlich zur Steigerung des Kontrasts, siebensilbige Verse. Besonders wichtig war ihm bei diesen siebensilbigen Versen die rhythmische Regelmäßigkeit, die er anhand zweier Musterverse mit Akzenten auf der dritten und siebenten Silbe präzisierte (»O martyr de la patrie / Pour briser la tyrannie«).[6] Dieser Rhythmus erlaubt ein Skandieren in Trochäen, das sich Verdi in seiner Vertonung, mit Ausnahme von gelegentlich anapästischen Auftakten, zunutze machte; dort, wo Scribe von Verdis Vorlage abwich (der erste Akzent des fünften Verses fällt auf die zweite [»toi«], nicht die dritte Silbe [»ma«], setzte Verdi eine prosodisch »fehlerhafte« (1. Tenor) und eine prosodisch zurechtgebogene (2. Tenor und Bass) Version übereinander: Die »fehlerhafte« Version betont »ma« anstelle von »toi«; die zurechtgebogene ignoriert die Elision der zweiten Silbe von »belle« und erhöht dadurch die Silbenzahl auf acht (in den Sopranstimmen manifestiert sich dasselbe Problem mit anderem Text).

5 Vgl. LES VÊPRES / SICILIENNES / OPÉRA EN CINQ ACTES / PAROLES DE / MM. E. SCRIBE ET CH. DUVEYRIER / MUSIQUE DE M. VERDI / DIVERTISSEMENTS DE M. L. PETIPA / Représenté pour la première fois à Paris, sur le théâtre de l'Académie impériale / de Musique, le 3 juin 1855. / PARIS / MICHEL LÉVY FRÈRES, LIBRAIRES-ÉDITEURS / RUE VIVIENNE, 2 *bis* / 1855. Die Versbezeichnung folgt der französischen Terminologie, wonach die Silben nur bis und mit der letzten Betonung gezählt werden. Obwohl beispielsweise der Vers »O bonheur! ô délice!« aus sieben Silben besteht, zählt man nach französischem System nur sechs (das *e muet* am Versende wird nicht gezählt). Vgl. Andreas Giger, *Verdi and the French Aesthetic: Verse, Stanza, and Melody in Nineteenth-Century Opera*, im Druck.

6 Zitiert in Porter (wie Anm. 1), S. 101. Die prosodischen Interpretationen in der Form hervorgehobener Silben stammen durchweg vom Verfasser.

Beispiel 1: Verdi, *Les Vêpres siciliennes*, II,1, »Jour d'ivresse« (Chor)

Verdi wünschte auch in zwei weiteren Briefen regelmäßig akzentuierte Verse. Im ersten Brief, datiert auf den 29. August 1854, ging es um den Chor zu Beginn des fünften Akts, in dem Mädchen und Kavaliere ihrer Freude über die Hochzeit Hélènes und Henris und der damit verbundenen Versöhnung zwischen Sizilianern und Franzosen Ausdruck verleihen:

> Huit vers pour les siciliens, huit pour les Francais /ou si vous voulez seulement huits vers ensemble Siciliens et Francais / plus huits vers pour les femmes qui presentent les fleurs à Hélène. J'aimerais que le rythme fut comme ces vers
>
> »Fort**u**ne cru**e**lle
> Tu v**ie**ns m'accabl**e**r:
> Mais **u**n seul mot d'**e**lle
> Peut m**e** consol**e**r!«
>
> Ils se pretent fort bien pour un 3/8.[7]

Verdi hatte gerade eben die ersten vier Akte fertig komponiert und nahm nun (möglicherweise in Form von Skizzen) den fünften in Angriff. Er empfand die vier achtsilbigen Verse von Scribes ursprünglichem Libretto offensichtlich als zu unregelmäßig und legte regelmäßig akzentuierte, fünfsilbige Verse als Muster vor.[8] Die hervorgehobenen Silben (diejenigen, die Verdi als strukturell wichtig empfand) decken sich allerdings nicht immer mit den tonischen Akzenten

7 Zitiert in Porter (wie Anm. 1), S. 103.

8 Die ursprünglichen Verse lauten (mit rhythmischer Interpretation nach Quicherat: »En ce j**ou**r, l'amiti**é** fid**è**le / Vous **o**ffre ses fl**eu**rs et ses v**oeu**x! / La plus heur**eu**se, et la plus b**e**lle / Doit sour**i**re à nos ch**a**nts joy**eu**x!« F-Pn, Cabinet des manuscrits, nouvelles acquisitions françaises, 22506, f. 86.

(»seul« im dritten Vers ist stärker als »un«; »peut« im vierten Vers stärker als »me«);[9] vielmehr interpretiert Verdi die rhythmische Struktur der Verse »musikalisch«, d.h. mit regelmäßigen Akzenten auf der zweiten und fünften Silbe.

Scribes Antwort, »Célébrons ensemble«, folgt der rhythmischen Vorlage nur im zweiten und vierten Vers, doch scheint sich Verdi daran nicht gestört zu haben: er ignorierte die nicht kompatiblen Akzente im ersten und dritten Vers und betonte stattdessen in Anlehnung an seine Vorlage je eine schwache Silbe. Die Version links zeigt die prosodische Interpretation nach Louis-Marie Quicherats Versifikations-Traktat, die Version rechts die Interpretation Verdis.[10]

Célébrons ensemble
L'hymen glorieux
Don't l'espoir rassemble
Deux peuples heureux!

Célébrons ensemble
L'hymen glorieux
Don't l'espoir rassemble
Deux peuples heureux!

Beispiel 2: Verdi, *Les Vêpres siciliennes*, V,1, »Célébrons ensemble« (Chor)

9 Der Terminus »tonischer Akzent« ist vom französischen *accent tonique* abgeleitet und bezeichnet den Akzent der kleinsten rhythmischen Gruppe, z.B. eines mehrsilbigen Wortes (»*Vêpres*«) oder zweier einsilbiger Wörter (»on v**eu**t«). Er ist von anderen Akzenten zu unterscheiden, etwa dem *temps fort* (siehe unten), dem *accent logique* oder dem Satzton. Vgl. Antoine Reicha, *Art du Compositeur dramatique, ou Cours complet de composition vocale*, 2 Bände, Paris 1833, Band 1, S. 3–6, sowie Otto E. Lubarsch, *Abriß der französischen Verslehre*, Berlin 1879, S. 5–6.

10 Vgl. Louis-Marie Quicherat, *Traité de versification française*, Paris ^{2}1850. Eine vollständige Besprechung aller prosodischen Ansätze findet sich in Andreas Giger, »The Triumph of Diversity: Theories of French Accentuation and Their Influence on Verdi's French Operas«, in: *Music & Letters* 84 (2003), S. 55–83.

In Verdis letztem Brief mit Wunsch nach rhythmischer Regelmäßigkeit geht es um das erste Solo des fünften Aktes. Hier bedankt sich Hélène für die ihr überreichten Blumen und gibt ihrer Freude über die bevorstehende Hochzeit und das Ende des Hasses zwischen Sizilianern und Franzosen Ausdruck.

> Pour le moment j'aurais besoin d'avoir un beau *Cantabile* à la place de »*Tout respire un air de fête*«. Sur trois vers c'est impossible pour moi de faire une frase melodique. Il m'en faudrait quatre, c'est a dire *8*. Tachez de leur donner une tournure plus pathétique, et que le rhythme soit comme
> »Ami! le cœur d'Hélène,
> Pardonne au repentir«.[11]

Verdi wünschte wiederum einen jambischen Rhythmus, und Scribe antwortete wiederum mit Versen, die dem vorgegebenen Rhythmus nur teilweise folgen. Die Gegenüberstellung der prosodischen Interpretation nach Quicherat (links) und derjenigen Verdis (rechts) zeigt, daß Verdi mehrere tonische Akzente verletzt:

Merci, jeunes amies,	Merci, jeunes amies,
De ces présens si doux!	De ces présens si doux!
Dont les fleurs si jolies	Dont les fleurs si jolies
Sont moins fraîches que vous.	Sont moins fraîches que vous
O chaîne fortunée	O chaîne fortunée
Et plus chère à mes yeux,	Et plus chère à mes yeux,
Alors que l'hyménée	Alors que l'hyménée
S'embellit de vos vœux.	S'embellit de vos vœux.

Beispiel 3: Verdi, *Les Vêpres siciliennes*, V,2, »Merci, jeunes amies« (Hélène)

[11] Undatierter Brief, zitiert in Porter (wie Anm. 1), S. 106.

Bei jedem der hier besprochenen Beispiele handelt es sich um eine festliche Situation, für die Verdi Verse mit regelmäßiger Betonung wünschte, Scribe diese aber nur bedingt lieferte. Es scheint jedoch, als habe Scribe seine rhythmischen Lösungen als Verdis Wünschen entsprechend erachtet, Verdi habe diese widerstandslos akzeptiert, und die daraus hervorgegangenen prosodischen Diskrepanzen hätten niemanden gestört. Im Gegenteil, die skandierten Nummern wurden in den Rezensionen oft besonders gelobt.

Der Grund für Scribes nur eingeschränktes Befolgen von Verdis rhythmischen Vorlagen, für Verdis Akzeptieren von Scribes Lösungen und für das Ausbleiben diesbezüglich kritischer Stimmen in der Presse liegt im schwachen tonischen Akzent der französischen Sprache und einer langen Tradition des Skandierens gegen den Textrhythmus. So berücksichtigt beispielsweise Louis Benloew in seinem *Précis d'une théorie des rhythmes* von 1862 nicht nur den tonischen Akzent, sondern ganz besonders den Rhythmus, der sich aus der regelmäßigen Wiederkehr eines »musikalischen« Akzents – des *temps fort* – ergibt:

> Il ne faut pas confondre avec la syllabe forte un autre élément qui contribue plus encore que celle-ci au mouvement harmonieux du vers, je veux parler du *temps fort*. Lui aussi se fait sentir, comme l'accent moderne, par un appui, un coup de la voix; et lorsque, comme cela arrive très-souvent, il vient se poser sur la syllabe accentuée, il échappe complétement [sic] à l'observateur superficiel. Ce n'est que lorsqu'il vient frapper une syllabe faible qu'il devient sensible même à l'oreille la moins exercée. [...]
>
> On lira:
>
> il **e**st un D**ieu** devant l**ui** je m'incl**i**ne
> p**au**vre et cont**e**nt sans lui demand**e**r r**ie**n.
>
> Mais on chantera:
>
> il **e**st un D**ieu** dev**a**nt lui j**e** m'incl**i**ne
> pauvre **e**t cont**e**nt sans l**ui** dem**a**nder r**ie**n [...]
>
> Il existe donc une disconvenance très-marquée entre les syllabes fortes et les temps forts. [...] Mais il est évident que cette disconvenance ne saurait être absolue. A la césure et à la rime, temps fort et syllabe forte coïncident toujours; il n'est pas nécessaire que cette coïncidence se rencontre ailleurs. [...]
>
> Lorsqu'en récitant des vers on veut frapper surtout l'intelligence, on appuiera sur les syllabes fortes, en négligeant un peu les temps forts. Lorsqu'au contraire on veut flatter l'oreille, et surtout lorsqu'on veut chanter, on scandera inévitablement.

La syllabe forte est inhérente au mot, au sens; elle est toujours la même. Le temps fort est inhérent au rhythme, et se poste indifféremment sur des syllabes fortes ou des syllabes faibles, sur des mots à sens plein ou à sens vide. La syllabe forte a une valeur logique, le temps fort n'a qu'une valeur poétique et musicale.[12]

Unter Skandieren versteht Benloew entweder die Anwendung des Jambus oder Trochäus, je nach Position der Zäsur und des Reims (wo tonischer Akzent und *temps fort* stets zusammenfallen müssen); in der Praxis kommen auch Daktylus und Anapäst zur Anwendung.[13] Von diesen Versfüßen kann man gemäß Benloew zugunsten tonischer Akzente abweichen, was in den meisten skandierten Melodien auch geschieht. Das Skandieren selbst wurde in den Schulen des 19. Jahrhundert noch generell gelehrt und hatte für die melodische Struktur der Arien weitreichende Konsequenzen;[14] von der Wissenschaft wurde es bis heute völlig ignoriert.

Beispiele des Skandierens finden sich schon in André-Erneste Modeste Grétrys immer wieder als prosodisch vorbildlich gepriesen Opéras comiques,[15] vor allem in den Couplets der Lieder und Romanzen. Im *Richard Cœur-de-Lion* (1784), zum Beispiel signalisiert Blondel mit der Romanze »Une fièvre brûlante« seinem im Schloß Linz eingekerkerten Meister, König Richard, die baldige Befreiung. Grétry skandiert den Text in Jamben und verletzt dabei mehrere tonische Akzente, wie die Gegenüberstellung der prosodischen Interpretationen nach Quicherat (links) und von Grétry (rechts) zeigt:

Une fièvre brûlante Un jour me terrassait...	Une fièvre brûlante Un jour me terrassait...

[12] Louis Benloew, *Précis d'une théorie des rhythmes*, Band 1, *Rhythmes français et rhythmes latins*, Paris 1862, S. 20, 21, 22 und 24. Die Markierung des *temps fort* auf »lui« in der zu singenden Version fehlt versehentlich.

[13] Vgl. »Fortune, cruelle / Tu viens m'accabler«, wo betonte Silben normalerweise durch zwei Unbetonte getrennt sind.

[14] Paul Pierson, *Métrique naturelle du langage*, Paris 1884, S. 227; Ferdinand de Gramont, *Les Vers français et leur prosodie*, Paris 1876, S. 4.

[15] Die Rezensenten müssen mit der Methode des Skandierens vertraut gewesen sein und erkannt haben, daß Grétrys Prosodie oft von der »wahren Deklamation« abweicht, auch wenn sie sein Skandieren – wohl aus Verlegenheit – nie erwähnen. Siehe beispielsweise François-Joseph Fétis, »Dangers de la situation actuelle de la musique dramatique: causes du mal – moyens de régénération«, in: *Revue et gazette musicale de Paris* 12 (1845), S. 1; Paul Lacome, »De la poésie française au point de vue du chant«, in: *L'Art musical* 6 (1866), S. 250; A. Thurner, »L'opéra comique et ses transformations», in: *La France musicale* 27 (1863), S. 78.

Beispiel 4: Grétry, *Richard Cœur-de-Lion*, II,4, »Une fièvre brûlante« (Blondel)

Der Grund für das Skandieren liegt hier – wie in der Opéra comique generell – nicht in der dramatischen Situation, sondern im Arientyp des Liedes oder der Romanze.

Ein ähnliches Beispiel findet sich in Angèles Arie aus dem 4. Akt von Daniel-François-Esprit Aubers *Le Domino noir* (1837). Angèle ist eben von einem Rendezvous mit Horace zurückgekehrt und findet die Tore des Klosters verschlossen vor. Eine Vertraute der Superiorin verschafft ihr heimlich Einlaß, und schon bald weicht die Angst vor einer Strafe ihrer scheinbar aussichtslosen Liebe für Horace. Auber skandiert den Text in Anapästen und verletzt dabei mehrere tonische Akzente, einschließlich einiger am Reim. Die prosodische Interpretation nach Quicherat (links) ist derjenigen Aubers (rechts) gegenübergestellt:

Flamme vengeresse,	Flamme vengeresse,
Tourment qui m'oppresse,	Tourment qui m'oppresse,
Amour qui sans espoir me laisse,	Amour qui sans espoir me laisse,
Tu vois ma faiblesse,	Tu vois ma faiblesse,
Hélas! pauvre abbesse,	Hélas! pauvre abbesse,
Devant toi mon pouvoir se baisse.	Devant toi mon pouvoir se baisse.

Bei dieser Arie handelt es sich weder um ein Lied noch um eine Romanze, sondern um ein Rondo, dessen Refrainform, in Verbindung mit der Walzerthematik, Auber wohl zum Skandieren veranlaßte.

Beispiel 5: Auber, *Le Domino noir*, III,4, »Flamme vengeresse« (Angèle)

Solche Vertonungen entsprachen französischer Praxis und waren, da sie eingängige Melodien ermöglichten, auch musiktheoretisch legitimiert. Nachlässigkeit oder gar Karikatur spielt hier keine Rolle; wollte sich ein Komponist über eine Figur lustig machen, mußte er die Prosodie anderweitig verzerren. In Adolphe Adams *Le Brasseur de Preston* (1838) übernimmt beispielsweise der Bierbrauer Daniel Robinson stellvertretend für seinen desertierten Zwillingsbruder die Position eines Offiziers, ohne auch nur die geringste Ahnung von den mit dieser Position verbundenen Aufgaben oder dem ihr angemessenen Verhalten zu haben. Trotz aller Mißgeschicke führt er jedoch die Truppen zum Sieg und berichtet von diesem Abenteuer im »Air du cheval«.[16] Adam fängt die Komik dieser Situation unter anderem dadurch ein, daß er das im ersten Vers etablierte rhythmische Schema aufgibt und ein totales prosodisches Chaos produziert; das Resultat hat mit den akzeptierten prosodischen Theorien nicht das Geringste zu tun. Die Interpretation Adams folgt derjenigen nach Quicherat:

Tout-à-l'h**eu**re tant b**ie**n que m**a**l	T**o**ut-à-l'h**eu**re t**a**nt bien que m**a**l
Le serg**e**nt me h**i**sse à chev**a**l	L**e** sergent m**e** hisse **à** chev**a**l
Et, sans att**e**ndre mon sign**a**l,	**E**t, sans **a**ttendr**e** mon sign**a**l,
Je v**oi**s s'élanc**e**r l'anim**a**l;	J**e** vois s'él**a**ncer l'**a**nim**a**l;

Beispiel 6: Adam, *Le Brasseur de Preston*, II,18,
»Tout-à-l'heure tant bien que mal« (Daniel Robinson)

---

[16] Vgl. Sebastian Werr, *Musikalisches Drama und Boulevard: Französische Einflüsse auf die italienische Oper im 19. Jahrhundert*, Stuttgart und Weimar 2002, S. 168.

In der Grand opéra erscheint das Skandieren normalerweise in Verbindung mit Lokalkolorit oder einer unbeschwerten Atmosphäre und erfüllt damit klarere dramatische Aufgaben als in der Opéra comique.[17] Wenn sich etwa die Katholikin Valentine in Meyerbeers *Les Huguenots* (1836) nicht traut, dem Protestanten Raoul ihre Liebe zu erklären, bietet sich Königin Marguerite von Valois als Vermittlerin an. Raoul, der fälschlicherweise glaubt, Valentine habe ihn betrogen, erscheint vor der Königin und kann sich der Wirkung ihrer Schönheit nicht entziehen. Um die Situation zu entschärfen, schlägt Marguerite im zweiten Teil des Duetts mit einer skandierenden Melodie einen scherzhaften Ton an (»Pr**eu**t doit v**i**vre p**ou**r sa b**e**lle«).[18] Als sich Raoul der Königin trotzdem zu Füßen wirft, versucht sie denselben Trick mit einer neuen skandierenden Melodie. Damit nimmt sie nicht nur die Anspannung von Raoul, sondern auch von sich selbst, hat sie doch ihre Zuneigung zu dem jungen Mann erkannt. Die Version links zeigt die Verse in der Anordnung des gedruckten Librettos und mit prosodischer Interpretation nach Quicherat; die Version rechts zeigt die Verse wie sie von Meyerbeer vertont wurden.[19]

Si j'ét**ai**s coqu**e**tte,	S**i** j'ét**ai**s coqu**e**tte! D**ieu**!
Par**ei**lle conqu**ê**te	P**a**reill**e** conqu**è**te o**ui**,
Ser**ai**t bientôt f**ai**te;	S**e**rait b**ie**ntôt f**ai**te,
Mais, n**o**n!... et je d**oi**[s]	M**ai**s non, n**o**n, non, n**o**n, **e**t je d**oi**s

[17] Vgl. Luca Zoppelli, »›Stage Music‹ in Early Nineteenth-Century Italian Opera«, in: *Cambridge Opera Journal* 2 (1990), S. 31-32 (trotz des Titels des Artikels beziehen sich Zoppellis Beispiele hier auf die französische Oper); Werr (wie Anm. 16), S. 189.

[18] In diesem kurzen Abschnitt muß Meyerbeer dank der Regelmäßigkeit des Rhythmus nur einmal gegen einen tonischen Akzent skandieren (»L'**e**ndroit, l'h**eu**re, **tou**t rapp**e**lle«; der tonische Akzent von »endroit« liegt auf der zweiten Silbe).

[19] *Théâtre de Eugène Scribe*, Band 4, Paris 1859, S. 242.

Beispiel 7: Meyerbeer, *Les Huguenots*, II,5, »Si j'étais coquette!« (Marguerite)

Das Skandieren gegen tonische Akzente und der daraus hervorgehende populäre Ton spielt in der Dramaturgie des fünften Aktes von *Les Vêpres siciliennes* eine wichtige Rolle. Der Akt selbst hat eine komplizierte Geschichte, die in ihrer Ganzheit erst erzählt werden kann, wenn alle Skizzen zugänglich sind.[20] Für den Aktbeginn war ursprünglich ein Duo zwischen Hélène und Procida geplant, später ein Chor, eine Arie für Hélène und eine Romanze für Henri. Diese Nummern sollten den Charakter des vorhergehenden vierten Aktes weiterführen, an dessen Ende Henri Hélènes Freiheit mit seiner öffentlichen Anerkennung Montforts als seinen Vater erkaufte.[21] Aus Dankbarkeit will nun Montfort die Liebenden vermählen, doch wissen zu Beginn des fünften Aktes weder Hélène noch Henri, daß Procida das Läuten der Hochzeitsglocken zum Anlaß für ein Gemetzel an der französischen Besatzung, einschließlich Henris, nehmen will.

---

20 Die Versionen und Revisionen des Librettos sind dokumentiert in Anselm Gerhard, »›Ce cinquième acte sans intérêt‹: Preoccupazioni di Scribe e di Verdi per la drammaturgia de ›Les Vêpres siciliennes‹«, in: *Studi verdiani* 4 (1986–87), S. 65-86. Die musikalischen Skizzen harren noch der Veröffentlichung; einige Varianten sind besprochen in Julian Budden, »Varianti nei ›Vespri siciliani‹«, in: *Nuova rivista musicale italiana* 6 (1972), S. 155-81.

21 Siehe Scribes Brief an Charles Duveyrier, zitiert (ohne Datum) in: Bonnefon, (wie Anm. 1), S. 892; vgl. auch Porter (wie Anm. 1), S. 105. Die wahrscheinlich ursprüngliche Version des fünften Aktes ist in Gerhard (wie Anm. 20), S. 79-86, vollständig abgedruckt.

Nachdem Verdi die Komposition der ersten vier Akte weitgehend vollendet hatte, begann er, Scribe im fünften Akt um Revisionen zu bitten. Nach und nach wurde aus der ersten Akthälfte jeder Anschein unheilvoller Vorahnungen entfernt, der Schwerpunkt ganz auf die Freude über die bevorstehende Hochzeit gelegt und die drei festlichen Nummern (Eröffnungschor, Hélènes Bolero und Henris *Mélodie*) ohne vermittelnde Rezitative aneinandergereiht. Gerhard sieht diese Lösung als Ausdruck eines Problems, nämlich daß Verdi in der Dramaturgie der Grand opéra das Gleichgewicht zwischen »historischem Rahmen« (der von diesem Aktbeginn verbannt wurde) und »privater Intrige« (die schon im vierten Akt abgeschlossen wurde) gestört sah. Gerhard hält Verdi allerdings zugute, dieses Problem nicht verschleiert, sondern mit drei losen zeremoniellen Nummern sinnfällig gemacht zu haben.[22] Man kann jedoch auch argumentieren, der »historische Rahmen« sei implizit auch während der zeremoniellen Nummern gegenwärtig, hat doch Procida das Ziel der Befreiung Siziliens noch nicht erreicht. Und obwohl die »private Intrige« abgeschlossen scheint, flammt sie, gerade weil sie mit dem »historischen Rahmen« untrennbar verbunden ist, im fünften Akt wieder auf, als Hélène erkennt: »Entre nous deux s'élève un obstacle invincible!«).

Noch entscheidender als die Frage des Gleichgewichts ist diejenige des dramatischen Tempos. Verdi entschied sich, den fünften Akt mit drei rein zeremoniellen Nummern langsam zu beginnen und dann die Handlung immer mehr zu beschleunigen. Nach der zeremoniellen Exposition weiht Procida Hélène in seinen Plan ein, das auf ihr Jawort folgende Glockengeläut zum Signal für das Gemetzel aller Franzosen, und auch Henris, zu nehmen. Hélène weigert sich nun verständlicherweise Henri zu heiraten, worauf Montfort, im Glauben, ihrem innersten Wunsch zu folgen, die Liebenden trotzdem vereint und dadurch das Glockengeläut und das Gemetzel auslöst. Für Verdi war diese Dramaturgie nichts Neues; wir finden sie schon im zweiten Finale seiner vorangehenden Oper, *La traviata*, wo die pittoresken, zeremoniellen Chöre der Zigeuner und Matadoren unvermittelt nebeneinander gestellt werden und sich die darauffolgende Handlung in einer ähnlichen Beschleunigung bis zu Alfredos öffentlicher Beleidigung Violettas zuspitzt.

Zu Beginn des fünften Aktes von *Les Vêpres siciliennes* herrscht also eine völlig ungetrübte Stimmung. Im Eröffnungschor feiert der Chor die bevorstehende Verbindung Hélènes und Henris und den damit verbundenen Frieden zwischen Franzosen und Sizilianern. Verdi wählte dementsprechend leichte Musik von praktisch ausschließlich viertaktigen, diatonischen Phrasen mit auflockernden Synkopen (siehe Beispiel 2). Die formelhafte Begleitung wird von der Harfe und Kastagnetten dominiert, der melodische Rhythmus vom Skandieren (oft

22 Gerhard (wie Anm. 4), S. 340-42.

gegen tonische Akzente) in auftaktigen Daktylen.[23] Verdis Beschreibung dieses Eröffnungschors bestätigt dessen rein zeremoniellen Charakter:

> Au commencement du 5me Acte le chœur des femmes parait et disparait après avoir chanté quatre vers seulement. On pourrait, selon moi, lui donner plus d'importance en y ajoutant un chœur d'hommes dans les coulisses. Peuple sicilien, soldats francais boivent, chantent, dansent pour le pardon donné par Montfort et.et - Ce serait un chœur bien gai, et on pourrait le faire accompagner par des *Nacres, Tambours de basque Guitares* etc. [...] Il ferait aussi contraste avec ce qui vient après. Si vous êtes de mon avis vous n'avez qu'à me faire la poesie.[24]

Südländisches Lokalkolorit und gegen tonische Akzente skandierte Verse kennzeichnen auch Hélènes Bolero, »Merci, jeunes amies« (siehe Beispiel 3), und tragen zur unbeschwerten Atmosphäre des Festes bei.[25] Allerdings neutralisiert hier das rhythmisch vielfältige Thema bis zu einem gewissen Grad den Effekt des Skandierens, wobei der Grund aber in der Natur des Bolero und der musikalischen Vielfalt des Festes liegt und nicht im Versuch, prosodische Probleme zu verschleiern.

Die unbeschwerte Stimmung dauert auch in der dritten Nummer des Aktes, der *Mélodie* »La brise souffle«, an. Hier genießt Henri, selig über die bevorstehende Heirat mit Hélène, die ihn umgebende Natur. Verdi erzeugt mit Tremoli der hohen Streicher und gezielt eingesetzten Holzbläsern eine neue Variante südländischen Lokalkolorits,[26] skandiert den Text erneut gegen tonische Akzente und verstärkt den Effekt noch durch einen besonders einförmigen musikalischen Rhythmus. Das Versmaß - Alexandriner mit üblicher Zäsur auf der sechsten Silbe - verlangt nach Quicherat je einen Akzent auf der sechsten und zwölften Silbe und einen weiteren Akzent auf einer der ersten vier Silben jedes Halbverses. In jedem Halbvers ist ein zusätzlicher tonischer Akzent möglich, der aber nicht beachtet werden muß. Scribe schöpfte die rhythmischen Möglichkeiten voll aus, wogegen Verdi im Hinblick auf die dramatische Situation in Jamben skandiert.

Version mit hervorgehobenen tonischen Akzenten:
La br**i**se s**ou**ffle au l**oi**n, | | plus lég**è**re et plus p**u**re
Et de parf**u**ms plus d**ou**x | | l'**ai**r par**aî**t embaum**é**.
L'**o**nde plus mollem**e**nt | | et serp**e**nte et murm**u**re,
Et d'un ray**o**n div**i**n | | t**ou**t me s**e**mble anim**é**!

---

23 Siehe Damien Colas, »›Quels accents! quel langage!‹: Examen du traitement de l'alexandrin dans ›Les Vêpres siciliennes‹« in: *L'Opéra en France et en Italie (1791–1925): Une Scène privilégiée d'échanges littéraires et musicaux*, hg. von Hervé Lacombe, Paris 2000, S. 213-14, der darauf hinweist, daß Verdi in »les genres les plus nobles« auf isometrische Interpretation verzichtet.

24 Brief vom 29. August 1854, zitiert in Porter (wie Anm. 1), S. 103.

25 Diese Nummer ist im Klavierauszug sonderbarerweise mit »Sicilienne« überschrieben; im Libretto findet sich die Überschrift »Bolero«.

26 Vgl. Gerhard (wie Anm. 4), S. 339.

Verdis Interpretation :
La brise souffle au loin, | | plus légère et plus pure
Et de parfums plus doux | | l'air paraît embaumé.
L'onde plus mollement | | et serpente et murmure,
Et d'un rayon divin | | tout me semble animé!

Beispiel 7: Verdi, *Les Vêpres siciliennes*, V,2, »La brise souffle au loin« (Henri)

Die musikalischen Akzente fallen auf die falschen Silben von »légère« im ersten Vers, »paraît« im zweiten und »onde« im dritten. Im vierten Vers nimmt Verdi auch noch die Betonung von »semble« auf dem Pronomen »me« vorweg. Zu Beginn der zweiten Hälfte des dritten Verses schaltet er kurzfristig zum Anapäst und dann über eine Synkope bei »serpente et« zurück zum Jambus. Hier opfert Verdi die rhythmische Regelmäßigkeit des *temps fort* dem Ausdruck, genau wie von Benloew beschrieben.

Die Kritik beurteilte die drei Nummern zu Beginn des fünften Aktes größtenteils positiv und gab damit Verdis dramaturgischem Instinkt Recht. Abramo Basevis Vorwurf der Uneinheitlichkeit des Stils, den Gerhard zur Bestätigung seiner These zitiert,[27] wurde von den französischen Rezensenten nur selten geteilt. Eine dieser Ausnahmen war Pier-Angelo Fiorentino in *Le Constitutionnel*:

> Le cinquième acte manque d'unité de style et d'élévation de caractère. Ici, la faute est commune à l'auteur des paroles et à l'auteur de la musique. Cette duchesse Hélène, qu'on nous a représentée jusqu'alors comme une ennemie implacable et vindicative de la race française en général et des Montfort en particulier, qui préférait la mort à cette pensée affreuse d'entendre son fiancé appeler du nom de père le tyran qu'elle déteste et qu'elle a voulu poignarder, qui ne s'est résignée à ce mariage *in extremis* que sur l'ordre exprès de Procida, lequel a sans doute un projet sinistre qu'elle doit être curieuse et inquiète de pénétrer, cette femme, d'une si forte trempe et d'un courage plus que viril, change tout à coup d'humeur, de sentimens, de langage et, s'accommodant fort bien de sa nouvelle position, s'en vient chanter des polonaises légères et ornées de traits, de points d'orgue et de trilles dans le goût de l'Elvira des *Puritains*. Le jeune Henri, son fiancé, cet autre conspirateur farouche qui s'est tant fait prier pour reconnaître son père, piqué de la même tarentule, chante aussi ses couplets, autre guitare! Il oublie parfaitement sa mère séduite et sa patrie esclave pour ne plus s'occuper que de »noces et festins«. Qui se douterait, à ces refrains joyeux, à ce bruit de mandolines et de castagnettes, qu'un événement formidable va s'accomplir, qu'une nation va se ruer sur une autre nation, et que des flots de sang couleront tout à l'heure?[28]

Fiorentino irrt sich freilich bezüglich der Schuldfrage, geht doch das plötzliche Verschwinden von Hélènes und Henris unheilvollen Vorahnungen – wie wir bereits gesehen haben – ausschließlich auf Verdis Initiative zurück. Der Großteil der Rezensenten beurteilte jedoch den festlichen Beginn des Aktes als Erfolg und sah vor allem in Hélènes »Merci, jeunes amies« eine äußerst erfolgreiche Nummer. Verdis französischer Herausgeber Escudier beschrieb den Aktbeginn als »un spectacle des plus pittoresques«[29], und Paul de Saint-Victor erkannte zudem dessen großformale Funktion:

> Au cinquième acte, nous sommes dans les jardins du palais de Montfort, un magnifique et lumineux décor. Hélène, en costume de mariée, reçoit les fleurs que lui offrent les jeunes filles de Palerme. Sa joie déborde dans un boléro d'une scintillante allégresse; c'est le cri de l'alouette dans le jardin de Vérone que ce chant clair, aigu, frissonnant, qui s'envole à tire d'ailes sur les plus hautes notes de la gamme.

---

27 Ebd.

28 Pier-Angelo Fiorentino in: *Le Constitutionnel*, 15. Juni 1855, zitiert in: *Giuseppe Verdi : ›Les Vêpres siciliennes‹, Dossier de presse parisienne (1855)*, hg. von Hervé Gartioux, Saarbrücken 1995, S. 43-44. Der zweite, die stilistische Einheit bemängelnde Kritiker ist A. de Rovray in *Le Moniteur universel* vom 17. Juni 1855, zitiert ebd., S. 51.

29 *Le Pays* vom 17. Juni 1855, zitiert ebd., S. 54.

> A cet appel de la bien-aimée, la voix de l'époux répond par cet air enthousiaste et tendre comme l'hosanna de l'amour.
> La brise souffle [...]
> Cela respire une félicité passionnée, la sympathie céleste de l'amant qui voudrait presser sur son cœur le paysage où fleurit sa maîtresse. Cela fait rêver de nuit tiède et bleue, de baisers argentés par la lune de mai, de fleurs de jasmin jetées du haut d'un balcon sur une tête ravie [...]
> J'aime ces pauses de fraîcheur intercalées entre les parties brûlantes et agitées de l'action; elles calment, elles soulagent, elles rassérènent, elles rentrent d'ailleurs merveilleusement dans l'esprit de ces tragédies du moyen-âge, où la Volupté était presque toujours la confidente de la Mort.[30]

Sogar Paul Scudo, sonst ein vehementer Kritiker Verdis, zählte Hélènes »Merci, jeunes amies« und Henris »La brise souffle« zu den bemerkenswerten Nummern der Oper.[31] Niemand bemängelte deren Prosodie, die Rezensenten lobten vielmehr Eleganz, Grazie, Zartheit und den Charme.[32]

Nun bleibt aber noch die Frage, weshalb Verdi im ersten Beispiel die prosodische Unregelmäßigkeit nicht in allen Stimmen ignorierte; die unbeschwerte Atmosphäre und das Primat der eingängigen Melodie hätten eine Betonung auf »ma« bestimmt gerechtfertigt. Ich kann mir Verdis Entscheidung nur damit erklären, daß es sich bei dieser Unregelmäßigkeit um die einzige in diesem Chor handelte, und daß eine einzige »falsche« Betonung zwar aufgefallen wäre, wegen ihrer Singularität aber kein dramaturgisches Prinzip hätte evozieren können.

Scribes »Gleichgültigkeit«

Verdi störte sich im schon erwähnten Moment der Frustration nicht nur am fünften Akt, sondern generell an Scribes Gleichgültigkeit gegenüber *Les Vêpres siciliennes*. Scribe war zu diesem Zeitpunkt 63 Jahre alt und konnte auf eine lange Karriere zurückblicken. Gerade wegen seines großen Erfolgs sowohl mit Theaterstücken als auch mit Libretti wurde er aber seit den 1850er Jahren oft attackiert. Er fühlte sich müde und alt und gestand am 3. Dezember 1853 in einem Brief an seinen ehemaligen Mitarbeiter Charles Duveyrier: »Je suffirai à tout, à récrire en partie la pièce, ce qui n'est pas grand'chose, mais au travail de tous les jours avec Verdi et aux changemens qu'il me demandera, ce qui est fort long et ennuyeux, comme je l'éprouve chaque jour avec Meyerbeer.«[33] Andererseits hatte Scribe schon acht Jahre zuvor über Altersmüdigkeit geklagt

---

30 *La Presse*, 17. Juni 1855, zitiert ebd., S. 64-65.

31 *La Revue des deux mondes*, Juli 1855, zitiert ebd., S. 113.

32 Vgl. etwa Sylvain St-Etienne in *La Vérité*, 20. Juni 1855, zitiert ebd., S. 68-76, hier S. 75.

33 Zitiert in Bonnefon (wie Anm. 1), S. 889. Zu den Attacken auf Scribe und dessen altersbedingten Mangel an Energie vgl. Jean-Claude Yon, *Eugène Scribe: La fortune et la liberté*, Saint-Genouph 2000, S. 264 und 277; Mirecourt (wie Anm. 1), S. 5-8; und Ernest Legouvé, *Eugène Scribe, Conférence des matinées littéraires*, Paris 1874.

und 1849 mit *Le Prophète* trotzdem einen großen Erfolg errungen.[34] In seinem nächsten Brief an Duveyrier fehlt dann von Müdigkeit auch jede Spur, und seine Ideen zeugen von Zuversicht, den ursprünglich für Donizetti verfaßten *Le Duc d'Albe* für Verdi nicht nur adaptieren, sondern sogar noch verbessern zu können. Bezüglich des neuen fünften Aktes schreibt er:

> Au cinquième acte, le massacre des Français, sur un théâtre tel que l'Opéra, au milieu des fêtes d'un mariage, sera bien plus dramatique et plus à effet que l'embarquement du duc d'Albe, gâté toujours par l'invraisemblance de cet homme qui laisse sur la terre étrangère, et au milieu de ses ennemis, le corps de ce fils adoré. Je vous dis tout cela pour que, d'ici à votre première visite, vous rêviez au sujet et aux chances qu'il présente.

Obwohl sich Scribe seines Alters und der bevorstehenden langwierigen Zusammenarbeit mit Verdi bewußt war, versicherte er sich durch Absprache mit Duveyrier, die beste Lösung gefunden zu haben. Zudem lassen seine Briefe an Verdi darauf schließen, daß er die gewünschten Änderungen entweder prompt und sonst mit einer ausführlichen Entschuldigung lieferte. Der zweite der fünf Scribe-Briefe bezieht sich auf Verdis Ansinnen vom 13. und 15. September und liefert die Verse, um den Chor »Jour d'ivresse et de délice« auch für Frauen singbar machen.[35]

[Nr. 2]

Sericourt 17 Septembre [1854]
Mon cher maitre
c'est à moi à vous demander des pardons. Je suis toujours par voye et par chemin. Je recois a l'instant ici a la campagne vos deux lettres à la fois. Je reponds sur le champ à la seconde et demain à Paris je repondrai à la première.

Voici pour le final du 2me acte le chœur des femmes siciliennes. elles peuvent dabord, aussi que les hommes chanter les quatre premiers vers, et voici pour les quatre derniers les changements que vous me demandez:

Et sur la mer azurée
qui vit naitre Cithérée
Celebrons, l'ame enivrée,
le plaisir et les amours …

Les autres changements que vous me demandez dans votre premiere lettre sont en verité bien peu de chose, c'est peut-etre pour cela que j'ai tant tardé à vous les envoyer et j'en suis vraiment honteux mais comme malheureusement rien ne nous pressait j'ai toujours remis au lendemain ce qui est un grand tort dont je m'accuse et que je vais m'empresser de reparer.

Votre coupable et bien devoué confrère
E. Scribe

---

34 Vgl. etwa Scribes Registereintrag von 1845: »Je me fais vieux, je ne suis plus de mon siècle.« Zitiert nach Yon (wie Anm. 33), S. 264.

35 Für Verdis Briefe an Scribe, siehe Porter (wie Anm. 1), S. 104 (Nr. 7 und 8).

Der zweite Teil von Scribes Antwort folgt im dritten Brief und enthält interessante Lösungen, die allesamt Spuren in der Endversion hinterlassen haben.

[Nr. 3]

Paris 19. Septembre 1854
Voici mon cher maitre, ce que vous m'avez demandé et ce que je vous ai fait attendre si longtemps

1°. au 1er acte au lieu du vers – race et faible et poltronne
qui vous deplait j'ai mis:

Leur courroux qui bouilonne
et s'appaise et frisonne!.
pour eux, ce que j'ordonne
est l'arret du destin
& –

2°. dans le final de ce meme premier acte j'aime mieux comme vous, que celu[i] ne finisse par un petit ensemble, par quatre vers qui seraient froids. Tous les autres actes finissent par du grand tapon et des ensembles je prefere que celui-ci finisse par ces mots:

Henri
– je brave ta colere (il s'elance dans le palais[)]
De Bethune (à Montfort)
– ordonnez vous qu'il meurre?[36]
Monfort (après un instant de silence[)]
pas encor!..
(il sort suivi de ses officiers en regardant le palais où Henri vient d'entrer)

3°. au commencement du 2me acte j'augmenterais de quatre vers le recitatif de Procida, pour lui donner plus d'ampleur. Il y a longtemps que vous me l'avez demandé!

Procida (recitatif[)]
Palerme!... o mon pays!... pays tant regretté!
L'exilé te salue et bénit ton rivage!
trop longtemps sur ton front a pesé l'esclavage!
releve-toi!... voici la liberté!
(s'adressant à Mainfroid son confident)
a ce peuple qui souffre et gémit en silence
annonce mon retour, annonce la vengeance
aux portes de Palerme, en ces riants vallons,
moi j'attend!
... et qui donc?
... de nobles compagnons!

36 Möglicherweise »qu'il mourra«. Im Brief vom 13. September versteht Verdi »qu'il meurre«. Falls Scribe sowohl in seinem ursprünglichen Vorschlag als auch hier »qu'il meurre« statt »qu'il meure« schrieb, hätte er sich zweimal einer ungewöhnlichen Schreibweise bedient. Das vom 24. Mai 1855 datierte und dem Commissaire de Police de la Séction de l'Opéra vorgelegte Manuskript enthält »qu'il meure«. F-Pan, AJ/XIII/500, Nr. 2972.

4°. dans le quatuor final du 4me acte, j'ai ajouté pour reprendre l'allegro les deux vers et demi suivants:

Celebrez cet hymen des demain
Monfort
dès ce soir!
Quand la chaleur du jour, fera place à la brise
et vers l'heure de vepre!...
Henri
o doux et tendre espoir!
Montfort
Oui desormais pour nous cet hymen est la paix!
Helene (etonnée[)]
est-il possible!. unis!.
Henri (de meme[)]
unis!
Procida (a part)
Jamais!
reprise de L'Ensemble

Desormais plus de guerre
&...

Avez vous encore quelques changements à me demander ... hatez vous pendant que j'y suis et croyez moi .. adesso e sempre

Tout a vous et de cœur
E. Scribe

Scribes Revisionen lassen sich wie folgt einordnen:

1. Anstatt von »Race faible et poltronne« (des von Montfort auf die Sizilianer gemünzten und - laut Verdi - italienische Empfindlichkeiten verletzenden Verses), schlägt Scribe »Leur courroux qui bouilonne« vor. Diese Alternative wurde zwar in die Partitur, nicht aber ins gedruckte Libretto aufgenommen.[37]

2. Am Ende des ersten Aktes folgte nach dem eigentlichen Duett zwischen Henri und Montfort ein Dialog, während dem Henri ungeachtet Monforts Befehl den Palast seiner Geliebten betritt, Montfort den Mut des jungen Mannes zum Widerstand bewundert und schließlich auf Anfrage seines Offiziers De Béthune nicht Henris Tod, sondern ein Fest anordnet. Die hier angebotene Alternative muß Verdi bereits bekannt gewesen sein, zitiert er sie doch mit der Bitte um Scribes Zustimmung bereits in seinem Brief vom 13. September.[38] Der ursprüngliche Dialog war ihm offensichtlich zu lang und - da er durch das Eingreifen De Béthunes von der Beziehung zwischen Vater und Sohn ablenkte - dramaturgisch zu schwach.[39] Weder Verdi noch Scribe wollten den Dialog

37 Porter (wie Anm. 1), S. 104.
38 Ebd.
39 Vgl. Gerhard (wie Anm. 4), S. 309-311. Zum ursprünglichen Aktschluß siehe S. 310.

allerdings ganz streichen, da der Akt sonst mit den »quatre vers qui seraient froids« geendet hätte.[40] Nachdem Scribe De Béthune sowohl aus dem Duett als auch dem abschließenden Dialog entfernt hatte, ersetzte er die im Brief zitierten Verse durch einen ähnlich kurzen Dialog zwischen Henri und Montfort.

3. In Procidas Arie zu Beginn des zweiten Aktes hatte Verdi Scribe anscheinend bereits seit einiger Zeit um ein etwas substantielleres Rezitativ gebeten. Zu diesem Zeitpunkt des Entstehungsprozesses befand sich Procida noch in Begleitung von Mainfroid, der in der Endversion erst nach dem *Cantabile* auf der Bühne erscheint. Der Akt begann ursprünglich wie folgt:[41]

Scene 1er
Jean Procida, Mainfroid entrant en Scene
Procida
A ce peuple qui souffre et gémit en Silence,
annonce mon retour, annonce la vengeance!
aux portes de Palerme, en ces riants vallons
moi j'attends
Mainfroid
et qui donc
Procida
de nobles compagnons!
(Mainfroid sort)
air
O Sicile! o ma patrie!
du joug de la tyrannie
puisse-je enfin t'affranchir!...
te voir libre!... et puis mourir.

Partout sur la terre étrangère
j'allais te cherchant des vengeurs!
mais insensible à ta misère
chacun disait: contre vos oppresseurs
»levez vous!... et l'on vous soutiendra!
levez vous!... —et je viens!... me voila!

O Sicile! o ma patrie, [etc.]

Scribe folgte Verdis Wunsch und erweiterte das Rezitativ um vier Verse, die den existierenden vorangestellt wurden und Procida nicht mehr nur als Verschwörer, sondern auch als sympathischen Patrioten zeigten.[42] Die Änderung muß auf Verdis Zustimmung gestoßen sein, denn Verdi hielt schließlich mit Ausnahme weniger Details an den neuen Versen fest, ließ aber die ursprüngli-

---

40 »Téméraire! téméraire« für Montfort und »Je suis libre, et, sur la terre« für Henri.

41 F-Pn, Cabinet des manuscrits, nouvelles acquisitions françaises, 22506, f. 61r.

42 Im erwähnten Brief an Crosnier beklagt sich Verdi auch noch am 3. Januar 1855 darüber, daß Procida ein gemeiner Verschwörer sei.

chen fallen. Damit hatte das Rezitativ zwar nicht mehr den gewünschten Umfang, Procida aber einen etwas positiveren Charakter.

4. Für den Übergang von der Exposition zur Reprise des Ensembles im Finale des vierten Aktes wünschte Verdi: »ajoutez quelque chose, pour reprendre l'Allegro, après le demi vers de Procida: ›Soit! vers l'heure de vêpre!‹«[43] An dieser Stelle lautete die ursprüngliche Fassung wie folgt:[44]

Montfort
Et vers l'heure de Vêpre!
Henri
O doux et tendre espoir!
Procida (a part d'un air sombre[)]
Oui! vers l'heure de Vêpre!
Montfort (s'avançant vers lui[)]
Et quand par mon pouvoir,
Ce mariage, à nos desseins utile,
Rapproche et réunit la France et la Sicile,
Je veux loyalement, te proposer la paix!
Procida! la veux-tu?
Procida (cherchant à cacher son embarras)
la paix!
Montfort (lui tendant la main[)]
Que ta main me la jure!
Procida
oui!... (a part)
mais mon cœur... jamais!

Schon am 29. August hatte Verdi vorgeschlagen, eine zuvor verworfene, kürzere Version wieder aufzunehmen und Scribe gebeten, die durch Strichlinien angedeuteten Verse zu ergänzen.[45]

[Henri]
Ah! cedant à l'amour, dont mon âme est éprise
Célébrez cet hymen, des demain
[Montfort]
Dè ce soir!
Quand le chaleur du jour fera place a la brise
Et vers l'heure de vêpre!
Henri
O doux et tendre espoir!
Procida (a part d'un air sombre)
Soit! vers l'heure de Vêpre! - -
- - - - - - - - - - - - - - - - - -

43 Zitiert in Porter (wie Anm. 1), S. 104.

44 F-Pn, Cabinet des manuscrits, nouvelles acquisitions françaises, 22506, f. 84r-84v.

45 Porter (wie Anm. 1), S. 103 (Verdis Brief) und S. 109 (Verdis von Scribes ursprünglicher Version abgeleiteter Entwurf).

Wenn Verdi also im Brief vom 13. September von »ajoutez« spricht, bezieht er sich auf die Version vom 29. August und hat dementsprechend nicht eine längere, sondern eine kürzere Version im Sinn als ursprünglich geplant, deren Ende noch zu ergänzen war. Scribe lieferte zweieinhalb und nicht eineinhalb Verse, denn die Versifikation verlangte ein komplettes Reimschema. Der zweitletzte Vers wurde schließlich durch Procidas »Les vêpres... Dieu vengeur seconde mes projets!« ersetzt.[46]

Der Briefwechsel zwischen Scribe und Verdi erweckt nicht nur den Eindruck, Scribe habe Verdis Wünsche innerhalb eines akzeptablen Zeitrahmens erfüllt, sondern zeugt auch von einem zunehmend vertraulichen Umgang. So entwickelt sich etwa Verdis Grußformel während der Zusammenarbeit von »Votre devoué et admirateur« über »Tout à vous« zu »Votre ami«,[47] und der Ton von Scribes letzten beiden Briefen erscheint im Vergleich zu den früheren wärmer. Scribe hätte Verdi beispielsweise entweder am 19., 20. oder 21. Juli in Paris treffen sollen, um die Tantiemen für die englischen Rechte an *Les Vêpres siciliennes* zu empfangen. Am 18. Juli schreibt Verdi aus London, nicht vor dem 22. Juli in Paris sein zu können und bittet um die Adresse, an der er Scribe und Duveyriers Anteil an den Tantiemen hinterlassen könne. Scribe erhält den Brief zu spät und erwartet Verdi vergeblich am 19. Juli in Paris. Er schreibt Verdi noch am selben Abend und deutet an, Verdis Mitteilung von der verspäteten Ankunft erst in Paris vorgefunden zu haben.[48] Trotz des Vorfalls zeigt er sich verständnisvoll und bedauert, sich nicht mit Verdi habe treffen zu können. Der fünfte und letzte Brief ist schließlich an Wärme kaum zu übertreffen und zeigt, daß die Beziehung zwischen Librettist und Komponist trotz unvermeidlicher zeitweiliger Spannungen während der Zusammenarbeit enger wurde.

[Nr. 4]

Ce jeudi 19. juillet 1855
j'etais aujourd hui à Paris, mon cher maitre, espérant vous voir et surtout vous emmener à Sericourt vous et madame Verdi que ma femme et moi aurions eté bien heureux de recevoir. Il faut avant tout aimer ses amis pour eux, et quelque plaisir que nous nous promettions, nous penserons d'abord à vos affaires et a votre santé que tant de fatigues multipliees pourraient alterer.

---

46 LES / VÉPRES / Siciliennes. / Grand Opéra en 5 actes / Poème de MM / E. SCRIBE ET C DUVEYRIER / MUSIQUE / DE / G. VERDI / Partition PIANO et Chant / ACCOMPAGNEMENT DE PIANO PAR H. POTIER. / France et Belgique / Paris LÉON ESCUDIER. Editeur 21 Rue Choiseul (Platten-Nr. L. E. 1500), S. 348.

47 Porter (wie Anm. 1), S. 96.

48 Scribes Antwort nimmt Bezug auf Verdis »À mon retour je ne m'arreterai que 24 heures«. Siehe Verdis Brief vom 18. Juli 1855, zitiert in: Porter (wie Anm. 1), S. 107. Briefe aus London konnten ihr Pariser Ziel durchaus am nächsten Tag erreichen. Der Dank des Verfassers gilt Roberta Marvin für eine dementsprechende Bestätigung.

Puisque vous ne devez rester que vingt-quatre heures à Paris je n'aurai pas comme je l'esperais le plaisir de causer avec vous. tachez de trouver un petit moment avant votre depart pour m'écrire soit a Paris d'ou l'on me fera parvenir votre lettre, soit à Séricourt, tout ce qui a été décidé par vous avec l'opera, et l'opera-comique. Je serai heureux de le savoir, plus heureux encor si je peux vous etre bon à quelque chose.

Quant à l'argent, aux 3,333 fr., que vous nous rapportez de Londres, pour Duveyrier et pour moi, veuillez les remettre chez moi, rue Ollivier N° 16, à mon beau fils ou à ma fille qui demeurent au rez de chaussée et qui vous remettront le reçu que je leur laisserai en partant ce soir

Mille respectueux hommages à madame Verdi en mon nom, et mille souvenirs de la part de ma femme et recevez l'expression de ma bien sincère amitié.

Eugène Scribe

[Nr. 5]

Sericourt 28. juillet
on me dit, mon cher maitre, que vous etes à Paris et que vous avez quelques heures dont vous esperez disposer! Si vous pouvez nous les donner à Séricourt venez vous et madame Verdi vous serez recus, en amis et à bras ouverts. Si vous ne le pouvez pas, nous ne vous en voudrons pas, nous penserons que cela ne vous a pas eté faisable et nous ferons des vœux pour votre heureux voyage et votre heureuse arrivée dans votre Busetto qui est votre Séricourt à vous, et dont vous etes eloignés depuis si longtemps! nous vous demanderons seulement que les charmes de la proprieté ne vous fassent pas tout a fait oublier les amis que vous laissez a Paris, amis et admirateurs!.. au nombre desquels je vous prie de compter au premier rang votre tout devoué collaborateur

E. Scribe

Verdi bestätigte sein gutes Arbeitsverhältnis mit Scribe im Pariser Blatt *L'Europe artiste*. Als im Vorfeld der Premiere – und möglicherweise als Folge von Verdis Brief an Crosnier – die französische Presse über Unstimmigkeiten zwischen Verdi und Scribe berichtete, sah sich ersterer zu folgender Berichtigung veranlaßt:

> Permettez-moi de vous dire, que vous avez été mal renseigné à l'égard de mes rapports avec M. Scribe, avec qui *je n'eus, et je n'aurai jamais*, je l'espère, *aucune dissidence. Nous avons combiné à l'amiable* et tout tranquillement *de faire* quelques *changements au cinquième acte, avant que je commence à le mettre en musique* .... S'il n'eût été question que de moi, je ne vous aurai pas dérangé avec ces quelques lignes, mais comme il s'agissait de mon illustre *collaborateur*, je me fais un devoir de rectifier l'erreur où vous avez été induit.[49]

Die neuen Quellen zu *Les Vêpres siciliennes* bestätigen den Eindruck eines Librettisten, der Verdis Wünsche bereitwillig und vorbehaltlos erfüllte. Zudem deuten die Revisionen des Librettos, die daraus hervorgehende Dramaturgie der Beschleunigung und die Rezensionen darauf hin, daß Verdis Kon-

---

49 *L'Europe artiste*, 11. März 1855, S. 1.

zept des fünften Aktes durchaus erfolgreich und seine Kritik im Brief an Crosnier zumindest stark übertrieben war. Der fünfte Akt enthält mit Hélènes und Henris Arien zwei der gelungensten Melodien und bedient sich einer Dramaturgie, die erst durch die statische Exposition der ersten drei zeremoniellen Nummern möglich wurde. Die Interpretation des Versrhythmus spielt in dieser Exposition eine zentrale Rolle, denn Verdis Wahl des Skandierens verstärkt sowohl den zeremoniellen Charakter als auch die daraus hervorgehende Statik. Da die französischen Verse und ihre rhythmische Interpretation für die Dramaturgie des fünften Akt von Bedeutung sind, wird erst eine französische (anstelle der immer noch üblichen italienischen) Aufführungstradition zeigen, ob Verdi ein dramaturgisches Problem sinnfällig machte oder eine effektvolle Lösung fand.

Kordula Knaus

Opéra comique en travesti: von *La Circassienne* zu *Fatinitza*

Als Julie Scribe 1879 im Zuge der französischen Erstaufführung der Operette *Fatinitza* von Franz von Suppé Plagiatsvorwürfe gegen die Textvorlage von F[riedrich][1] Zell und Richard Genée erhob,[2] war das weniger ein Einzelfall als vielmehr bezeichnend für die französischen Einflüsse auf die Wiener Operette. Das Libretto von *Fatinitza* geht auf ein Textbuch zurück, das Eugène Scribe für Daniel-François-Esprit Auber geschrieben hatte. Unter dem Titel *La Circassienne* erlebte diese Opéra comique 1861 in Paris ihre Premiere, mit nur 45 Vorstellungen und keiner Wiederaufnahme war sie aber - im Gegensatz zur Operette *Fatinitza*, mit der Franz von Suppé seinen eigentlichen Durchbruch schaffte - nur mäßig erfolgreich.[3]

Französische Werke waren aus der Wiener Unterhaltungskultur des gesamten 19. Jahrhundert auf vielfältigen Ebenen nicht wegzudenken. Einerseits waren sie sowohl auf den Musiktheaterbühnen als auch auf den Sprechtheaterbühnen präsent, andererseits gab es eine umfassende Tradition an Bearbeitungspraktiken, wobei zwischen Musiktheater und Sprechtheater auch zahlreiche Wechselwirkungen bestanden. Wurde etwa im Kärntnertortheater eine Opéra comique von Auber oder Adolphe Adam gegeben, so verfaßte man gleichzeitig eine Vaudeville-Komödie im Theater an der Wien.[4] Die Grenzen zwischen Übersetzungen eines Stückes, die nahe an der Originalgestalt des Textes blieben, lokalkoloristischen Adaptierungen, Umarbeitungen oder Eigenkreationen, die lediglich französische Vorlagen verwendeten, waren dabei fließend. Das 19. Jahrhundert kannte auch nicht jene Ideologien von »Werktreue« und »Originalkunstwerk«, die heute aus der Kunstproduktion kaum wegzudenken sind. So fließt im »Urwienerischen«, das etwa mit dem Namen von Johann Nepomuk Nestroy verbunden wird, mehr französisches Blut, als im kollektiven Bewußtsein präsent ist.[5]

---

1 F. Zell war das Pseudonym von Camillo Walzel. Gelegentlich ist der Vorname des Pseudonyms als Friedrich aufgelöst (vgl. etwa Volker Klotz, *Operette. Porträt und Handbuch einer unerhörten Kunst*, München u.a. 1991), Walzel selbst verwendete aber immer nur das Initial F.

2 Vgl. Jean-Claude Yon, »Madame veuve Eugène Scribe contre Franz von Suppé: opéra-comique, opérette et propriété littéraire internationale dans les années 1870«, in: *Le Rayonnement de l'opéra-comique en Europe au XIXe siècle. Actes du collque international de musicologie tenu à Prague 12-14 mai 1999*, hg. von Milan Pospíšil u.a., Prag 2003, 113-120, hier S. 118.

3 Ebd.

4 Vgl. Charlotte Altmann, *Der französische Einfluss auf die Textbücher der klassischen Wiener Operette. Ein Beitrag zur Theatergeschichte Wiens*, Wien 1935, S. 32.

5 Vgl. William E. Yates, »Internationalization of European Theatre: French Influence in Vienna between 1830 and 1860«, in: *Austrian Studies* 13 (2005), S. 37-54.

Die Verwendung französischer Vorlagen oder die Adaptierung französischer Stoffe war auch in der Wiener Operette durchweg präsent. Einige populäre Beispiele sollen hier zur Illustration dienen: Franz von Suppés *Das Pensionat* (1860) ging zurück auf Louis-Benoît Picards Komödie *Les Visitandines* (1792), die 1852 von Jean Baptiste Charles Vial für die Opéra comique neu bearbeitet wurde. Suppés *Die schöne Galathee* (1865) war 1852 an der Opéra comique als *Galathée* mit der Musik von Victor Massé und einem Libretto von Jules Paul Barbier und Michel Florentin Carré aufgeführt worden, und Zells und Genées Libretto zu Suppés *Boccaccio* hatte seinen Ursprung im Sprechstück *Boccace ou le Decameron* von Jean François Bayard. Auch die Erfolgsoperetten von Johann Strauss orientieren sich an französischen Vorbildern – *Die Fledermaus* (1874) an Henry Meilhacs und Ludovic Halévys Komödie *La Réveillon* (1872), *Der lustige Krieg* (1881) an Mélesvilles Libretto für Henri Reber *Les Dames capitaines* (1857) oder *Eine Nacht in Venedig* (1883) an der Opéra comique *Le Chateau trompette* (1860) mit einem Libretto von Eugène Cormon und Carré und der Musik von François Gaevert. Auch Eugène Scribe darf in dieser Aufzählung nicht fehlen.[6] Die Opéra comique-Libretti, die er für Komponisten wie Auber oder Adam schrieb, wurden in ihren deutschsprachigen Bearbeitungen zu Musterbeispielen der Wiener Operette. Neben dem bereits genannten Libretto zu *Fatinitza* stammen die Ideen der Textbücher zu Johann Strauß' *Cagliostro in Wien* oder Carl Millöckers *Der Bettelstudent* ursprünglich aus der Feder von Scribe. In allen drei Fällen verfasste das Erfolgsduo Zell und Genée das deutschsprachige Libretto. Zell und Genée, wohl die beiden wichtigsten Librettisten der ersten Zeit der Wiener Operette, bedienten sich – wie bereits die genannten Adaptierungen zeigen – gerne aus dem Pool französischer Vorlagen und zogen dabei mit Barbier, Carré, Meilhac, Halévy oder Scribe die bewährten Erfolgsautoren der französischen Opernszene heran.

Dennoch sind mehrere Sachverhalte in der Auswahl der französischen Vorlagen durch Zell und Genée auffällig. Neben einigen Sprechstücken oder anderen literarischen Vorlagen wurde vor allem auf die Libretti französischer Opéra comiques zurückgegriffen. Diese waren zum Zeitpunkt ihrer Umarbeitung als Operette aber bereits zwischen 15 und 30 Jahre alt.[7] Zell und Genée adaptierten folglich weder die neuesten Stücke, noch kamen diese aus dem aktuellen Bereich der Operette, sondern aus der in den 1870er Jahren immer problematischer werdenden Gattung der Opéra comique, die durch neue Theater und deren Gattungen (Opéra bouffe, Opéra lyrique etc.) gehörig unter

---

6 Vgl. dazu auch Michaela Dorothée Wolf, *Das Phänomen Eugène Scribe im französischen und deutschsprachigen Raum im 19. Jahrhundert. Eine vergleichende Studie aus theaterwissenschaftlicher Sicht*, Diss. masch. Wien 1996, S. 155. Wolf geht allerdings hauptsächlich auf Scribes Einflüsse auf das Sprechtheater ein.

7 Beispielsweise: *Fatinitza* (1876) – *La Circassienne* (1861), *Cagliostro in Wien* (1875) – *Cagliostro* (1844), *Der lustige Krieg* (1881) – *Les Dames capitaines* (1857), *Eine Nacht in Venedig* (1883) – *Le Chateau trompette* (1860).

Existenzdruck geraten war. Dazu kommt, daß Zell und Genée – wie etwa im Falle von *La Circassienne* – mitunter auf Stücke zurückgriffen, die in Paris gar keinen Erfolg gehabt hatten. Was hat also Zell und Genée bewogen, diese Entscheidungen zu treffen und warum waren sie damit so erfolgreich? Dies soll im Folgenden anhand ihrer Umarbeitung von Scribes *La Circassienne* erläutert werden.

***

Zunächst erscheint es sinnvoll, Scribes Libretto etwas genauer zu betrachten, um anschließend seine Unterschiede zu dem von Zell und Genée zu beleuchten. Das Sujet des Scribeschen Textbuchs weist die für die Opéra comiques dieser Zeit typischen Elemente von Militarismus und Exotismus auf, kombiniert diese aber in einer historisch gesehen eher ungünstigen Variante, was vielleicht auch ein Grund für deren Mißerfolg gewesen sein könnte.[8]

Die Handlung ereignet sich in den ersten beiden Akten »dans la grande Kabardah, dans la chaine des montagnes du Caucase non encore soumises à la domination russe«[9], im dritten Akt in Moskau. Als Handlungszeit, die im Libretto nicht angegeben ist, stellt sich im Laufe des Stücks das Jahr 1800 heraus. Damit gehört *La Circassienne* zu jenen Opéra-comique-Libretti, die Episoden aus der jüngeren Geschichte als Rahmen der Handlung verwenden.[10] Der erste Akt ist in einer Festung situiert, in der sich russische Soldaten langweilen. Sollikoff erklärt, wie im Kaukasus Krieg geführt wird:

> [...] on passe la belle saison à conquérir, pas à pas, cinq ou six lieues de terrain sur ces enragés Circassiens. L'automne arrive; on bâtit un fort en bois comme celui-ci ... on y laisse une vingtaine d'hommes en garnison, et on vient, après l'hiver, les retirer des neiges pour continuer la conquête, à moins qu'on ne les trouve morts de froid.[11]

Sollikoff schildert hier eine Situation, die den historischen Gegebenheiten im Kaukasus um 1800 durchaus entsprach. Die Region war einer der permanenten Kriegsschauplätze zwischen Russland und dem Osmanischen Reich. Besonders in den Jahren zwischen dem 1769 beginnenden russisch-türkischen Krieg und dem 1853 ausbrechenden Krimkrieg expandierte Russland im Kau-

---

8 Kenneth M. Stampps Ansicht, daß die späteren Werke Aubers generell Mißerfolge waren, weil der Markt an Auber-Opern gesättigt war, scheint etwas kurz gegriffen. Vgl. Stampp, »Reviving Daniel Auber«, in: *The Opera Quarterly* 1 (1983), S. 82-89, hier S. 83. Zeitgenössische Rezensionen zeigen vielmehr, daß Kritik – wenn überhaupt – auf das Libretto von Scribe fiel, vgl. dazu Valery Vernier, »Stalles d'Opéra. La Circassienne – Un Ballo in maschera – Reprise de Don Giovanni«, in: *L'Artiste* 11/4 (1861), S. 88f.

9 Eugène Scribe, *La Circassienne. Opéra comique en trois actes*, Paris 1880 (Œuvres complètes IV/19), S. 249.

10 Vgl. Hervé Lacombe, »The writing of exoticism in the libretti of the Opéra-Comique, 1825-1862«, in: *Cambridge Opera Journal* 11 (1999), S. 135-158, hier S. 145.

11 Scribe, *La Circassienne* (wie Anm. 9), S. 255.

kasus und konnte weite Teile des Gebiets erobern.[12] Es mangelt dem Libretto auch nicht an Anspielungen auf historische Figuren dieser Zeit, etwa Zar Paul I. oder General Souwaroff, der zu jenen legendären Kriegshelden zählt, die nie eine Schlacht verloren haben sollen. Kriegsgegner der Russen sind im Libretto Scribes die Tscherkessen, die für das exotische Element zuständig sind, da der zweite Akt des Stücks im Harem des tscherkessischen Führers Aroul-Kazim angesiedelt ist.

Die Grundzüge der weiteren Handlung seien an dieser Stelle nur kurz zusammengefasst. Aus Langeweile beschließen die Soldaten ein Theaterstück aufzuführen, das der Maler Lanskoi (ein Freund von Alexis, der in den Kaukasus gekommen ist, um für den Hof in Sankt Petersburg das tscherkessische Volk zu malen) mitgebracht hat. Alexis wird dabei die weibliche Hauptrolle zugedacht, für die Lanskoi auch ein tscherkessisches Kostüm parat hat. Eben als Alexis im Kostüm der Tscherkessin erscheint, trifft er auf den General Orsakoff, der die Festung inspizieren will. Orsakoff erkennt in Alexis seine große Liebe Prescovia wieder, die Gesellschafterin seiner Schwester - Alexis hatte mit dieser einst ein geheimes Verhältnis und sich als Gesellschafterin verkleidet, um mit ihr zusammen sein zu können. Während Alexis damit beschäftigt ist, sich Orsakoff vom Hals zu halten, taucht Olga, das Mündel von Orsakoff, auf, die wiederum Alexis liebt und auch von ihm geliebt wird. Bei einem Überfall der Tscherkessen werden sowohl »Prescovia« (also Alexis) als auch Olga entführt. Der zweite Akt spielt im Harem des Entführers Aroul-Kazim, in den nun Olga und der verkleidete Alexis gelangt sind. Während Aroul-Kazim Olga zu seiner Frau machen will, schmiedet Alexis Pläne zur Befreiung, die am Ende des zweiten Aktes dank eines Vorstoßes der russischen Truppen auch gelingt. Im dritten Akt befinden sich Olga und Orsakoff in dessen Palais in Moskau, wo Orsakoff Olga mit einem alten Offizier verheiraten will. Lanskoi und Alexis können schließlich einfädeln, daß Olga Alexis heiraten darf, während Orsakoff einen fingierten Abschiedsbrief seiner geliebten Prescovia erhält, die aus Sehnsucht nach Orsakoff gestorben sei.

Wie Hervé Lacombe ausführt, wurden exotische Schauplätze in der Opéra comique dieser Zeit persifliert und dabei einem Volk gegenübergestellt, mit dem sich das Publikum identifizieren konnte. Entweder die Franzosen selbst (wie etwa in *Le Caïd*, 1849) oder andere »westliche« Völker, wie beispielsweise die Griechen in *Le Maçon* (1825), die gegen »barbarische« Türken ankämpfen.[13] Als *La Circassienne* 1861 herauskam, hatten die Franzosen aber eben erst im Krimkrieg (1853-1856) das Osmanische Reich im Kampf gegen Russland unterstützt und letztlich erwirkt, daß Russland sich aus der Region zurückziehen mußte. Es scheint also fraglich, ob sich das Publikum in der Opéra comique mit russischen Soldaten identifizieren konnte, gegen die

12 Vgl. dazu unter anderem *Handbuch der Geschichte Rußlands 2: 1613-1856. Vom Randstaat zur Hegemonialmacht. 2.Halbband*, hg. von Klaus Zernack, Stuttgart 2001.

13 Vgl. Lacombe (wie Anm. 10), S. 145f.

gerade erst gekämpft worden ist. Diese Problematik zeigt sich interessanterweise auch im Stück selbst an mehreren Stellen. Scribe vermeidet es tunlichst, den russischen Soldaten Lokalkolorit zu geben, sondern stellt sie als Mitglieder einer internationalen *beau monde* in Sankt Petersburg dar, deren Zentrum wiederum eigentlich Paris ist: Lanskoi bringt aus Sankt Petersburg französische Theaterstücke und Opern mit, die die gelangweilten Soldaten als Zeitvertreib aufführen wollen.[14] Als Lanskoi vorschlägt, man könnte doch die Tscherkessinnen bitten im Chor zu singen, antwortet Alexis »C'est une idée... une idée française«[15], die aber verworfen wird, da die Tscherkessinnen der französischen Sprache nicht mächtig sind, alle russischen Soldaten aber offensichtlich schon.

Im Unterschied dazu kreieren Zell und Genée in ihrem Libretto gleichsam einen doppelten Exotismus, durch den sowohl die russische als auch die türkische Seite des Sujets parodiert wird. Zell und Genée verlegen Handlungszeit und Ort; die Operette *Fatinitza* ist nun rund um die Festung Isaktscha an der unteren Donau angesiedelt und die Handlung spielt zur Zeit des Krimkrieges 1854/1855. Im Zentrum steht also nicht die Auseinandersetzung zwischen Russland und dem Osmanischen Reich in der Kaukasusregion, sondern das Vordringen der russischen Armee in das Fürstenreich Walachei, westlich des Schwarzen Meeres im heutigen Rumänien.[16] Folglich spielen auch die Tscherkessen in diesem Konflikt keine Rolle (sie sind ja in der Kaukasus-Region angesiedelt), sondern werden allgemein durch die Bezeichnung »Türken« ersetzt. Die Hauptfigur auf russischer Seite, Wladimir Dimitrowitsch Samoiloff (bei Scribe Alexis Zouboff), wird von Zell und Genée jedoch zum »Lieutenant eines tscherkessischen Reiterregiments«[17] gemacht und damit eigentlich der falschen militärischen Seite beigefügt, denn die Tscherkessen sind dem Osmanischen Reich zuzuordnen. Da die Tscherkessen nun aber hier nicht am militärischen Grundkonflikt beteiligt sind, kann auch Wladimir sich nicht wie Alexis bei Scribe als Tscherkessin verkleiden, sondern erscheint hier »in kleidsamer walachischer Frauentracht«[18], wie es im Libretto heißt.

Das russische Lokalkolorit und dessen Ironisierung sind bei Zell und Genée bereits in den ersten Szenenanweisungen bemerkbar. Zwar sind für die Sol-

---

14 Zuerst will man *Aline, reine de Golconde*, eine Opéra comique von François-Adrien Boieldieu aufführen (sie hatte allerdings erst 1804 in Sankt Petersburg ihre Premiere – hier ist Scribe also historisch nicht ganz korrekt), dann entscheidet man sich aber für *Adolphe et Clara* von Nicolas M. Dalayrac, ein Stück aus dem Jahr 1799, vgl. Scribe, *La Circassienne* (wie Anm. 9), S. 264.

15 Ebd., S. 264.

16 Fikret Adanir, »Der Krimkrieg von 1853-1856«, in: *Handbuch der Geschichte Rußlands 2: 1613-1856. Vom Randstaat zur Hegemonialmacht. 2. Halbband*, hg. von Klaus Zernack, Stuttgart 2001, S. 1189-1250.

17 Vgl. dazu die Angabe in der Besetzungsliste von Zell und Genée, *Fatinitza. Komische Oper in drei Akten*, Wien 1877, S. 4.

18 Zell und Genée, *Fatinitza* (wie Anm. 17), S. 29.

daten »reglementmäßige russische Uniformen jener Zeit«[19] vorgeschrieben, doch sollen diese durch Pelze, Handschuhe und Schals ergänzt werden. Für Steipann ist etwa ein rot karierter Schal vorgeschrieben, der Trompeter trägt unter seinem Helm eine wollene Nachtmütze. Das Libretto ist ferner von russischem Vokabular durchsetzt, das entweder auf russische Speisen und Getränke verweist (beispielsweise »Schtschi« oder »Allasch«) oder als Ausruf zwischengeschaltet ist (wie etwa »na strowie«, »bože«, »stoi« oder »niemez«) und so immer wieder auf den lokalen Hintergrund verweist.

Zell und Genée aktualisieren demnach im Vergleich zu Scribe die Handlung in Hinsicht auf die dargestellte politische Auseinandersetzung – der Krimkrieg war erst zehn Jahre vor der Premiere der Operette beendet, während zwischen Handlungszeit und Aufführungszeit bei Scribe mehr als 60 Jahre liegen – und erreichen durch die Exotisierung der Schauplätze doch eine Entfremdung, die eine Identifizierung mit der russischen Seite verhindert. Dazu kommt, daß Österreich im Krimkrieg zwar keine unbedeutende Rolle spielte, aber zumindest nicht aktiv selbst Krieg führte und das Publikum in Wien eine hinreichende Distanz zum politischen Hintergrund hatte.[20]

Ein wesentlicher Faktor dieser operettenhaften Distanzierung vom Kriegsschauplatz wird im Werk Suppés aber dadurch erreicht, daß die männliche Hauptfigur Wladimir Dimitrowitsch Samoiloff als »Damenrolle« (so die Bezeichnung im Libretto) konzipiert ist. Daß Wladimir und sämtliche Kadetten im Lager von Sängerinnen verkörpert werden, verharmlost und verniedlicht den Kriegsschauplatz und gibt darüber hinaus die Möglichkeit zu zahlreichen pikanten Szenen und geschlechtlichen Anspielungen. Bietet das Libretto bei Scribe bereits eine gewisse Komik durch die Verkleidung von Alexis als Tscherkessin, so steigert sich dies bei Zell und Genée eben dadurch, daß durch die Hosenrolle eine »doppelte« Verkleidung stattfindet, indem sich die Sängerin des Wladimir wiederum als Fatinitza verkleidet.[21]

---

19 Ebd., S. 5.

20 Bereits am Beginn des Operetten-Librettos von Zell und Genée wird das Leben im Lager weniger vom Krieg als vielmehr vom Spaß beherrscht, indem die Kadetten den Sergeanten Steipann mit Schneebällen bombardieren, eine Szene, die bei Scribe nicht vorhanden ist.

21 Diese »doppelte« Verkleidung, die vornehmlich mit Figuren wie Mozarts Cherubino in *Le nozze di Figaro* oder Strauss Octavian in *Rosenkavalier* assoziiert wird (vgl. etwa Gerlinde Haas, »Spielarten der Erotik. Zur Hosenrolle in ›Le Nozze di Figaro‹«, in: *Internationaler Musikwissenschaftlicher Kongreß zum Mozartjahr 1991 Baden – Wien. Bericht. Band II: Free Papers,* hg. von Ingrid Fuchs, Tutzing 1993, S. 659-668 oder *Richard Strauss – Hugo von Hofmannsthal. Frauenbilder,* hg. von Ilja Dürhammer und Pia Janke, Wien 2001, hatte sowohl in der französischen als auch in der deutschsprachigen Operette eine umfangreiche Tradition, die jedoch bis heute nahezu unerforscht ist. Einzig Marion Linhardt (*Inszenierung der Frau – Frau in der Inszenierung. Operette in Wien zwischen 1865 und 1900,* Tutzing 1997) widmet in ihrem Buch ein Kapitel der Hosenrolle in der Operette. Zur Hosenrolle generell vgl. die

* * *

Im Libretto Scribes betrifft das Spiel mit Verkleidung und Geschlecht hauptsächlich die Maskerade von Alexis. Vorweg gibt Scribe im Libretto Anweisungen für das Spiel dieser Verkleidungsrolle:

> L'auteur recommande expressément aux acteurs qui joueront le rôle d'Alexis Zouboff, de s'abstenir, sous l'habit de Circassienne, de toute espèce de charge, le succès de l'ouvrage dépendant du goût et de la convenance avec lesquels ce rôle sera rempli.[22]

Damit warnt er vor übertriebener und geschmackloser Darstellung der Tscherkessin durch den Sänger der Rolle des Alexis - Zeugnis einer offensichtlichen Vorsicht, diesen Teil des Stückes nicht ins Klamaukhafte abdriften zu lassen. Alexis agiert denn auch eher dezent - vor allem im Vergleich mit dem Libretto von Zell und Genée.

Scribe arbeitet im Wesentlichen mit zwei inhaltlichen Aspekten: entweder imitiert Alexis bewußt Klischees von Weiblichkeit oder er hat diverse Schwierigkeiten mit seinem »Frausein«. Bereits wenn Lanskoi beschließt, daß Alexis die weibliche Hauptrolle in dem Theaterstück übernehmen soll, kommt es zu folgender Auseinandersetzung:

> LANSKOI
> Je vais, et selon la coutume,
> Les faire d'abord copier!
> ALEXIS
> Mais je veux avant tout connaître mon costume.
> LANSKOI
> Nous allons tous deux l'essayer.
> Et c'est moi, tu le verras,
> Qui soignerai ta toilette.
> ALEXIS
> Eh quoi! vraiment, de soubrette
> C'est toi qui me serviras?
> LANSKOI
> Si ta pudeur, du moins, ne s'en offense pas![23]

---

entsprechenden Aufsätze im Sammelband *En Travesti. Women, Gender Subversion, Opera*, hg. von Corinne E. Blackmer und Patricia J. Smith, New York 1995 oder Heather Hadlock, »The Career of Cherubino, or the Trouser Role Grows Up«, in: *Siren songs: representations of gender and sexuality in opera*, hg. von Mary Ann Smart, Princeton 2000, S. 67-92; dies., »On the Cusp between Past and Future. The Mezzo-Soprano Romeo of Bellini's ›I Capuleti‹«, in: *The Opera Quarterly* 17 (2001), S. 399-422; dies., »*Women playing Men in Italian Opera 1810-1835*«, in: *Women's Voices across Musical Worlds*, hg. von Jane A. Bernstein, Boston 2004, S. 285-307.

22 Scribe, *La Circassienne* (wie Anm. 9), S. 250.

23 Ebd., S. 268.

Alexis spielt sich hier also gleich als eitle Diva auf, die vornehmlich um ihr Kostüm besorgt ist und Lanskoi als Bediensteten mißbraucht, während dieser um ihre Keuschheit besorgt ist. Um das Keuschheitsideal geht es dann auch in der Begegnung zwischen Alexis und Orsakoff, der Alexis für seine geliebte Prescovia hält. Alexis rettet als Prescovia die Soldaten vor der Knute Orsakoffs, indem er den General milde stimmt (»Oui, monsieur, vous leur ferez grâce… Si vous m'aimez«[24]), was zur Folge hat, daß Orsakoff ihm immer eindeutigere Avancen macht, die Alexis wiederum mit Verweis auf seine Tugend zurückweist. Alexis stellt fest, daß dies gar nicht so einfach ist und teilt *à part* mit:

Dites-moi comment vous faites,
Gentilles femmes de bien,
Qui savez être coquettes
Sans jamais accorder rien![25]

Einiges an Stoff bietet die Verkleidung Alexis' dann im zweiten Akt, in dem er sich als Prescovia verkleidet im Harem von Aboul-Kazim aufhält. Scribe changiert geschickt zwischen dem männlichen Begehren, das Alexis eigentlich empfindet und einer vorgespielten weiblichen Fürsorge, die Prescovia in den Mund gelegt wird. Alexis' Auftrittslied in der dritten Szene des zweiten Aktes, in dem er die Frauen des Harems besingt, spricht dies ganz deutlich an:

Beautés gracieuses,
Fleurs mystérieuses
Qu'un hasard heureux
Révèle à mes yeux,
Voyez sans colère
La pauvre étrangère
Dont le seul désir
Est de vous chérir![26]

In große Bedrängnis kommt Alexis später in der Szene mit Olga. Auch sie ist in den Harem von Aboul-Kazim gelangt und soll die neue Königin werden. Aboul-Kazim bestimmt Prescovia (Alexis) zu ihrer Sklavin, die ihr nun beim Umkleiden helfen soll. Olga wiederum glaubt noch immer, daß Prescovia die Schwester des entführten Alexis ist. Die Spannung der Szene zwischen Alexis und Olga gründet darin, daß Frauen anderen Frauen beim Ankleiden helfen und dies in »Frauenräumen« passiert, wie das bereits in der ersten Szene dieses Aktes etabliert wird, in dem die Frauen des Paschas mit ihrer Toilette beschäftigt sind. Alexis als verkleideter Mann ist in diesem Setting mit zwei Problemen konfrontiert: Einerseits sind ihm die Rituale und Fertigkeiten, die zur weiblichen Toilette gehören, nicht bekannt, weshalb er ungeschickt und

---

24 Ebd., S. 283.
25 Ebd., S. 285.
26 Ebd., S. 305.

hilflos agiert. Andererseits hält er sich in einer Sphäre auf, in der er als Mann eigentlich nichts verloren hat und die ihm seine Geliebte Olga unter »normalen« Umständen nie preisgeben würde. Die Szene spielt folglich mit jener Grenze, die den Anstand verletzen würde und mit der Frage, wie weit Alexis geht, ohne Olga in eine peinliche Lage zu bringen. Tatsache ist, daß dies nicht sehr weit ist. Nachdem Alexis kläglich dabei versagt, Olga eine Frisur zu machen, zieht sie ihren Pelz aus und hier stoppt Alexis sie bereits und gesteht ihr, daß er eben nicht Prescovia, sondern Alexis ist. Olga verläßt daraufhin die Szene, und Alexis verbündet sich mit den Frauen des Paschas (die vom Haremswesen nun auch genug haben), um eine Befreiungsaktion durchzuführen, wobei sie sich ihnen zu erkennen gibt. Damit sind die wesentlichen Handlungselemente, in denen der Geschlechtertausch Alexis thematisiert wird, angesprochen.[27]

Im Libretto von Zell und Genée bieten sich durch die Besetzung der männlichen Hauptrolle Wladimir mit einer Sängerin zusätzliche Möglichkeiten, die weit über die Verkleidungskomik bei Scribe hinausgehen. Zum einen kann Wladimir als Fatinitza in den auch bei Scribe vorhandenen Szenen im Libretto von Zell und Genée viel weiter gehen, gerade weil hinter Wladimir eigentlich eine Sängerin steckt. Dies ist bereits am Ende des ersten Akts evident. Während Olga bei Scribe ins Kloster geschickt wird, um dort zu übernachten, Prescovia aber bleiben soll, um das Lösegeld für den entführten Bruder auszuhandeln, bleiben bei Zell und Genée beide »Frauen« im Lager. Kantschukoff schlägt vor, daß Lydia und Fatinitza in der Holzhütte übernachten sollen, besteht auch darauf, daß sie sich umarmen und Freundinnen sein sollen. Wladimir ist natürlich selig, daß er die Nacht mit Lydia verbringen darf, betont aber Julian gegenüber: »Sei ruhig, Freund, meine Achtung für Lydia kommt meiner Liebe gleich!«.[28] Zur pikanten gemeinsamen »Liebesnacht« kommt es aber nicht, weil die beiden kurz darauf bereits entführt werden. Auch im zweiten Akt gibt sich Wladimir gegenüber Lydia im Libretto Zells und Genées später zu erkennen als Alexis im Textbuch Scribes. Während er hier nur die Haare Olgas richtet, schmückt er sie dort auch.

Zum anderen wird ganz bewußt mit der Unmännlichkeit Wladimirs, aber auch jener der anderen weiblich besetzten Soldaten gespielt. Bereits in der dritten Szene des ersten Aktes ist der Kadett Dimitri solchen Anspielungen ausgesetzt. Im Dialog heißt es, als Dimitri sich darüber mokiert, daß es im Lager keine Frauen gebe:

---

27 Einige komische Details wären hier freilich noch zu ergänzen, beispielsweise, daß Lanskoi behauptet, Prescovia wäre seine Frau, während Alexis/Prescovia sagt, Lanskoi wäre der Bruder. Diese sind jedoch für den Argumentationsgang nicht relevant.

28 Zell und Genée, *Fatinitza* (wie Anm. 17), S. 41.

DIMITRI (von allen der Jüngste). Keine Weiber!
OSIPP. Weiber? Dimitri Fedorowitsch! Damit meinst Du wohl Deine Amme, Du kleiner Bruchteil von einem Soldaten! (Alle lachen.)
DIMITRI. Oho! Fürst Gortschakoff steht hier an der Donau mit 45.000 Mann, wenn ich kein ganzer Mann wäre, müsste es heißen: mit 44.999 und einem halben Mann, ergo bin ich ein ganzer Mann. (Alle lachen.)
OSIPP. Also, Du ganzer Mann, kredenze Deinem Vorgesetzten die Feldflasche, meine ist leer![29]

Am deutlichsten kommt das Spiel mit der Unmännlichkeit aber in jener Szene zum Vorschein, in der sich Wladimir den Frauen des Paschas zu erkennen gibt.[30] Während bei Scribe die Frauen diese Offenbarung einfach als gegeben hinnehmen, zweifeln sie bei Zell und Genée die Männlichkeit Wladimirs an. Dies wird in einer eigenen musikalischen Nummer ausgebreitet. Die vier Frauen beginnen ein Sextett mit der Feststellung:

Ha! Ein Mann! Ein Mann! Ist's wahr!?
Das ist unmöglich, ist ganz unmöglich,
Es kann nicht sein, nein!
Schaut sie nur an;
Das wär' ein Mann?
Was sind wir dann?
Nein! nein![31]

In vier darauf folgenden Strophen benennen die Frauen die Gründe, die es so unwahrscheinlich machen, daß Fatinitza in Wahrheit ein Mann sein soll.

NURSIDAH (zaghaft). Du ein Mann das glaub' ich nicht –
Lügen straft Dich Dein Gesicht!
Rosenwangen, so wie die –
Sah bei Männern ich noch nie! – Nein! –

DIONA (ebenso). Du ein Mann? das kann nicht sein –
Lehret doch der Augenschein:
Solche Taille, zierlich schlank,
Gibt's bei uns nur – Allah, Dank!

ZULEIKA (ebenso). Du ein Mann, das ist nicht wahr,
Solch' ein schelmisch Augenpaar
Solche Blicke Lieb' entbrannt –
Haben wir allein zur Hand –

BESTIKA (ebenso). Du ein Mann, 's ist lächerlich!
Niemals fand bei Männern ich –
Solche Lippen, rosig zart –
Ohne eine Spur von Bart![32]

---

29 Ebd., S. 9.
30 Vgl. dazu auch Linhardt (wie Anm. 21), S. 128-137.
31 Zell und Genée, *Fatinitza* (wie Anm. 17), S. 63f.

Wladimir wird von den Frauen nicht als Mann akzeptiert, weil er rosige Wangen, eine schlanke Taille, schelmische Augen, zarte Lippen und keinen Bart hat. Folglich sind es äußerliche, körperliche Merkmale, die Wladimir als Frau kennzeichnen. Diese Szene ist deshalb möglich und komisch, eben weil Wladimir tatsächlich kein Mann ist, sondern von einer Frau gesungen wird. Daß »er« sich vor den Frauen nicht als männliche Figur behaupten kann, mit weiblichen Attributen belegt wird und letztlich ausgelacht wird, verleiht dem Phänomen Hosenrolle in der Operette einen zusätzlichen ironischen Unterton. Das Stück spielt mit den eigenen Gattungstraditionen und in gewisser Weise mit der Unglaubwürdigkeit, eine Hosenrolle tatsächlich mit dem Attribut »männlich« zu belegen. Die Sängerin der Hosenrolle kann ihr tatsächliches Geschlecht nicht ganz verstecken, denn die körperlichen Merkmale, die sie als Frau markieren, bleiben.

Dreist geht es bei Zell und Genée weiter. Wladimir lässt sich nämlich von den Frauen nicht verunsichern und will jeder als Beweis seiner Männlichkeit einen Kuss geben. Die Frauen sind einverstanden:

> Ach ja, ein zärtlich Küsschen
> Ist der sicherste Beweis,
> Bei Männern sind die Küsse
> So süß, so glühend heiß –
> Wenn sie das so versteht,
> Und das so ähnlich treffen kann,
> Dann zweifeln wir nicht länger,
> Daß wirklich sie ein Mann –
> Ein Küsschen hier –
> Beweist es mir –
> Es soll sich zeigen offenbar,
> Ob Euer Wort auch wirklich wahr?[33]

Bevor es jedoch zu dieser aus zeitgenössischer Sicht wiederum durchaus gewagten Szene kommt, erscheint Lydia und bestätigt die Identität Wladimirs. Das ist den Frauen Beweis genug, und es kommt nicht mehr zur angedeuteten Massenkußszene.

Besonders dieses Sextett, in dem mit der Unmännlichkeit Wladimirs gespielt wird, wäre in der Opéra comique Aubers so sicherlich nicht möglich, da Alexis eben keine Hosenrolle ist. Einen tatsächlichen Mann als unmännlich zu bezeichnen, war – wenn überhaupt – nur für explizit komische Rollen möglich, nicht aber für eine männliche Hauptfigur. Die Männlichkeit der Hosenrollensängerin in ihrer Rolle anzuzweifeln, war hingegen ein Spiel mit einer hinter der theatralischen Folie steckenden Tatsache, die ohnehin niemandem verborgen war.

---

32 Ebd., S. 64f.
33 Ebd., S. 65.

Zell und Genée bieten – ähnlich wie Scribe, der dem Sänger von Alexis explizit zur Zurückhaltung in seiner Darstellung der Tscherkessin auffordert – ausführliche Anweisungen für die Sängerin von Wladimir:

> Die Darstellerin des Wladimir kann zur dankbaren und richtigen Gestaltung der Rolle viel beitragen, wenn sie in ihrer äußeren Erscheinung im ersten und dritten Akte alle weibliche Eitelkeit bei Seite setzt. Kurze, militärisch geschnittene Haare, braunes Gesicht, ein leicht angehauchtes flaumiges Schnurrbärtchen, stramme Haltung, möglichst wenig Taille und eine möglichst tiefe Stimme beim Sprechen kann die Täuschung nur fördern. Gleiches gilt von den Darstellerinen [sic] der Cadetten. Kommt Wladimir als Mädchen verkleidet, so muß man seinem eckigen und linkischen Wesen den verkleideten Mann anmerken.[34]

Zwar weisen Zell und Genée hier deutlich darauf hin, daß die Darstellerin möglichst männlich zu erscheinen habe, doch spricht gerade diese umfangreiche Beschreibung dafür, daß diese Anforderungen im realen Theaterbetrieb für die Darstellung von Hosenrollen keineswegs üblich oder gar nicht vorhanden waren. Zeitgenössisches Bildmaterial, worauf Sängerinnen in Hosenrollen stark tailliert, mit Betonung weiblicher Rundungen und generell ohne Bart erscheinen, bestätigt dies.[35] Auch journalistische Reaktionen spiegeln diese Sichtweise wider. So heißt es im *Wiener Tagblatt* zu Antonie Link, der Sängerin des Wladimir in der Uraufführung 1876:

> Fräulein Link hatte wieder einmal eine jener Rollen, in denen sie an ihrem Geschlecht irre werden könnte und nicht immer weiß, was sie mit Recht trägt, den Unterrock oder die – Röhrenstiefel, sie gab die Fatinitza, d.h. den unter diesem Namen verstandenen Lieutenant und sang und spielte allerliebst.[36]

Auffällig hierbei ist neben der Verwirrung des Rezensenten, die Identifikation der Figur als Fatinitza und die erst daraus resultierende Bezugnahme auf den Lieutenant Wladimir, was für eine primäre Identifikation der Sängerin mit ihrer weiblichen Verkleidung spricht und erst eine sekundäre Identifikation mit der männlichen Figur, die sie eigentlich spielt.

Diese Wahrnehmungsperspektive ist Symptom dafür, daß durch die Kombination aus Hosen- und Verkleidungsrolle tatsächlich eine hinreichende Präsenz der männlichen Hauptfigur Wladimir als Kriegsheld im Krimkrieg fehlt. Dies fällt insbesondere im Vergleich mit entsprechenden zeitgenössischen Reaktionen auf die Figur des Alexis in Scribes Libretto auf. So heißt es etwa in *L'Univers Musical* zum Sänger des Alexis: »Montaubry a supporté avec beaucoup de bonheur le lourd fardeau de son travestissement«.[37] Die Verkleidung wird hier also als schwere Bürde wahrgenommen, die der Sänger auf sich nimmt – keinesfalls aber wird die geschlechtliche Identität der Hauptfigur in Frage gestellt.

---

34 Ebd., S. 12.

35 Vgl. dazu die Abbildungen bei Linhardt (wie Anm. 21), S. 116-166.

36 *Neues Wiener Tagblatt*, 6. Januar 1876.

37 Stéphen de la Madelaine, »La Circassienne«, in: *L'Univers musical* 9/6 (1861), S. 43.

Scribes Libretto zielte darauf ab, eine Ebene der Identifikation (die russische Seite, die aber gleichzeitig als französische erscheint) und eine Ebene der Exotik (die tscherkessische Seite) einander gegenüberzustellen. Wenn in zeitgenössischen Reaktionen das Libretto bereits dafür kritisiert wurde, daß »les péripéties de ce sujet sont invraisemblables, la morale est sauvegardée«[38], dann war für eine Opéra comique die Grenze an zumutbaren Exaltiertheiten im zeitgenössischen Geschmack offensichtlich weitaus niedriger als für eine Wiener Operette, denn für *Fatinitza* existieren solche Einwände nicht. Die Kunst von Zell und Genée lag genau darin, Scribes zwar komisches, aber durchaus »realistisches« und auf Identifikation abzielendes Libretto mit der Drastik (in der Form der genannten doppelten Exotisierung und erotischen Verwirrung) des zeitgenössischen Wiener Operettengeschmacks so zu würzen, daß ihnen - und das belegen sowohl zeitgenössische Rezensionen als auch die hohe Anzahl an Aufführungen und Übernahmen in anderen Städten - ein überragender und auch internationaler Erfolg sicher war. Daß Wiener Librettisten sich im Fundus der Pariser Opéra comiques bedienten, und dabei durchaus ältere und auch keineswegs immer erfolgreiche Stücke für ihre Umarbeitungen verwendeten und zu Erfolgen machten, zeugt von der Eigenständigkeit dieser Tradition, für die es sicherlich unzutreffend ist, sie als Ableger der französischen Operette Offenbachscher Prägung zu sehen.

---

38 Vernier (wie Anm. 8), S. 88.

Literatur über Scribe - Eine Auswahl

Planche, Gustave, »Histoire et philospohie de l'art V. Du théâtre français«, in: *La Revue des Deux Mondes* (1er octobre 1834), S. 428-439 und S. 538-563

Sainte-Beuve, Charles-Augustin, »M. Eugène Scribe (1840)«, in: *Portraits contemporains*, Band 2, Paris 1876, S. 51-112

Planche, Gustave, »Eugène Scribe«, in: *Portraits littéraires*, Paris 3/1853, S. 291-305

Mirecourt, Eugène de, »Eugène Scribe«, in: Ders., *Les Contemporains* 13, Paris 1861

Bertrand, Gustave, *Les Nationalités musicales étudiées dans le drame lyrique*, Paris 1872

Legouvé, Ernest, *Eugène Scribe. Conférence des matinées littéraires*, Paris 1874

Forges, A. de [Philippe Auguste Pittaud Deforges], »Scribe - son répertoire et ses collaborateurs«, in: *Le Ménestrel* 42 (1876), S. 67f.

Blaze de Bury, Henri, »Scribe et Auber«, in: *Revue des Deux Mondes* 35 (1879), S. 43-75

Legouvé, Ernest, »Eugène Scribe«, in: *Soixante ans de souvenirs*, Band 3, Paris 1887, S. 160-218

Sarcey, Francisque, »Scribe«, in: ders., *Quarante ans de théâtre. Feuilletons dramatiques*, Band 4, Paris 1901, S. 115-154

Albert, Maurice, *Les Théâtres de Boulevards (1789-1848)*, Paris 1902 (Reprint Genf 1978)

Bonnefon, Paul, »Les Métamorphoses d'un opéra - lettres inédites d'Eugène Scribe«, in: *Revue des Deux Mondes* 41 (1917), S. 877-899

Bonnefon, Paul, »A travers les Autographes«, in: *Revue d'histoire littéraire de la France* 25 (1919), S. 96-118

Bonnefon, Paul, »Scribe sous l'Empire et sous la Restauration d'après des documents inédits«, in: *Revue d'historie littéraire de la France* 27 (1920), S. 321-370

Bonnefon, Paul, »Scribe sous la Monarchie de Juillet après des documents inédits«, in: *Revue d'histoire littéraire de la France* 28 (1921), S. 60-99 und S. 241-260

Arvin, Neil Cole, *Eugène Scribe and the French Theatre 1815-1860*, New York 1924

Crosten, Willian Loran, *French Grand Opera: An Art and a Business*, New York 1948 (Reprint New York 1972)

Longyear, Ray Morgan, »Le livret bien fait: the Opéra Comique Librettos of Eugène Scribe«, in: *Southern Quaterly* 1 (1962/63), S. 169-192

Becker, Heinz, »Die historische Bedeutung der Grand Opéra«, in: *Beiträge zur Geschichte der Musikanschauung im 19. Jahrhundert*, hg. von Walter Salmen, Regensburg 1965, S. 151-159

Smith, Patrick J., *The Tenth Muse: a Historical Study of the Opera Libretto*, New York 1970

Cardwell, Walter Douglas, *The Dramaturgy of Eugène Scribe*, Diss. masch. Yale 1971

Pendle, Karin, »Eugene Scribe and French Opera in the Nineteenth Century«, in: *Musical Quaterly* 57 (1971), S. 535-561

Gillespie, Patti P., »Plays: well-constructes and well-made«, in: *Quaterly Journal of Speech* 58 (February 1972), S. 313-321

Pendle, Karin, »Scribe, Auber, and the Count of Monte Cristo«, in: *The Music Review* 34 (1973), S. 210-220

Ruprecht, Hans-George, *Theaterpublikum und Textauffassung. Studie zur Aufnahme und Wirkung von Eugène Scribes Theaterstücken im deutsche Sprachraum*, Frankfurt 1976

Roberts, John Howell, *The Genesis of Meyerbeer's »L'Africaine«*, Diss Univ. of California Berkeley 1977

Porter, Andrew, »›Les Vêpres siciliennes‹: New Letters from Verdi to Scribe«, in: *19th-Century Music* 2 (1978/79), S. 95-109

Pendle, Karin, *Eugène Scribe and the French Opera of the Nineteenth Century*, Ann Arbor 1979

Join-Dieterle, Catherine, »›Robert le diable‹: le premier opéra romantique«, in: *Romantisme* 28/29 (1980), S. 147-166

Koon, Helene und Switzer, Richard, *Eugène Scribe*, Boston 1980

Döhring, Sieghart, »Multimediale Tendenzen in der französischen Oper des 19. Jahrhunderts, in: *International musicological society. Report of the twelfth congress Berkely 1977*, Kassel u.a. 1981, S. 497-500

Döhring, Sieghart, »Die Autographen der vier Hauptopern Meyerbeers«, in: *Archiv für Musikwissenschaft* 39 (1982), S. 32-63

Finscher, Ludwig, »Aubers ›La Muette de Portici‹ und die Anfänge der Grand-opéra«, in: *Festschrift Heinz Becker zum 60. Geburtstag am 26. Juni 1982*, hg. von Jürgen Schläder und Reinhold Quandt, Laaber 1982, S. 87-105

Hofer, Hermann, »Scribe, Meyerbeer et la mise en scène de moyen âge. Essai sur le Diable à l'opéra en 1831«, in: *La Licorne* 6 (1982), S. 65-87

Brzoska, Matthias, »›Mahomet‹, et ›Robert-le-diable‹: L'Esthétique musicale dans ›Gambara‹«, in: *Anné Balzacienne* 4 (1983), S. 51-78

Döhring, Sieghart, »Giacomo Meyerbeer - Grand Opéra als Ideendrama«, in: *Lendemains* 31/32 (1983), S. 11-22

Lo Presti, Fulvio, »›Le Duc d'Albe‹: the livret of Scribe and Duveyrier«, in: *The Donizetti Society Journal* 5 (1984), S. 243-316

Steinmetz, Anne, *Scribe - Sardou - Feydeau. Untersuchungen zur französischen Unterhaltungskomödie im 19. Jahrhundert*, Frankfurt u.a. 1984

Gier, Albert, »›Manon Lescaut‹ als Fabel von der Grille und der Ameise. Daniel-François Auber (1856)«, in: *Jahrbuch für Opernforschung* 1 (1985), S. 73-89

Mongrédien, Jean, »Variations sur un thème: Masaniello. Du héros de l'histoire à celui de ›La Muette de Portici‹«, in: ebd., S. 90-121

Miller, Norbert, »Große Oper als Historiengemälde. Überlegungen zur Zusammenarbeit von Eugène Scribe und Giacomo Meyerbeer (am Beispiel des 1. Akts von ›Les

Huguenots‹)«, in: *Oper und Operntext*, hg. von Jens Malte Fischer, Heidelberg 1985, S. 45-79

Cardwell, Walter Douglas, »The well-made play of Eugène Scribe«, in: *The French Review* 56 (1986), S. 876-884

Schneider, Herbert, »›Le Comte Ory‹: du vaudeville au livret d'opéra«, in: *Les Ecrivains et l'opéra*, hg. von Jean-Paul Capdeville, Peter-Eckhard Knabe, Köln 1986, S. 169-183

Walter, Michael, »Die Darstellung des Volkes in der französischen Oper von der Revolution bis 1870«, in: *Romantische Zeitschrift für Literaturgeschichte* 10 (1986), S. 381-400

Witt, Donald Edward, *Eugène Scribe and Nineteenth Century Theatre: from a Vaudeville to Grand Opéra*, Diss. Masch. Univ. of Washington 1986

Gerhard, Anselm, »›Ce cinquième acte sans intérêt‹: Preoccupazioni di Scribe e di Verdi per la drammaturgia di ›Les Vêpres siciliennes‹«, in: *Studi verdiani* 4 (1986/87), S. 65-86

Fulcher, Jane F., *The Nation's Image: French Grand Opera as Politics and Politicized Art*, Cambridge 1987

Gerhard, Anselm, »Essai sur l'opéra français de Victor-Joseph-Etienne de Jouy«, in: *Bollettino del centro Rossiniano di studi* (1987), S. 61-91

ders., »Die französische ›Grand Opéra‹ in der Forschung seit 1945«, in: *Acta Musicologica* 59 (1987), S. 220-270

Hemmings, Frederic William John, »Co-authorship in French plays in the nineteenth century«, in: *French Studies* XLI (1987), S. 37-51

»La Juive«. Dossier de presse parisienne (1835), hg. von Karl Leich-Galland, Saarbrücken 1987

Walter, Michael, *»Hugenotten«-Studien*, Frankfurt u.a. 1987

Cardwell, Walter Douglas, »The Role of Stage Properties in the Plays of Eugène Scribe«, in: *Nineteenth-Century French Studies* 16 (1987/88), S. 290-319

Coudroy, Marie-Hélène, *La Critique parisienne des »grands opéras« de Meyerbeer: »Robert le diable«, »Les Huguenots«, »Le Prophète«, »L'Africaine«*, Saarbrücken 1988

Rieger, Dietmar, »Eugène Scribe et l'anticipation. Essai sur l'idéologie du livret de ›Robert-le-diable‹«, in: *Romanistische Zeitschrift für Literaturgeschichte* 12 (1988), S. 103-119

Armstrong, Alan, *Meyerbeer's »Le Prophète«: A History of its Composition and Early Performances*, Diss. masch. Ohio State Univ., Ann Arbor 1990

Becker, Heinz und Becker, Gudrun, »Giacomo Meyerbeers Opéra comique ›L'Etoile du Nord‹. Anmerkungen zur Entstehungsgeschichte des Librettos«, in: *Festschrift Hubert Unverricht zum 65. Geburtstag, hg. von Karlheinz Schlager*, Tutzing 1992, S. 17-34

Gerhard, Anselm, *Die Verstädterung der Oper. Paris und das Musiktheater des 19. Jahrhunderts*, Stuttgart und Weimar 1992

Schneider, Herbert und Wild, Nicole, *La Muette de Portici. Kritische Ausgabe und Dokumentierung der ersten Inszenierung*, Tübingen 1993

Berthier, Patrick, »Un moment dans la vie de Scribe, ou le vaudeville à l'Académie«, in: *Europe 786* (Oktober 1994), Sondernummer Vaudeville, S. 49-58

Mongrédien, Jean, »Aux Sources du livret des Huguenots. La collaboration entre Scribe et Meyerbeer«, in: *Giacomo Meyerbeer – Musik als Welterfahrung. Heinz Becker zum 70. Geburtstag*, hg. von Sieghart Döhring und Jürgen Schläder, München 1995, S. 155-172

Betzwieser, Thomas, »Ein deutsches Märchen als große Oper: Aubers ›Le Lac des Fées‹ und das Problem der Gattungsmischung«, in: *Programmbuch »Le Lac des Fées«*, Staatsoper unter den Linden, Berlin, 1995/96, S. 107-134

Schneider, Herbert, »Zur Entstehung und Gestalt des ›Domino noir‹ von Daniel-François-Esprit Auber«, in: *D'un Opéra l'autre: Hommage à Jean Mongrédien*, Paris 1996, S. 295-302

Schneider, Herbert, »Wie komponierten Scribe und Auber eine Opéra comique oder Was lehrt uns die Entstehungsgeschichte des ›Fra Diavolo‹?«, in: *Die Opéra comique und ihr Einfluß auf das europäische Musiktheater im 19. Jahrhundert*, hg. von Herbert Schneider und Nicole Wild, Hildesheim u.a. 1997, S. 235-269

Yon, Jean-Claude, »Les Débuts périlleux d'Offenbach à l'Opéra-Comique : Barkouf (1860)«, in: dass., S. 271-281

Yon, Jean-Claude, »La Dame blanche, Scribe et l'opéra-comqiue: le début d'un long règne«, in: *L'Avant-Scène Opéra* 176, Paris 1997, S. 66-75

Yon, Jean-Claude, »Scribe à l'oeuvre. Quelques indications sur le travail d'un écrivain prolifique«, in: *Meyerbeer-Studien* 1, München 1997, S. 49-56

Correspondance d'Eugène Scribe et de Daniel-François-Esprit Auber, hg. von Herbert Schneider, Sprimont 1998

Iki, Naoka, *E. Scribes Entwicklung vom Vaudeville zur »Grand Opéra«*, Heilbronn 1998

Meyerbeer und das europäische Musiktheater, hg. von Sieghart Döhring und Arnold Jacobshagen, Laaber 1998

Meyerbeer und der Tanz, hg. von Gunhild Oberzaucher-Schüller und Hans Moeller, München/Paderborn 1998

Giger, Andreas: *The Role of Giuseppe Verdi's French Operas in the Transformation of his melodic Style*, Diss. masch. Indiana University 1999

Die Ballettpantomimen von Eugène Scribe. Texte, Skizzen und Entwürfe, hg. und eingeleitet von Manuela Jahrmärker, München und Paderborn 1999

Iki, Naoka, »One God, one Farinelli – Anmerkungen zu Eugène Scribes literarischem Umgang mit dem Phänomen Farinelli«, in: *Moderne Sprachen* 43/2 (1999), S. 222-241

Iki, Naoka, »›Inde fortuna et libertas‹ - Zum dramatischen Schaffen Eugène Scribes«, in: *Romanistische Zeitschrift für Literaturgeschichte* 1/2 (2000), S. 67-88

Yon, Jean-Claude, *Eugène Scribe, la fortune et la liberté*, Saint Genouph 2000

Iki, Naoka, *Eugène Scribes roman-feuilleton bien fait. Studien zu seinem Feuilletonwerk*, Wilhelmsfeld 2001

Werr, Sebastian, *Musikalisches Drama und Boulevard: Französische Einflüsse auf die italienische Oper im 19. Jahrhundert*, Stuttgart und Weimar 2002

Hallman, Diana R., *Opéra, Liberalism, and Anti-semitism in Nineteenth Century France: the Politics of Halévy's »La Juive«*, Cambridge 2002

Meyerbeers Bühne im Gefüge der Künste, hg. von Sibylle Dahms, Manuela Jahrmärker und Gunhild Oberzaucher-Schüller, München und Paderborn 2002

Buhler, François, »Une pièce ›bien faite‹: Le Chalet de Scribe et Adam«, in: *Revue musicale de Suisse Romande* 56 (2003), S. 54-71

Le Rayonnement de l'opéra-comique en Europe au XIXe siècle. Actes du colloque international de musicologie tenu à Prague 12 - 14 mai 1999, hg. von Milan Pospíšil u.a., Prag 2003

Schneider, Herbert, »Scribe and Auber: Constructing grand opera«, in: *The Cambridge Companion to Grand Opera*, hg. von David Charlton, Cambridge 2003, S. 168-188

Meyerbeer und die Opéra comique, hg. von Arnold Jacobshagen und Milan Pospíšil, Laaber 2004

Jahrmärker, Manuela, »Zur Frage der optischen Verständlichkeit in der Französischen Oper des 19. Jahrhunderts. Erkundungen am Beispiel zweier Tableaux aus Opern von Giacomo Meyerbeer«, in: *Stillstand und Bewegung. Intermediale Studien zur Theatralität von Text, Bild und Musik*, hg. von Günther Heeg und Anno Mungen, München 2004, S. 89-102

Jahrmärker, Manuela, *Comprendre par les yeux. Zu Werkkonzeption und Werkrezeption in der Epoche der Grand opéra*, Laaber 2006

Register

Forum Musiktheater

hrsg. von Anselm Gerhard, Manuela Jahrmärker und Sebastian Werr

Sebastian Werr; Daniel Brandenburg (Hg.)
Das Bild der italienischen Oper in Deutschland
Einst war Italien das Land, in das Musiker reisten, um zu lernen. Ab dem späten 18. Jahrhundert wurde italienische Oper in Deutschland jedoch zunehmend negativ bewertet, mit Folgen bis in die Gegenwart. Vorliegender Bericht einer Tagung des Forschungsinstituts für Musiktheater der Universität Bayreuth (Schloß Thurnau) fragt nach den Ursachen. Mit Beiträgen von Immacolata Amodeo, Christoph Blitt, Daniel Brandenburg, Sieghart Döhring, Anselm Gerhard, David Gramit, Arnold Jacobshagen, Felix Losert, Hendrikje Mautner, Paul Münch, Klaus Pietschmann, Mathias Spohr, Johannes Streicher, Claudio Toscani, Egon Voss, Michael Walter, Sebastian Werr, Mignon Wiele und Luca Zoppelli.
Bd. 1, 2005, 288 S., 29,90 €, gb., ISBN 3-8258-8279-9

Manuela Jahrmärker
Themen, Motive und Bilder des Romantischen
Zum italienischen Musiktheater des 19. Jahrhunderts
Ausgehend von Opern der Präromantik und des *Romanticismo* stehen im Zentrum Phänomene des Romantischen im italienischen Musiktheater: Eine Vorreiter-Position nimmt hier das Ballett ein, das Sujets jenseitiger Welten aufgriff, lange bevor die Oper sie entdeckte und die Scapigliatura-Bewegung dies stimulierte. Deutschlandbilder in der Oper der 2. Jahrhunderthälfte sind Signum ästhetischer Progressivität – bei gleichzeitiger kompositorischer Orientierung an der französischen Grand opéra.
Bd. 2, 2006, 224 S., 23,90 €, gb., ISBN 3-8258-9224-7

Ruth Müller-Lindenberg
Weinen und Lachen – Dramaturgie und musikalisches Idiom der *Opéra-comique* im Vergleich zur *Opera buffa* (1750 – 1790)
Teilband 1
Am Beispiel der Opéra-comique und der Opera buffa im späten 18. Jahrhundert wird ein neu- artiger Analyseansatz für Musiktheater generell entwickelt, der die dramaturgische und die musikalische Komponente gleichgewichtig behandelt. Der erste Teil stellt die jeweils typischen Libretto-Elemente vor, im zweiten Teil zeigen sich diese Elemente in Wechselbeziehung zu einem gattungseigenen musikalischen Idiom. Umfangreiches Material aus französischen und italienischen Archiven schließt die Lücke der Musiktheaterforschung für die Zeit, in der Mozarts und Da Pontes Meisterwerke entstanden.
Bd. 3, 2006, 360 S., 42,90 €, gb., ISBN 3-8258-9983-7

Ruth Müller-Lindenberg
Weinen und Lachen – Dramaturgie und musikalisches Idiom der *Opéra-comique* im Vergleich zur *Opera buffa* (1750 – 1790)
Teilband 2
Dieser Band stellt umfangreiches, zum großen Teil unveröffentlichtes Quellenmaterial zur Opéra-comique im späten 18. Jahrhundert vor. Das Format des Buches soll es erleichtern, die Stücke am Klavier zu spielen und so einen lebendigen Eindruck von einer weithin vergessenen Gattung zu gewinnen. Die Beispiele aus der italienischen Opera buffa verdeutlichen, wie sich das komische Musiktheater Frankreichs und Italiens einerseits von einander abgrenzten, andererseits ergänzten.
Bd. 4, 2006, 344 S., 32,90 €, gb., ISBN 3-8258-9984-5

LIT Verlag Berlin – Hamburg – London – Münster – Wien – Zürich
Fresnostr. 2 48159 Münster
Tel.: 0251 / 620 32 22 – Fax: 0251 / 922 60 99
e-Mail: vertrieb@lit-verlag.de – http://www.lit-verlag.de

Fabian Kolb
Exponent des Wandels
Joseph Weigl und die Introduktion in seinen italienischen und deutschsprachigen Opern
Paradigmatisch für die turbulente operngeschichtliche Umbruchszeit um 1800 stehen Wirken und Werk Joseph Weigls. Als Opernkomponist und Kapellmeister an den Hoftheatern prägte er von 1783 bis 1823 maßgebend das Musikleben in Wien. Namentlich seine Introduktionen dokumentieren dabei sowohl die Ausweitungstendenzen der Eröffnungsnummer in den italienischen Gattungen, als auch die formalen und ästhetischen Probleme, die mit der Suche nach einer spezifisch deutschen Opernform verbunden sind. Hier manifestieren sich zugleich die italienischen und französischen Einflüsse auf das neu sich konstituierende deutschsprachige Musiktheater, wie sich ebenso individuelle Strategien des Beginnens und Momente des Romantischen offenbaren.
Bd. 5, 2006, 344 S., 27,90 €, gb.,
ISBN 3-8258-9878-4

Musikwissenschaft

Ingrid Czaika
Frühe Verdi-Motivik
Charakterisierungsmethoden in den frühen Opern (von *Oberto* bis *Rigoletto)*
Bd. 10, 2006, 240 S., 19,90 €, br.,
ISBN 3-8258-9573-4

Herbert Koch
Karrierist und Mystiker
Zum zeitgenössischen Bruckner-Bild
Dieses Buch möchte den zahlreichen Biographien Anton Bruckners keine weitere hinzufügen. Es will sich vielmehr mit einigen Biographen auseinander setzen, die ein radikal neues Bild seiner Persönlichkeit vermitteln wollen, geprägt von jenem Unverständnis und jener Ablehnung, die auch Eduard Hanslick zu Bruckners Lebzeiten mit fatalen Folgen gepflegt hatte. Dieses Bild steht nicht nur im Widerspruch zur traditionellen Brucknerforschung, sondern enthält auch in sich Widersprüche, die allein schon genügten, Kritik herauszufordern. Diese Widersprüche aufzuzeigen, hat sich das Buch zur Aufgabe gemacht.
Bd. 11, 2006, 176 S., 19,90 €, br.,
ISBN 3-8258-9838-5

Maximilian Hendler
Clave del Son
Die Rhythmusformeln in der Musik der Karibik
Die Formzahlen 8 (Tresillo und Cinquillo, Habanera und Tango), 12 (Clave del Punto cubano und die Claves der synkretistischen Kulte) und 16 (Cinquillo cubano, Clave del Guaguanco, Clave del Son und weniger bekannte Formeln) wurden in ihren verschiedenen Erscheinungsformen dargestellt und ihr ungefährer Geltungsbereich umrissen. Ihnen ist gemeinsam, daß sie sich durch den Divisor 2 teilen lassen. Darin äußert sich ein schwarzafrikanischer Einfluß, denn ein Blick auf die Geschichte der amerikanischen Sklaven macht klar, warum sich nur Strukturen durchsetzten konnten, die einer Vielzahl von Afrikanern bewußt waren. Für ungewöhliche Phänomene blieb unter den sozialen Bedingungen der Sklaverei kein Raum. Das heißt jedoch nicht, daß diese Formeln insgesamt eine Erbe aus Afrika wären. Das mittelalterliche Erbe Spaniens spielt eine mindestens genauso große Rolle. Die Formeln wurden mit einer aus dem Derler'schen System und Elementen der türkischen Rhythmographie gewonnenen Methode bearbeitet, die genauere Bestimmungen ihrer Herkunft zuläßt, als sie mit den bisherigen Methoden gewonnen werden konnte.
Bd. 12, 2007, 344 S., 29,90 €, br.,
ISBN 978-3-8258-0317-9

LIT Verlag Berlin – Hamburg – London – Münster – Wien – Zürich
Fresnostr. 2 48159 Münster
Tel.: 0251 / 620 32 22 – Fax: 0251 / 922 60 99
e-Mail: vertrieb@lit-verlag.de – http://www.lit-verlag.de